영화와 사회복지

Social Welfare in Cinema

한국여성복지연구회 지음

청목출판사

머리말

'한국여성복지연구회'가 2005년 『가족복지론』에 이어, 이번에 『영화와 사회복지』를 출간하게 된 것을 매우 기쁘게 생각한다. 특히 『영화와 사회복지』는 사회복지계에서 최초로 영화와 사회복지를 접목시킨 책이기에 더욱 의미가 크다고 할 수 있다.

현대 사회에서 영화는 많은 사람들에게 공감을 주는 대중적 문화 현상이라 할 수 있다. 「태극기 휘날리며」, 「실미도」, 「왕의 남자」에 이어, 최근에는 「괴물」이 1천만 명 이상이라는 기록적인 관객을 동원하는 등 영화가 일반인에게 미치는 영향은 지대하다.

더욱이 영상세대인 현 대학생들에게는 문자화된 책 못지않게 영화 등의 영상매체가 그들의 인식과 사고에서 차지하는 비중이 매우 크다. 사회복지학과에서도 교수들은 학생들의 과목에 대한 이해를 높이기 위해 수업시간에 관련 영화를 예로 들거나, 나아가 전체 학생과 함께 영화를 보고 그 영화를 사회복지적 관점에서 분석하는 강의를 종종 진행하곤 한다.

'한국여성복지연구회' 회원들은 오래 전부터 현재 사회복지 교과목 수업시간에서 각자 다양하게 활용하고 있는 영화를 분석하는 작업을 해 보자는 의견을 가지고 있었다. 2005년 2월 『가족복지론』이 출간된 직후부터 한국여성복지연구회 회원들은 거의 매달 모여 토론과 자료검토를 거쳐 연구 틀을 짜고, 집필 분담을 하고, 실제 함께 영화를 보기도 하고, 수업시간에 영화를 시험적으로 적용하는 등의 절차를 거쳐 이번에 『영화와 사회복지』라는 하나의 책으로 묶게 된 것이다.

본 책은 총 13장으로 구성되어 있다. 1장은 사회복지에 대한 전반적인 이해와 사회복지 분야에서 영화의 활용방안을 다루고, 2장에서는 사회복지의 가장 기본적인 이슈라고 할 수 있는 사회복지의 가치와 윤리

문제를 영화를 통해 살펴보고자 하였으며, 3장은 사회복지의 발달과 변천을 이해하는 데 도움이 되는 영화를 찾아 분석해 보았다. 4장부터 11장에서는 아동, 청소년, 학교, 장애인, 노인, 여성, 가족, 정신보건 등 사회복지의 각 분야와 관련된 영화를 찾아 사회복지적 관점에서 분석하였다. 12장에서는 사회복지기술론 각 영역에서 기초가 되는 성 문제를 영화를 통해 분석하여 사회복지적 함의를 끌어내고자 하였다. 마지막 13장에서는 미래사회를 다룬 영화를 사회복지적 관점에서 분석하여, '생명공학이 고도로 발달하고 로봇이 일상화된 미래 사회에서 사회복지는 어떤 기능을 할 수 있을까?' 대해 잠시 상상해 보았다. 그리고 각 장에는 관련 사회복지의 용어 및 주요 개념을 소개하여 독자들의 사회복지에 대한 이해를 높이고자 하였다. 마지막으로 사회복지 관련 TV 프로그램을 부록으로 정리하여, 다양한 사회복지 과목의 수업에 활용되는 데 도움을 주고자 한다.

본 책이 사회복지 연구진과 학생들 뿐만 아니라, 사회복지에 관심을 갖고 있는 일반인들에게도 사회복지를 좀더 쉽게 이해할 수 있는데 도움을 주기를 기대한다. 앞으로도 '한국여성복지연구회'는 사회복지 관련 집필 작업을 계속하고자 하니, 기대를 갖고 지켜봐 주기를 바란다.

집필에 참여한 회원들에게 감사드리며, 특히 편집위원장 직을 맡아 집필과정을 계획하고 진행하는 데 수고해 주신 이혜경 교수에게 감사드린다. 마지막으로 『가족복지론』에 이어 이 책의 출판도 쾌히 허락해 주신 청목출판사의 유성렬 사장님께 깊은 감사를 드린다.

2006년 10월

한국여성복지연구회장

김혜래

차 례

[편집위원 및 집필진 소개]

편집위원장 **이혜경** (1장, 3장)
평택대학교 사회복지학부 교수

편집위원 **김혜래** (2장, 13장)
꽃동네현도사회복지대학교 사회복지학부 교수

편집위원 **신영화** (7장, 12장)
군산대학교 사회복지학과 교수

편집위원 **윤혜미** (4장, 5장)
충북대학교 아동복지학과 교수

김연옥(11장)
서울시립대학교 사회복지학과 교수

박경애(10장)
금천청소년지원센터 상담실장

신은주(9장)
평택대학교 사회복지학부 교수

이혜원(6장)
성공회대학교 사회복지학과 교수

홍순혜(8장)
서울여자대학교 사회복지학전공 교수

제1장

영화, 사회복지 그리고 영화 보기

이 혜 경*

사회복지적 관점에서 영화를 분석하기 위해서는 우선 사회복지에 대한 일반적인 이해가 필요하다. 오늘날 '사회복지'란 용어는 전문 서적뿐만 아니라 언론 및 일상 생활에서도 자주 접할 수가 있다. 어떤 분야든지 간략히 개념을 정의하는 것이 어렵듯이, 사회복지도 한 마디로 정의하는 것은 쉽지가 않다. 그러나 사회복지적 관점에서 영화를 분석하기 위해 우선 사회복지의 개념을 개괄적으로나마 이해할 필요가 있다.

1. 사회복지의 이해

사회복지란 무엇인가? 사회복지는 각 나라마다 다른 전통을 가지고 발전되었으며, 학자들에 따라 혹은 지향하는 이념에 따라 강조하는 사회복지의 내용과 영역도 차이가 난다.

사회복지의 개념을 이해하기 위해서는 사회의 기능과 제도에 대한

* 평택대학교 사회복지학부 교수

이해가 우선된다. 특정 인간 사회가 지속되기 위해서는 다양한 기능과 이를 수행하기 위한 사회제도가 필요하다. 사회복지의 전통적 · 잔여적 개념은 가족, 종교, 시장, 정치 같은 기본 사회제도가 그 기능을 제대로 수행하지 못할 때 보충적, 보완적으로 개입하는 것이 사회복지제도라고 보는 입장이다.

한편 사회복지의 제도적 개념은 현대사회에서 가족, 종교, 시장, 정치 같은 사회제도뿐만 아니라 사회복지도 일차적 제도로써 사회에서 핵심적인 기능을 수행하고 있다고 보는 입장이다. 쉽게 얘기하면, 전통적 · 잔여적 개념에서는 일부 가난한 사람 혹은 문제가 있는 사람만이 사회복지의 대상자이나, 제도적 개념에서는 현대 사회의 구성원이라면 누구나 보편적으로 사회복지의 대상자이며 사회복지의 영역도 기본 생계뿐만 아니라 의료보장, 교육보장, 주거보장 등 포괄적이라는 것이다. 예를 들어, 우리 국민 누구나 사회보장제도의 일환인 국민건강보험(혹은 의료급여) 수급자, 즉 사회복지 대상자이지 않은가?

이런 입장에 기반하여 사회복지란 '사회적 욕구(Social Needs), 사회문제(Social Problems), 사회적 위험(Social Risks)에 대처하기 위한 제도적 혹은 실천적 접근'이라고 정의될 수 있다. 사회복지의 정책적 접근은 사회복지를 증진시키기 위해 국가가 주체가 되어 제도적 · 거시적으로 접근하는 것이며, 사회복지의 실천적 접근이란 개인, 가족, 집단, 지역사회를 대상으로 인간의 심리사회적 욕구를 충족시키기 위해 다양한 실천기술을 적용하는 과정이라고 할 수 있다.

우리나라에서 사회복지의 영역과 범위를 알기 위해서는 한국의 근대적 사회복지 도입과정을 이해해야 한다. 비록 일제 강점기에도 일본에 의해 다소의 사회복지사업이 소개되고 시행되기는 했지만, 우리나라 근대적 사회복지의 도입은 해방 이후 미국의 사회사업이 소개된 이후라고 보는 것이 일반적이다. 특히 6 · 25 이후 외국원조단체에 의한 전쟁고아 등에 대한 구제사업이 우리나라 근대적 사회복지사업의 출발이라 볼 수 있다.

1960-70년대 경제성장이 강조되는 분위기에서 사회사업은 어려운 사람을 돕는 자선사업과 동일 개념으로 일반인에게 받아들여지기도 하였다. 1980년대 이후 경제성장과 정치적 배경으로 본격적으로 유럽식 사회보장제도가 소개되었고, 현재 우리나라에서 사회복지란 미국의 전문 사회사업과 유럽의 국가 중심의 사회보장까지 아우르는 큰 범위로 자리잡게 된다.

따라서 우리나라에서 구체적 사회복지의 실천분야는 사회보장, 아동 및 청소년복지, 장애인복지, 여성 및 가족복지, 노인복지, 의료 및 정신보건복지, 학교사회복지, 산업복지 등을 들 수 있다.

우리나라 사회보장제도는 크게 공공부조, 사회보험, 사회복지서비스 등 세 영역으로 구성된다. 공공부조의 가장 대표적인 제도는 2000년 생활보호제도를 전면 개정한 국민기초생활보장이다. 국민기초생활보호제도는 국가가 저소득층의 최저한의 생활을 법적으로 보장하는 제도로 전체 국민의 약 3% 정도가 그 대상이다.

사회보험은 산업재해보상보험, 국민건강보험, 연금제도(국민연금, 공무원연금, 군인연금, 사립학교교직원연금 등의 특수직역연금), 고용보험 등 4대 사회보험이 있다. 이 중 산업재해보상보험(산재보험)은 노동재해에 대한 보상을 국가 차원에서 제도화시켜 놓은 것으로 우리나라 최초로 도입된 사회보험제도이다. 1964년 제도도입 당시에는 500인 사업장이 대상이었으나, 2000년부터는 1인 이상 전 사업장을 대상으로 실시되고 있다. 국민건강보험은 1977년 조합주의식 의료보험으로 출발하여, 2000년부터는 통합주의식 국민건강보험으로 변경되었고, 질병 시 국민의 경제적 부담을 완화시켜 주는 것을 목표로 하고 있다. 연금제도는 노후 소득보장을 목표로 하는데, 국민연금의 경우 1988년 제도가 실시되어 점차 적용대상이 확대되어 현재는 특수직역연금 대상자를 제외한 전 국민이 국민연금 가입대상자이다. 고용보험은 근로자가 실직한 경우 이들의 생계를 지원하고 재취업을 촉진하기 위한 제도인데, 1995년부터 실시되어 현재는 1인 이상 사업장 전체가 가입하도록 의무화하고 있다.

사회복지서비스는 노인복지, 아동복지, 장애인복지, 여성 및 가족복지 등이 있는데, 이들 영역은 특별한 사회복지적 접근이 필요한 대상자 중심으로 분류한 것으로 정책적 접근과 실천적 접근이 결합된 영역이다.

2. 사회복지적 관점에서 영화 보기

1) 사회복지와 영화의 만남

수많은 영화가 제작되어 상영관에서 개봉되고, TV에서 반영되며, 또한 비디오나 DVD를 통해 배포된다. 많은 사람들이 영화를 보고, 영화를 통해 만나고, 영화에 관해 얘기한다. 이렇게 영화는 현대인의 삶에서 중요한 위치를 차지하고 있는 것이다.

영화는 우선, 종합 예술적 특성을 지닌다. 영화는 이야기 구조라는 문학뿐만 아니라 음악, 미술 등 모든 예술 분야가 총 동원된 영역이다. 음악이 빠진 영화를 상상할 수 있는가? 영화 「아웃 오브 아프리카(감독: 시드니 폴락)」를 본 사람이라면 우연히 모짜르트의 클라이넷 협주곡을 들었을 때, 드넓은 아프리카 사바나 초원에 비스듬히 앉아 있는 로버트 래드포드의 아름다운 미소를 떠올릴 수 있을 것이다.

둘째, 영화는 과학발달의 산물로 이해할 수 있다. 특히 최근 컴퓨터 그래픽의 발전으로 과거 상상에서만 가능했던 것들이 화면을 통해 재연되고 있다. 전에 「쥬라기 공원I(감독: 스티븐 스필버그)」에서 공룡이 걸어가는 모습에 충격을 받았던 관객들이, 「반지의 제왕(감독: 피터 잭슨)」과 「해리포터와 아즈카반의 죄수(감독: 알폰소 쿠아론)」를 보고 책을 읽으며 상상했던 장면 그 이상이 화면에서 재연되는 것에 놀라며, 「괴물(감독: 봉준호)」을 보고 한강에 출몰한 괴물의 사실적 모습에 영화 기술이 나날이 발전해 감을 절감하고 있다.

셋째, 영화는 다양한 문화에 대한 이해를 높이는 경로로 볼 수 있다. 우리는 영화를 통해 다른 시대, 다른 나라의 문화를 이해한다. 「대부 3(감독: 프란시스 코폴라)」를 보고 시실리 섬의 풍경을 느끼고, 「원스 오픈 어 타임 인 아메리카(감독: 세르지오 레오네)」를 보고 1920년대 맨하튼의 모습을 상상하며, 「화양연화(감독: 왕가위)」를 보고 1960년대 홍콩의 밤거리를 꿈꾼다. 물론 영화를 통해 보는 세상이 왜곡될 수도 있으며 시야가 한정될 수 있다. 그러나 영화는 타 문화에 대한 관심을 촉발하여 그 문화에 대한 진지한 탐구의 발로가 될 수도 있는 것이다.

이런 특성을 지닌 영화가 사회복지와 만나면 어떤 의미를 지니게 될까? 우선 영화는 사회복지를 이해하기 위한 훌륭한 텍스트가 될 수 있다. 모든 영화에서 사회복지적 함의를 이끌어 낼 수 있다. 특히 사회성이 강한 영화일 경우 더욱 더 그러하다. 그러나 영화가 직접적으로 '사회복지'와 관련되지 않는 경우가 대부분이다. 따라서 사회복지학도는 사회복지적 관점에서 영화를 보고, 분석하여 함의를 이끌어내는 접근법이 필요하다.

또한 영화는 사회복지 교육의 좋은 수단이 될 수 있다. 다른 학문과 마찬가지로 사회복지학을 교수하는 일반적인 방법은 교수의 강의이다. 그러나 이러한 강의 중심의 강좌는 특히 학생들에게 따분하게 느껴질 수도 있다. 학생들의 이해를 돕고자 문자 세대인 교수들은 문학 작품을 예를 들기도 하는데, 현 40대 이상이 필수적으로 읽었던 문학 작품을 신세대 학생들은 거의 읽지 않아 당황하게 되는 경우가 많다. 유명한 문학작품의 경우도 책을 읽은 학생보다는 오히려 그 작품을 영화화한 것을 본 학생들이 많아서, 영화를 예로 들 경우 학생들이 더 이해를 잘 한다는 것을 알게 된다. 따라서 영화는 사회복지 과목을 좀더 잘 이해할 수 있게 하는 좋은 수단이라고 할 수 있다. 특히 사회복지학은 다른 학문보다 현장을 중시하는 학문이므로 영화를 통해 특정 상황에 대해 문제 제기, 쟁점 부각, 토론을 유도하는 것이 큰 도움이 된다.

2) 사회복지 영역에서 영화의 활용방안

실제 사회복지 과목에서 사회복지학에 대한 이해를 높이기 위해 영화, TV 프로그램 등 영상자료를 많이 활용하고 있다. 이는 '영상매체 활용 교육(Video in Education)' 혹은 '미디어 활용 교육(Media in Education)'의 일환으로 볼 수 있다(김동훈, 2003b: 13). 사회복지 영역에서 좀더 효과적으로 영상매체를 활용하기 위한 체계적인 연구가 필요한데 아직 관련 연구 및 지침서가 없는 실정이다.

일단 본 연구에서는 여러 영상매체 중에서 영화에 초점을 두고,* '영화에 나타난 사회복지적 이슈'를 분석하고자 하였다. 이를 위해 우선 타 영역의 연구를 검토하여 초기 분석틀을 구성하여 각 연구진이 담당 과목에서 한 학기 동안 실험적으로 적용하여 보았다.

분석대상 영화 선정을 위해서 연구진이 수업시간에 활용했던 영화, 그리고 영화를 보면서 활용 가능하겠다고 생각했던 영화, 그리고 『죽기 전에 봐야 할 영화 1001편』(정지인 역, 2005) 등의 자료를 참고하여 분석대상 영화의 목록을 작성하여 영역 별로 우선순위를 정하였다. 이 때 많은 사람들이 흥미로워할 대중적인 영화이면서도 작품성이 있는 영화이면서 비교적 최근 영화, 그리고 가능한 한 우리나라 영화도 포함시키려고 노력하였다.

이런 절차를 걸쳐 각 장에 주 분석 대상 영화 2-4편을 선정하여, 각 영화에서 대해 개괄적인 소개를 하고, 사회복지적 관점에서 영화의 몇몇 이슈를 분석하며, 마지막으로 '생각 나누기'란에서는 토론문제를 제시하여 실제 수업에서 활용할 수 있게 하고자 한다.

---

* 사회복지 관련 TV 프로그램의 목록을 부록으로 처리하여 독자가 참고할 수 있도록 하였음.

참고문헌

김남철(2004), 『영화로 하는 교리수업』, 시우.
김동훈(2003a), 『여간내기의 영화교실 1』, 컬처라인.
김동훈(2003b), 『여간내기의 영화교실 2』, 컬처라인.
장재선(2003), 『영화로 보는 세상』, 책만드는 공간.
정영근(2001), 『영화로 만나는 교육학』, 문음사.
정지인 역(2005), 『죽기 전에 꼭 봐야 할 영화 1001편』, 마로니에북스.

제2장

사회복지의 가치와 윤리 : 모든 사람이 존중받는 세상을 위하여

김 혜 래*

우리가 영화에 매력을 느끼는 가장 큰 이유는 영화가 인간의 삶의 모습을 극적으로 보여주기 때문이다. 영화는 나와 다른 사람들이 공유한 삶과 우리가 알지 못하는 타인의 인생, 다른 사람에게 되도록 숨기고 싶은 삶의 모습 그리고 순간순간의 실낱같은 감정의 떨림까지 보여줌으로써 공감과 모험 그리고 카타르시스를 경험하게 한다. 인간의 삶을 그대로 보여주는 영화 속에서 모든 인간이 인간답게 살도록 도와주는 사회복지의 가치를 찾는 것은 어렵지 않다. 어쩌면 모든 영화는 사회복지와 관련이 있는지 모른다.

인간의 욕구충족을 통한 삶의 질 향상을 목적으로 하는 사회복지실천은 사회문제 원인의 초점을 어디에 두는가에 따라 크게 두 가지 다른 접근 방법을 취해 왔다. 하나는 사회문제의 원인을 개인의 특성에 두었고, 다른 하나는 문제 발생의 근원을 사회환경과 제도에서 찾았다. 개인

* 꽃동네현도사회복지대학교 사회복지학부 교수

적인 고통의 개선과 그 개인적인 고통을 초래하는 사회의 구조적 결함을 개선하려는 사회변화 사이에서 어느 한쪽에 상대적 비중을 두면서 사회복지실천은 발전해 왔다. 사회복지의 가치와 윤리 역시 사회복지실천의 이 두 초점에서 찾을 수 있다. 어느 쪽 가치에 더 큰 비중을 두느냐는 역사적 · 사회적 상황에 따라 다르게 나타나기는 하지만 다음과 같은 가치들이 어느 시기에나 어떤 사회복지 실천현장에서나 중시되어 왔다. 개인의 존귀함과 존엄성, 인간 존중, 개인의 변화 가능성 중시하기, 클라이언트의 자기결정, 개인에게 잠재력을 실현할 수 있는 기회를 제공하기, 모든 사람에게 공통적인 인간적 욕구를 충족시키기, 개인의 기본적 욕구를 충족시키기 위해 적절한 자원과 서비스를 제공하기, 클라이언트의 임파워먼트, 평등한 기회, 비차별, 다양성의 존중, 사회변화와 사회정의에의 헌신, 비밀보장과 사생활 보호 등이 그것이다.

사회복지가 인간의 삶의 질 향상을 목적으로 인간과 사회환경의 변화에 초점을 두고 있기 때문에 인간의 다양한 삶을 다룬 거의 대부분의 영화들은 사회복지실천의 가치들과 관련이 깊다. 이 중에서 특히 사회복지실천의 다양한 가치들을 잘 표현한 영화로 「데드맨 워킹」을 꼽을 수 있다. 이 영화의 시작은 개인의 변화에 초점을 맞추고 있으나 종국적으로는 사회제도의 변화를 촉구하는 메시지를 담고 있으므로 사회복지 실천의 가치를 폭넓게 살펴보기에 적절한 영화일 것이다.

사회복지실천의 다양한 가치들은 모두 인간의 삶에서 인간이 가장 소중하게 다루어져야 한다는 이념에서 나온 것으로 어느 한 가치가 다른 가치보다 더 중요하다고 말할 수 없다. 더구나 인간의 삶의 어느 장면에는 중요한 가치들이 서로 상충되어 나타날 수 있다. 이런 경우 사회복지사들은 다양한 범주의 윤리적 딜레마에 봉착하게 된다. 영화 「사이더하우스」는 이러한 사회복지 실천에서의 윤리적 딜레마를 생각해 볼 수 있는 영화이다.

1. 인간 존중에서부터 사회제도 변화까지 : 「데드맨 워킹」

[작품의 배경]

「데드맨 워킹」은 헬렌 프리진 수녀의 경험을 기록한 실화를 1995년에 영화화한 작품이다. 원작자인 헬렌 프리진 수녀는 시나리오에서부터 배우의 외양을 만드는 일까지 영화의 제작과정에 적극적으로 참여하여 사실성을 높였으며 특히 영화의 마지막 15분간은 사형장면을 실시간 그대로 촬영하여 개봉 당시부터 전 세계적으로 사형제도에 대한 논란을 가속화시킨 작품이다. 헬렌 수녀는 사형제 폐지운동의 일환으로 2005년 5월에 방한한 바 있다. 감독은 평소 강한 정치적 소신으로 사회성 짙은 작품을 만드는 팀 로빈스가 맡았고 그 부인인 수잔 서랜든이 헬렌 수녀역을 맡았다. 감독인 팀 로빈스는 영화 「쇼생크 탈출」의 주연으로, 수잔 서랜든은 영화 「델마와 루이스」의 주연으로 우리에게도 잘 알려진 배우로서 두 영화에서 이들은 자유를 억압하는 체제에 저항하고 도전하여 자유를 쟁취하는 인간상을 보여준다. 또한 이 부부는 평화의 상징인 비둘기 뱃지를 달고 지난 2004년 아카데미 시상식장 레드카펫을 밟으면서 부시의 이라크전쟁에 대한 반대 의사를 강하게 표명한 영화인들이다. 「데드맨 워킹」은 이런 자유, 평화, 인권에 대한 강한 의지를 가진 가치지향적인 영화인인 팀 로빈스가 사형제도 반대 운동가인 헬렌프리진 수녀의 실화를 통해 인권에 대한 강한 메시지를 전달한 영화이다. 이 영화로 1996년 아카데미 여우주연상과 베를린영화제 최우수 남우상을 수상한 수잔 서랜든과 숀 펜(사형수 매튜역)은 최근 2006년에 백악관 앞에서 반전 일인 시위를 하기도 했다.

▲데드맨 워킹(Dead Man Walking)
- 감독/팀로빈스
- 주연/수잔 서랜든, 숀펜
- 제작 연도/1995년
- 상영 시간/122분
- 기타/실화

[줄거리]

헬렌 수녀는 흑인 빈민가 '희망의 집'에서 아동과 주민들의 교육을 맡고 있다. 어느 날 헬렌은 죄수 매튜 폰슬렛으로부터 한 통의 편지를 받는다. 매튜는 데이트 중인 10대 청소년을 강간한 후 수차례 칼로 찌르고 잔혹하게 살해한 혐의로 수감되어 있는 사형수이다. 매튜는 법적인 도움이 필요하다며 편지나 방문을 해 달라고 한다. 매튜를 방문한 헬렌 수녀는 가난 때문에 변호사를 대지 못해 주범은 사형을 면하고 자신만 억울하게 사형선고를 받게 되었다며 무죄를 주장하는 매튜의 말을 믿고 무보수변호사를 구하는 등 매튜를 돕기 위해 백방으로 애쓴다. 그러나 TV로 방영되는 매튜의 잔혹한 살해 장면과 기자회견에서 자신의 죄를 조금도 인정하지 못하고 거친 욕설을 퍼붓는 열렬한 나치 추종자에 인종차별주의자인 매튜의 모습에 실망을 느낀 헬렌 수녀는 그를 도울 것인지 말 것인지 갈등한다. 유죄를 확신하지만 사형만은 면하게 해 보려는 바버변호사의 노력은 수포로 돌아가고 예정대로 사형 집행 결정이 난다. 사형집행 6일 전 매튜는 헬렌 수녀에게 자신이 죽을 때 사형장까지 함께 하는 정신적 조언자가 되어 주기를 요청한다. 주위의 만류와 비난에도 불구하고 정신적 조언자를 맡기로 한 헬렌 수녀는 사형집행일까지 6일 동안 매일 수시간씩을 매튜와 함께 보내게 된다. 이 동안 헬렌 수녀가 매튜를 있는 그대로 수용하는 태도를 보이자 사형집행 직전 매튜는 자신의 죄를 고백하고 피해자 부모에게 용서를 구하며 죽음을 맞는다. 헬렌 수녀는 매튜 폰슬렛의 사형과정을 통해 사형제도는 국가라는 체계가 공식적으로 저지르는 너무나도 냉정하고 계산된 살인임을 확인한다.

◆사회복지적 관점에서 영화 보기

영화의 원제인 "Dead Man Walking!"은 사형수가 사형장으로 갈 때 간수가 외치는 "사형수 입장!"이라는 말이다. 영화 「데드맨 워킹」은 일반적으로 사형제도라는 주제를 강하게 부각시킨 영화로 알려져 있다.

매튜 폰슬렛이 사형집행일 주사실에서 자신의 죄에 대한 용서를 구하면서 "제가 드리고 싶은 말은 살인은 나쁘다는 것입니다. 그 주체가 누구든 그게 나든 여러분이든 정부든 말입니다."라고 한 말에 감독의 의도가 잘 나타나 있다. 이 영화는 사형집행의 실시간 그대로를 영상에 담아 관객으로 하여금 사형이라는 주제에 대하여 섬뜩할 정도로 진지하게 느끼고 생각하게 함으로써 강하게 사형제도를 비판하지만 사형수에 대한 일말의 동정도 불러일으키지는 않는다. 이 영화는 사형수를 동정의 여지가 없는 악랄하고 비열한 파렴치범으로 보여주고 그의 살해행위로 자식을 잃은 부모들의 애끓는 심적 고통을 보여줌으로써 시종일관 가해자와 피해자 어느 편에도 서지 않으면서 균형을 유지하고 있다. 이를 통하여 관객에게도 감정적이 아니라 이성적으로 냉철하게 사형제도에 대해 생각하도록 문제제기를 하고 있는 것이다. 한편 「데드맨 워킹」은 한 수녀가 한 사형수의 정신적 조언자로서 진정한 인간애를 느끼고 이를 전달하는 과정에서 한 인간이 사형당하기 전에 변화하고 성장하는 과정을 보여준다. 이를 통하여 우리로 하여금 인간은 자신의 행위와 상관없이 존엄과 가치를 지닌 존재로 대우받아야 하며 그럴 때 비로소 스스로 변화할 수 있음을 다시 한번 생각하게끔 하는 영화가 「데드맨 워킹」이다.

「데드맨 워킹」이 사형제도에 대한 사회문제를 다룬 대표적인 영화이지만 여기서는 사회복지적 관점에서 사회복지실천의 가치에 초점을 맞추어 보고자 한다. 즉 이 영화에서 보여주는 헬렌 수녀의 태도를 중심으로 비난받아 마땅하고 일말의 동정심조차 불러일으키지 못하는 개인에게 인간의 존재 가치를 일깨워주고 인간의 존엄성을 중시하면서 궁극적으로는 사회변화까지 주장하는 사회복지실천의 기본 가치를 찾아보고자 한다. 사회복지실천에서 만나는 클라이언트는 누구나 도와주어야 한다고 느끼게 하고 적어도 동정받을 만한 가치가 있는 개인이나 집단만이 아니다. 어쩌면 그렇지 못한 클라이언트를 도와야 할 때 사회복지의 가치가 더 큰 빛을 발할 수 있다. 그런 점에서 이 영화의 헬렌 수녀의 태도는 사회복지실천에 시사하는 바가 크다. 사형수 매튜에 대한 헬렌 수녀의 태도에는 수용, 비심판적 태도, 자신의 태도에 책임을 갖도록 하고 자신을 스스로 존중하도록 하는 과정과 사회 제도의 변화를 촉구해 온 과정이 잘 나타나 있다. 헬렌 수녀는 사회복지사가 아니고 수도자이므로 그녀의 목적은 영적 구원이나 회개이다. 사회복지의 목적이 종교적 목적과 꼭 일치하지는 않지만 헬렌 수녀의 태도 속에서 사회복지실천의 기본 가치와 사회복지사의 기본적 태도가 잘 표현되어 있다.

개인의 욕구충족

사회복지 가치는 서비스(service), 즉 개인이 원하는 도움(wanted help)을 주는 것이다. 사회복지사는 자신보다는 타인의 이익을 위해 서비스를 제공하며 사람들을 돕고 사회문제를 해결하는 데 물질적 보상 없이 전문적 기술을 자발적으로 할애하는 서비스의 가치를 실행한다.

헬렌 수녀는 매튜의 편지를 받고 면접 허락을 얻기 위해 신부를 찾아간다. 신부는 매튜가 얼마나 잔인하고 흉악한 범죄를 저질렀는지를 말해 주면서 매튜를 만나러 가는 이유에 대해 묻자 헬렌 수녀는 그가 와 달라고 편지를 썼기 때문이라고 한다. 헬렌은 자신의 도움이 필요한 상황에 처한 개인이 도움을 요청할 때 그 사람의 행동에 대한 편견이나 선입견을 배제하고 접근하는 태도를 보여준다. 매튜를 처음 만나러 간 헬렌 수녀는 '당신이 하고 싶은 얘기를 들어주려고 온 것'이라는 말로 대화를 시작한다. 이런 헬렌의 태도에 대하여 사회 전체로부터 살인마 취급을 받아온 매튜는 "내 죄목이 뭔지 안 물어봐요?"라고 의아해한다. 그동안 도움을 주겠다고 매튜를 만나러 온 사람들은 모두 매튜의 행위에 관심이 있었을 뿐 매튜의 진정한 욕구에 관심이 없었던 것이다.

헬렌 수녀에게 매튜가 진짜 사형당할 만한 짓을 했는지, 하지 않았는지는 일차적 관심이 아니다. 변호인을 구하지 못하여 사형에 처하게 되었다는 매튜에게 제일 필요하고 절실한 것은 자신의 진실을 믿고 이를 전해줄 사람이라는 것을 헬렌 수녀는 알고 있다. 결코 먼저 사형수의 범죄행위에 대하여 질문하지 않는다. 자신의 이야기를 하고 싶어하는 사형수의 가장 기본적인 욕구를 중심으로 다가간다. 개인이 행한 행동이 아니라 개인의 욕구와 필요에 초점을 맞춘 헬렌 수녀의 태도야말로 사회복지실천이 추구하는 기본 가치이다.

힐튼바버 변호사에게 매튜 사건을 맡아 의뢰하는 장면에서 "그를 좋아하는지는 모르겠어요. 변호사님을 모셔다 드리는 게 내가 할 수 있는 최선이에요"라고 말한다. 사회복지실천에서 사회복지사가 만나는 클라이언트의 인종, 성적 지향 심지어 범법행동에 대하여도 편견없이 대해야 하는 것이 무차별 원칙이다. 사회복지사가 그들을 좋아할 수 있느냐 아니냐는 별개의 문제이며 인간의 기본적 욕구의 충족을 위한 최선이 무엇인가를 알아내어 진심으로 행동하는 것이 사회복지의 가치를 실천하는 것이다.

자유와 자율성: 자기의사결정 존중

바버변호사는 매튜에게 사면위원회에 괴물을 죽이기는 쉽지만 인간을 죽이기는 어려운 법이라며 어머니가 출석해서 변호해 주는 것이 필요하다고 한다. 매튜는 자기도 자존심이 있으며 살려달라고 알랑거릴 생각은 없다고 하면서 어머니의 변호를 반대한다. 이에 대해 헬렌 수녀는 "맞아요. 몹시 흥분하실 거예요. 하지만 당신의 어머니이잖아요. 그 분은 사랑하는 아들을 위해 변호할 권리가 있어요. 변호해 줄 기회도 없었는데 당신이 죽는다면 어떻겠어요? 남은 평생 죄책감을 느끼시길 바래요?"라며 매튜를 설득한다. 한편 매튜의 어머니를 만나 매튜가 자신의 어머니를 보호하고 싶어한다고 전하면서 그래도 변호가 필요한 상황을 전한다. 헬렌 수녀는 진실성과 설득을 통해 매튜와 어머니의 의견을 존중하면서 스스로 결정할 수 있도록 상황에 대한 정보를 제공하고 설득한다.

자유와 자율성이라는 보편적인 도덕적 가치가 사회복지 영역에서 구체화된 가장 대표적인 형태가 바로 '클라이언트의 자기의사결정의 원칙'이다(Biestek, 1957:19; 김기덕, 2002 재인용). 즉 클라이언트는 자신과 관련된 문제에 대하여 자기 스스로 결정하고 선택할 수 있는 욕구와 권리를 가진다는 원칙이다. 클라이언트의 자유로운 의사결정을 위해서 사회복지사에게 요구되는 의무들 가운데 적극적인 것으로는 클라이언트에게 관련된 모든 정보와 가능한 모든 실천대안을 거짓없이 제공하는 것 등을 들 수 있고 소극적인 원칙은 사회복지사가 클라이언트의 의사결정을 내리는 과정에 어떠한 압력이나 영향력을 행사해서는 안된다는 것을 들 수 있다(김기덕, 2002: 106). 앞에서 보여준 헬렌 수녀의 태도는 클라이언트의 자기의사결정의 원칙 중 적극적 원칙에 의한 실천을 잘 보여주고 있다.

인간의 존엄성과 가치 존중

미국사회사업가협회는 개인의 존엄과 가치에 대한 사회복지의 윤리적 원칙을 '사람을 돌보는 데 있어서 존경하는 태도, 개인차와 문화적 다양성을 잊지 않는 태도로 사람을 대하는 것'이라고 설명한다.

헬렌이 처음 만남을 마치고 상고심 신청서를 제출할 변호사를 구하는데 최선을 다해 보겠다는 헬렌에게 매튜는 "솔직히 아무도 안 믿지만 당신은 아첨도 지옥유황불 설교도 안 해서 좋군요."라고 한다. 헬렌 수녀가 매튜에게 과장되게 아첨을 하지도 않고 비판적 태도로 설교를 하지 않은 것은 매튜를 인간으로 존중하고 진실로 대했음을 의미한다. 이를 통하여 매튜가 자신의 욕구를 충분히 표현할 수 있는 기본 관계를 형성하게 된다.

헬렌은 매튜와 만나면서 인간은 누구나 존경받을 가치가 있다는 것을 계속 일깨워 준다. 헬렌 수녀는 처음에 자신을 희롱 상대감 여자로 함부로 대하는 매튜의 태도에 대하여 존경심을 보이라고 한다. 수녀이기 때문도 도와주러 온 사람이기 때문도 아니라 인간은 누구나 존경받을 가치가 있음을 매튜에게 주지시킨다.

헬렌: 난 당신을 즐겁게 해 주고자 온 게 아니에요. 존경심을 보여요.
매튜: 당신이 수녀라서? 목에 십자가를 둘렀다고?

헬렌: 난 인간이니까요. 인간은 누구나 존경받을 가치가 있죠.

▲매튜와 사형장 마지막 걸음까지 함께 하는 정신적 조언자 헬렌 수녀
출처 : http://movie.naver.com

헬렌 수녀는 언제나 매튜를 가치있는 인간으로 존중하는 태도를 가지고 대하며 매튜가 자신의 인간성을 회복하도록 돕는 일이 자신의 목적으로 하고 있음을 분명히 한다. 그러면서 가치있는 인간으로서 자신의 고귀함을 회복하기 위해서는 책임감이 전제되어야 함을 일깨워준다.

헬렌: 하느님은 모든 사람은 그들의 죄악보다 가치가 있다고 하셨죠. 전 그가 자기 행동의 죄가를 받는 걸 돕고 싶을 뿐입니다. (중략) 만약 당신이 죽는다면 고귀하게 죽도록 돕고 싶어요. 하지만 자신의 책임을 인정하지 않으면 그건 불가능해요. (중략) 비텔로 탓만하지 말아요. 비텔로, 정부, 약물, 흑인에 피해자인 애들까지 탓하면 매튜 폰슬렛 당신은 어딨죠?

결국 사형 전에 매튜는 자신의 책임을 인정하고 스스로 고귀한 인간으로서 존중감을 갖게 된다.

매튜: 어젯밤 그들을 위해 기도했어요. 전엔 그런 적이 없었어요. (중략) 내 죽음이 그 부모들에게 조금이나마 위안이 되었으면 해요.

헬렌: 당신은 끔찍한 일을 저질렀지만 이젠 고귀함을 얻었어요. 아무도 그것을 빼앗지는 못해요.

사회정의 : 비차별

영화 「데드맨 워킹」은 차별적 사회 현실에 대하여 고발하고 있다. 바버 변호사의 변론을 통해 사회의 경제적 불평등이 개인의 생명을 빼앗을 수 있다고 빈곤에 대한 차별적 현실에 대하여 일침을 가한다.

"사형수감옥에서 부자들을 찾기란 어렵습니다. 폰슬렛이 오늘 이 자리에 있는 것도 가난 때문이지요. 돈이 없었기 때문에 국선변호사를 고용해야 했는데 정부에서 경험도 없는 세무변호사를 선임해 줬죠. (중략)

매튜에게 돈이 있었다면 그래서 유능한 변호사를 샀다면 일류조사관과 탄도학 전문가, 배심원을 파악할 심리학자를 고용했을 테고 그랬다면 목숨을 살려달라고 여기에 있지는 않았을 것입니다."

살인자 매튜는 TV로 방영되는 기자회견에서도 인종차별적 발언을 서슴지 않아 그가 사형받아 마땅한 인간이라는 생각을 갖게 한다. 심지어 그는 자신을 도와주려는 헬렌 앞에서도 인종차별적 발언을 한다. 이에 대해 헬렌은 적절한 질문을 통하여 열심히 일하는 흑인들이 많다는 것을 알려주고 매튜가 싫어하는 것은 흑인이 아니라 나태한 사람이라는 것을 인식시켜 준다. 이 영화는 사회의 차별적 현실뿐만 아니라 개인이 가지고 있는 차별의식도 지적하고 있는 것이다.

매튜: 깜둥이가 누웠던 사형대나 깨끗이 닦아주었으면 좋겠어요. (중략) 깜둥이가 싫을 뿐이에요. (중략) 물론 괜찮은 흑인도 있죠. 마틴 루터 킹은 백인정치가들 코를 납작하게 만들었죠. (중략) 그는 나태하지 않았어요.

헬렌: 나태한 백인들은요?

매튜: 싫어요.

헬렌: 그럼 나태한 자를 싫어하는 거예요.

사회제도 변화

헬렌 수녀의 태도에서 인간존중, 자기결정권리 존중, 개인의 욕구충족을 위해 자원과 서비스 제공하기 등 개인적 차원의 사회복지실천 가치를 살펴보았다. 개인적 차원의 가치 실현을 통하여 매튜는 자신과 타인에 대한 인간 존중을 인식하면서 성장한다. 한편 헬렌 수녀 역시 개인적 차원의 가치를 실천하는 과정 속에서 진정한 인간성 회복은 사회적 차원의 가치 실현이 동반되어야 함을 인식한다. 개인이 인간으로서 존엄성을 가질 수 있도록 하기 위해서는 개인적 노력에는 한계가 있으며 사회적 변화가 수반되어야 함을 느낀다. 헬렌 수녀는 매튜의 사형집행과정을 함께 하면서 사형제도란 정부에 의해 너무나 냉정하고 계획된 살인이라고 인식하게 된다. 실제로 원작자인 헬렌 프리진 수녀는 시나리오부터 배우의 외양에 이르기까지 영화의 제작과정에 적극적으로 참여하였는데 이는 사회적 변화를 위한 운동의 하나로 볼 수 있다. 매튜가 사형 직전 절규한 대사는 헬렌의 음성이기도 하다.

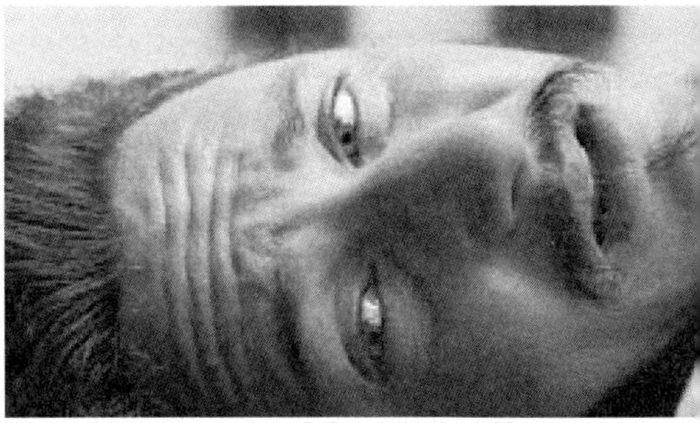

▲사형 틀에 묶여 죽음을 기다리는 사형수 매튜
출처 : http://blog.naver.com//skywalk erdp

"제가 드리고 싶은 말씀은 살인은 나쁘다는 겁니다.
그 주체가 누구든 그게 나든 여러분이든 정부든 말입니다."

생각나누기

1. 사회복지 실천현장에서 '도와 줄 가치가 없는(undeserving)' 개인을 만날 수 있는 경우를 가정해 보고 이들에 대한 자신의 차별적 편견을 점검해 보자. 그 외 자신이 가지고 있는 다른 차별적 편견에는 어떤 것이 있는가?

2. "사형제도는 사회정의를 이루기 위한 제도이다." 이에 대하여 자신의 생각을 피력하고 반대 견해를 가진 친구들과 토론해 보자.

3. 우리나라에서 2006년에 개봉된 영화 「우리들의 행복한 시간」을 보고 「데드맨 워킹」과 비교·분석해 보자.

2. 사회복지의 윤리적 딜레마 : 「사이더 하우스」

▲사이더하우스
(Cider House Rules)
• 감독/라세 할스트롬
• 주연/마이클 케인, 토비 맥과이어, 샤를리스 테론
• 제작 연도/2000년
• 상영 시간/125분
• 기타/원작자 : 존 어빙

[작품의 배경]

영화 「개같은 내인생」, 「길버트그레이프」, 「초콜렛」으로 유명한 감독 라세 할스트롬의 2000년 작품인 이 영화의 원제는 "The Cider House Rules"로, 직역하면 사과주스농장의 규칙이다. 자신의 영화에 사회에서 소외된 인간들을 주인공으로 등장시키는 할스트롬은 사이더하우스에서도 소외된 인간들을 등장시킨다. 농장주가 사이더하우스 벽에 붙여 놓은 듯한 이 규칙들은 사이더하우스의 문맹 노동자들에게는 유명무실한 것이며 비웃음거리에 지나지 않는다. 이 영화는 사회와 조직의 유지를 위한 규칙과 그 규칙을 적용받아야 하는 소외된 자들의 삶과는 유리되는 상황을 보여주면서 우리에게 그런 규칙을 지킬 것인지 떼어버릴 것인지를 질문하고 있다.

[줄거리]

1940년대 초 아이들을 버리거나 데려가는 곳 '세인트 클라우스'. 주인공 호머웰즈는 고아로 두 번이나 파양당하여 라치박사가 운영하는 세인트 클라우즈 고아원에서 성장한다. 고아원 원장인 의사 라치윌버 박사는 호머웰즈를 아버지의 사랑으로 키우면서 쓸모 있는 인간이 되라며 의술을 가르친다. 라치박사는 고아들을 사랑으로 키운다. 라치박사는 아이들이 버려지는 것을 막기 위해 낙태를 원하는 여성들에게 불법으로 임신중절수술을 해 주고 있었다. 하지만 호머는 낙태시술에 반대하며 미혼모가 출산을 할 경우만 돕는다. 그리고 청년이 될 때까지 라치박사와 교대로 아이들에게 자기 전에 '데이비드 카퍼필드'를 읽어주면서 고아원 아이들을 돌본다. 어느 날 공군 윌리와 캔디가 임신중절을 위해 라치박사를 찾아오고 호머는 그들에게 자신을 데리고 가 달라고 한다. 태어나 한번도 고아원을 떠난 적이 없는 호머는 캔디커플과 함께 고아원 밖 세상으로 나가 윌리네 사이더하우스(사과주스 농장)의 일꾼으로 새로운 삶을 시작한다. 그곳 글씨를 모르는 인부들의 침실에는 농장규칙이 붙어 있는데 글을 아는 호머가 오자 그 규칙들을 읽어 달라고 한다. 규칙이란 침대에서는 담배피우지 말 것, 술을 마시고는 기계를 작동하지 말 것, 지붕에 올라가 자지 말 것이라는 것을 듣고 인부들은 비웃는다. 윌리는 자원해서 다시 전장으로 나가고 호머는 농장 일을 하면서 외로움을 견디지 못하는 윌리의 애인 캔디와 사랑에 빠진다. 농장의 십장인 로즈의 딸이 아버지의 아이를 임신하게 되어 낙태를 원하자 호머는 자신이 그리도 하기 싫어하던 임신중절 수술을 해준다. 그리고 그때까지 벽에 붙어 있던 사과농장의 규칙들을 태워버린다. 로즈는 자신의 딸 손에 죽음을 맞게 되고 윌리는 전장에서 하반신마비가 되어 농장으로 돌아오고 캔디는 윌리에게 돌아간다. 세상이 규칙대로 살기에는 너무 복잡한 것이라는 것을 알아버린 호머는 자신이 있던 고아원에서 새 의사로 자신을 추천한 라치박사의 권유를 거절하다가 라치박사가 죽자 마침내 고향인 고아원으로 돌아가 라치박사의 빈 자리를 채운다. 라치박사가 생전에 늘 했던 것처럼 잠자리에 드는 고아원 아이들에게 "잘 자라 메인의 왕자들이여. 뉴잉글랜드의 왕이여"라고 인사를 한다.

◆사회복지적 관점에서 영화 보기

앞서 기술한 바와 같이 영화 「사이더하우스」의 원제목은 「Cider House Rules」 즉 사과농장의 규칙이다. 언제부터인지 모르지만 마치 그냥 벽의 일부인 것처럼 붙어 있는 글씨가 쓰여진 종이 조각. 알지 못해도 하나도 생활에 지장이 없었지만 그래도 그 내용이 무엇인지 궁금하기는 했다. 호머로부터 그것이 규칙이라는 것도 나중에 알게 된 노동자들은 내용을 듣고는 실소를 하며 그것을 태워버린다. 라세 할스트롬 감독은 문맹인 사과농장 노동자들에게 자신들의 삶을 알지도 못하는 소위 사회의 주류가 정해 놓은 규칙은 아무 의미가 없는 것이라며 획일적이고 비현실적인 규칙들에 대한 폐기를 주장하고 있다. 모든 개인은 자신의 삶의 주체여야 하고 규칙은 자신들이 만들어가야 한다. 맞는 말이다. 그러나 우리는 혼자 살아가지 않으며 사회의 일부분으로 사회에서 요구하는 규칙을 준수하기도 해야 한다. 여기에 인생의 딜레마가 존재한다.

마찬가지로 사회복지실천 현장에서도 윤리적 갈등이라고 하는 문제상황이 발생한다. 윤리적 갈등상황이란 사회복지사가 전문가로서 지켜야 하는 윤리적 의무 혹은 책무가 서로 충돌하고 있어 어떠한 실천행동을 선택하는 것이 윤리적으로 올바른 것인지 판단하기 힘든 상태를 말한다. 물론 이러한 충돌의 근본적인 이유는 사회복지가 존재근거로 하고 있고 또한 지향하고자 하는 윤리적 가치나 원칙이 서로 상충하고 있기 때문이다(김기덕, 2002). 특히 개인의 자율성 존중과 규칙 사이의 갈등, 자율과 자유의 원칙과 생명보호의 원칙 간의 갈등상황이 빈번히 존재하게 된다.

흑과 백의 딜레마

어떤 행동이 옳고 어떤 행동은 그른가? 이 상황은 단지 사회복지실천 영역만의 갈등상황이라 보기는 어렵다. 그러나 인간의 삶에서 어떤 행동이 바람직하고 또 어떤 행동은 바람직하지 않은지를 판단하기는 매우 어렵다. 영화 「사이더하우스」는 인생의 모순적이고 갈등적인 상황들을 제시하면서 인생이란 그리 단순한 것이 아니며 어느 것 하나 속단할 수 없는 모순의 오묘한 하모니임을 보여준다. 사회복지실천에서 개인을 다룰 때 비심판적인 태도를 유지하는 것이 매우 중요한 일이지만 사회복지사는 모순덩어리인 인생을 이해함과 동시에 사회복지사는 옳고그름에 대한 가치 판단 기준은 가지고 있어야 한다. 이 또한 딜레마가 아닌가?

영화 「사이더하우스」는 주인공 호머 웰즈의 성장영화로 이 영화에는 인생의 우울한 모든 것, 즉 고아, 파양, 낙태, 근친상간, 살인 등을 소재로 다루고 있다. 그러나 전체적으로 영화에서 느껴지는 것은 우울함과 비참함이 아니라 인생의 따스한 온기이다.

라치박사가 운영하는 고아원의 이름은 세인트 클라우스(Saint Claus)이다. 산타클로스는 세인트 니콜라스(Saint Nicholas)에서 유래되었다고는 하지만 세인트 클라우스에서 산타클로스가 느껴지는 것은 왜일까? 버려진 아이들에게 산타클로스 역을 하는 라치박사의 이미지 때문이 아닐까? 라치박사로부터 그리스의 음유시인 '호머'의 이름을 받은 주인공 호머는 친부모에게서 버림받아 라치박사에게 맡겨지고 양부모로부터 두 번이나 버림받는다. 하지만 라치박사의 특별한 사랑으로 상처가 치유되며 온화한 성품을 갖게 되며 사회에서 필요한 사람으로 일할 수 있는 자질과 기술(의술)을 배운다. 고아원 아이들은 입양부모에게 선택되어 가정을 찾아나가는 것이 꿈이다. 입양부모가 아이를 선택하러 오면 아이들은 저마다 예쁘게 보일양으로 웃어 보인다. 늘 선택에서 밀려나는 한 아이가 '아무도 날 좋아하지 않아'라고 낙담해 있을 때 호머는 "너의 장점을 못 알아보았을 뿐이야"라고 말해 준다. 고아들이 자신을 존중하고 자랑스럽게 여기며 살아 있는 것이 행복하다고 말할 수 있는 것은 라치박사의 애정 어린 보살핌과 교육 덕분이다. 라치박사의 고아들에 대한 사랑은 남다르다. 밤마다 책을 읽어주고 잠자리에 드는 아이들에게 '잘 자라 메인의 왕자들이여. 뉴잉글랜드의 왕이여'라고 인사한다. 아이들은 매일 이 잠자리 인사를 들으며 자신을 진정으로 사랑하고 존중하는 존재로 성장해 나간다. 하지만 라치박사는 불법으로 낙태시술을 해주는 의사이다. 라치박사는 아기의 출산여부는 여자가 결정해야 한다는 신념이 있으며 버려지는 아이들이 생겨나는 것을 막기 위해 낙태시술을 하는 것에 대하여 잘못되었다고 생각지 않는다. 또 호머를 위하여 졸업장을 위조하고 병역기피용 엑스레이 사진을 바꿔치기도 한다. 라치박사를 옳고그름의 어느 한편으로 규정지을 수 있을까? 이 영화가 인생의 모든 어두운 면을 소재로 하고 있지만, 보고난 후 "잘 자

▲ "잘자라 메인의 왕자들이여. 뉴잉글랜드의 왕이여"
출처 : http://movie.naver.com

라 메인의 왕자들이여. 뉴잉글랜드의 왕이여"의 여운과 함께 따스한 느낌을 받는 것이 정서적 딜레마라면, 이 질문은 도덕적 딜레마이다.

자율성 존중과 규칙의 딜레마

이 영화는 인생의 여러 규칙들에 대하여 말하고 있다. 침대에서는 담배를 피우지 말 것, 술을 마시고는 기계를 작동하지 말 것, 지붕에 올라가지 말 것 등의 사이더하우스 규칙들은 사이더하우스의 인부들에게는 조롱거리에 지나지 않는다. 노동자들은 "상관없는 것들이 규칙은 무슨 규칙. 이제 저런 규칙 따윈 필요없어. 우리 규칙은 우리가 만들어야지. 이제까지 매일 그랬던 것처럼"이라는 로즈의 말에 모두 동의한다. 결국 농장주에 의해 오랫동안 붙여져 왔으나 아무도 지키지 않던 사이더하우스 룰즈는 사이더하우스 농장의 노동자들에 의해 떼어지고 불태워진다. 규칙을 정하는 사람과 지켜야 하는 사람이 다른 상황에서 규칙이란 절대 지켜질 수 없는 것들, 지킬 필요가 없는 것들, 삶을 위해 하나도 도움이 안 되는 것들이라는 것이다. 1940년대 미국사회에는 사이더하우스의 규칙들과 같이 사회에서 소외된 사람들의 삶에 도움이 안 되는 규칙들이 이들을 통제하고 있다. 예를 들어 세인트 클라우스 고아원을 맡을 사람은 반드시 정식 의과대학을 졸업한 의사여야 한다는 것이 이 사회의 규칙이다. 이 고아원 이사회 규칙은 고아원 아이들의 삶에 중요하지 않다. 아이들의 미래가 가장 중요한 삶의 원칙이라는 라치박사의 규칙이야말로 진정 고아원 아이들의 행복에 부합하는 것이다. 주인공 호머도 필요한 사람의 역할을 감당하기 위해서 자신의 삶의 외부에서 정해 놓은 규칙－의사자격증－을 기꺼이 무시하게 된다. 「사이더하우스」는 이러한 규칙에 대한 문제제기를 하고 있다. 규칙을 따를 것인가? 아니면 심각한 위해로부터 인간을 보호하기 위해서 적어도 살리기 위해서 또는 살아남기 위해서 규칙을 위반할 수도 있겠는가?라는 끝없이 계속되는 인생의 질문을 하고 있는 것이다. 어떻게 보면 「사이더하우스」는 자신의 삶과 상관없는 자들이 만들어 놓은 규칙에 얽매이기보다 자신의 삶에 필요한 규칙을 스스로 정하는 인간의 자율성에 손을 들어 주며 과감한 '규칙깨기'를 말하고 있는 듯도 하다. 사회복지실천을 하는 사회복지사들도 때때로 규칙이나 법의 준수가 우선인가 아니면 심각한 위해로부터 클라이언트를 구하는 것이 우선인가 사이에서 심각한 고민을 하게 될 것이다.

생명의 가치와 선택의 가치 충돌: 낙태

영화 「사이더하우스」는 윤리적 딜레마의 정점으로 낙태문제를 던진다. 낙태는 사회복지의 윤리 문제를 다룰 때 우리의 판단과 태도를 매우 어렵게 하는 주제이다. 사회복지현장에서 우리는 원치 않는 임신을 한 여성들이나 그들의 보호자들을 만나게 된다. 이 경우에 사회복지 실천에서는 어떤 기준을 가지고 이 문제를 다루어야 할까?

여성의 입장에서 낙태문제를 다룬 영화로 「금지된 자유」(홀리 헌터 주연)가 있다. 「금지된 자유」는 낙태에 대한 여성의 자기결정권을 쟁취한 실화(Roe vs. Wade 사건)를 영화화한 작품이다. 그러나 이 영화는 TV방송용으로 제작되어 우리나라에서 1994년에 SBS에서 방영된 적이 있으나 일반인이 시중에서 영화를 입수하여 접하기가 쉽지 않다.

「사이더하우스」는 버려진 아이들과 연관되어 시설에서의 낙태를 다루고 있고 특히 낙태시술에 대하여 상반된 견해와 태도를 보이는 주인공 호머와 라치박사를 등장시켜 윤리적 가치갈등을 다루고 있기 때문에 사회복지적 측면에서 낙태의 문제를 보기에 적합한 영화이다. 라치박사는 출산의 여부는 여성이 결정해야 한다는 신념을 가지고 있고 아무도 안 돌보는 사람들을 모른척할 수는 없는 일이라며 낙태시술에 대하여 필요한 일을 해주는 것이라는 생각을 가지고 있다. 반면 호머는 아기가 태어나 이 세상에서 살게 하는 것이 중요하며 게다가 낙태는 불법이기 때문에 낙태에 반대하는 입장이다.

현대사회 윤리의 여러 문제 중에서 낙태문제만큼 논쟁적인 이슈는 드물다. 낙태문제에 대한 논의는 주로 생명의 가치와 선택의 가치 사이의 충돌에 관한 것이다. 낙태주의자들은 기본적으로 태아를 여성의 신체의 일부로 간주하며 개인의 자유를 존중하고 강조하는 입장에서 여성이 자신의 신체를 통치하는 권리를 주장하여(self-government) 자신의 선택권리를 우선하는 입장(pro-choice)을 지지한다. 반면 반낙태주의자들은 태아를 임신자와 다른 새로운 생명체라는 전제하에 태아의 생명가치를 존중하고 강조하여 생명을 우선하는 입장(pro-life)을 지지한다(황필홍 외, 1999).

낙태문제의 딜레마는 사회복지가 가장 중요시하는 두 가치 즉 선택의 권리와 생명의 권리가 상충하는 경우의 우선 순위의 문제이다.

사회복지사들은 실천과정에서 이처럼 다양한 가치갈등과 윤리적 교착상태에 직면하게 되고 이를 해결하고자 윤리적 의사결정을 내려야 하는 경우가 많다. 어떠한 윤리 원칙이 다른 원칙에 비해 상대적으로 보다 중요하다는 일관된 지침을 마련하는 일은 불가능하다. 실제로 이러한 변하지 않는 지침이 과연 존재할 수 있는 것인지 그리고 만약 존재한다면 그것을 어떻게 알 수 있는지 등의 논의가 필요할 것이다(김기덕, 2002).

• 로웬버그와 골도프의 윤리원칙심사(Ethical Principles Screen)

윤리원칙심사는 사회복지사로 하여금 상충하고 있는 NASW(미국사회사업가협회) 윤리강령의 원칙 가운데 보다 윤리적인 것이 무엇인지를 판단할 수 있는 지침을 제공할 수 있는 수단이다. 로웬버그와 돌고프가 제시하는 윤리적 원칙의 내용과 우선순위는 현재 미국 사회복지사들의 공통된 인식에 기초한 것이다. 7가지 윤리원칙은 번호순서로 윤리적인 중요도를 표현하고 있다.

윤리원칙 1 생명보호의 원칙
윤리원칙 2 평등 및 불평등의 원칙
윤리원칙 3 자율과 자유의 원칙
윤리원칙 4 최소한 해악의 원칙
윤리원칙 5 삶의 질의 원칙
윤리원칙 6 사생활보호와 비밀보장의 원칙
윤리원칙 7 성실의 원칙
(김기덕, 2002)

위 표의 윤리심사원칙은 윤리갈등상황을 해결할 때 참고가 될 수 있을 것이다. 하지만 이것은 미국의 문화적 상황에 기초한 것이므로 가치 갈등의 논의는 실천과정이 이루어지는 문화적, 시대적 상황에서 끊임없이 이루어져야 할 것이다.

생각나누기

※ 다음에 사회복지사의 개인적 가치와 전문적 가치가 상충하는 경우와 기관의 정책과 전문적 가치가 상충하는 두 사례가 있다.
각각의 상황에서 당신이 사회복지사라면 어떻게 할 것인지 생각해 보자.

[사례 1] A는 한 가족서비스 센터의 사회복지사이다. 그의 업무에는 그 지역 학군의 학교사회복지사나 상담교사로부터 의뢰된 청소년들을 대상 상담도 포함되어 있다. 16세 된 B양은 최근 상담받기 위해 A에게 의뢰되었다. 의뢰를 한 학교사회복지사에 의하면 최근 B양은 시무룩하고 우울했다고 한다.

A와 B양은 여러 세션에 걸쳐 인생의 다양한 문제들을 탐색하면서 이야기를 나누었다. 4번째 세션에서 B양은 A에게 중요한 이야기가 있다고 한다. A가 B양에게 비밀보장의 한계에 대하여 상기시켜 주자 B양은 자신이 임신했다고 말한다. 임신은 계획된 것이 아니었으며 자신과 남자친구는 정말로 조심해 왔다고 하였다.

B양은 분명 임신 6주되었으며 낙태를 심각하게 고려하고 있다고 말하였다. B양은 A에게 제대로 생각할 수 있게 도와달라고 요청하였다.

A는 종교적인 이유로 낙태를 철저히 반대하고 있었다. 그는 낙태는 도덕적으로 잘못된 것이며 자신은 낙태를 장려하거나 촉진시키는 어떤 행동도 해서는 안 된다는 가르침을 받았다.

[사례 2] C는 가톨릭 대인서비스기관의 직원이다. 그녀는 이 기관이 매맞는 여성을 위한 프로그램을 실시하고 있어서 이곳에서 매우 일하고 싶어 했다. D부인는 28세 된 여성으로 4명의 자녀를 두고 있으며 최근 매맞는 여성을 위한 프로그램의 클라이언트가 되었다. 프로그램 과정 중 그녀는 C에게 남편이 지난 6개월간 자신을 학대해 왔다고 말하였고 자신은 지금 임신 1개월 상태로 5주 전 남편이 성폭행했을 때 임신한 것이 분명하다고 하였다. 그녀는 지금 아이를 하나 더 갖는 것은 상상할 수도 없는 일이며 더구나 이런 상황에서는 더욱 그렇다고 하면서 C에게 낙태를 하기 위해서 어떻게 해야 할지를 물어보았다. C는 이 질문에 대답할 말이 없었다. C가 이 기관에 들어올 때 가

톨릭 대인서비스기관은 낙태와 관련된 문제를 직원들이 논의할 수 없도록 금지하는 정책을 가지고 있음을 잘 알고 있었던 것이다. 비록 C는 '친선택(pro-choice)'적이지만 기관의 정책에 동의하였고 낙태와 관련된 문제가 자신이 맡은 프로그램 과정 중에 대두하리라고는 예상하지 못했었다.
(사례는 고미영 외(역), 2005: pp. 163-164, p. 167에서 재구성한 것임)

참고문헌

고미영·최경원·황숙연 공역(2005), 『사회복지실천의 가치와 윤리』, Reamer, F. G., *Social Work Values and Ethics*, 청목출판사.
김기덕(2002), 『사회복지윤리학』, 나눔의 집.
황필홍 외(1999), 『낙태, 포르노, 인간복제』, 도서출판 고원.

제3장

사회복지의 발달 : 자선에서 복지국가로

이 혜 경*

어떤 학문 분야를 이해하기 위해서는 그 분야의 역사를 살펴보는 것이 중요하다. 사회복지의 출발은 인류 역사와 함께 한다. 어느 원시 문화권에서나 어려운 사람을 돕고 상부상조하는 관행을 찾아볼 수 있다. 인류가 발전하면서 이러한 관행은 좀더 정교화된다. 특히 대부분의 고등 종교는 자선이나 구제를 중요한 종교적 덕목으로 삼고 있다. 불교에서 보시, 기독교의 자선 같은 교리가 있음은 잘 알려져 있지 않은가?

이런 가족, 이웃, 종교 등 민간 차원의 복지 행위 말고도 공공 차원의 복지도 고대 사회부터 행해져 왔다. 권력을 유지하고 노동력 확보 등의 경제적 이익을 위해 대부분의 국가 권력은 공공 차원에서 복지를 제공하였다. 공공에 의한 근대적 사회복지제도가 구체적으로 발달하는 것은 자본주의와 그 맥을 같이 하는데, 20세기 이후에는 국가가 국민의 기본 생계뿐만 아니라 의료, 주택, 교육, 노후생활 등 모든 영역을 책임지는 복지국가가 등장하게 된다.

물론 우리나라 근대 이전 역사에서도 '사회복지'란 용어를 사용하지

* 평택대학교 사회복지학부 교수

는 않았지만 공공·민간 영역에서 복지적 관행을 얼마든지 찾아볼 수 있다. 그러나 아쉽게도 우리나라 영화중에서 사회복지 역사와 연결하여 분석해 볼만한 영화는 발견하지 못하였다. 그래서 서구 영화 중에서 사회복지의 역사를 부분적으로 묘사하고 있거나 그 배경을 다루고 있는 영화 몇 편을 선정하여 사회복지적 시각을 가지고 살펴보고자 한다.

1. 구빈법 시기 구빈원의 실상:「올리버 트위스트」

구빈법은 중세 유럽이 붕괴된 이후, 중상주의 하 국가 차원에서 빈민의 노동력을 통제하고 빈민을 보호하기 위한 일련의 입법을 일컫는다. 'The Poor Law'를 그대로 번역하면, '빈민법'이나 사회복지학에서는 통상적으로 '구빈법'으로 번역해서 사용하기 때문에 여기서도 그냥 '구빈법'이라 번역한다. 영국을 중심으로 살펴볼 때, 중앙 정부 차원의 최초의 구빈법은 엘리자베스 구빈법(1601년)이다. 엘리자베스 구빈법은 '구 구빈법'으로 불리우며 그 후 몇 번의 틀이 바뀌는 변화가 있었으며 산업화가 본격화된 후 개정되게 된다.

개정 구빈법(1834년)은 '신 구빈법'이라고도 불리는데, 당시 자유주의 사상의 영향으로 빈민에 대한 국가 부조를 축소하는 입법 취지를 담고 있다. 개정 구빈법의 영향으로 초기 자본주의 하의 빈민의 생활은 더욱 열악해졌고, 빈민 구제의 책임은 개인 자선가나 종교기관으로 넘어가게 된다. 영국뿐만 아니라 서구 국가 대부분이 비슷한 시기에 영국과 유사한 성격의 구빈법을 제정하였다.

구빈법 시기 구빈원의 실상을 고발한 문학작품으로 대표적인 것이 디킨즈의「올리버 트위스트」인데, 이를 영화한 작품 중에 최근 판을 중심으로 당시 빈곤실태 및 구빈행정의 문제점을 살펴보고자 한다.

[작품의 배경]

산업화 이후 빈곤문제를 다룬 문학 작품이 많다. 이 중 찰스 디킨즈(1812-1880)의 「올리버 트위스트」는 영국 개정 구빈법(1834년) 하의 빈민 생활을 그린 대표적인 소설이라고 할 수 있다. 디킨즈의 「올리버 트위스트」는 1837-1838년 『벤틀리 미셀러니』(*Bently Miscellany*)에 연재된 '고아원 아이의 여행'이라는 부제가 붙은 작품이인데, 1834년 시행된 가혹한 '개정 구빈법'에 대한 고발과 런던 뒷골목의 소매치기의 세계를 소재로 한 악한소설 형식이며 사회적 모순을 통렬히 비판한 사회소설로 분류될 수 있다.

▲올리버 트위스트
(Oliver Twist)

- 감독/로만 폴란스키
- 주연/벤 킹슬리, 바니 클라크제이미 포어맨
- 제작 연도/2005년
- 상영 시간/128분
- 기타/원작자 : 찰스 디킨즈

문학사적으로 중요한 디킨즈의 「올리버 트위스트」는 1922년부터 2005년까지 총 여섯 차례 영화화되었는데, 2005년에 로만 폴란스키 감독이 6번째로 「올리버 트위스트」를 영화화하였다. 폴란스키 감독은 폴란드 국적의 유태인이며, 「테스」, 「비터 문」 등 개성 있는 영화를 발표하였고, 2002년에는 제2차 세계대전 중 바르샤바 게토의 고통과 생존문제를 그린 「피아니스트」를 발표하였다. 폴란스키 감독은 자신들의 자녀도 볼 수 있는 영화를 제작하고 싶었다며 「올리버 트위스트」라는 고전을 선택하여 2005년 10월 17일에 이 영화를 출시하게 된 것이다. 폴란스키 감독의 「올리버 트위스트」가 비록 대중적 인기를 끌지 못했지만 2005년도 말 우리나라에서도 예술극장에서 몇 일간 상영되었다.

[줄거리]

주인공 올리버는 태어나자마자 어머니를 여의고 구빈원(영화 번역에서는 '고아원')에서 자란 소년인데, 구빈원에서 배고픔, 심한 학대 및 노동에 시달린다. 그곳 관리인은 5 파운드란 적은 돈을 받고 올리버를 굴뚝청소부, 장의사의 도제 등으로 팔아넘긴다. 올리버는 장의사 사무실에서도 역시 가혹한 생활을 거친 후 심한 학대를 견디다 못해 런던으로 도망치게 된다.

중간에 착한 할머니를 만나 도움도 받기도 하며 7일간 70마일을 걸어 런던에 도착했으나, 런던도 올리버에게는 참혹한 곳이다. 올리버는 런던에서 친절한 척하는 소년 잭의 꼬임에 빠져 유대인 악당 페긴의 소매치기 소굴로 끌려가게 된다. 그곳에서 올리버는 소매치기 기술을 강제로 배운 후, 소매치기하는 데 망보는 일을 하다가 잭의 죄를 뒤집어쓰고 체포된다. 그러나 재판정에서 당시 소매치기 피해자인 브라운로우란 신사가 올리버가 범인이 아니라는 것을 증언해 주어서 풀려나고, 올리버는 브라운로우의 집에서 그의 전적인 신뢰를 받으며 보호받게 된다.

브라운로우가 올리버에게 서점으로 책과 돈 심부름을 시켰을 때, 악당들은 올리버를 납치해서 돈을 빼앗고 올리버를 이용하여 브라운로우의 집을 털 계획을 세운다. 그러나 브라운로우의 집을 터는 것은 실패하고 일당 1명이 죽었다고 생각하고 강에 버린다. 올리버도 팔에 총상을 입고 다시 소매치기 소굴에 갇히는 신세가 된다. 이 때 소매치기 일당들은 '비밀'을 지키기 위해 올리버를 살해하려 한다. 그러나 평소 올리버에게 우호적이었던 낸시의 도움으로 올리버는 살아나고 낸시는 살해된다.

결국 소매치기 일당은 도주 중에 사망하거나 잡힌 자는 사형당하고, 올리버는 누명을 벗어 브라운로우와 행복한 동반을 하게 되는 '권선징악'적 결말로 영화는 끝난다.

◆사회복지적 관점에서 영화 보기

시설보호의 문제점

영화 「올리버 트위스트」 초반부에 원내구호를 하는 구빈원의 문제점이 잘 그려지고 있다. 우선, 폭력과 통제이다. 훈육 혹은 정신교육의 일환으로 매질을 하는 장면이 나온다. 당시 일반 가정에서도 아동에 대한 매질이 보편화된 측면이 있지만, 구빈원(시설)에 수용된 아동에 대한 심각한 학대를 엿볼 수 있는 장면이다. 영양실조로 제대로 자라지도 못한 아이들이 너무 배가 고파, 제비뽑기로 관리인에게 '먹을 것 좀 더 달라'고 요청할 아이를 뽑기로 하는데, 이 때 올리버가 선출되어 대표로 배고픔을 호소하다가 매를 맞는 장면에서는 코가 찡해진다.

그리고 아동 노동의 문제점도 표출되고 있다. 수용된 사람들을 일사불란하게 줄 세워 앉혀 놓고 밧줄 풀기를 시킨다. 당시 주요 해외교역의 수단이었던 범선에 사용한 밧줄은 일하는 아이의 팔보다도 더 굵어서 애처롭다. 조는 아이나 좀 쉬는 아이에게는 어김없이 매질이 가해진다. 이는 '노동을 통한 정신교육'이라는 미명 하에 당시 구빈원에서 일상적으로 행해지던 일이다.

▲구빈원에서 밧줄풀기 노역을 하고 있는 모습
출처: www.movist.com

• **원내구호(Indoor Relief)와 원외구호(Outdoor Relief)**
1834년 개정 구빈법에서는 원내구호를 원칙으로 하고 있다. 원내구호란 구호를 할 때, 일반 가정에 거주하거나 거리에서 걸식하는 사람은 구호에서 제외해야 하고 구빈원(Poor House)같은 '시설에 거주하는 자만을 구호의 대상으로 해야 한다'는 원칙이다. 원외구호(Outdoor Relief)는 원원내구호의 대조적인 개념이다.

또 한 가지는 시설 관리자의 전문성 부재와 부패이다. 시설 관리자는 자신의 이익을 위해 어린아이들을 이용하고, 자신들은 진수성찬을 먹고 살이 피둥피둥 찐 치안판사가 '애들이 너무 잘 먹으면 미쳐 버린다'라고 말하는 장면에서는 실소를 하게 한다. 또한 이들이 '하나님은 거룩하고, 진리이다(God is holy, God is truth)'라며 기독교의 교리를 내세우는 것이 아이러니라 할 수 있다. 더욱 당시 아동들이 기술을 익혀 독립적인 생활을 할 수 있게 요보호 아동을 도제로 보냈는데, 도제로 보내는 과정에서 어김없이 돈이 오고 간다. 올리버를 도제로 넘기는 대신

▲소매치기 일당의 강요로 잭과 함께 거리로 소매치기 실습을 나간 올리버. 출처: www.movist.com

관리자는 5파운드를 받는 장면이 나오는데, 이는 당시 시설 관리자가 얼마나 부패해 있었는지를 단적으로 보여주는 장면이다.

산업화 초기 도시 문제

19세기 초 런던은 산업화로 인해 도시화가 많이 진전된 상태이다. 빈곤의 만연, 불결, 뒷골목의 아동을 이용한 범죄.... 특히 생각해 볼 수 있는 문제는 범죄가 환경의 영향을 받느냐, 개인의 속성이냐 하는 문제이다.

패긴 일당은 부모 없이 떠도는 아이들을 모아, 이들에게 숙식을 제공하며 소매치기를 시킨다. 이들 아동은 처음에서는 소매치기를 '문제'로 느끼지만 점차 소매치를 잘하는 것이 오히려 능력이고 가장 소매치기 기술이 뛰어난 잭이 아이들에게 영향력을 발휘하고 영웅시 되는 것을 볼 수 있다. 이는 범죄나 비행 이론 중 '차별교제론' 시각에서 볼 수 있다. 그러나 끝까지 악에 물들지 않는 올리버를 등장시켜서, '아무리 나쁜 환경이라도 본인의 의지만 굳다면 착하게 살 수 있다'는 메시지를 함축적으로 보여주는 측면도 있다.

> • **차별교제론**(Diffenetial Association Theory)
> 일탈상호학습론이라고도 하는데, 어떤 개인이 범죄와 같은 일탈행동과 지속적으로 접하게 되면 자신도 그 일탈행동의 영향을 받아서 자연스럽게 자신도 그런 일탈행동을 하게 된다는 이론이다. 즉, 정상 행위자가 일탈 행위자와 교제를 하게 되면 정상 행위자도 일탈행위에 젖어들게 되어 일탈행위를 배우게 된다는 것이다.

빈곤 해결의 책임: 민간(자선가) 혹은 국가?

19세기 당시 찰스 디킨즈가 빈곤 등의 사회문제에 큰 관심을 보였지만, 신분에 대한 시각에는 어쩔 수 없는 보수적 한계가 있음을 브라운로우라는 귀족 신사의 역할을 통해 볼 수가 있다.

올리버를 악에서 구하고 그의 미래를 책임지는 자선가로 귀족신분의 신사가 등장한다. 브라운로우는 올리버의 영리함, 천진난만함, 솔직함 등 인간적 매력에 끌려 올리버를 돕는 선한 역할이다. 당시는 자유주의 영향으로 빈곤의 책임은 개인에게 있고 어려운 사람을 돕는 주체도 개인 자선가에 의존해야 한다는 생각이 팽배했던 시기이다.

올리버 문제를 해결하는데, 공공 성격의 조직이나 단체가 역할을 하는 것이 아니라 '개인 자선가'라는 것은 당시의 시대적 상황을 반영한 것이라고 할 수 있다. 그래도 2005년작 폴란스키 감독의 영화에서는 원작(디킨즈의 원작에서는 '알고 보니, 올리버는 유산이 많은 귀족출신이고 브라운로우는 올리버 아버지의 친구'라는 내용)과는 다르게 브라운로우가 단지 올리버의 인간적 매력에만 이끌려 돕는 것은 어느 정도 현대적 해석이라 할 수 있다.

개정 구빈법 시기 '빈곤문제 해결에 있어 국가 역할의 부재'로 다양한 자선단체들이 생겨나고 이런 자선단체를 조직화하기 위한 자선조직협회(Charity Organization Society)가 등장하게 된다. 19세기 대부호나 교회 같은 민간기관에 의한 자선사업이 활발해지자, 이중 구호, 자선사업의 전문성 부족 등 여러 문제점이 나타나게 된다. 자선조직협회는 이런 문제점을 해결하기 위해 각 자선단체가 구호자의 명단을 교환하고 자선사업을 좀더 조직화하기 위해 등장한 협회이다.

▲올리버를 구원하는 선한 자선가 브라운로우
출처: www.movist.com

20세기 이후 현대 복지국가에서는 빈곤한 요보호 아동문제를 해결하는데 국가가 좀더 중요한 일차적 역할을 하게 된다.

생각나누기

1. 귀족신분의 브라운로우가 올리버를 '악의 늪'에서 구하는 역으로 등장한다. 이렇게 '악한 하류계층 범죄자'와 '선한 상류계층'이란 이분법적 구도에 대해 어떻게 생각하는가?

2. 시설 보호와 지역사회 보호의 장·단점을 비교하여 생각해 보자.

3. 올리버는 감옥에서 사형 집행을 기다리고 있는 페긴을 찾아가 눈물을 흘리며 참회를 촉구한다. 이를 '스톡홀름 신드롬' 관점에서 토론해 보자.

2. 복지국가 태동의 원천, 노동운동 : 「제르미날」

복지국가란 단지 잘 사는 나라나 선진국이란 의미가 아니라 국가가 국민의 복지에 적극적으로 책임을 지는 20세기 이후의 국가 형태로, 경제적인 측면에서 수정자본주의(혼합경제), 정치적인 측면에서 사회민주주의, 복지라는 측면에서 '고부담-고복지'로 특징지어지는 국가를 의미한다.

이런 복지국가가 어느 날 갑자기 출현한 것이 아니라 지난 1백여년 간 자본주의 국가에서 여러 경제, 사회, 정치, 문화적 요인의 상호작용의 결과라고 볼 수 있다. 복지국가의 시기를 구분하는 여러 견해가 있으나, 서구 자본주의 국가를 기준으로 볼 때 일반적으로 다음과 같이 구분된다.

제1기 : 복지국가 형성기 (1880년대 - 1차대전 이전)
제2기 : 복지국가 확립기 (1차대전 - 2차대전 종전)
제3기 : 복지국가 융성기 (2차대전 이후 - 1970년대 중반)
제4기 : 복지국가 위기와 재편기 (1970년대 중반 - 현재)

처음 복지국가의 형성에 영향을 준 여러 변수가 있으나, 이 중 노동운동의 영향은 매우 지대하였다. 이 격동하는 시기, 복지국가 태동과 형성의 원천이 된 노동운동의 가슴 뭉클한 감동을 다룬 영화 「제르미날」이 있다.

▲제르미날(Germinal)
- 감독/클로드 베리
- 주연/제라드 드파르디 미우미우
- 제작 연도/1993년
- 상영 시간/170분
- 기타/원작자 : 에밀 졸라

[작품의 배경]

영화 「제르미날」은 19세기 말 프랑스 북부 릴 지방의 탄광파업을 그린 에밀 졸라의 소설을 1993년 프랑스에서 영화로 제작된 것이다. 제르미날은 새싹, 즉 노동운동의 시작을 의미한다. 특히 「제르미날」의 감독인 클로르 베리 감독은 광부의 아들로서, 아버지에게 바치는 헌사로 영화를 시작하는 것으로도 유명하다.

제작 당시 프랑스는 이 영화에 4,000만 달러를 투입하고 실제 1,500명의 탄광 노동자가 엑스트라로 동원된 대작이나, 이 영화가 당시 프랑스에서는 같은 시기에 개봉했던 헐리웃 영화 「쥬라기 공원」의 1/10의 관객도 동원하지 못하였다. 이에 프랑스 언론에서 '프랑스 인들이 역사적, 사회적 문제에 더 이상 관심을 가지지 않는다'는 자조적 평가를 내리기도 했다. 이 영화는 1994년 세자르상에서 촬영상을 수상하였고 우리나라에서는 1994년에 개봉되었다.

[줄거리]

프랑스 제2제정 시기(1852-1860)에 기계공이었으나 실직한 노동자 에티엔 랑티에는 프랑스 북부의 플랑드르에 있는 몽슈 탄광에서 어렵게 일자리를 얻는다. 루생 마외(제라드 드파르디 분)와 친구가 되어 그의 집에 묶게 된 에티엔은 여느 광부들과 마찬가지로 열악한 작업 환경과 탄광주의 착취에 시달린다.

에티엔은 동료들의 비참한 생활을 보고 분개하여 노동자들의 지도자가 되어 파업을 주도하게 된다. 그러나 노동자들의 파업에도 불구하고 석탄 회사 측은 양보하지 않고 광부들의 생활은 더욱 궁핍해져만 간다. 결국 파업은 폭력화하게 되고 군대의 개입으로 광부들의 파업은 실패

▲노동자의 단합과 파업을 주장하고 있는 에티엔
출처 : www.daum.net

하고 마는데, 어떤 냉소적인 무정부주의자가 지하 수도를 끊어서 전 갱도에 물이 차고 갱도가 파괴되게 된다. 갱도가 파괴되었을 때 연정을 느꼈던 마외의 딸 카트린과 함께 갱도 안쪽에 갇혔던 에티엔은 10일 후에 구조되었으나 카트린은 이미 죽어 있었다.

이 과정에서 수많은 광부들과 함께 루생도 군대가 쏜 총을 맞고 죽는다. 힘없는 광부들은 자본과 권력에 굴복하고, 최후까지 투쟁할 것을 주장하던 루생의 아내도 젖먹이 자식을 위해 어쩔 수 없이 다시 탄광으로 들어가 일하게 된다. 에티엔은 희생자들의 피가 결코 헛되지 않으리라는 희망을 안고 탄광촌을 떠나는 것으로 영화는 끝을 맺는다.

◆사회복지적 관점에서 영화 보기

19세기 유럽 노동자의 현실

19세기 산업화가 진전되면서 노동자 숫자도 크게 증가하게 된다. 그러나 당시 노동조건은 매우 열악하였다. 당시 비참한 노동 상황을 사실적으로 보여주는 백과사전식 영화가 바로 「제르미날」이라고 할 수 있다.

우선, 열악한 노동 환경이다. 영화 「제르미날」에서 보면 안전장치 없이 위험한 갱도에서 일을 한다. 갱도 안은 너무 더워 남녀 모두 웃옷을 벗고 일할 수밖에 없는 장면이 나온다. 그리고 온몸에 석탄을 뒤집어쓴 채 어두운 갱도 내에서 빵 한 덩어리로 조악한 식사를 해야 한다. 게다가 장시간의 노동시간이다. 1844년에 영국에서 제정된 '공장노동법'에서 1일 노동시간을 12시간으로 제한하고 있으나, 실제 잔업 등으로 당시 노동자들의 평균 노동시간은 14시간 정도로 추정되고 있다.

또한, 직업병과 노동재해 만연이다. 「제르미날」에서 보듯이, 갱도 사고가 발생하여 노동자들이 죽고 다치는 일이 비일비재하였다. 물론 이에 대한 보상조치도 미비하였다.

그럼에도 불구하고 저임금으로 기본 생계조차도 위협받는다. 임금은 매우 낮아, 가족 전체가 일을 해도 '빵을 배불리 먹을 수 없는 상황'이었다. 루생의 딸 카트린이 다른 남자와 동거를 하려 할 때, 그녀의 엄마가 펄쩍 뛰며 반대한 이유가 '카트린의 임금이 없으면 동생들을 먹일 수 없다'는 것이다. 또한 카트린의 애인도 카트린과 단순한 연인관계로 남지 않고 자신과 같이 살 것을 요구한 이유도 카트린의 임금을 자신이 착취하기 위해서이다. 즉, 기본 생계를 위한 돈 때문에 당시 노동자들의 가족 간에 불화가 생기고 딸의 결혼을 반대하는 비참한 상황이 사실적으로 묘사되어 있다.

▲탄광에서 일을 마치고 석탄을 뒤집어 쓴 채 귀가하는 루생과 에티엔. 목욕도 집에 가서 해야 했다
출처: www.daum.net

노동운동이 복지국가 형성에 미친 영향

19세기 말 자본주의적 산업화의 급속한 진전, 국민국가의 출범, 노동운동의 정치세력화 등이 복지국가 형성의 주요 요인으로 작용한다. 이 중 노동운동의 정치 세력화가 복지국가 형성에 어떤 영향을 미쳤을까?

19세기 산업화의 진전으로 노동계급의 규모도 커지고 자본주의 모순도 극대화된다. 특히 영화 「제르미날」에 보듯이 열악한 노동환경으로 인해 서구 여러 나라에서 노동운동이 일어난다. 이런 노동운동은 때로는 실패하기도 하지만, 노동자의 역량을 키웠고 노조 지도자와 사회주의적 이념의 영향을 받은 진보세력이 결합하여 사회당, 노동당을 결성하게 된다.

노동자의 정치 세력화는 노동관련 정당의 결성으로 보는 것이 일반적이다. 독일은 1884년, 영국은 1897년, 프랑스는 1898년, 스웨덴은 1901년에 노동당 혹은 사회당이 결성된다. 이 시기는 사회보장제도 도입 시기와 상관성이 높다. 예를 들어, '제르미날'의 배경이 되었던 프랑스의 경우 1879년 사회당이 창당되었고 얼마 지나지 않은 1895년 노령연금제도가, 1988년에는 산재보험제도와 질병보험제도가 도입된다. 즉, 노동자 계급이 정치 세력화하여 정당을 만든 후, 노동자 권익 보호 차원에서 사회보장제도가 도입되는 것을 알 수 있다.

사회보장제도 도입의 촉진 역할을 한 것이 1917년 러시아의 볼세비키 혁명이다. 자본가 계급 입장에서 '러시아처럼 혁명이 일어나 다 잃느니 노동자에게 미리 양보하는 것이 더 나는 전략이다'라고 판단하고, 노동자를 위한 사회복지제도 도입에 자본가 계급이 동의한 측면도 있다.

〈노동운동과 사회보장제도의 도입〉

국가	산재보험	질병보험	노령연금	비고 (노동관련 당의 창당)*
독일	1884	1883	1889	1867
프랑스	1898	1898	1895	1879
스웨덴	1901	1891	1913	1889
영국	1897	1911	1908	1893

* '노동관련 당'이라 함은 노동당, 사회당 등 노동자의 권익을 대변하는 정당

이렇게 노동운동의 영향을 크게 받아서 노동자를 대상으로 한 사회보험제도가 도입되었고 이러한 국가에 의한 사회보험제도가 복지국가 형성의 초석이 된 것이다.

'국가-자본-노동' 간의 관계에 대한 이해

19세기 자본주의 시기는 '자본-노동'이 충돌한 시기라 할 수 있다. 이때 "국가는 자본의 입장인가, 아니면 '자본-노동' 간의 중립적 조정자 역할을 하는가?"가 노동운동에서 계속되는 질문의 대상이었다. 영화 「제르미날」에서 국가는 노동을 제압하고 값싼 벨기에 노동자를 투여하여 파업을 초토화하는 공권력으로 대표된다. 즉, 국가는 확실히 자본가 편에 서서 노동자를 탄압한다. 이렇게 '국가는 결코 노동의 입장의 설 수 없고 자본의 하수인이다'라는 고전적 사회주의의 입장이기도 하다.

그러나 스웨덴에서는 '노사정 협약(위원회)'이 복지국가 확립에 결정적인 역할을 한 국가이다. 스웨덴은 영국이나 독일에 비해 늦은 1870년대에 들어와서 산업화가 시작되었다. 당시 스웨덴은 인구도 적고 농업과 어업에 종사하는 가난한 나라였으나, 비교적 안정된 사회적 상황으로 산업화의 진전 속도가 매우 빨랐다. 20세기에 들어와서 스웨덴도 다양한 노동문제에 직면하게 되는데, 다른 유럽 국가처럼 노동자와 자본가간의 물리적 충돌이 적은 채 국가가 '노동자-자본가' 간의 갈등을 중립적으로 중재하여 복지국가의 기초를 마련한, 즉 '노사정 협약 모델'의 성공적 국가이다.

우리나라도 1998년 김대중 대통령 시 '노사정위원회'가 대통령자문기구로 설치되어 노동계, 경영계, 정부 부처 대표가 참여하여 근로자의 고용안정과 근로조건 등에 관한 노동정책 및 이에 중대한 영향을 미치는 산업, 경제 사회정책에 관한 사항 등을 협의하여 정책에 반영하고 있다. 그러나 우리나라의 '노사정위원회'는 1세기 전 스웨덴에 비해 그 역할이 미미한 것 같다.

생각나누기

1. 탄광주 딸은 가난한 노동자를 위해 빵을 나누어 주는 착한 소녀이다. 그런데, 다소 정신이 나간 노인이 이 착한 자본가의 딸을 목 졸라 죽이는 장면이 등장한다. 이 장면의 상징성에 대해 토론해 보자.

2. 19세기 말 유럽과 현재 우리의 노동 현실은 많은 차이가 난다. 현 우리의 상황에게 노동운동이 사회복지제도 발달에 미칠 수 있는 영향에 관해 생각해 보자.

3. 복지국가 위기와 그 그늘 : 「브래스트 오프」

영국은 제2차 세계대전 이후 본격적인 복지국가의 길을 가게 된다. '요람에서 무덤까지'라는 구호 하에 성공적인 복지국가 모델을 보이던 영국도 1970년대 중반 세계적인 오일 쇼크 이후 극심한 경제 불황을 겪게 된다. 이 때 집권당인 보수당의 당수인 마가레트 대처가 당시 영국의 문제를 해결하기 위한 다양한 신보수주의적 정책을 채택하고 그 결과 산업구조 조정 등의 여파로 많은 노동자들이 실직하게 된다.

• 대처 정부(The Thatcher Government)

1979년-1991년 영국 보수당 당수인 마가렛트 대처가 수상으로 있었던 시기를 의미하는데, 대처 수상은 집권당의 당수로서 취임 후 인플레와 노사분규로 인해 침체될 대로 침체된 영국의 경제를 회복하기 위한 방안을 내세운다. 그것이 바로 '대처리즘(Thatcherism)'이다.

대처리즘은 개인에게 자유를 주는 만큼 철저히 책임을 물었고, 엄격한 도덕과 질서를 강조했다. 만성적인 노사분규를 척결하고 산업 구조조정을 실시하였으며, 긴축재정으로 경제를 살리고자 하였다. 누진세를 폐지하고 국영기업의 과감한 민영화를 바탕으로 한 경제 수술을 단행하는데, 이는 사회복지 측면에서는 퇴보적인 측면이 있었다.

당시를 배경으로 한 영화에는 파업에 돌입한 탄광 노동자와 정부 사이의 대립을 배경으로 한 「빌리 엘리어트」(감독: 스티븐 달드리), 남성 스트립퍼가 된 실직자들 다룬 「풀 몬티」(감독: 피터 카타네오), 폐광촌의 실업문제를 다룬 「브래스트 오프」(감독: 마크 허만) 등이 있다. 이 중에서 실업의 문제점 및 그 극복과정을 좀더 진지하게 다루고 있는 「브래스트 오프」를 살펴보고자 한다.

▲브래스트 오프 (Brassed Off)
• 감독/마크 허먼
• 주연/타라 피츠제랄드 이완 맥그리거
• 제작 연도/1997년
• 상영 시간/103분

[작품의 배경]

영화의 제목은 다의적이다. 브래스트 오프(Brassed Off)는 브라스 밴드의 해체라는 의미도 가지고 있으나, 숙어로 '진절머리 난다'는 뜻도 있다. 경제적 궁핍이 인간성을 없어져 가지만 그래도 인간은 다시 일어난다는 강렬한 메시지를 보여주는 수작이다.

배우 이완 맥그리거가 등장하나 조연에 불과하다. 밴드를 다루는 영화이다 보니, 좋은 음악이 많이 삽입되어 있는데, 아일랜드 민요 '오, 대니 보이'와 리시니의 '윌리엄 텔 서곡'(1812년 서곡) 등 위 귀에 익은 곡들이 나온다.

[줄거리]

「브래스트 오프」는 1980년대 몰락해 가는 영국의 벽촌 그림리 탄광

▲탄광 폐쇄와 상관없어 밴드를 계속 유지하려고 노력하는 지휘자 대니. 결국 진폐증으로 쓰러진다.
출처: www.duum.net/movieInfo

촌을 무대로 한다. 석탄 산업이 경쟁력을 잃자 정부는 산업구조 조정 차원에서 탄광을 폐쇄하려 하고, 노동자 및 주부들은 실업을 피해보고자 연일 데모를 한다. 탄광이 몰락하면서 경제도 붕괴되고 가정까지도 해체될 위기에 놓인다. 1992년 그림리 탄광 브라스 밴드는 탄광 폐쇄로 밴드 활동도 그만 두어야 하는 위기에 처하게 된다.

그러나 지휘자 대니(피트 포슬스웨이트 분)는 '밴드의 명성을 올려야 폐광이 안 된다'고 하면서, 새 악기에 투자하라고 하며 단원들을 독려한다. 이러한 상황이 가족갈등을 부추키기도 하지만 밴드를 그만 두려고 했던 단원들이 대니의 열성에 이끌려 밴드 활동을 계속한다.

이 때 글로리아 멀린즈라는 한 여인이 밴드에 합류하여 밴드는 활력을 찾는다. 그녀는 '아랑훼즈 협주곡'을 함께 연주하며 밴드의 일원의 되지만, 알고 봤더니 그녀는 탄광을 조사하러온 임무를 가지고 있었던 아더 멀린즈의 손녀였던 것이다. 밴드는 글로리아의 도움으로 지역 예선을 통과한다. 이 때 자본가의 물질적 공세에 광부들은 80% 찬성이란 조건으로 탄광을 폐쇄하는 것에 동의하게 된다. 지역 예선에서 돌아왔을 때 벽에는 '우리는 싸웠다, 그래도 패했다'라고 스프레이로 쓰여 있다.

밴드는 전국대회 결승전이 열리는 런던의 로얄 알버트 홀에까지 가서 결국 전국결승에서 우승하게 된다. 그러나 대니는 어렵게 얻은 우승컵을 거부하고 '진보라는 미명 아래 경제적 이유 때문에 탄광촌을 폐쇄되었다'는 요지의 연설을 한다.

◆사회복지적 관점에서 영화 보기

영국 대처정부 하에서의 실업문제

영국의 보수당 대처 정권의 탄광 합리화정책에 의해서 1984년 이후 140개의 탄광이 폐쇄되었고 그 결과 25만 명이 실직되는 상황에서 그림리 탄광(실제 존재하는 것이 아닌 가상 도시) 또한 폐광될 상황에 놓이게 된다.

영화 「브래스트 오프(brassed off)」는 말 그대로 'brass band'가 'off'

▲그림리 탄광에서 일하는 광부들. 곧 산업구조조정의 결과 실업자로 전락하게 된다
출처: www.daum.net/movieInfo

된 상황을 다루고 있는 영화이다. 구조조정을 위한 폐광 조치에 따라 그림리 탄광의 브래스 밴드 역시 탄광과 운명을 같이 할 위기를 맞이할 수밖에 없다. 수차례의 파업과 대공황의 여파에도 살아 남았던 그림리 탄광의 브래스 밴드는 보수당 정권의 악랄한 탄광 합리화정책에 의해 역사 속으로 사라지게 된 것이다.

영화 속 대사에서도 나오지만 광부 25만 명이 일자리에서 쫓겨났다는 사실은 그 당시 사람들에게 고래나 물개의 숫자가 점점 줄어들고 있다는 사실보다 중요하게 여겨지지 않았다. 이러한 무관심 속에서 광부들은 멸종된 공룡들처럼 자본주의의 어두운 그늘로 사라져 가는 현실에 직면하게 된다.

그림리 탄광을 소유하고 있던 자본가의 입에서 나온 "이미 석탄은 역사의 유물이다(Coal is History)"이란 말은 당시의 상황을 압축적으로 증언하는 말이다. 탄광 소유자들은 자신들 소유의 탄광이 어느 정도 경제성이 있다 해도 계속 노동분규를 일으키는 광부들과 임금협상을 매년 벌이기보다는 차라리 정부의 산업 구조조정 정책을 따라 광부를 모두 실업자로 만들어 버리는 것이 스트레스 덜 받고 정부 보조금도 챙길 수 있는 훨씬 유리한 일이라고 생각한다. 광부들은 처음에는 탄광 폐쇄를 결사반대지만, 결국 자본가들의 공세를 버터내지 못하고 회사측이 제시하는 금액에 혹해서 80%의 찬성으로 폐광을 결정하게 된다. 광부들의 노동자로서의 자존심이 돈에 팔려가는 순간이다.

이 영화에는 노동자와 사용자, 즉 노조와 경영진이라는 대립의 축이 확연히 들어나고 있다. 일을 하고 싶고 탄광을 떠나고 싶지 않은 노동자들과, 정부정책의 일환으로 탄광을 폐쇄하려는 경영진의 모습은 지금의 한국 사회에서도 쉽게 찾아볼 수 있는 현상이다.

또 하나 이 영화에는 1980년대 이후 전 세계의 일반적인 논리로 되어가고 있는 신자유주의 모습이 그대로 투영되어 있다. 대처의 신자유주의적 개혁은 경제성장을 위해 시장주의로 복귀를 꾀하고, 결과적으로 복지가 축소되고 나아가 복지에서 제외되는 사람이 늘고 일부 구조조정 대상 노동자들이 실업자가 되는 상황이 부분적으로 발생하게 된다.

> • 신자유주의(Neo-Liberalism)
> 신보수주의(Neo-Conservatism)라고 하는데, 1980년대 이후 경제적인 측면에서 시장경제 중심으로 돌아가자는 입장으로, 국가재정의 축소, 사기업 활성화, 복지급여의 축소 등의 특징을 보이며, 영국의 대처 정부와 미국의 레이건 정부가 대표적인 정치 현상으로 나타났다.

산업재해와 산재보험제도

그림리 탄광밴드의 지휘자이자 정신적 지주인 대니는 탄광의 열악한 노동 상황을 상징하는 '진폐증'으로 쓰러져 병원에 입원하는 장면이 나온다. 그들의 꿈이 현실에 의해 결정적으로 꺾이는 순간이다. 특히 진폐증은 오래 탄광에서 일하는 노동자에게 많이 발생하는 호흡기 질환으로 치료가 어렵고 고통도 심한 질환이다.

사회복지제도 발달에서 산업재해(노동재해)는 항상 일차적인 국가개입의 대상이었다. 1880년대 독일 비스마르크 정권하에서 세계 최초로 3대 사회보험제도가 도입될 때도 산업재해보상보험제도가 포함되어 있었다.

> • 독일 비스마르크에 의한 세계 최초의 3대 사회보험
> 질병보험(1883년)
> 노동재해보상법(1984년)
> 노령연금(1889년)

우리나라에서도 노동재해라는 사회적 위험(Social Risk)에 대한 국가적 차원의 조치로 1963년 산업재해보상보험법이 제정되어 1964년부터 산업재해보상보험제도가 실시되었는데, 산재보험은 우리나라 사회보험 중에서 가장 초기에 도입되었고 재정책임은 사업주에 있다.

생각나누기

1. 신보수주의의 배경 및 사회복지에 미치는 영향 등에 관해 생각해 보자.

2. 마지막에 지휘자 대니가 우승 트로피를 받지 않고 자신들의 현실을 알리는 연설을 하는 장면에서 보듯이, 경제성장이 때로는 기존의 공동체적 삶을 변화시키는 측면이 있다. 이 문제에 관해 생각해 보자.

3. 서구 복지국가 위기 및 재편의 경험이 우리나라에게 주는 함의에 관해 생각해 보자.

4. 미국 의료보장제도의 변천 및 한계: 「존 큐」

미국은 현재 전세계에서 최고의 경제 대국이고 선진국이면서도 국가에 의한 사회복지제도가 다른 유럽 국가에 비해 미발달한 국가이다. 예를 들어, 대부분의 서구 복지국가들은 의료에 있어 국가가 적극적으로 개입하는 국민보건서비스나 사회보험 체제를 갖추고 있으나, 미국은 공공의 책임을 최소로 하고 민간의료보험에 의존하고 있다. 이와 같은 민간의료보험체제는 특히 빈곤층에게 매우 불리한데, 이런 미국의 현실을 고발한 영화 「존 큐」를 통해 미국 사회복지제도의 현실을 살펴보고자 한다.

[작품의 배경]

이 영화는, 심장병에 걸린 아들을 살리기 위해 인질극을 벌인 존 큐(덴젤 워싱턴 역)의 절박한 심정을 다룸과 동시에 민간 의료보험에 의존하고 있는 미국 의료계의 문제점을 드러낸 영화로 우리나라에서도 2002년에 개봉되었다.

[줄거리]

▲존 큐(John Q)
- 감독/닉 카사벤츠
- 주연/덴젤 워싱턴
- 제작 연도/2002년
- 상영 시간/100분

영화 「존 큐」는 심장병에 걸린 아들을 살리기 위해 병원을 점거하여 인질극을 벌이게 되는 한 아버지의 절박한 선택에 관한 이야기이다. 단란한 한 가정의 아버지 존 큐는 어느 날 그의 아들 마이크가 야구 게임 도중 쓰러지고, 병원에서는 당장 심장 이식 수술을 하지 않으면 살아날 가망이 없다는 청천 벽력같은 소식을 전해온다. 그러나 보험 혜택은 물론 공공부조인 의료부조의 대상자가 아니어서 정부 지원금도 기대할 수 없는 상황이다.

병원에 입원하여 죽어가는 아들 때문에 망연자실한 아버지는 이웃과 교회에서 후원금을 걷어보기도 하지만 수술비에는 절대 액수가 부족하다. 부인은 남편에게 "무슨 일인가 해라(Do Something!)"라고 외친다. 그는 아들을 살리기 위한 마지막 수단으로 아들의 수술을 진행할 병원을 점거하기에 이른다. 그가 목숨을 걸고 내건 요구 사항은 아들의 이름을 심장 수술 대기자 명단에 올리는 것이었다.

하지만 경찰이 그의 요구를 무시하고 베테랑 협상전문가인 프랭크 그림(로버트 듀발 분)을 투입하면서 존 큐의 인질극은 세상에 알려지기 시작한다. 언론은 이 특별한 인질극을 시시각각 보도하고 특별 기동대 SWAP까지 동원되면서 사태는 걷잡을 수 없이 커지고, 결국 SWAP에서는 존 큐를 사살하라는 명령이 떨어진다.

어느덧 창밖에 가득 메운 군중으로 향하면서 정부의 잘못된 정책에 대항하는 한 시민의 안타까운 저항에 공감하게 된다. 결국 심장이식 수술이 가능한 비현실적 '해피 엔딩'으로 영화는 막을 내린다.

◆사회복지적 관점에서 영화 보기

복지국가와 사회보장제도의 발달

20세기 이후 복지국가는 복지의 일차적 책임이 개인에서 국가(사회)로 전환된 것이라 할 수 있다. 사회복지정책의 주요 영역은 국제노동기구(ILO)에서 각국 정부에게 권고한 노령(+장애 · 유족), 의료, 산업재

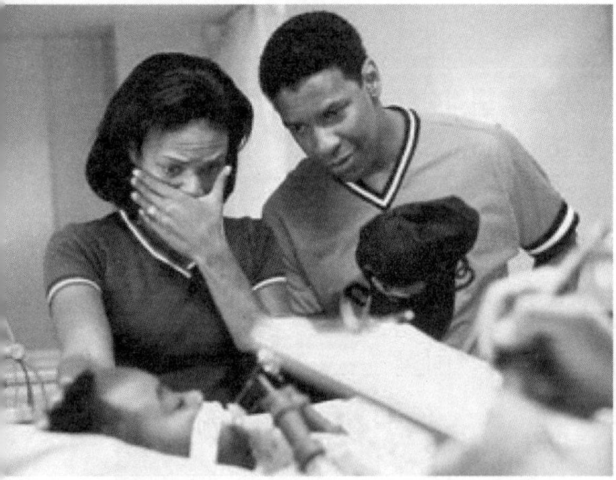

▲아들 마이크가 심장이식수술을 받아야 하나 존의 직장에서 최근 가입변경된 민간의료보험이 심장이식수술은 급여대상이 아니라 아픈 아들을 바라보면 고통스러워하고 있는 부부
출처: www.daum.ent/movieInfo

해, 실업, 가족(혹은 아동) 등 5가지 영역의 사회보장제도라고 할 수 있다. 일반적으로 산재, 노령, 질병에 대처하기 위한 사회복지제도가 어느 나라에서나 먼저 도입되는 경향이 있어 이들 제도를 '사회보장의 제1세대'라 부르고, 나머지 실업과 가족을 위한 사회복지제도를 '사회보장의 제2세대'라고 부른다.

소위 복지국가라 분류되는 서유럽 및 북유럽 국가들은 이미 20세기 초에 이러한 제도를 도입하여 복지국가의 초석을 마련하였고, 제2차세계대전 이후에는 수급대상자가 전국민으로 확대되었다. 우리나라의 경우도 산재보험(1964년 실시), 의료보험(1997년 실시), 국민연금(1988년 실시)이 먼저 도입되었고, 실업에 대한 정책인 고용보험(1995년 실시)이 비교적 최근에 도입되었으며, 아직 보편적인 가족수당(혹은 아동수당)은 도입되지 않았다.

이 중 의료보장은 다시 그 유형을 영국의 국민보건서비스(National Health Service)같이 그 재정책임이 국가에 있는 사회수당형(Demogrant), 우리 나라의 국민건강보험처럼 본인, 사용자, 국가가 공동으로 재정책임을 지는 사회보험형(Social Insurance), 그리고 우리나라의 의료급여나 미국의 메디케이드처럼 빈곤층 등에게 무상으로 제공되는 사회부조형(Social Assistance)이 있다.

• **국민보건서비스(National Health Service/NHS)**
영국에서 1948년부터 시행되었으며, 조세로 전국민에게 의료보장제도를 실시하는 대표적인 사회수당형 의료보장제도이다.

그런데 미국은 어떠한가? 영화 「존 큐」에서 보듯이, 미국에는 선진국으로는 유일하게 보편적 의료보장제도가 도입되어 있지 않다. 단지 지불 가능한 계층은 민간의료보험인 건강관리기구(HMO/Heaith Maintenance Organization)에 의존하고, 최저 빈곤층에게만 사회부조의 일환인 메디케이드가 제공된다.

▲죤큐가 아들 마이크를 심장이식수술 대기자 명단에 올릴 것을 요구하며 인질극을 벌이자, 병원관계자, 경찰, 언론인 등이 모여 죤을 설득하고 있는 모습
출처: www.daum.ent/movieInfo

민간 의료보험에 의존하고 있는 미국의 실상

미국에서는 돈이 없거나 보험에 가입되지 않은 환자가 병원 응급실에 갈 경우, 치료는 받을 수 있게 돼 있다. 응급 상황에서의 치료는 항상 보장된다. 그러나 문제는 그 이후 병원들의 의료비 독촉이다.

미국은 전세계 의료비의 절반 정도(미국 GDP의 13-14%)를 쓰고 있음에도 인구 중 4300만명(미국 인구의 15%)은 어떠한 형태의 보험체계에도 가입되어 있지 않다. 직장이 바뀔 때 일시적으로 보험 혜택을 받지 못하는 사람도 200만명에 달한다(힐러리 로댐 클린튼, 2003: 215-231).

민간 의료보험에 들지 않은 사람들은 건강상의 위험에 처해도 치료를 받지 못하고, 흔한 질병에 걸려도 결국 진료비가 비싼 응급실 신세를 지거나 개인 부담으로 진료비를 대다가 파산하기에 이르게 된다. 미국의 의학기술이 뛰어나다 하더라도, 돈이 없으면 의료혜택을 받을 수 없는 것이다.

미국의 의료보험제도는 강제성을 띠고 있지 않다. 의료보험에 반드시 가입해야 한다는 법률도 없다. 보험은 개인 또는 회사별로 각자 가입해야 한다. 대개의 경우 직장의료보험을 통해 의료보험에 가입되어 사업주와 본인이 일정하게 배분해 공동 부담한다.

65세 이상 노인 환자들은 급여에서 공제된 분담금으로 제공하는 메디케어(Medicare)에 가입하며, 젊은 연령의 실직자 및 빈곤계층은 공공부조의 일환으로 메디케이드(Medicaid) 자격이 주어진다. 이처럼 저소득층이나 노인층의 미국시민을 제외하고 미국내 모든 사람들은 의료비를 본인이 직접 책임져야 하는 실정이다. 그래서 전 인구의 15%가 아무런 보험에도 들지 못하고 건강의 사각지대에 놓이게 된 것이다.

영화 「죤 큐」에서도 아버지인 죤 큐의 직장이 어려워지자 구조조정 차원에서 노동자 일부를 임시직으로 변화시켜 두고 의료보험의 등급도 낮추어 놓는다. 죤 큐의 낮아진 민간 의료보험 등급에서는 '심장 이식 수술'은 급여에 포함되지 않고, 이 들 부부가 소득이 일정 수준 이상이라 메디커어의 대상자도 될 수 없는 상황을 그리고 있다.

미국의 의료보험 문제는 주요 정치적 쟁점 중 하나였다. 20세기 이후 미국 대통령들은 미국의 의료체계를 개혁하기 위해 애써왔고, 다양한 성과를 거두기도 했다. 26대 시어도어 루스벨트 대통령은 미국 최초로 보편적인 의료보장제도를 제안하였고, 프랭클랠린 루스벨트 대통령은 경제공항 이후 뉴딜정책의 초석인 사회보장법(1935년)을 법제화할 당시 전국민 의료보험제도를 구상하였다. 그러나 그 구상은 주로 미국의 사협회(AMA)의 '의료보험제도는 의료를 국가가 통제하려는 정책의 술책'이라는 반대 때문에 실현되지 못하였다.

트루먼 대통령은 페어딜(Fair Deal) 정책의 일환으로 전국민 의료보장이라는 대의명분을 채택하였고 1948년 선거 공약에 포함시켰다. 트루먼 대통령 역시 의료보험은 사회주의적 발상이라고 주장하는 보수파의 조직적인 반대에 부딪혀 뜻을 이루지 못했다.

1965년 존슨 대통령은 '위대한 사회'를 제창하여 연방기금으로 두 소외집단-빈민층과 노인층-에 의료혜택을 제공하는 메디케이드(Medicaid /빈곤층에 대한 의료부조)와 메디케어(Medicare/ 65세 이상의 노인에 대한 의료보장제도)를 도입하였다. 이 프로그램으로 현재 미국에서는 빈곤층과 노인 7,600만명이 혜택을 받고 있다(힐러리 로댐 클린튼, 2003: 215-231).

그 후 여러 민주당 대통령이 전국민 의료보험제도를 제안하였으나, 큰 성과가 없었다. 1993년 민주당 대통령 후보였던 빌 클린튼은 주요 공약으로 '의료개혁'을 내세워 취임 후 '의료개혁특별위원회'를 설치하여 의욕적으로 공공 의료보험제도를 도입하려고 했으나, 결국 성공하지 못하였다.

결과적으로 미국은 선진국 중에 유일하게 사회적 성격의 의료보장제도(영국 같은 NHS나 우리나라 국민건강보험 같은 사회보험)가 없이, 민간보험조직체인 건강관리기구(Health Maintenance Organization)가 관장하는 국가로 남게 된 것이다.

생각나누기

1. 원무과 직원 레베카는 마이크의 심장이식 수술이 직장의 민간의료보험인 건강관리기구의 수급대상이 아니고, 의료부조(Medicaid)의 대상도 아니라는 것을 알았을 때, 병원이라는 조직의 입장에서 서게 된다. 레베카의 역할을 의료사회복지사로 대비해 볼 수 있는데, 여러분이 이런 상황에 처하게 될 때, 클라이언트와 속한 조직 중 어떤 입장에서 일하게 될 것 같은가?

2. 마이크가 의료보험 대상이 아니라는 것이 알려지자 교회와 이웃이 모금을 한다. 그러나 그 금액은 수술비에는 훨씬 못 미치는 액수이다. 현대 사회복지에서 자선의 역할 및 기능에 대해 생각해 보자.

3. 병원에서 의사 결정하는데 많은 절차와 시간이 소용된다. 사회복지기관 및 병원 등 2차기관에서 관료화의 문제점에 대해 토론해 보자.

4. 영화에서는 마이크가 기적적으로 심장이식 수술을 받게 되는 '해피 엔딩'이다. 현실에서 그런 해피 엔딩이 가능할까?

참고문헌

연동원(2001), 『영화 대 역사』, 학문사.
이동진(1999), 『이동진의 시네마 레터』, 문학동네.
장재선(2003), 『영화로 보는 세상』, 책만드는공장.
힐러리 로댐 클린턴(2003), 『살아있는 역사』, 웅진닷컴.

제4장

아동복지 : 아이들의 삶과 복지

윤 혜 미*

많은 영화에 아이들이 등장하고, 아이들이 주인공인 영화도 많다. 아이들의 이야기는 우리 모두가 지나 온 경험이 있는 시기의 이야기이므로 친근하다. 아이들의 맑은 눈동자와 봄날의 새 잎 피는 나뭇가지같이 여린 그들의 몸과 순수한 영혼, 혹은 불행한 때묻음 모두가 우리를 미소 짓게 하고 한숨짓게도 한다. 갓난아이의 꼭 쥔 조가비 같은 주먹도, 자기 얼굴만 한 숟가락을 들고 한 끼의 양식을 구하는 배고픈 아이의 땟국 흐르는 눈물진 얼굴도, 어린 육신에 분홍 발레화를 신고 과장된 메이크업으로 무대 뒤에서 관중을 엿보는 겁먹은 소녀의 뛰는 가슴도 모두 우리에게 방어의 팔짱을 풀게 한다. 아이들이 등장하는 영화는 세상살이의 고단함과 남루함으로 화석화된 우리 가슴 속의 감성을 자극하는 힘이 있다.

아동이 등장하는 영화들은 가족과 학교라는 낯익은 환경 속에서 벌어지는 이야기가 많은데, 다양한 아동복지 이슈들을 발견할 수 있다. 예를 들면 태아의 생존권, 입양스토리, 양육권 분쟁, 해체가정의 아동이

* 충북대학교 아동복지학과 교수

나 육아원, 학교폭력, 아동학대, 가정폭력, 미혼모 가정이나 재혼가정 아동, 자폐아동의 내면심리와 극복 등의 주제들이 있다.

아동권리에 대한 영화로는 수혈로 인한 HIV 감염으로 죽어가는 소년과 단짝 친구의 이야기를 그린 「굿바이 마이 프렌드」, 희귀성 난치병을 앓는 아이를 데리고 고군분투하는 부모를 그린 「로렌조 오일」, 불치병으로 죽어가는 형과 동생의 형제애를 그린 국내작 「안녕 형아」가 있다. 입양스토리로는 아직도 국내입양보다 그 수가 훨씬 많은 해외입양의 현실 속에서 스웨덴으로 입양보내진 한국소녀의 부적응과 한국으로 돌아와 정체성을 찾아가는 이야기인 「수잔 브링크의 아리랑」이 있다. 부모의 이혼에 따른 양육권 분쟁과 관련된 「크레이머 대 크레이머」, 미혼모자가정의 아동이 아버지를 찾아 사랑을 확인하고자 국토대장정을 하면서 죽어간다는 국내작 「파송송 계란탁」, 자살을 기도하는 어머니와 살고 있는 조숙한 소년이 부유하고 착하지만 무책임하고 미숙한 어른을 만나면서 상호성장하는 이야기인 「어바웃 어 보이」, 가정해체와 아버지의 실직 때문에 시설보호를 받게 된 아동과 그 아이들을 찾으려는 부정을 그린 「에블린」, 만화영화이면서 해체가정 아동의 심리와 가정위탁보호 등을 다룬 디즈니의 「릴로와 스티치」, 아동학대를 다룬 「돈 크라이 마미」, 가정폭력과 성학대가 한 개인의 전 인생에 얼마나 지속적이고 비극적인 영향을 미치는지를 그린 「시대의 왕자」, 아동이 주어진 사회의 기계적 전형을 깨고 자기를 발견해 나가는 「빌리 엘리어트」, 그리고 어린 시절 아버지의 비극적 사고의 목격으로 인해 자폐증이 생긴 딸을 치료하는 모성을 그린 「카드로 만든 집」 등이 그것이다.

물론 이 모든 영화가 아동복지적 시각에서 제작된 것도 아니고 아동복지 시스템이 잘 표현된 것도 아니다. 그러나 아동복지에 관심을 두고 있는 주의깊은 관객들은 영화 속에서 그 사회의 아동복지체계와 전문가들, 아동에 대한 시각과 같이 영화가 의도하지 않은 부수적 관찰들을 통해 많은 것을 배울 수 있다. 설령 아동복지시스템이 그려진다 하더라도 아주 일부에 지나지 않고, 때로는 부정적 시각으로 그려지기도 하기 때문에 위에서 열거한 영화들을 학생들과 수업에서 사용할 때는 진행자의 주의 깊은 토론지도가 필요하다. 잘못하면 감독의 편향된 시각이나 등장인물의 어설픈 주장을 비판없이 수용하여 '선무당'이 될 수도 있기 때문이다. 영미권 영화에서 사회복지사는 대개 시스템과 규율에 얽매여 아동을 친가정에서 격리하는 관료주의에 물든 말단 공무원으로 표현되는 경우가 많다. 많은 영화들이 아동과 가족이 어려움을 자체적으로 해결하려는 데 초점을 두고 관객의 공감을 얻으려는 시도를 하다 보니 전문가의 개입을 이성적이기보다 감성적인 측면에서 그리고 있기 때문이다.

그러나 이 영화들은 광범위한 아동복지문제를 아동복지문제를 가족과 아동의 구체적 드라마로 실감을 느끼면서 풀어나갈 수 있도록 해준다. 입양이라는 주제를 예를 들면 단순히 입양의 원칙과 수치, 그리고 막연한 성공스토리 등만이 아니라 입양아가 겪게 되는 문화적 충격과 입양가족 내에서의 갈등과 곤란, 그리고 학교와 직장 등 사회적응에서의 소외감과 좌절, 친부모를 찾으려는 과정의 제도적 장애물과 감정의 격돌 등을 실제 상황으로 보면서 입양에서 중요한 서비스의 초점이 무엇이 되어야 하는지, 정책적 쟁점이 무엇인지를 깨달을 수 있게 된다.

영화를 보면서 각자가 영화에 비친 아동의 삶이나 이슈를 어떻게 이해하는가를 서로 이야기하거나 아동복지의 어떤 이슈를 잡아내는지를 보는 것도 흥미롭다. 이런 이슈들을 정리하여 아동에게 주어진 삶의 현실을 재구성하고 아이들의 입장에서 재구성된 현실이 보여주는 한계와 억압을 어떻게 하면 극복할 수 있을 것인지 논의해 볼 수도 있을 것이다.

1. 부모잃은 아이들의 삶은 얼마나 안전한가? : 「아무도 모른다」

▲아무도 모른다
(Nobody Knows)
- 감독/고레다 히로카즈
- 주연/야기라 유야, 기타우라 아유, 유, 하나에 칸, 히에이 기무라
- 제작 연도/2004년
- 상영 시간/140분
- 기타/PG13 등급. 아키라 역의 야기라 유야가 칸느 영화제에서 남우주연상 수상. 일본 영화아카데미에서 감독상 및 영화상 수상

출처 : www.cine21.com

이 영화는 현대사회의 분절되고 파편화된 가족의 모습과 풍요로운 사회 속에서 무관심과 소외로 인한 아동의 삶의 비극적인 상황을 미혼모 어머니와 네 명의 형제자매를 통해 보여준다. 정보화, 도시화된 현대사회에서 익명으로 살아가는 가족, 어머니로서의 애정과 의무에 대한 불안한 가정(假定)에 의지해서 살아가는 네 아이들의 위태로운 삶이 어머니가 이들을 버리자 존재 자체가 부정되는 가운데 어떻게 전개되는지 그리고 있다. 선진국인 일본(사실 어느 나라여도 상관없을 것 같다)에서 해체가정 아동에 대한 사회적 보호라는 사회 안전망이 얼마나 부실한지, 그리고 이런 시스템이 제대로 작동하기 위해서는 시스템 자체보다 이웃의 아이들에게 관심과 책임을 보여주는 사회구성원의 존재라는 피가 흐르는 인간적 요소가 얼마나 중요한지를 보여준다.

[작품의 배경]

이 영화는 현재 일본사회를 배경으로 한, 어머니로부터 버림받고 지역사회에서도 그림자로만 존재하는 소년소녀가정 4명 아이들의 생존을 위한 슬픈 모험으로 아이들의 삶과 에너지, 그리고 무심한 사회를 보여주면서 아동복지시스템을 다시 한번 생각하게 한다. 국제적인 첨단도시 도쿄의 화려한 외관과 달리 산업화의 그늘에 있는 사람들이 철저히 소외되고 타인에 대한 무관심이 극을 이루는 현대사회의 어두운 단면을 보여준다. 방임을 넘어서 유기에 이르는 어머니의 자녀양육관, 그리고 이러한 해체된 아이들만의 가정이 사회안전망에서 철저히 배제되는 비정한 사회상을 보여 주는데, 이 영화는 15년 전 도쿄에서 실제 있었던 사건에 기반하고 있다고 한다. 네 명의 아버지가 다른 아이들을 낳은 어머니는 자신의 행동의 진실을 덮으려는 듯 늘 웃는데, 그 웃음은 좀

일그러진 행복처럼 보이고, 어머니가 아이들을 버린 후 아키라가 유일하게 찾아간 아버지는 '다시는 찾아오지 말라'고 아키라를 두 번 거부한다. 아키라네 형제를 도와주는 것은 아이러니컬하게도 아이들을 보호할 책임이 있는 부모나 사회가 아니라 사키라고 하는 아키라 또래의 학교폭력 피해를 입은 또 다른 아이일 뿐이다. 이 영화에서 아이들은 소중하고 귀여운 존재가 아니라 어른들에게 이용당하거나 아니면 무시당하고 버림받아 그들의 삶을 스스로 헤쳐 나가야 하는 고독한 작은 어른들이다.

[줄거리]

아버지가 모두 다른 네 남매를 둔 모자가족이 도쿄의 한 작은 아파트로 숨어들 듯 이사온다. 아이가 많아 아파트에서 쫓겨날까봐 어머니가 여러 가지 규칙을 정하고 아무도 모르게 지낼 것을 요구하여 아이들은 학교에도 못 간다. 어느 날 어머니는 12세의 장남 아키라에게 약간의 돈과 동생들을 부탁한다는 쪽지를 남기고 사라져버린다. 아이들은 어머니 없이 자기들끼리만의 삶에 익숙해지도록 강요받는다. 한 달이 지나고 나타난 어머니는 잠시 후 다시 짐을 싸 집을 나가고 돌아오지 않는다. 약속한 날이 지나도 오지 않는 엄마에게 전화를 했다가 엄마가 재혼을 해 자기들을 버린 것을 알게 된 아키라는 동생들에게 이를 알리지 않고 아무도 모르게 자기들만의 삶을 살아갈 결심을 한다. 돈이 떨어지고 수도와 전기가 모두 끊기자 아이들은 편의점에서 버리는 음식으로 연명하고 공원에서 머리를 감고 빨래를 한다. 이들이 누구이고 어떤 삶을 살아가는지 아무도 모르는 가운데 굶지 않기 위해 발버둥치지만 결국 막내 동생의 죽음을 겪게 된다. 형제들은 죽은 동생을 여행가방에 넣어 늘 보고 싶어하던 비행기가 보이는 비행장 근처에 묻어준다. 죽음이 현실의 종말이 아니라 늘 함께 하던 남매가 다시 함께 살아갈 수 있는 희망이라는 암시를 남기면서 영화는 끝난다.

▲칸느 영화제 남우주연상의 유야
출처 : www.cine21.com

◆사회복지적 관점에서 영화 보기

가족의 의미는 무엇인가?

이 영화를 보는 내내 우선 가족이란 무엇인가라는 근본적인 의문이 생긴다. 이 영화에 등장하는 아키라네는 과연 어떤 가족인가? 아버지가 다른 네 명의 아이를 두었으면서 아이들의 생계나 양육에 대한 고민이 별로 없어 보이는, 그리고 아이들을 두고 나가 자기의 새로운 삶을 사느라 아이들을 잊어버리는 철없는 엄마 때문에 다른 아이들이 사는 방법과는 너무나 다른 모습으로 삶을 이어가는 네 명의 형제자매가 있다. 이혼이든, 사별이든 혼자된 어머니가 고된 노동을 통해 올망졸망 달린 어린 자식들을 부양하는 전통적인 모자가정도 아니고, 삶의 무게가 너무 버거워 어린 자녀들을 육아원이나 친척집에 맡기면서 일어나는 해체현상도 아니고, 영화는 우리의 상식을 뛰어넘는 이 가족의 거의 비현실적이면서 한편으로는 너무나도 현실적인 일상을 판단을 유보한 건조한 눈으로 당당하게 보여준다.

전통적으로 가족은 혈연관계를 가진 서로 다른 성(性)의 부모가 있고 한 지붕 아래 살면서 부모와 자녀의 역할과 기능이 분화되며, 부모는 자녀에 대해 애정과 양육의 책임과 의무를 지는 사회의 가장 기본이 되는 체계라고 주장되어 왔다. 물론 후기 산업화사회의 변화는 가족에도 변화의 격랑을 몰고 와, 혈연과 양친부모와, 동일한 거주와 노동의 분화와 같은 조건들은 더 이상 가족을 명명하는데 필요조건이 아니게 되었지만 그래도 자녀에 대한 양육과 애정의 의무와 책임은 가족의 주요한 기능으로 더 강조되고 있다. 우리나라의 건강가정기본법*에서는 가정을 '가족구성원이 생계 또는 주거를 함께 하는 생활공동체로서 일상적인 부양, 양육, 보호, 교육 등이 이루어지는 생활단위'로 정의하고 있다. 물론 이런 기준에서 볼 때 아키라네 가족은 매우 '불건강한'

---

* '건강가정기본법'은 2006년 9월 현재 국회에서 '가족지원기본법'으로 개정작업이 진행중이다.

가족인데, 과연 가족이기는 한 것인가? 가족학자 머독은 가족이란 가족 공동체의 연대의식이 형성되고 그 관계가 지속적인 집단이라고 하였다. 과거와 달리 현대에는 가족유형이 다양화되고 있다고 보든, 핵가족을 가장 보편적이고 규범적인 '건강' 가족으로 보아 현대사회의 가족이 해체되고 있다고 보든, 중요한 것은 가족원간의 정서적 기능과 자녀양육과 보호에 대한 책임과 의무라고 한 것이다.

같은 어머니를 두고 있다는 반쪽짜리 혈연관계를 가진 아이들 네 명과 책임이나 의무라는 의미에서는 이 아이들과 별 다를 것이 없어 보이는, 산들바람처럼 다정하지만 정처없이 사라져버리는 어머니의 불안정한 애정이 있을 뿐인 아키라네 가족은 가족이 해체되는 과정인 것인지 아니면 엄밀한 의미에서는 한번도 제대로 된 가족이 아니었던 것은 아닌지? 엄마는 아이들에게 조용히 할 것, 베란다에 나가 사람들 눈에 띄지 말 것을 요구하고 학교에도 보내지 않는다. 엄마는 이미 이 세상에 나와 있는 이 아이들에게 세상 살기에 합당한 이름과 존재를 부여하지 않아 아이들은 시스템에서는 존재하지 않는다. 투명인간으로 살기를 요구하던 엄마가 언젠가부터 돌아오지 않고 이들의 생계를 돌보지 않음으로써 이들의 존재자체를 그야말로 투명하게 만들어버린다.

오히려 엄마가 돌아오지 않을 것임을 안 아키라의 노력이야말로 이들을 비로소 가족이라는 이름으로 묶어주는 것이 아닐까? 아키라는 엄마에게 전화도 걸고, 아버지들을 찾아가기도 하고, 유통기한이 지난 음식들이라도 구해 동생들을 먹이려고 한다. 막내 유키가 죽자 유키의 바람을 기억하고 그를 비행장에 묻어줌으로써 유키에 대한 애정과 예의를 보여준다. 아이들만의 삶이 오히려 공동체의 연대의식과 지속성, 그리고 서로에 대한 애정과 꿈의 존중이라는 점에서 훨씬 가족답다고 생각되는 것이다.

이혼과 별거가 급증하면서 가족이 해체된다, 또는 다변화된다는 입장 차이로 논의가 분분하지만 이 영화를 보면서 분명해지는 것은 그런 공론이 진행되는 동안 결혼과 출산을 연결하고 핵가족만을 건강가족으로

▲세상에 존재하지 않는 아이들에게 세상은 함께 할 수 있는 공간이 아니라 멀리서 바라보는 것이다.
출처 : www.cine21.com

보는 시각이 있는 한 아키라네 아이들처럼 엄마의 가방 속에 물화되어 투명인간으로 살아가야 하는 아이들이 어딘가에 또 있을 것이라는 점이다. 아이들은 부모의 결혼여부나 경제상태에 의해서가 아니라 그들 존재 자체로 한 인간으로 인정받고 당당히 권리를 누릴 수 있어야 한다.

부모가 아이들을 버릴 때

이 영화는 아동복지적 측면에서 보면 지속적인 아동방임과 유기의 현장이다. 아이들과 별 다를 바 없이 생활에 무책임한 젊은 엄마, 아키라의 생존을 위한 처절한 요청을 질 낮은 농담으로 거부하는 무책임한 아버지들, 그리고 이들의 존재를 알려고 하지 않는 지역사회는 모두 유키를 죽음에까지 이르게 하는 방임의 책임에서 자유롭지 못하다. 어머니는 아이들에게 외부출입을 차단하고 없는 것처럼 살 것을 요구함으로써 아이들의 인권을 부정한다. 집에서 쫓겨날 것을 우려해 아이들을 학교에도 보내지 않는다. 교육적 방임이다. 유키는 다치거나 아파도 병원에 가지 못하는 처지가 된다. 의료적 방임이다. 어디 그뿐이랴. 어머니는 아이들에게 불충분한 돈을 남긴 후 사라져 한 달 후에나 나타나고 다시 아이들에 대한 어떤 보호조처나 설명도 없이 다시 사라져 재혼하고 아이들이 어떻게 살아가는지에는 관심이 없다. 아이들을 때리거나 욕하지 않지만 정서적 방임이고 극단적인 방임 유형인 유기를 자행한 것이다.

생태학 이론은 아동학대나 방임이 개인과 가족의 특성, 이웃, 지역사회와의 부조화 등 아동의 다양한 양육체계에 속한 각각의 변인과 관련하여 발생한다고 보고 있다. 사회심리적 요인으로 부모의 미성숙, 좌절과 스트레스를 주요한 변인으로 보고 있으며 우리나라 통계를 보면 가구유형 중 한부모가정에서 학대가 가장 많이 발생하는 것으로 나타난다(중앙아동보호전문기관, 2006). 모자가정, 또는 부자가정이 되는 과정에서 겪은 스트레스, 한부모로서의 경제적, 사회심리적 부담과 과중한 역할수행의 어려움, 빈곤 문제 등이 아동에 대한 학대나 방임으로 이어질 수 있기 때문이다. 아키라의 가정도 이러한 방임가정의 전형에서 크게 벗어나지 않는다. 소득원이 없는 어머니, 네 명의 자녀를 혼자 돌보아야 하는 모자가정 가구주로서의 부담, 어머니의 미성숙한 퍼스낼리티, 공식적·비공식적 지원체계의 부족 등이 그것이다. 방임은 아이들에게 생존의 위협은 물론, 타인에 대한 불신에서 비롯되는 대인관계의 문제, 자존감과 적응력의 저하 등 지속적인 부작용을 가져온다는 점에서 관심과 전문가의 개입이 필요하다.

• 아동방임

아동방임이란 아동을 직접 구타하는 등 적극적으로 해를 가하지는 않지만 아동의 성장에 필요한 돌봄과 애정을 제공해 주지 않음으로써 결과적으로 아동의 발달을 저해하는 행위로 아동학대의 한가지 유형이다. 의료적 방임, 물리적 방임, 정서적 방임, 교육적 방임으로 세분하기도 하는데 단일유형으로는 가장 빈번히 발생하는 아동학대행위이다.

아동의 보호와 안전에 대한 지역사회의 역할

한 사회가 얼마나 문명적인가는 그 사회의 약자들에 대한 사회적 배려의 수준을 통해 알 수 있다. 부모의 적절한 보호를 받지 못하는 아동은 생존을 위협받게 되므로 어떤 사회에서나 모든 성원이 동의하는 사회적 약자여서 도움을 주는데 저항이 적다. 더구나 인생에 있어서 아동기의 중요성에 대한 발견과 아동이 어느 한 가정의 소유물이 아니라 한 사회의 미래가 이들에게 달려 있다는 새삼스런 인식은 '내 아이, 당신들의 아이'라는 구분을 넘어서 '우리들의 아이들'이라는 사회적 보호 책무를 부과한다. 이러한 사회적 책임은 어려운 가정에 대한 소득지원, 아동수당, 아동의 일시보호, 가정위탁보호, 입양과 독립생활지원 등 지역사회와 국가의 다양한 아동복지정책으로 발전되어 왔다. 이 영화가 만들어진 일본도 아동수당제도가 구비되어 있고 특히 부모가 없거나 적절한 보호책임을 다하지 못하는 아동에 대해 지역사회를 중심으로 한 가정위탁인 '수양부모제도'가 활성화되어 있다고 알려진 국가이다. 그러나 이 영화를 보면 그런 제도도 지역사회주민의 아이들에 대한 따스한 관심이 없이는 제대로 역할을 할 수 없음을 알 수 있다.

엄마가 떠나고 전기와 수도, 음식이라는 생존의 필수조건이 끊기면서 오히려 아이들은 밖이라는 세상을 들여다볼 기회를 얻는다. 어떤 면에서 이젠 이들이 안전히 숨어 있다고 생각했던 집이 더 위험한 공간이고, 숨어야 하는 대상이라고 생각했던 바깥세상에서 생존 가능성을 찾는 것이다. 물론 이들의 바깥나들이는 엄밀한 의미에서 세상과의 소통은 아니다. 단지 세상을 엿볼 뿐이다. 잠시 잠깐 공원의 물을 마시고 화장실을 몰래 이용하고 유통기한이 지난 음식을 얻어먹으며 역시 적응이 어려운 사키와 소통하는 것은 이들이 여전히 지역사회에서 반투명 인간으로 존재한다는 반증이다. 공원과 편의점의 상한 음식은 지역사회가 이들을 돌보는 차원이 아니라 이들이 지역사회에 스며들어 생존을 타진하고 있음을 보여준다. 편의점 직원은 아키라의 사정을 듣고 시설에 들어가도록 정보를 주지만, 실제로 이런 보호가 일어날 수 있도록 행동하는 적극적 책임감을 느끼지는 않는다.

오히려 시스템이 개입하면 형제가 헤어질 수 있다는 가능성 때문에 이들에게 지역사회는 여전히 숨어야 할 대상이고, 더 나아가서는 적극적으로 도피해야 할 대상이 되어 버린다. 소위, 지역사회의 아동보호장치가 무심한 어른들로 인해 작동하지 않는 것이다. 멀쩡한 아동수당제도와 취약가정에 대한 소득지원제도가 아키라네 가족을 비켜간다. 집주인이 집세 때문에 아이들을 방문했지만 아이들만 남은 상황을 알고 싶어하지 않는다. 엄마가 떠나고 세금을 내지 못해 전기와 수도가 차례로 끊겨도 수도국도, 전력공급당국도 기계적으로 공급을 중단할 뿐 기본적인 생존조건인 전기와 물이 끊긴 집에 사는 사람들이 어떤 상태인지에 관해서는 관심이 없다.

이런 서비스를 중단할 때 그 지역의 사회복지사무소에 연락만 해도 사회복지사가 사실확인을 위해 방문을 하거나 집주인을 만나 세입자를 확인할 수 있는데, 비인간화된 시스템 속에서 유약한 개인들은 철저히 소외된다. 아키라의 아버지로 추정되는 사람도 게이코가 아이들을 버렸다는 사실은 짐작하지만 아이들의 삶을 모르는 체 하는 쪽을 택한다.

우리나라에서도 2005년 대구에서 빈곤한 가정의 아동이 극심한 영양실조로 사망하고, 부모가 아동을 벽장 속에 은폐한 일이 있었다. 국민기초생활보장제도의 법정 수급조건을 간신히 상회했으나 극심한 빈곤에 시달렸던 이 가정은 사회적 지원을 받을 방법을 몰랐던 것이다. 그 후 긴급구호제도가 도입되어 자발적 신청자뿐만 아니라 사회복지사의 대상자 발굴하기가 중요한 과업이 되고 있다. 훌륭한 아동복지제도의 구비도 필요하지만 이런 제도들이 효과적으로 약자를 보호하기 위해서는 무엇보다 이웃을 돌보고 관심을 갖는 지역사회의 분위기가 중요한 것이다. 아키라를 비롯한 살아남은 세 남매의 앞으로의 삶에 대한 슬픈 전망이 보다 인간적이고 순수한 영혼을 지닌 사람들을 통해 안도의 한숨으로 바뀌어져야 하지 않을까?

생각나누기

1. 유키의 죽음과 아키라 남매의 슬픈 모험의 책임은 누구에게 있는가?

2. 자녀양육능력이 없는 부모의 경우 친권의 인정은 어디까지 해야 할 것인가?

3. 아키라 가족이 영화와 같은 결말을 맺지 않기 위해서는 어떤 도움이 필요한가?

4. 아키라 가족은 이후 어떻게 될 것인지 영화의 속편 줄거리를 구성해 보자.

2. 아동학대가 남긴 영혼의 상처 : 「돈 크라이 마미」

▲돈 크라이 마미
(Bastard out of Carolina)
- 감독/안젤리카 휴스턴
- 주연/제니퍼 제이슨 리, 제나 멀론, 론 엘다드, 글렌 헤들리
- 제작 연도/1996년
- 상영 시간/97분
- 기타/R 등급(성학대와 폭력 묘사). 1996년 Emmy상 casting 부문과 제나 멀론이 Young Actress Award 수상.

출처 : www.cine21.com

제49회 칸느영화제 '주목할 만한 시선'에 출품되어 반향을 일으켰던 안젤리카 휴스턴의 1996년 작품으로 아동학대가 주 소재이다. 아동학대는 미국 영화에서 빈번하게 다루어지는 주제이다. 아동은 연약하고 미성숙하여 성인의 보호가 필수적이라는 사실과, 모든 동물이 생래적으로 제 새끼에 대한 지극한 사랑과 돌봄의 본능을 가지고 있다는 우리의 통념을 송두리째 배반하는 것이 아동학대라는 현상이어서 아동학대는 대중의 호기심과 공분(公憤)과 한탄 그리고 때로는 결의를 이끌어내는 효과를 가지고 있다. 이 영화는 계부에게 학대를 받으면서 성장해 가는 12살 소녀의 삶과 내면, 그리고 미국 남부 백인 빈곤계층의 대표적 이미지로 나타나는 미혼모 자식과 사랑에 대한 갈등을 보여준다. 아동기 학대는 이를 정면으로 다루는 '돈 크라이 마미'와 같은 영화 뿐만 아니라 많은 다른 영화에서 영혼이 남는 상처도 근원으로 자주 설정되곤 한다(예: 「시대의 왕자: prince of tide」).

[작품의 배경]

원제는 "Bastard out of Carolina". 원래 CNN 의 Ted Turner를 위한 TV용 영화로 제작되었으나 내용이 방송에 적당치 않다고 거부되어 Screen movie로 발표되었으며 비평가들의 혹평과 호평이 엇갈리는 작품으로 과거의 명감독 John Huston의 딸이며 영화배우인 Angelica Huston의 감독 첫 데뷔작품이다. 미국 남부 캐롤라이나 주에 살고 있는 가난한 모녀의 삶의 질곡과 투쟁을 아동학대를 소재로 영화적 미화를 시도하지 않으면서 매우 솔직하고 직설적으로 그려내었다. 미국 남부 빈곤계층의 모계 중심 가족 문화, 혼외출생과 배운 것과 가진 것이 없는 여자에게 있어서 남자의 의미, 복합가정에서의 계부모자녀 관계, 아동학대와 성추행과 같은 여러 가지 이슈가 솔직하게 그려져 있다. 감독

안젤리카 휴스턴은 피할 수 없는 잔인성을 내포하고 있는 이 고통스런 이야기를 폭발하지 않도록 침착하게 다스리면서 이끌고 간다.

[줄거리]

전형적 미국 남부 빈곤가정에서 아버지 없이 자란 애니(제니퍼 제이슨 리)는 남자에게 배신을 당하고 어린 딸, 본(제나 멀론)과 함께 살아간다. 사랑하는 사람과 결혼하여 둘째 딸을 얻지만 남편이 죽고 다시 재혼하는데 상류가정 출신인 남편(론 엘다드)은 콤플렉스가 심한 사람으로, 애니가 사산을 하고 누워 있는 병원 바깥에서 의붓딸 본을 성추행한다. 실직과 애니의 노동, 이사가 반복되면서 열두 살 소녀 본은 학교에도 적응하지 못하고 계부의 본격적 학대 대상이 되지만 어머니를 위해 이 사실을 숨기며 불행을 묵묵히 받아들이고 있다. 학대가 심해지다 엉덩이뼈가 골절되면서 애니도 사실을 알게 되고 이제 남편은 애니가 있을 때에도 아이에게 신체적 폭행을 가하지만 애니는 남편을 떠나지 못한다. 혼자 사는 이모와 함께 지내던 아이는 몸이 나았으니 집으로 돌아가자는 어머니를 거부하고, 애니는 남편에게 아이가 돌아오지 않으면 자기도 결혼생활을 지속할 수 없다고 이야기한다. 남편은 좌절과 분노에 휩싸여 본을 성폭행하다 그 현장을 애니에게 발각당한다. 애니는 남편을 떠나겠다고 하지만 애원하는 남편 앞에서 떠나지 못하고 본은 그 상황에서 어머니가 자기와 계부 사이에서 갈등하는 것을 보고 조용히 절망한다. 아이는 다시 입원하여 학대자를 밝히라는 경찰의 추궁을 받지만 계부를 사랑하는 어머니를 위해 침묵하고 이제 오직 스스로에 의지하여 살아가야 함을 깨닫는다.

◆사회복지적 관점에서 영화 보기

아동학대는 왜 발생하는가?

이 영화는 교훈적 시각이나 감동 연출, 또는 권선징악적 결말이 없이 남부 근로계층 미혼모의 아이로 태어난 소녀가 의붓아버지로부터 학대를 당하게 되는 상황을 감정의 폭발없이 조용히 보여준다. 아동학대가 얼마나 사소한 일로부터 시작되는지, 일단 시작된 학대가 어떻게 점점 정도를 더하면서 심해지는지, 학대하는 부모와 이를 알면서도 막지 못하는 부모의 관계가 어떻게 되는지, 학대받는 아이의 내면이 어떻게 분노와 불행감 그리고 슬픔과 증오로 가득차게 되는지 등을 보여준다.

아동학대가 발생하는 원인에 대한 연구들은 대개 그 원인을 생태학적 입장에서 찾는다. 학대행위는 학대자 개인의 문제라기보다 학대가 발생되는 개인의 삶에 영향을 주는 가족, 친구, 학교, 지역사회, 그리고 그 사회의 문화와 같은 다양한 수준의 체계간의 상호작용에 의한 것이라는 지적이다. 이러한 생태학적 접근은 개인의 삶에 영향을 미치는 다양한 수준의 체계를 보여주는 동시에 문제를 가중시키는 위험요인과 문제적 조건의 부정적 결과를 감소시키는 보호요인으로 체계를 구분할 수 있게 해 주어 개입의 실마리를 제공해 주기도 한다.

영화가 보여주는 본의 환경은 아동학대의 생태학적 측면에 대한 교과서와 같다. 먼저 개인적 차원에서 부모의 성격과 자라온 배경인데, 본인도 미혼모의 자녀였으면서 미혼모로 출발한 불안정한 결혼생활에서 헤어 나오지 못하는 어머니와 어릴 적 아버지에게 아동학대를 받으며 자란 계부의 숨겨진 불안과 폭력성, 폭발적인 분노가 자신의 가정에서 다시 자녀학대로 나타나는 폭력의 세대간 계승을 보여준다.

가족관계에서는 아버지가 다른 두 딸을 데리고 결혼하여 자식과 남편 사이에서 애정의 갈등을 겪는 어머니, 그리고 자신의 아들을 낳고자 하나 아내의 불임으로 자기 자신의 가족을 이루는데 실패했다고 절망하는 남편의 심적 상실감 등 재혼가정의 적응문제가 존재한다. 이외 누이동생과 조카를 사랑하지만 실직과 노무자로서의 삶을 반복하는 폭력적 외삼촌이 있다.

또 빈곤과 지역사회의 빈곤문화가 있다. 백인 쓰레기(white trash)라 불리는 남부의 극빈지역에서 실직과 빈곤, 폭력, 아버지가 다른 아이들과 무직 어머니로 구성되는 모자가족, 문맹, 학교중퇴와 어린 나이에 다시 미혼모가 되는 하층문화를 극명하게 보여준다. 아동학대를 예방하기 위한 사회적 시스템이 있지만 빈곤지역사회 문화의 특성상 아무도 문제를 아동보호제도라는 시스템으로 해결하려는 생각을 하지 않는다. 사회제도는 이 제도를 만든 백인 중산층 '그들의 제도'이지 이들에게는 해당되지 않는다고 생각한다. 이들은 문제가 생기면 가족과 친구들이 나서서 폭력이나 다른 비공식적 방법으로 해결하려는 폐쇄적 특성을 갖고 있다.

• 성적 학대(Sexual Abuse)

성학대는 아동에 대한 성추행, 성폭행 및 성착취 행위로 아동복지법에 규정되어 있다. 모든 아동학대행위가 그렇지만 성학대는 특히 한 아이의 영혼에 상처를 입히는 잔인한 범죄행위로서 아이가 의존하고 사랑하는 가장 가까운 가족원으로부터 성학대를 받게 될 때, 몸과 마음의 피난처를 구하기 어려워 내면적으로는 정신의 황폐화와 절망을, 그리고 외현적으로는 다양한 문제행동을 보이며 그 영향이 평생 어떤 형태로든 지속된다고 하며 적절한 전문적 개입이 필수적이다.

비학대부모의 내면 심리 이해

남편을 자기의 최후의 선택이라고 믿으며 폭력을 외면하던 어머니 애니는 뒤늦게 딸 본에게 어떤 일이 일어나고 있는지를 목격하고도 남편을 고발하지도, 떠나지도 못한다. 이를 보고 절망하는 본에게 이모는 "여자에게 남편이나 자식 중 하나를 선택하라는 강요를 할 수는 없다"고 아이를 위로한다. 며칠 후 나타난 애니는 "미안하다"는 말을 남기며 합법적인 출생증명서 한 장을 건네고 떠난다. 본에게서 사생아라는 굴레를 벗겨주고 싶었던 자신의 마음과 투쟁, 그리고 본에 대한 애정을 합법적 출생증명서 한 장으로 상징적으로 전달하는 것이다.

일반인이 아동학대가정에서 가장 이해하기 어려운 사람이 비학대부모이다. 부모로서 학대하는 배우자에게서 왜 아이를 보다 적극적으로 보호하지 못하는가라는 비난에 가까운 의문이다. 많은 관객들이 질문할 수 있다. 왜 애니는 본이 학대당하는 것을 보고도 남편 글렌을 떠나지 않는 것이냐고? 남편보다 자식이 더 중요하지 않느냐고. 우리의 대중정서는 '사랑이냐 모성이냐'라는 매우 통속적이고 신파적인 대립구도로 애니를 단죄하기 쉽다. 사랑이냐 돈이냐도 아닌, 자식문제이기 때문에 우리문화의 강력한 가족주의와 어머니의 당연한 희생이 전제되는 모자관계에 대한 가정은 애니의 선택을 손가락질하기 쉽다. 하지만 이 가족구성원 개개인은 더 복잡한 사정들을 가지고 있다. 임신했다는 사실을 알고는 사라져버린 첫 남자, 사랑했으나 일찍 죽어버린 첫 남편으로부터 얻은 두 딸을 데리고 배운 것도, 가진 것도 없이 세상과 맞서야 하는 애니에게 상류사회출신의 두 번째 남편은 마지막 남은 희망이다. 본인 역시 미혼모의 아이로 손가락질 받으며 살았던 애니는 두 딸에게만은 의붓아버지라도 가족의 온전한 모양을 갖추어 주고 싶고, 본인도 남편의 사랑을 받으며 의지하고자 하는 강렬한 욕구가 있다. 또한 남편은 애니를 사랑한다고 믿게 하고, 그녀에게 떠나지 말라고 애원한다. 그 이전의 다른 남자들은 모두 애니를 떠났고, 애니가 자라온 환경에서도 남자들은 언제나 여자들을 쉽게 버리고 사라지는 존재인데 현 남편은 그녀를 버리지 않으며, 그녀에게 오히려 떠나지 말라고 하여 애니의 내적 자존심과 의존심에 호소한다. 애니로서는 또 다시 아이 둘이 딸린 실직 미혼모로 살기가 두려울 수밖에 없다. 아동학대가정에서 빈번히 관찰되는 배우자 학대로 인한 어머니의 학습된 무기력이 여기서는 보이지 않는다. 남편이 애니를 폭행하지는 않는 것이다. 그래서 역설적으로 애니는 남편이 폭력적인 사람이라는 것은 인정하기가 쉽지 않다. 아이들에 대한 폭력은 훈육방식으로 애써 생각하고 싶다. 그리고 본에 대한 성폭행은 단 한번의 에피소드라고 생각하고 싶은 것이다.

학대가정에서 학대 재발을 막기 위해서는 가해자의 변화도 필요하지만 비가해부모의 역할이 매우 중요하다. 비가해부모가 사실을 직시하고 아이를 보호할 수 있는 역량을 길러야 한다. 애니가 사실을 제대로 보기 위해서는 애니도 전문가의 도움이 필요하다. 자신의 내면 심리를 들여다 볼 수 있는 심리학자의 도움, 본의 상처에 대한 이해, 남편과 자신의 관계를 객관적으로 볼 수 있는 여성주의적 접근, 남편을 떠나 독립을 할 수 있는 조건의 마련 등 문제만큼이나 복잡하지만 필요한 개입 방향일 것이다.

아동학대자의 심리 이해

의붓아버지가 본을 폭행하고 성폭행하는 것은 왜일까? 무엇보다 그의 성격과 개인사적 요소가 큰 것 같다. 환경은 다르지만 그 역시 아동학대의 희생자이다. 가부장적 성격이 강한 남부 상류사회 가정에서 다른 형제들에 비해 모든 면에서 아버지를 만족시키지 못했던 그는 아버지로부터 인격적인 모독과 정서적 학대, 그리고 신체적 학대를 겪으면서 자란다. 끊임없이 아버지의 인정을 받고자 하며 성인이 되어서도 이런 욕구가 지속되어 미성숙한 인격의 인격의 소유자이다. 겉으로는 번듯하고 열정적인 구애자이지만 열등감에 시달리면서 자기를 무조건적으로 받아들여 주는 자기가 사랑할 수 있는 가족을 원하는 비현실적인 욕구를 내면에 지니고 떠도는 사람이다. 본에 대한 학대는 커 가면서 정상적인 반항기에 접어드는 아이의 발달단계에 대한 몰이해와 어린시절 자신의 피학대 경험, 그리고 실직이 가져다 주는 자존심의 상실과 누적된 분노의 폭발적 표현이다.

그의 낮은 자존감과 미성숙한 성격은 대등한 인간관계를 갖기 어렵게 하고 비판을 수용하기 어렵게 한다. 아이를 둘이나 데리고 있는 미혼모로서 씩씩하게 살아가는 하층계급 여인 애니는 상처받은 자존감과 불안을 가지고 있는 그에게 자신이 기댈 수 있는 강한 여인인 동시에 계급이나 상황의 열악함 때문에 자신을 버리지 않을, 그리고 자신이 지배할 수 있는 여인으로 매우 중요한 인물이 된다. 어린 시절 사랑과 인정에 목말랐고 가족에게서 축출당한 그는 자기 자신의 아들을 낳아 이를 보상하려는 강력한 보상욕구를 가지고 있지만 애니의 사산과 그에 따른 불임으로 희망이 사라진다. 절망한 그에게 애니가 낳은 두 딸은 모든 면에서 실패하는 자신에 대한 비웃음인 듯하다. 애니가 그의 아이를 낳지 못하게 된 사실은 그의 남성성에 대한 또 다른 도전이다. 본이

▲애니의 사산사실을 본에게 말하는 의붓아버지
출처 : www.cine21.com

처음 성추행을 당한 때가 의붓아버지가 애니의 사산사실을 전해 듣고 울면서 돌아온 차 안이라는 것은 시사점이 많다.

상처받은 영혼 – 피해아동의 적응

본은 가난하고 어린 어머니를 도와 동생을 돌보고 자기의 욕구보다 어머니를 먼저 생각하는, '성인 아이(adult-child)'이다. 아버지 없이 태어나 첫 번째 의붓아버지로부터 잠시 사랑받았으나 그가 죽고 불안하고 폭력적인 두 번째 의붓아버지에게서 갖은 학대와 성폭행을 당하게 되는 불행한 아이이다. 부모의 잦은 실직과 불안정한 생활 때문에 여기저기 이사를 다니느라 제대로 친구를 사귀지도 못하고, 학교에 적응하지도 못하는 외톨이이지만 밖에서 사고를 일으키지 않고 어머니를 감싸고 동생을 감싼다. 동생에게는 어머니를 대신한 보호자로서 의붓아버지의 학대를 자기 몸으로 모두 막아내고, 어머니의 갈등과 고민을 염려하여 자신의 욕구를 최소화하는 너무 일찍 철이 든, 그러나 본인의 내면의 상처가 깊고 아동기를 박탈당한 아이이다.

본은 학대를 받으면서 부당하다고 생각하지만 어떻게 해 볼 수가 없다. 어머니에게 말하자니 가뜩이나 불행하고 피곤한 어머니를 더 힘들게 할 것이 명백하고 외가 식구는 의붓아버지를 흠씬 때려주는 것으로 대처할 뿐 근본적인 도움이 되지 않고, 도망치자니 아직 어린 여동생이 자신을 대신해서 희생될 것이 뻔하다. 학대피해 아동을 보호하는 아동보호시스템이 있어 병원에서 의사의 신고를 받은 경찰이 본을 찾지만 본은 이들을 신뢰하지 않고, 또 어머니를 위해 끝까지 입을 다문다.

친구도 없는 본에게 유일한 정신적 지주는 이모이다. 문제가 커질 때마다 성격 강하고 달관한 듯한 혼자 사는 이모는 본을 받아주고 끌어안아 주는 유일한 피난처이다. 이모 집에서 지내는 기간이 본에게는 유일한 평화의 시간이며 마음의 위무(慰撫)를 받는 시간이다. 이모는 본에게 많은 것을 묻지 않지만 같이 누워 밤하늘의 별을 바라보며 인생의 쓰디 쓴 진실을 이해하게 도와준다. 어머니가 결국 의붓아버지를 떠나지 않으리라는 것을 알고 상처받은 본에게 이제 혼자 설 때임을 암시해 주는 것도 이모이다. 제각기 자기 삶의 책임을 지는 것임을 알려 주는 이모를 통해 본은 자기도 강해져야겠다고 다짐한다.

감독은 본의 이후 거취를 암시할 뿐 어떤 명확한 해피엔딩의 방법을 제시하지 않는다. 사회시스템과 가족이 보호에 실패했을 때 아동학대가 한 아이의 전 인생에 회복하기 어려운 얼마나 큰 상처를 입히는지를 보여주고 그 잔영을 관객 각자가 음미하도록 할 뿐이다.

▲이모와 사촌과 즐거운 한때의 본
출처 : www.cine21.com

생각나누기

1. 학대아동을 보호하기 위한 아동보호시스템이 어떻게 해서 본을 비껴가는가? 무엇이 문제이며 어떤 시사점을 제기하는지 논의해 보자.

2. 빈곤과 실직 등 사회적 조건과 아동학대에 대해 논의해 보자.

3. 아동학대 가정에 대한 개입은 어떻게 이루어져야 하는지 이야기해 보자.
   - 학대자에 대한 개입은 원가정을 포함해야 하는가?
   - 아동을 보호하지 못한 비학대부모에 대한 개입은 어떻게 해야 할까?
   - 언니가 학대당하는 것을 목격한 어린 여동생에 대해서는 어떤 개입이 필요한가?

4. 애니가 남편을 떠난다면 이 가정에는 어떤 지원이 필요할지 생각해 보자.

3. 이혼, 그리고 아이들이 행복한 재혼을 위한 두 엄마 이야기 : 「스텝 맘」

▲스텝 맘(Step-mom)
- 감독/크리스 콜럼버스
- 주연/수잔 서랜든, 에드 해리스, 줄리아 로버츠
- 제작 연도/1998년
- 상영 시간/124분
- 기타/PG 13. 우리나라에서는 1999 개봉됨

출처 : www.movie.daum.net

다양한 이유로 이혼과 재혼이 증가하고 있다. 이혼과 재혼의 증가는 당연히 자녀들의 적응 문제를 가져온다. 아이들은 당장 일어나고 있는 변화에 대해 이해하지 못하고 앞으로 일어날 일에 대해서도 염려하며 양쪽 친부모와 계부모에 대한 충성심의 갈등을 겪기도 한다. 부모도 자녀도 모두 죄책감, 실패감, 두려움과 상실감을 느끼는데 자녀의 나이에 따라 반응에는 차이가 있다. 이혼은 부부로 남기를 포기하는 것이지만 두 사람이 자녀들의 부모라는 사실은 변함이 없어야 한다. 또 재혼가정이 이루어졌을 경우, 서로의 적응은 더욱 중요한 이슈가 된다. 핵심은 아이들이 행복하게 잘 적응하고 자랄 수 있도록 하는 것이다. 이 영화는 이혼가정에서 양육자인 아버지의 새 반려자와 아이들, 친모의 역할 갈등이 심화되어 가다가, 친모가 죽음을 앞두고 있다는 사실이 아이들의 행복에 있어서 새엄마의 중요성을 알게 하여 당사자들이 모두 화해한다는 이야기로 이혼과 재혼이라는 민감한 주제를 평안하고 따뜻하게 그리고 있다.

[작품의 배경]

우리나라도 90년대 이후 이혼이 가파르게 증가하고 있지만 미국은 1900년대 이후 시작된 이혼이 1980년대에는 최고조에 달했고 그 이후에도 일정 수준이 유지되고 있다. 새로 결혼하는 두 쌍 중 한 쌍이 결국 이혼한다는 통계를 통해 통계학자들은 현재 미성년 아동 중 절반 이상이 생애의 한 시점에서 한부모가정에서 생활하게 될 것으로 예측한다. 물론 이중 남성의 75%, 여성의 60%가 이혼 3년 이내에 재혼을 함으로써 20% 정도의 아동이 재혼가정에서 생활하게 된다. 이혼은 그 자체가 아이들에게는 매우 혼란스런 도전인데 이혼하는 부모자신도 혼란스러워 자녀가 겪는 문제를 제대로 돌볼 여유가 없다. 공동양육이나 한부모 시기가 지나 재혼을 하게 되면 재혼가족이 구성되는 과정에서 또 다른 도전을 겪게 된다. 이 영화는 이혼과 재혼이 빈번한 미국 중산층 가정에서 팥쥐 엄마가 아닌 '착한 계모'와 '배신당해 가엾은, 그러나 당당하고 아이들을 사랑하는 친모'가 아이들 양육을 두고 갈등을 겪다가 결국 친모가 아이들을 위해 행복한 재혼가정이 되도록 도와준다는 이야기이다.

영화는 크게 세 가지 분수령을 가지고 있는데 1막은 전남편의 동거녀인 이사벨이 잘 하려는 마음은 있지만 아이들을 기르는데 계속 실수를 하게 되자 비양육부모인 친모 재키가 '내 아이들에게 손도 대지 말라'고 선언하는 갈등과정이다. 2막은 이사벨이 차차 아이들의 신뢰를 얻으면서 재키가 아이들을 보내주어야 한다(let go)는 것을 알게 되는 부분이다. 특히 재키가 암이라는 선고를 받으면서 재키는 앞으로 자신의 귀한 자녀들을 돌보아 줄 사람이 결국은 이사벨이라는 사실을 깨닫고 그녀를 도와주어야겠다고 생각이 변한다. 3막은 일종의 눈물바람으로 재키가 아이들과 이별을 준비하면서 루크와 이사벨의 가정에 또 한 사람의 가족으로 인정받는 것이다.

[줄거리]

촉망받는 프로페셔널 사진작가 이자벨은 동거남의 전처 소생 아들과 딸을 키우면서 좌충우돌하며 엄마로서의 무능성을 절감하고 있다. 잠시라도 한눈을 팔면 이내 사라져 버리는 말썽꾸러기 벤과 예민하고 고집스러우면서 자기를 노골적으로 싫어하는 애나 때문이다. 그런데 여기에 아이들에게 희생적인 루크의 전처 재키가 가세하여 이사벨의 엄마로서의 부적격성을 강조하고 비난한다. 한 번도 어머니가 되고자 한 적이 없었고, 지금도 아이 기르기에는 빵점인 이사벨에게 인생은 고달프고 생활은 소란스럽다. 영화는 이런 저런 에피소드로 재혼가정의 부모자녀간 적응문제와 비양육 친부모와의 경계 문제를 보여주다가 친모인 재키가 말기 암환자라는 클라이맥스를 설정한다. 살 날이 얼마 남지 않았다는 것을 알게 된 재키는 아이들이 이사벨과 남편 루크가 이룬 가정 속에서 행복하게 자라기를 바란다. 아이들이 행복하기 위해서는 이사벨과 루크의 결혼생활이 행복해야 하고, 아이들이 이사벨을 받아들이고 이사벨 역시 아이들의 양육에 애정과 기술을 필요로 한다는 것을 알게 된다. 재키는 이사벨에게 진심으로 아이들을 부탁하고 이들이 새 가정에서 서로 적응할 수 있도록 돕는다. 이사벨은 자기의 결혼생활을 도와주고 아이들의 애정을 양보하려는 재키를 또 다른 가족으로 받아들임으로써 갈등은 봉합되고 화해가 진행된다.

◆사회복지적 관점에서 영화 보기

이혼가정 자녀의 적응

이혼부부 재키와 루크에게는 십대 초반의 딸과 어린 아들이 있는데 아버지가 양육하고 있다. 부모의 이혼은 아이들에게 장기적인 부정적 영향을 미친다는 연구가 있는가 하면, 또 잘 적응되기만 하면 3~4년 지난 시점에서는 별 영향이 없다는 연구도 있어 어느 한 편으로 결론을 내리기는 어렵다. 이혼 가정의 아동이 부적응 문제를 겪는 것은 자녀에게 노출된 부모 갈등의 정도와 자녀들이 부모로부터 받은 양육의 질에 따라 다르고, 아이들의 연령에 따라서도 다르다고 지적되어 왔다(성정현 외 역, 2006).

이 가정에는 이제 첫 데이트를 시작하는 십대 초반의 딸과 초등학교 저학년의 어린 아들이 있다. 영화는 이혼이 끝나고 모든 구성원이 이혼에 어느 정도 적응이 된 이후의 가족을 보여주고 있어 이혼 즈음의 아이들의 공포나 불안은 나타나 있지 않지만 8살짜리 아들은 친모와 잘해 주는 새 엄마 후보 사이에서 충성심 갈등을 많이 겪고 있다. 새엄마 후보의 실수투성이 아이 돌보기에 화도 나고 질투도 난 친엄마에게 아들이 말한다. “엄마가 이사벨 미워하라고 하면 난 미워할 거야(If you want me to hate her, I'll hate her)”. 실제로 자기는 이사벨을 별로 미워하지 않지만 친엄마에 대한 충성심을 그렇게 표현하는 것이다. 이혼으로 인해 부모로부터 거부당했다는 느낌을 갖고 있기 때문에 충성할 대상에 대해 분명히 하지 않을 경우 친부모로부터도 거부당할까봐 두려워하는 것이다.

십대 딸은 사사건건 이사벨에게 반항하고 그녀의 실패를 즐긴다. 십대 초반의 자녀들은 부모의 이혼에 대해 분노를 많이 느끼고, 특히 이혼을 먼저 제기한 부모에게 심한 분노를 느끼는데 여기서는 이사벨을 데려와 동거하고 있는 아버지에 대한 대항의 방법으로 이사벨을 모욕하고 비난하는 것이다. 동시에 자기 삶에서 일어나는 부모 이혼과 재혼으로 인한 변화를 통제할 수 없다는 데 대해 무력감을 느낀다. 물론 시간이 가고, 이사벨이 '어머니를 대신하는 것이 아니라 나이 차가 적어 언니 같은 친구'로 관심을 공유하면서 접근하자 서서히 벽을 허물게 된다.

영화에서 이 두 아이들은 이혼가정 아이들이 겪는 전형적인 충성심 갈등을 보여주고 십대의 반항이 맞물리는 과정을 보여주지만 그간의 양육환경이 이들에게 우호적이었고, 여전히 관심과 사랑을 보여주는 양쪽 부모가 있고, 진심으로 이들에게 다가가려는 새엄마가 있어 사실 큰 문제는 없다고 할 수 있다.

• 이혼가정 자녀와 부모의 적응

이혼은 이혼하는 당사자와 그들의 자녀들 모두에게 분노와 죄책감, 그리고 슬픔을 안겨준다. 이혼의 가장 큰 희생자는 미성년 자녀라고 할 수 있다. 이들은 나이에 따라 부모의 이혼을 이해하고 적응하는 정도가 다르고, 부적응 행동의 양상도 달라진다. 또 부모의 이혼이 얼마나 부정적이고 폭력적인 과정을 거쳤는가에 따라서도 다르며, 이혼 후 부모의 관계에 따라서도 다르다. 특히 부모 중 어느 한 쪽이 재혼을 하거나 이성 파트너 유무에 따라서도 수용하는 정도가 다르다. 부모도 마찬가지여서 충성심 갈등을 겪는 자녀들에 대한 죄책감과 이전배우자에 대한 미움, 그의 새 파트너에 대한 양가 감정까지 겹치게 되면 아이들이 평화롭고 건강하게 성장하도록 하기 위한 노력이 쉽지 않다는 것을 알게 된다. 그러나 아이들은 새로운 가정에 적응하고 살아나가는 방법을 배워야 하고, 이혼한 부모나 재혼 파트너도 아이들의 이익이 자기들의 감정이나 이익을 우선해야 함을 깨달아야 한다.

재혼가정의 적응문제

▲친모와 아이들의 즐거운 한 때
출처 : www.movie.daum.net

이혼이 많아지면서 자연히 재혼도 늘어나, 우리나라도 최근에는 결혼 10건 중 2건이 재혼이라는 통계도 있다. 재혼의 유형은 초혼녀-재혼남, 재혼녀-초혼남, 재혼남-재혼녀 등의 세 가지 유형으로 크게 구별되지만 재혼하는 각자에게 전혼 자녀가 있는가 없는가에 따라 다시 매우 다양하게 나누어질 수 있다. 전혼자녀가 있는 재혼가족의 경우, 적응 문제는 더 복잡해진다. 부부간의 적응, 계형제자매간의 적응, 그리고 계부모-자녀간의 적응 등, 서로 다른 규칙과 생활습관과 해결되지 않은 감정의 찌꺼기들이 더해진 재혼인 만큼 반드시 성공해야겠다는 어른들의 절박함이 더해지면 가정생활에 적응될 때까지는 긴장의 연속이 될 수 밖에 없다. 아내가 전혼자녀를 데리고 재혼했을 경우, 전혼자녀는 천덕꾸러기가 된다든지, 남편이 전혼자녀를 데리고 재혼했을 경우, 전혼자녀는 못된 계모에 의해 핍박을 받는다든지 하는 부정적 스토리가 많은 것도 이런 까닭인 것이다. 아이들과 계부모간의 적응만이 필요한 것이 아니라 아이들끼리, 그리고 아이들을 사이에 둔 어른들간의 적응도 필요하고 배우자의 전배우자가 양육권이나 면접권을 가지고 있을 경우 이들과 해결해야 할 문제도 생기게 된다. 따라서 재혼가족은 초혼가족보다 훨씬 더 성숙한 부모역할과 적응노력 및 이해와 협력이 요구되며, 누구의 욕구가 가장 우선될 것인가에 대한 각자의 깨달음과 합의가 필요하다.

영화에서는 이혼 후 아이들이 아버지와 함께 살게 되는데 여기에 아버지의 여자친구인 젊고 능력 있는 이사벨이라는 여성이 합류하면서 새엄마 역할을 하게 된다. 큰 딸과 모녀 사이라고는 보기 어려운 새엄마는 계모의 전형일 수 있지만 다행히 이 영화에서 새엄마인 이사벨은 착한 여자이다. 이사벨은 엄마가 되는 것이 어떤 것인지, 그것도 이미 어느 정도 자라버려 친모와의 추억이나 생활규칙에 익숙한 아이들의 엄마가 된다는 것이 얼마나 어려운 일인지를 잘 모른다. 그는 진심이면 통할 것이라고만 생각하기 때문에 열심히 하지만, 자기 일과 부딪히면

엄마로서의 정체성이 아니라 직업인으로서의 정체성이 더 도드라지게 나타나는 여성이다. 엄마가 된다는 것이 내포하는 상당부분의 희생이 아직 연습되지 않은 것이다. 그런 이사벨에게 아이들은 일부러 그러는 것처럼 야속하게도 사라져버리거나 접근을 거부함으로써 어려운 상황을 만든다. 배우자의 전혼자녀들과의 관계가 쉽지 않은 것이다. 특히 한부모가족이 되면서 발전되어 왔던 강한 유대관계가 새엄마가 들어오면서 누군가가 끼어든다는 느낌을 주고, 이 새로운 침입자에 의해 자신들이 밀린다는 느낌을 갖게 되면서 아이들은 아버지의 관심과 사랑을 독점할 수 없게 되었다고 느끼고 이사벨에게 갖게 된다. 새엄마가 온다는 것은 부모의 재결합에 대한 아이들의 비밀스런 욕망이 더 이상 실현될 수 없게 되었다는 것을 알게 하면서 배신감을 갖게 해 질투심, 경쟁심, 거부 등을 보이게 된다. 자녀들이 부모의 이혼 후 안정기간을 거치다가도 재혼초기에 오히려 행동문제를 많이 일으키는 이유는 바로 이런 것 때문이다.

이사벨은 점차, 자기가 아이들의 친모를 대신할 수 없다는 것을 알게 된다. 아이들에게는 시퍼렇게 눈을 뜨고 있는 친모가 있고, 친모와 아이들이 지금껏 가져온 감정적 공유와 애정을 다른 사람이 이를 대신하기를 허용하지 않는다는 것을 알게 되는 것이다. 그래서 이사벨은 친구가 되고자 한다. 다행히 첫 데이트를 시작하는 사춘기 딸은 자기가 좋아하는 밴드 티킷을 사주고, 남자아이들을 어떻게 다루면 되는지를 일러주는 새엄마에게 호감을 갖게 된다.

이 가족에서 또 다른 적응문제는 계모인 이사벨과 친모인 재키의 관계이다. 이사벨이 실수하면 아이들의 친엄마인 재키가 무섭게 들이닥쳐 '아이들을 돌볼 자격이 없다'고 비난하며 아이들을 데리고 가버리고, 남편인 루크는 그런 상황을 못마땅하게 생각한다. 이사벨은 재키조차도 우군으로 만들어야 하는 어려운 상황에 빠진 것을 알게 된다. 많은 재혼가족에서 전 배우자와 현 배우자간의 관계는 재혼의 성패를 결정하는 민감하고 중요한 아킬레스 건이다. 현 배우자는 전 배우자의 상실감

▲계모 이사벨과 아이들
출처 : www.movie.daum.net

을 이해하고, 전 배우자는 현 배우자가 악역이 아닌 대안임을 인정하고 자녀의 최선의 이익이 무엇인지를 기준으로 할 수 있는 성숙함이 있어야 한다. 다행인지, 불행인지, 재키의 병은 재키로 하여금 결국 자기 자식들을 돌볼 사람이 이사벨임을 고통스럽지만 인정하게 하여, 전처가 후처를 돕는 이상적인 조건으로 영화는 진전된다. 현실에서는 쉽지 않은 결정이지만 영화니까, 그리고 최루성 영화의 공식대로 불치병을 가진 엄마의 모성이 발휘되고, 세련되고 착한 젊은 새엄마의 이해심이 이 가족을 적이 아닌 동지로 모아준다. 다행하게도 이 가족은 한부모가족이 되면서 빈곤의 나락으로 떨어지지도 않고, 이혼한 배우자끼리 원수가 되지도 않았으며, 모든 어른들이 성숙한 인간미를 가지고 있고, 아이들도 매우 착하다. 그러나 실생활에서는 많은 이혼가족들이 폭풍같이 험악한 이혼과정을 거치고, 경제적 곤란을 겪고, 비양육부모를 잘 만나지도 못하고, 생활이 시간적으로도 경제적으로도 빠듯한 과정들을 겪는다는 사실을 염두에 두어야 한다.

[영화보기의 또 다른 재미]

이 영화에는 악한이 없다. 이혼당하는 전처와 못된 계모, 구박받는 아이들, 무관심한 아버지의 불행한 재혼가족 전형이 아니라 이혼의 원인은 알 수 없지만 이혼해서 아이들을 양육하지 않는 친엄마도 당당하고, 젊고 예쁜 계모도 십대의 의붓딸과 어린 의붓아들에게 좋은 엄마가 되려고 최선을 다하고, 아이들도 계모와 친모 사이에서 약간의 충성심 갈등을 겪는 것 외에 크게 문제행동을 보이지도 않으며 성공한 비즈니스맨인 아버지는 전처를 미워하지도 않는 매우 바람직한, '우호적 이혼(friendly divorced)' 가정이다. 친모가 암으로 죽어간다는 설정만 제외하면. 친모의 불치병은 친모의 태도를 변화시키고 모든 가족원이 'one big family'가 되도록 하는데 중요한 모티브가 되는데, 영화가 이처럼 보통사람들이 어떻게 해 볼 수 없는 불치병 같은 극적인 사건을 도입하지 않고 재혼가정 아동의 적응과 가족기능을 그려내었으면 하는 아쉬움이 있다.

생각나누기

1. 재혼가족과 원래의 가족 중 재혼가족은 더 '개방적'인 특징이 있다고 한다. 이것이 아이들에게는 어떤 의미인지, 그리고 어떤 영향을 미치는지 논의해 보자.

2. 이 가족에서 재키는 불치병을 가지고 있으며 아이들도 이를 알게 된다. 아이들은 엄마의 암이 아버지와의 이혼과 새엄마와 관련이 있다고 생각하지 않을까? 친엄마의 불행 앞에서 재혼가정의 아이들의 충성심 갈등과 적응에 대해 이야기해 보자.

3. 영화에서는 아버지의 역할이 매우 미미하다. 재혼가정에서 아동의 적응을 위한 아버지의 역할을 계부-친모의 경우와 친부-계모의 경우로 나누어 생각해 보자.

참고문헌

Teyber, E. 저. 성정현 · 김희수 · 박한샘 · 양심영 · 양혜원 · 전명희 · 주소희 · 최정숙 옮김(2006), 『이혼가정자녀 어떻게 돌볼 것인가』, 청목출판사.

보건복지부. 중앙아동전문보호기관(2007), 『2006년 전국아동학대실태보고』.

제5장

청소년복지 : 영혼의 성장스토리

윤 혜 미*

청소년기는 흔히 아동기에서 성인기로 옮겨가는 과도기적 시기라고 한다. 과도기란 대개 어느 한 쪽에도 온전히 속하지 못하면서 양쪽 모두에 발을 담그고 서 있는 양상이다. 아동이라고 부르기엔 훌쩍 커버린 몸과 정신을 갖고 있으나 성인이라고 하기에는 앞서가는 생각과 감정을 다스리고 혹은 실현할 현실적 능력이 갖추어져 있지 않다. 수많은 충동과 무한한 동경심과 호기심에 가득 차 있으며 무엇이든 할 수 있을 것 같이 에너지가 넘치지만 경험미숙으로 좌절과 회의, 불신을 경험하게 된다. 이제껏 자라온 가정의 틀을 벗어나 자유로이 독립하고 싶지만 다른 한편으로는 독립에 대한 두려움과 부담을 느끼는데 그 준비되지 않음이 내 탓이기보다는 부모나 다른 환경적 여건에 기인한다고 믿어 쉽게 분노한다. 청소년기에 내가 부당한 억압을 당하고 있다는 생각을 한번 쯤 해보지 않은 사람은 없을 것이다.

또 다른 한편으로는 내가 부모나 가족이나 학교가 규정하거나 기대하는 정말 그 사람인지, 혹은 그 사람이기를 나도 바라는지에 대한 회

* 충북대학교 아동복지학과 교수

의를 갖기도 한다. 자기 자신에 만족하는 사람은 아무도 없다. 키가 큰 청소년은 자기가 보기 흉하게 크다고 생각하고, 작은 청소년은 자기가 땅꼬마라고 절망하고, 맑고 투명한 피부를 가진 소녀도 화장이 필요하다고 생각한다. 자기가 남들이 말하는 바로 그 사람으로 살아낼 수 있을 것인지, 아니면 지금은 무엇인가 어긋나 있다고 생각되는 자신만의 모습을 주장할 수 있을 것인지 너무나 혼란스럽다. 또 자기가 무슨 일을 하면서 인생을 살아갈 것인지도 불안하다. 무한 경쟁과 날로 심해지는 압박의 세상에서 하고자 하는 일을 제대로 성취할 수 있을 것인지에 대한 두려움도 만만치 않다. 내가 무슨 일을 잘 할 것인지, 다른 사람들과 어떻게 어울려 살아갈 것인지, 남들은 왜 별 문제가 없어 보이는지도 늘 고민이다. 그렇다고 남들과 꼭 같은 모습으로 살고 싶지 않지만 어떻게 살게 될 것인지는 분명치 않아 불안하다.

그래서 청소년기는 아직은 미성년이라는 보호막 속에서 다양한 시도를 하게 된다. 때로는 기성세대가 인정하는 방식으로, 때로는 인정하기 어려운 모습으로 나타난다. 이해하기 어려운 일탈이나 위험행동을 감행하기도 하는데 결과에 대한 고려가 부족하다. 이 시기의 중심문제는 자아정체성을 확립하는 일이다. 청소년들은 자신이 누구이며, 가정과 사회에서의 역할이 무엇인지에 대해 알고자 한다. 또한 타인의 눈에 비친 자기는 누구인가에 심각한 관심을 보인다. 자아정체성의 결여는 역할혼란을 초래한다.

인간이란 개별적으로 성장·발달하는 존재이다. 개인의 발달 과정에서 정체성이란 독립적이고 객관적인 존재로서의 모습을 갖추기 위한 필수적인 발달 과업이다. 또한 정체성은 사회적이며 타자와 연관되어 있다. 헤겔에서 미드에 이르는 정체성에 대한 이론가들은 개인의 정체성을 상호 인정의 맥락에서 설명하여 타인들이 규정하는 나의 정체성을 내가 수용함으로써 정체성이 성립된다고 보았다. 기성의 모든 관습과 규율을 낡은 것으로 치부하고 반발하는 것처럼 보이는 청소년들이 정체성 수립에서 타인의 인정에 목말라 한다는 사실은 표면적으로는 아이러니이다. 그러나 한 개인에게 가능한 정체성의 수가 늘어나게 되면, 사람들은 사회적으로 인정받는 정체성을 얻기 위해 타자의 인정을 받으려고 한다. 현대에도 여전히 사회적으로 규정된 가능한 역할, 규범, 관습, 기대들 간의 상호 작용 구조가 존재하며, 사람들은 이것들 안에서 복합적인 상호 인정의 과정을 통해 자신의 정체성을 획득하기 때문이다.

정체성 확립은 많은 시행착오를 동반한다. Marcia(1980)는 개인이 자아정체성 위기를 겪어내는 방법을 정체성 획득(achieverment), 정체성 유실(foreclosure), 정체성 혼란(confusion)과 정체성 유예(moratorium)의 네 가지로 분류하였다(이인정・최해경, 1997에서 재인용). 정체성 획득은 개인이 집중적인 의사결정기간을 통해 개별화된 가치체계와 커리어에 대한 결정을 내림으로써 얻어지는 것이고, 정체성 유예는 한 번도 이러한 치열한 과정을 거치지 않고 부모 등에 의해 이미 예정된 가치관과 커리어를 받아들이는 것으로 성장과 변화를 위한 다양한 기회를 차단당하는 것으로도 볼 수 있다. 정체성 혼란은 개인의 인생에 있어서의 결단과 방향성의 심각한 결여를 의미하는 것으로 정체성 혼란을 겪은 사람은 낮고 문제해결에 매우 서툴다. 정체성 유예란 정체성 위기 동안 심각한 불안을 경험하였지만 아직 자신의 가치나 커리어에 대한 확신을 가지고 있지 않은 사람들이 처한 단계로서 이 문제를 해결하기 위해 끊임없이 치열한 투쟁을 치른다. 성인이 되어 친밀한 대인관계를 갖기 위해서는 정체성 위기를 직면하여 이를 해소하려는 노력이 선행되어야 한다. 따라서 정체성 획득은 청소년기의 가장 중요한 발달과업이다.

성인들은 자기들이 지나 온 이 시기를 추억과 회한, 그리고 자유로움과 젊음에 대한 시기와 동경으로 기억한다. 성장영화에는 청소년기가 누구나 어떤 형태로든 고뇌하며 지나온 시간이기에 혼란을 겪는 아들 딸에 대한 감독의 측은지심과 추억이 엿보인다. 개인사이지만 인류공통의 과제이며 유사 이래 반복되어 온 시・공간을 아우르는 공통성이 또한 관객을 흡입하는 힘이 되고 있다. 이런 특징은 성장영화들이 영화적으로도 성공하고 흥행에서도 성공할 수 있는 조건이 된다.

청소년 성장영화에서 주인공들이 갈등과 혼란 끝에 자기를 발견하거나 자기와 또는 가족이나 기성사회와의 화해에 도달하는 데에는 대개 한사람의 중요한 인물이 있으니 그가 바로 멘토(mentor)이다. 최근 청소년 연구에서는 적응유연성이라는 개념이 각광을 받고 있다. 많은 위험요인이 있음에도 불구하고 긍정적인 결과를 보여주는 청소년들을 적응유연성(resilience)이 있다고 말하는데, 바로 그 적응유연성에서 매우 중요한 공통적인 요소 중 하나가 어려운 시절, 적어도 한사람의 신뢰하고 의지할 수 있는 성인의 존재라는 것이다. 멘토는 청소년 복지에서 물질적 지원이 해결할 수 없는 매우 중요한 소프트웨어이다. 성장영화들은 주인공의 투쟁과 좌절이나 냉소에 진지하거나 따뜻한 한 사람의 멘토를 등장시켜 드라마를 이끌어간다.

이 장에서 다루는 두 편의 영화인 「처음 만나는 자유」의 수재너는 마땅한 멘토가 없이 정체성 혼란을 홀로 겪어내야 하는 불안한 여자청소년이다. 「파인딩 포레스터」에서처럼 대지에 두 발을 굳건히 내리고 자말이 한번도 가져본 적 없는 부성의 이미지로 그를 때로 질책하고 비판하며 이끌어 주는 포레스터라는 멘토가 없는 수재너의 '자아찾기'는 양친부모가 있는 상류층 환경에도 불구하고 흑인 저소득 모자가정의 자말의 '자아찾기'보다 훨씬 더 치열하고 고통스럽고 오랜 시간을 요구한다. 유사한 주제를 가진 또 다른 영화로는 역시 헌신적이고 인간적인 심리학 교수가 폭력과 냉소주의에 빠진, 말하자면 품행문제를 가진 수학천재를 인도하는 「굿 윌 헌팅」이 있다. 또 이들 영화에서처럼 강력한 존재감으로 다가오지는 않지만 아일랜드의 가난하고 보수적인 탄광마을에서 뜬금없이 발레리노가 되려는 아들을 우여곡절 끝에 지원하는 아버지가 나오는 「빌리 엘리어트」나 자살충동을 가진 어머니와 살고 있는 모자가정의 조숙한 소년에게 아버지의 인세로 백수의 삶을 살고 있는 철없는 독신남이 소중한 존재가 된다는 「어바우트 어 보이」

같은 영화도 방황하는 어린 영혼들을 이끌어주는 중요한 한 사람의 이야기라고 재구성할 수도 있다. 우리나라 영화 「여고괴담 1, 2」나 「말죽거리 잔혹사」 등은 불행하게도 따뜻하고 강력한 멘토 한사람 없이 혼란과 폭력을 혼자 헤쳐 나오며 피흘리는 불쌍한 청춘들의 이야기를 그리고 있다.

1. 청소년기 함정과 자아발견, 그리고 관계하기: 「처음 만나는 자유」

청소년기를 흔히 질풍노도의 시기라고 한다. 삶의 주인이 아니라 부모에 의해 선별된 의식주를 통해 자라왔고, 부모의 기대와 지원에 많은 영향을 받으며 사진의 피사체처럼 살아온 어느 날, 갑자기 어른들은 질문을 한다. '자, 이제 넌 다 컸어. 무엇이 될 거니?' 무엇이 될 것인지는 다른 한편으로는 '어떻게 먹고 살아갈래?'와 관련되어 있다. 이런 질문을 받으면 대부분의 청소년은 배반감을 느낀다. '늘 이렇게 저렇게 하라더니, 갑자기 혼자 알아서 하라고?' 속물적인 어른들에게 진저리를 내어 왔음에도 그들에게서 놓여나는 것이 두렵다는 자각이 뒤따른다. 이제 그들은 '나는 도대체 어떤 사람이지?'라는 외로운 질문을 하게 된다. 그리고 이 질문에 대한 대답은 그냥 찾아지지 않는다. 일부는 어른들이 예비해 둔 길을 거부하면서 온 몸으로 부딪히며 많은 시행착오를 거쳐 자기를 발견하게 되는데, 그 여정이 험난하다. 길모퉁이마다 함정과 돌부리가 있다. 인간관계도 그 중 하나다. 그런데 넘어져서 상처가 나고, 함정에 빠져 겨우 살아나오기도 하면서 찾게 된 '나'는 그렇지 않은 '나'보다 훨씬 강인하고, 스스로에게 애정을 갖게 한다. 「처음 만나는 자유」는 바로 이런 과정을 선택한 한 여자 청소년의 치열한 자기 찾기와 타인과 관계맺기에 관한 영화다. 이 영화는 청소년기의 자아찾기라는 '정체성' 추구를 이기적이고 자기중심적인 한 여자 청소년을 통해 보여주는데, 1960년대라는 생동적이면서도 혼란된 시기를 배경으로 정신요양소라는 특수한 환경을 도입하고 있다. 즉 시대적으로, 공간적으로, 그리고 개인사(個人史)적으로 '혼돈'이라는 키워드가 상징적으로 등장하는 것이다. 이 영화는 자아정체성, 대인관계 등 청소년기 발달과업을 청소년기 부적응의 모델과 같은 몇몇 인물들과 폭발적인 연기력을 보여주는 안젤리나 졸리, 가라앉아 있으면서 암시적인 연기로 내면적 혼란을 잘 보여주는 위노나 라이더 등의 배우들의 좋은 연기에 힘입어 잘 표현해 내고 있다.

[작품의 배경]

▲처음 만나는 자유
(Girl, interrupted)
- 감독/제임스 맨골드
- 주연/위노나 라이더, 안젤리나 졸리, 우피 골드버그, 바네사 레드그레이브
- 제작 연도/1999년
- 상영 시간/127분
- 기타/안젤리나 졸리가 리사 역으로 오스카 여우조연상 수상. 위노나 라이더가 제작자로 참여. 원작: 수재너 케이슨의 자전적 소설

출처 : www.cine21.com

1960년대 미국은 매우 특징적인 시대였다. 인권운동과 마틴 루터 킹 목사의 암살, 케네디 대통령의 암살과 베트남 전쟁 및 반전운동, 히피문화, 여성운동의 시작 등 낭만과 절망, 기존 질서의 파괴에서 오는 혼돈과 새로운 정의의 출현이 뒤섞인 시대라고 할 수 있다. 이를 한 개인의 삶에 비유하면 잘 정리되고 규칙화된 의존적 아동기에서 성인기로 이행하는 과정의 정체성 혼란을 거쳐 독립성과 사랑의 획득과 같은 개인적 삶의 성취욕구로 혼란스러운 질풍노도의 청소년기와도 같은 시대라고 할 수 있을 것이다. 또 이 시기는 새로운 가치관이 등장하기 시작하지만 아직도 성에 관한 한 이중적인 잣대가 강력한 힘을 발휘하던 시기이기도 하다.

이 영화는 60년대를 배경으로 성인기로의 성공적인 진입에 실패한 여자 청소년들의 내면적 고뇌와 성장의 고통, 그리고 성인기로 가는 길에 잠복하고 있는 수많은 함정(우울증, 성폭행 경험, 약물남용, 자살충동, 섹스, 식이장애 등)을 수재너라는 작가지망생의 눈을 통해 애정 어린 시선으로 바라본다. 혹자는 산업 사회의 주요 관심이 '이해(interest)'에 있었다면, 후기 산업 사회의 주요 관심은 '정체성(identity)'에 놓여 있다고 한다(Goldstein, 1994). 사실 오늘날 정체성의 추구는 과거의 어느 때보다도 강렬한데, 개인적 차원에서뿐만 아니라 다른 형태의 집합적 정체성을 점점 더 강조하는 경향도 존재한다. 예를 들면 월드컵에 열광해야 한다고 생각하는 다수의 사람들 사이에서 그렇지 않은 소수는 과연 '한국인'인지 정체성이 의심당한다. 발달적 측면에서 볼 때, 청소년기에 자신이 다수 속에 적응(fit-in)하지 못한다고 생각할 때 느끼는 정체성에 관한 불안은 매우 심각한 것이다. fit-in의 문제는 대개 인간관계에서 비롯되기 때문이다.

[줄거리]

수재너는 백인 중산층 가정의 섬세한 외모를 지닌 18세의 여고졸업생으로 두통을 없애려고 보드카에 아스피린을 한 병을 삼켰다가 자살미수가 된다. 공식적 진단명은 경계선 인격장애로 증상은 정체성 혼란과 미래계획의 불확실성, 충동적인 위험행동(문란한 섹스, 약물남용 등)과 생에 대한 일반적인 비관적 태도이다. 수용소라기보다는 컨트리클럽 같은 분위기의 정신요양시설인 클레이무어에는 자살미수로 들어온 수재너 외에도 화상으로 얼굴이 상한 자존감문제를 지닌 폴리, 거식증 환자 자넷, 식이장애를 가진 성학대 피해자인 데이지, 카리스마 강한 반사회적 인격의 리사, 병리적 거짓말증인 조지나, 폭식증 알리시아 등 문제를 가진 여자청소년들이 살고 있다. 수재너는 이들에 비하면 문제가 없는 편이다. 자신이 정신병동에 있어야 할 이유가 없다고 생각하는 수재너는 혼란을 겪는데 하룻밤을 같이 지냈던 토비가 베트남전에 징집되어 수재너를 만나러 온다. 절박한 섹스, 그리고 토비는 캐나다로의 도피행에 수재너의 동행을 요구하지만 수재너는 어느 사이엔가 정신병동이 익숙하여 탈출을 두려워한다. 이후 원장인 윅 박사와의 치료세션에서 자신의 문제는 인생에 대한 선택의 문제라는 충고를 듣고 고민하다 숨겨둔 약을 한꺼번에 먹고 침잠한다. 간호부장 발레리(우피 골드버그)는 수재너에게 게으르고 방종한 아이라고 부르며 스스로를 미친 것으로 몰고 가는 어린소녀 짓을 그만두고 인생을 낭비하지 말라고 안타깝게 다그친다.

격리되었던 리사가 도망쳐서 플로리다로 가자고 한다. 돈을 빌리러 클레이무어를 퇴원한 데이지를 찾아가지만 리사는 데이지의 의존성과 아버지의 성폭행과 고착, 자해, 진정제 중독을 폭로하며 비웃는다. 아침에 일어난 수재너는 데이지의 자살한 시신을 발견하고 후회한다. 리사를 말리지 않은 자신을. 그리고 죽고 싶다는 생각이 실제 주검을 보게 되자 얼마나 허구적이었는지를 깨닫고 리사에게서 벗어나 치료에 동참하면서 세상으로 돌아가고자 노력한다. 글쓰기는 수재너가 자신과 세상의 연결고리를 발견하는 수단이다. 자기와, 그리고 다른 친구들과 그리고 세상과 화해하고 수재너는 퇴원하여 집으로 돌아간다.

> **• 경계선 인격장애**
> 일반적으로 사회나 상황에 적응을 잘 못하고 정서가 불안정하여 평소 주위에 피해를 주는데 여성에게 많다. 우울 짜증 분노를 되풀이하며. 자신이나 남에 대한 평가가 극단에서 극단으로 오가, 중립적인 생각을 잘 못한다. 부모의 과보호나 일관성 없는 양육태도 등이 관련되었다고 생각된다. 우울증, 약물중독, 자살이나 범죄 등과 연관될 가능성이 커 자신이나 타인을 해칠 수도 있기 때문에 치료가 필요하다. 나이가 들면서 증세가 약화되고 안정화된다.

◆사회복지적 관점에서 영화 보기

청소년기 세상에 적응(Fit-in)하기의 어려움

청소년기의 변치 않는 화두는 아마 다음과 같은 세 가지일 것이다.

- 나는 누구인가
- 나는 무슨 일을 하려고 하는가
- 나에게 사랑이 있는가

수재너는 사립여고 졸업을 앞두고 다른 친구들의 대학진학이 자기에게는 맞지 않는다고 생각한다. 특별히 다른 이유가 있어서가 아니라 그저 모든 일이 심드렁하고 화가 난다. 그래서 술도 마시고, 마리화나도 하고, 남자친구와 그리고 한번은 아버지 친구와 섹스도 하면서 자기가 다른 아이들과 같이 평온하고 즐겁게 지낼 수가 없다고 생각한다. 소외되었다고 느끼는 것이다. 부모와 정신과 의사는 수재너가 일반적인 백인 상류가정의 딸들이 선택하는 보장된 길을 특별한 이유없이 거부하는 것을 보고 수재너가 'fit-in'에 실패했다고 보고 그녀에게 새로운 'fit-in'의 장소로 치료시설을 결정한다. 그러나 그 시설은 부모가 딸이 거기에 fit-in한다는 것을 믿기를 거부하는 곳이다. 어머니는 그래서 떠나는 딸을 데려다주지 않고, 몰래 숨어서 운다. 오히려 모르는 사람인 택시 운전기사가 수재너에게 말한다. "넌 미친 것처럼 안 보여. 거기서 편하다고 주저앉지 마(You don't look crazy. Don't get too comfortable') 이 말은 수재너의 내면 깊숙이 자기도 방기하고 싶은 자신의 정체성에 관한 희망의 불씨가 된다. 청소년기 '거울에 비친 자아(mirror image)'처럼, 아무도 모르는 사람이 나를 미쳤다고 보지 않는다면, 정말 나는 미치지 않은 것인지도 모른다.

클레이무어의 환자들을 본 수재너는 자기가 이들과 다르다고 생각해서 여기도 자신에게 맞지 않는 곳이라고 생각하고, 또 이를 다행으로 여긴다. 그러나 간호사나 의사는 그녀를 '그들' 중의 하나로 본다. 더욱이 수재너는 본인이 입원을 선택한 것이니(성인이어서) 그녀의 이런 항의는 어리광으로 치부될 뿐이다. 이질감을 느끼던 수재너는 시간이 가면서 시설에 익숙해진다. 토비가 캐나다로의 사랑의 도피를 권유할 때 오히려 클레이무어가 자기가 있을 곳이라는 생각을 하게 된다. 익숙해지면서 외부세계로의 모험이 두려워지는 것이다. 원하는 곳은 아니지만 익숙함이란 우리 모두에게 하나의 함정이다. 클레이무어에 머물면서 수재너는 점점 더 환자로서의 자신의 역할에 익숙해져 자기 인생에 대한 책임이나 의욕을 놓아버리고 돌봄을 받는 존재가 되기를 선택하면서 더 이상의 고민을 거부하게 된다.

간호사 발레리와 원장 윅 박사의 충고, 그리고 리사와의 도피 중에 겪는 데이지의 자살, 리사의 격리구금 등을 겪으면서 수재너는 비로소 자기가 속한 곳이 클레이무어여서는 안 되겠다고 생각한다. 정체성과 삶의 의미에 대한 회의를 자살에 대한 동경으로 나타내던 수재너는 실

▲클레이무어에서 리사와 친해지는 수재너
출처 : www.cine21.com

제로 데이지의 자살을 목격하고 죽음의 그 덧없음과 주검의 누추함에, 그리고 자신의 오만함과 무관심이 친구의 죽음을 방조했다는 사실에 크게 충격 받는다. 아무것도 느끼고 싶지 않은 혼란 속에서는 죽음이 꿈처럼 보이지만 그런 죽음을 실제 목격하면서 죽음을 꿈꾸는 것이 너무나 어리석다는 것을 알게 된 것이다.

감정의 보호막이 한 꺼풀 벗겨질 때 청소년은 성장한다. 죽음을 동경한 자신의 철없음에 대한 환멸은 그녀로 하여금 이제 세상 속으로 돌아갈 때가 되었음을 깨닫게 한다. 결국 세상에 적응하는 것은 자기의 노력이며 다른 모든 사람에 대한 애정과 관심의 회복이라는 것을 깨닫는 것이다. 그리고 클레이무어를 벗어나는 결정이 온전히 자기 몫임을 깨닫는다. 익숙해졌던 클레이무어가 자신이 판 함정이었을 뿐 진정한 fit-in의 장소가 아님을 깨닫고 자기가 있어야 할 곳에 돌아가기 위한 노력을 처음으로 시작하는 것이다. 수재너는 어떤 세상에 속한다는 것이 그냥 주어지는 것이 아니라 모두가 노력하고 진정으로 원해서 얻게 된다는 것을 배우게 되는 것이다.

자아정체감

수재너는 좋은 가정에서 훌륭한 교육을 받은 미모의 젊은 여성이지만 내면은 혼란 그 자체이다. 친구들과 달리 정해진 인생의 길을 가기를 거부하지만 무엇을 하고 싶은지는 정작 자신도 잘 모른다. 수재너는 담배를 피고, 술을 마시고, 수면제를 먹기도 하지만 어떤 것도 그녀의 공허함을 채워 주지는 못한다. 내면적 공허감은 외부의 시선과 규범적 삶을 바라는 부모의 압력에 견디기 어려워하는 청소년기 발달특징과 어우러져 도피에 대한 욕구와 자해 충동을 가져온다. 냉소적이고 비판적인 자아의식은 자기 자신을 쓸모없는 인간으로 비하하고 쓸모없는 인간이 택할 수 있는 유일한 도피처로 자살은 매력적이다. 수재너는 토비와의 잠자리에서도 자살을 끊임없이 이야기하지만 토비가 '누구나 그런 생각을 한번은 한다. 그러나 실행도 하지 않을 거면서 자살에만 집착하는 것은 우습다'라고 지적하자, 모멸감을 느끼고 수면제 과용으로 자살을 시도한다. '내 손에는 뼈가 없다'고 중얼거리면서... 뼈가 없는 손이란 아무 것도 움켜쥘 수 없는 무능한 손이지만 뼈가 없기 때문이므로 자신의 의지와는 상관이 없다는, 인생에 대한 자포자기가 두렵기는 하지만 내 책임은 아니라고 말하고 싶은 수재너의 내면심리인지도 모른다. 이런 심리는 의존과 독립의 상반된 욕구가 치열하게 충돌하는 청소년기 심리의 반영이기도 하다.

▲격리실의 리사와 수재너
출처 : www.cine21.com

남자친구와, 그리고 친구의 아버지와의 우연한 성관계도 경계선 인격장애자라는 진단명에 원인을 제공하고 '성적으로 문란하다'는 딱지가 붙게 된다. 60년대의 성에 대한 이중잣대를 볼 수 있는데, 수재너가 남자였으면 '성적으로 왕성하다'였을 것이다. 성적으로 문란하다, 목표가 없다 등의 딱지붙이기(labeling)는 수재너의 정체성 찾기에 또 다른 걸림돌이 된다. 만약 남들이 나를 그렇게 평가한다면 아마도 내가 그럴 것이다라는, 그래서 자기 스스로도 자신에게 문제가 많은 경계성 인격장애자로서의 정체성을 부여하고자 하는 것이다. 여기에 간호사 발레리와 원장은 '언제까지 문제에만 매달려 있을 것인가? 어떤 문제인지, 진짜 문제이기는 한가? 끌어안고 있으면 평생의 문제가 될 것이다.'라고 경고한다. 본인만이 진흙탕에 빠진 자기머리를 끌어올릴 수 있다는 충고이다. 원장의 추궁에 수재너는 반발하면서 아무것도 모르겠고, 아무 상관도 하지 않는다고 한다. 수재너는 긍정과 부정, 독립과 의존, 성장과 고착의 대비되는 똑같은 힘의 중량에 의해 영혼을 할퀴우는 청소년이다. 청소년기에 정도의 차이는 있을지언정 섹스와 술과 담배, 불확실한 미래에 대한 고민, 내가 누구인지에 대한 고민이 없는 청춘도 있던가?

그러면 어떻게 하면 정체성 위기를 현명하게 극복하여 긍정적이고도 일관된 자아 정체성을 정립해 나갈 수 있을까? 학자들은 자아 정체성 정립을 위해서 무엇보다 중요한 것은 자기 객관화라고 한다. 쉽게 말하자면, 자기 객관화라는 것은 '자기에 관련된 모든 것'을 있는 그대로 보는 것이다. 수재너에게 자기 객관화는 데이지의 자살 과정에서 강한 것같이 보였으나 사실은 너무나 허약하고 남에게 상처를 입히면서만이 자신의 힘을 확인하는 리사의 실체를 보면서 비로소 이루어진다. 수재너는 데이지나 리사에 비해 자신의 문제는 그야말로 어리광 수준에 불과하며 자살은 해결책이 아니라는 것, 그리고 이를 뛰어넘는 것은 오직 자신에게 달려 있다는 것을 발견하는 것이다. 여기서 중요한 것은 자기수용(self-acceptance)이다. 수재너는 비로소 객관화된 자기를 보며 자기를 있는 그대로 받아들이게 된다. 자아정체성 획득의 마지막 조건은 실행의 지혜와 용기이다. 사람은 누구나 자기의 고민과 생각을 정리하고 난 후에도 자신이 결정한 선택과 계획을 실행에 옮기는 순간에 있어서는 망설임과 불안을 갖는다. 실행의 지혜와 용기를 통해서 얻어지는 자신의 성취들이 종국적으로는 자신의 자아정체성을 굳건한 것으로 만들어 나가는 원동력이 되는 것이다. 수재너는 문학치료와 예술치료에 참가하면서 세상으로 돌아가기 위해 노력한다. 이 과정에서 수재너는 또 하나의 고민이었던 '무엇을 하며 살 것인가(what do I do)'에 대한 해답을 스스로 발견한다. 작가가 되는 것이 자신이 세상으로 fit-in할 수 있는 한가지 방법임을 확인하는 것이다. 글을 쓰면서 치유되는 자신을 발견하게 되는 것이다.

• **자아정체성 획득**

에릭슨은 자아정체성의 의미를 사회적 존재인 개인이 다양한 사회집단에서 차지하고 있는 지위에 따른 역할들 간에 통합된 의식을 가지는 것이라고 하였다. 즉 과거, 현재, 미래의 나 사이의 연속 의식인데 자신의 행동에 대해 신뢰감과 안정감을 가지는 것이며 일관성을 느끼는 것이다. 자아정체성은 '나는 나다.'라는 실존 의식이다. '나'라는 존재는 생물학적으로는 부모로부터 생겨난 존재이지만, 실존적 의미로는 '누구로부터의 존재가 아닌 오직 나'인 존재이다. 이러한 실존 의식은 절대적 자유, 자기 선택, 자기 책임과 관련된다. 클레이무어를 벗어나게 된 수재너의 깨달음처럼. 또한 자아정체성은 주체적 자아와 객체적 자아 사이의 조화 의식이다. 주체적 자아가 지나치게 발달하면 자아도취적인 태도를 지니게 되고, 객체적 자아가 지나치게 발달하면 다른 사람들의 눈만을 의식한 나머지 자아를 상실한 모습을 보이게 된다. 이 두 자아가 조화를 이룰 때 '너와 나'의 관계가 정립될 수 있다.

[영화보기의 또 하나의 매력 : 음악]

이 영화에는 60년대의 노래들이 각 에피소드마다 배경으로 쓰이고 있는데 수재너의 혼돈스럽고 불만스러웠던 청소년기를 회상하는 장면에서 나레이션과 함께 흐르는 통기타반주의 'time'이나 수재너가 클레이무어의 동료들과 친해져 웃고 떠들면서도 한걸음 물러서 자기가 속한 이 집단을 생경한 눈으로 바라볼 때 흐르는 노래도 매우 쓸쓸하다.

you laugh at every joke
you drag your blanket blindly
you fill your heart with smoke
and the first thing that you want to be
will be the last thing you need
that's how you fight it

또 클레이무어를 탈출한 리사와 수재너가 데이지를 찾아간 날, 돈을 빌리면서 리사는 데이지의 퇴원은 병이 나아서가 아니라 클레이무어의 연장이라면서 여전히 성학대를 한 아버지에게 감정적으로 재정적으로 의존하여 약물중독을 벗어나지 못하고 있다고 비웃으며 잔인하게 군다. 다음날 곰인형과 리본과 레이스로 가득찬 소녀취향의 자기방에서 목을 맨 데이지를 발견하게 되는 아침에 반복적으로 흐르는 패티 페이지의 'the end of the world'도 인상적이다. 소녀들이 아무리 어려움을 겪고 있어도, 사랑이 없다면 이 세상이 끝이라고 느껴도, 그리고 그러다가 한 사람이 생을 마감하여도 세상에는 여전히 햇빛이 빛나고 있다는 가사가 흐른다.

why does the world go on shining
why does the tide rush to shore
don't they know it's the end of the world

why does my heart go on beating
why do these eyes of mine cry
don't they know it's the end of the world
it ended when you say good bye

영화는 배우 초창기의 안젤리나 졸리가 좋은 배역을 받아 폭발적인 역량을 보여주는데 마치 「뻐꾸기 둥지위로 날아간 새」에서 주인공 역할을 맡았던 잭 니콜슨의 여성화를 보는 것 같은 착각을 일으킨다. 또 커다란 눈망울 뒤에 소녀같은 순진함과 여림이 이기적이고 반항적이면서 섬세한 수재너에 적역인 위노나 라이더의 매력도 절제된 연기 속에 잘 드러난다. 클레이무어의 정신과 의사 역을 맡은 왕년의 명배우 바네사 레드그레이브의 심상한 듯하면서 무게 있는 연기와 대지에 두 발을 굳건히 딛고 동정심과 이해심으로 영화의 무게중심 역할을 하는 발레리 역의 우피 골드버그도 각기 자기를 드러내지 않으면서 잘 합류되어 있다. 흠이 있다면 리사가 수재너의 저널을 들고 가서 다른 동료들에게 폭로하는 지하실 장면인데, 그 전까지 영화가 보여주던 은유를 포기하고 지나치게 직설적으로 반전을 설명하려는 시도가 영화의 전체적 균형을 깨뜨린다는 느낌을 주는 것이다.

생각나누기

1. 청소년기 자살이 증가추세에 있다. 자살은 청소년 발달단계의 자아정체성과 어떤 관계가 있는지 생각해 보고, 이를 예방하기 위해서 어떻게 접근해야 할지 토의해 보자.

2. 청소년기의 주요 고민 중 하나는 대인관계이다. 진정한 친구를 만나는 것, 그리고 그와 친구관계를 유지하는 것인데, 대인관계와 자아정체성은 어떻게 연관되어 있는지 논의해 보자.

3. 청소년기 정신건강에 대해 알아보자. 인격장애에는 어떤 종류가 있

는가?

2. 청소년기에 만나는 인생의 스승, 멘토라는 행운 : 「파인딩 포레스터」

청소년기의 두 가지 발달과업은 내가 누구인가를 발견하는 것과 내가 무엇을 하며 인생을 살아갈 것인가를 알아내는 것이다. 내가 누구이고 무엇을 할 것인지(who you are, what you do)의 문제인 셈인데, 이 두 가지야말로 사실은 보통사람의 인생 살아내기에서 가장 중요한 과업이기도 하다. 청소년의 성인기로의 성공적인 전환과 자기 자신을 발견하고 세상에서 자기의 존재감을 증명함으로써 세상과 화해하는 과정이 대부분의 성장영화의 공식이다. 청소년기의 자아정체감 획득은 발달과제인 동시에 위기로 기능하기도 한다. 청소년이 이러한 위기를 현명하게 극복하기란 쉽지 않아, 많은 시행착오를 거치게 되는데, 청소년기의 이러한 발달과업 완수를 도와주고 자기정체감 발견에 도움을 줄 수 있는 중요한 요소가 '청소년이 신뢰하고 의지할 수 있는 적어도 한사람의 타인'의 유무라는 사실은 이미 잘 알려져 있다. 이 영화는 소외된 빈곤계층의 자말이라는 흑인소년이 자기의 작가로서의 재능을 살릴 것인지 다른 흑인소년들의 탈출구인 농구를 통해 환경을 극복할 것인지 방황하다가 은둔 소설가 포레스터를 만나 자기의 재능을 발견하고 이를 추구할 수 있는 용기와 신뢰를 회복한다는 이야기이다.

▲파인딩 포레스터
(Finding Forrester)
• 감독/거스 반 상트
• 주연/션 코너리, 롭 브라운, F. 머레이 아브라함
• 제작 연도/2000년
• 상영 시간/136분
• 기타/4개의 영화상 수상. 원작: 마이크 리치
출처 : www.movie.daum.net

[작품의 배경]

이 영화는 기본적으로 어려운 상황에 있는 청소년이 은둔적인 천재 멘토에 의해 발굴되고 잠재력을 최대로 발현하게 된다는 이야기이다. 이런 스토리는 기본적으로 관객을 인간적 수준에서 끌어당기는 힘이 있다. 게다가 배경이나 그래픽에 대한 욕심을 최소화하고 스토리와 캐릭터에 초점을 둔 감독의 시각의 명민함이나 션 코너리의 억제되었으면서도

파워풀한 연기, 자말 역의 신인 롭 브라운의 뛰어나게 성숙한 연기가 어울려 매우 감동적인 한편의 고양된 승리 스토리가 만들어졌다.

감독 거스 반 상트는 이 영화 외에도 「굿 윌 헌팅(Good Will Hunting)」의 감독으로도 유명한데, 「굿 윌 헌팅」 역시 대학에서 청소부로 일하고 있는 냉소적인 수학천재를 발굴하여 자기 재능을 발휘하도록 도와주는 심리학 교수가 등장한다. 멘토의 중요성에 대한 두 가지 이야기를 매우 성공적으로 다루어 청소년의 성장영화 전문가처럼 보인다. 「굿 윌 헌팅」의 주인공(맷 데이먼)은 수학천재이면서 냉소적이고 건방진 백인청년이고 그의 멘토인 심리학 교수(윌리엄스)는 열정적이고 따뜻한 심성의 소유자이다. 반면, 「파인딩 포레스터」의 글쓰기와 농구에 재능이 있는 빈곤한 흑인소년 자말은 부성(父性)에 목마른(이왕주, 2005) 어리둥절한 고등학생이고 그가 발견한 멘토 포레스터는 괴팍하고 냉소적인 인물이다. 한 감독의 비슷한 주제를 가진 두 영화에서 주인공의 성격들이 거의 반대로 그려지고 있는 것을 관찰하는 재미도 크다. 이 두 영화의 형제성 때문에 감독은 「굿 윌 헌팅」의 주인공인 맷 데이먼으로 하여금 파인딩 포레스터에 까메오로 출연하도록 했다. 이 영화의 포레스터라는 인물의 모델은 「호밀밭의 파수꾼」이라는 단 한편의 걸출한 작품을 남기고 은둔한 J. D. 샐린저라고 한다.

[줄거리]

자말 월레스는 뉴욕시 브롱크스에 사는 농구와 글쓰기에 재능이 있는 흑인 소년이다. 뉴욕시의 한 유명 사립 고등학교가 자말을 합격시키지만 진짜 이유는 성적이나 글쓰기 재능이 아닌 그의 농구재능 때문이다. 새로운 학교에 적응하면서 자말은 우연히 은둔 소설가 포레스터의 집에 침입했다가 가방을 두고 오는 인연으로 포레스터에게서 문학수업을 받게 된다. 그런데 문학수업을 통한 그의 글쓰기 재능은 꽃피기도 전에 암초에 부딪힌다. 흑인 남자아이의 성공공식은 스포츠이며 문학이나 학문과는 상관이 없다고 굳게 믿는, 공교롭게도 포레스터의 오랜 숙적인 영어교사 크로포드에 의해 표절 혐의로 제적의 위기에 처하게 되는 것이다. 유일한 구원책은 포레스터가 나서서 자말의 재능을 인정해 주는 것뿐인데 그의 스승은 은둔자로서 자기 방밖을 나서지 않고 수십년간을 쌍안경으로 창문 밖을 내다보는 것으로 사회와의 관계를 유지하는 사람이다. 게다가 방 밖으로 원고를 가지고 나가지 않기로 한 약속을 어긴 것은 자말이어서 자말은 농구를 떠난 자신의 문학인으로서의 꿈을 포기할 수밖에 없어 보인다. 전교생이 모인 학교위원회에서 궁지에 몰려있을 때 포레스터가 홀연히 나타나 자말을 구원한다. 그리고 어떤 면에서는 이를 계기로 포레스터 자신도 수십년 만에 자신의 방을 떠나 세상으로 돌아오는 자유를 누리게 된다.

◆사회복지적 관점에서 영화 보기

청소년의 사회적 전형 깨기

청소년기는 자기가 누구인지를 발견해야 하는 어려운 여정의 시기이다. 대부분 인간은 어린시절, 자기 환경에 의해 정체성이 영향을 받는다. 상류사회의 특권과 귀족교육, 교양교육이 어린 영혼을 수년간 감싸고 있으면 그는 자연히 상류사회의 한 구성원으로 자기를 보게 되고, 거친 말과 폭력만이 가난한 이웃들에게 자기 존재를 관철시킬 수 있는 방법인 지역사회에서 수년간을 단련받으면 그는 이를 생존의 수단으로 받아들이게 된다. 즉 '우리'와 '그들'의 구별을 발견하게 된다. 그리고 '우리' 중에 '그들' 같은 특징을 가진 구성원이 있으면 그가 '우리'의 한 구성원임을 인정받기는 어렵게 되어 따돌림당하거나 추방되기 쉽다.

▲농구로 대표되는 흑인청소년 집단의 자말
출처 : www.movie.daum.net

주인공 자말은 뉴욕시의 대표적인 흑인거주지인 브롱크스에 사는 모자가정의 소년이다. 브롱크스는 건물 벽마다 그래피티로 덮여 있고 마약과 폭력빈도가 높은 빈곤지역이다. 중산층 백인들이 이미 교외로 다 빠져나가고 그 자리를 메운 흑인과 이민자들이 모여 사는 빈곤우범지역의 이미지로서 이 지역의 공립학교들은 학력수준이 낮고 중퇴자(drop-out)가 많으며 밤이면 거리에 나가기 위험한 지역이기 쉽다. 특히 브롱크스의 흑인 빈곤거주지역에서는 가장 흔한 가구유형이 모자가정으로, 9세에서 18세까지의 도심(inner-city) 흑인가정의 아이들이 가정에서 지속적이고 안정적인 남자어른의 보호를 받으며 자라기란 30%의 확률도 되지 않는다는 통계가 있을 정도이다.

따라서 자말이 살고 있는 지역사회에서는 어머니가 저숙련 노동에 종사하면서 남편 없이 아이들을 키우는 것이 전형이고, 어린시절부터 자기 한 몸 챙기기에 익숙한 아이들이 커가면서 중퇴를 하거나, 농구 등의 스포츠를 통해 대학에 진학하는 것이 유일하고도 전형적인 성공담이 되는 곳이다. 여기서 자말은 농구에도 능하지만 더 하고 싶은 것은 글쓰기를 통한 문학가로서의 삶인 아이이다. 농구를 잘 하는 것은 인정받는 일이지만 흑인빈민가의 남자아이가 문학에 소질이 있다는 것은 이 지역사회에서는 격려받기 매우 어려운 이례적인 일이다. 남들이 해 온 대로 농구에 전력을 다하여 체육특기자로 대학을 갈 것인지, 공부를 더 하여 문학적 재능을 통해 대학진학을 할 것인지 자말은 갈등한다. 글쓰기는 자말에게 숨쉬기와 같은 것이지만 몰래 숨죽여 하는 것이며 어떻게 하면 보다 효과적으로 할 수 있는지를 물어볼 대상이 없는 재능인 것이다.

우연히 대학입학수능예비시험(PSAT)을 잘 보게 되어 지역의 사립학교에 입학할 기회가 생긴 자말은 이를 학교공부와 글쓰기를 통해 자기의 꿈을 실현시킬 기회라고 생각하여 열심히 노력한다. 그러나 그를 선발한 학교조차도 자말에게 기대했던 것은 농구코트에서의 득점을 통하여 학교이름을 빛내 주는 농구 선수일 뿐이다. 그를 이례적으로 뽑은 '그들'의 학교가 자말을 그들과 같은 꿈을 가진 '우리'로 받아들이기를 거부하고 흑인소년의 전형을 요구하는 것이다. 영문학 담당인 크로포드 선생은 그런 전형화의 가장 세련되고도 경직된 사고를 보여준다. 자말이 포레스터의 개인교수를 받아 썼던 작문의 우수성 때문에 자말의 작품이 아니라는 확신을 갖고, '우리' 속에 들어온 '그들'의 한사람인 자말을 추방하려 한다. 크로포드가 보기에 빈곤모자가정출신의 흑인 남자아이는 문학적 재능과는 어울리지 않는 것이다.

그러나 사소한 실수로 농구를 통한 대학진학의 기회를 놓친 자말에게 이런 설정은 가혹하기 짝이 없다. 그는 농구를 버리고 문학을 포함한 공부를 선택하여 사립학교에 진학함으로써 자기 이웃의 국외자(outcast)가 되었는데, 이제 농구로 성공하기 어렵게 되었고 지나치게 글을 잘 쓴다는 이유로 다니고 있는 사립학교에서도 같은 처지가 될 위기에 처한 것이다.

물론 은둔을 떨치고 수제자를 위해 힘든 발걸음을 한 멘토, 포레스터 덕에 자말은 위기를 무사히 넘기지만 이처럼 청소년기의 자화상은 내가 그리고자 하는 것보다 남들이 그려놓은 이미지에서 벗어나기가 더 어려운 특징을 가지고 있다. 자말이 남들이 그에게 부여한 자화상을 거부하고 자기가 그린 자화상을 선택할 수 있기까지에는 혼자의 힘이 아니라 포레스터라는 중요한 한사람의 인도, 여기서는 멘토가 있었기 때문이다.

▲창을 통해서만 세상과 교감하는 은둔소설가 포레스터
출처 : www.movie.daum.net

청소년기 멘토링 – 중요한 타자 한사람의 힘

파인딩 포레스터는 한 때 빛났던 작가와 재능 있는 학생간의 상호작용을 그린 일종의 '버디스토리(buddy story)'이기도 하다. 명민하지만 열악한 조건의 젊은이가 어떻게 늙고 지친 왕년의 천재와 인생의 가르침을 주고받는가의 이야기이다. 포레스터는 자말에게 글쓰기를 가르치고, 자말은 포레스터에게 외부세계에 대한 두려움을 떨쳐버리고 자유를 얻을 수 있도록 이끌어 준다.

이들 어울리지 않는 두 사람의 관계는 자말이 친구들과 함께 늘 창가에서 쌍안경으로 이들을 관찰하는 '이상한 사람'의 집에 침입해 사정을 보고 올 술래로 지목당하면서부터이다. 또래압력 또는 또래동조성 이런 말을 쓰지 않더라도 또래들에게서 의무를 받고 이를 거절하기란 쉽지 않다. 자말은 포레스터의 집에 침입하지만 들켜서 놀라 도망치다 자기 가방을 두고 온다. 가방 안에는 자말의 작문 소품들이 기록된 작문공책이 들어 있었고, 가방을 찾으러 갔던 자말은 자기의 작문에 대한 포레스터의 첨삭지도를 발견하게 된다. 포레스터가 30년 전 〈Avalone

Landing〉이라는 역작을 발표하고 잠적해서 더 이상 작품을 발표하지 않는 괴짜 은둔 작가라는 것을 알게 된 자말은 어렵게 그를 다시 찾아가 글쓰기 지도를 부탁한다. 포레스터는 자신과 가족, 그리고 후속작품이 없는지에 대해 함구한다는 조건으로 글쓰기 지도를 승낙하고 글쓰기의 유용한 충고와 통찰력을 제공한다. 그리고 어리석은 제자를 구하기 위해 마지막에는 자신의 외부세계와의 절연이라는 수십년 된 버릇과 외부세계로 나서는데 대한 신경증적 공포를 극복하고 대중 앞에 모습을 드러내게 된다. 포레스터의 이런 용단은 자말을 구원하고 또 자기에게도 자유를 주는 결과를 가져온다.

환경에 청소년의 발달을 위협하는 위험요인이 많으면 결과적으로 비행으로 귀결되거나 성취를 이룰 수 없다는 위험-보호요인 이론이 힘을 얻고 있는 최근, 경험적 연구들은 같은 환경에서도 부정적 결과에 이르지 않는 청소년들이 있음에 주목하고 그 이유를 살펴왔다. 이유는 다양하지만 공통적인 발견은 위험요인 속에서도 건전한 성장과 성공을 이룬 청소년들에게는 이들이 신뢰하고 의지할 수 있는 중요한 한사람의 타자(significant others)가 이들의 청소년기에 있었다는 점이었다. 청소년기의 혼란과 고민을 헤어 나올 때 꿋꿋이 버티어 주는 한사람의 어른, 중요한 타자 한사람.... 이 사람은 학교 선생님일 수도 있고, 이웃집 아저씨일 수도 있고, 종교인일 수도 있다. 이 사람이 직접적이고 지속적으로 한 아이에게 모델링의 대상이 되어줄 때, 그리고 그 아이를 바로잡아주고 격려해 줄 때, 특히 그 사람이 아이가 앞으로 성취하고자 하는 어떤 특성을 이미 가지고 있을 때 이 사람은 멘토가 된다. 청소년 지도와 문제청소년에 대한 사회복지 개입에서 멘토링은 매우 중요한 가치를 가지고 있다. 청소년의 올바른 성장은 물질의 풍요에 있는 것이 아니라 이들이 보고 배우며 의지할 수 있는 한사람의 중요한 안내자와 더 깊은 관계를 가지고 있기 때문이다. 이들은 또한 세상에 반항하며 소외되었다고 느끼는 외로운 청소년들이 세상과 화해할 수 있도록 인도해 주는 중요한 역할도 한다.

• 멘토링(Mentoring)
멘토(mentor)란 용어는 그리스 신화인 호머의 오딧세이에서 유래되었다. B.C 1250년 오딧세우스가 트로이 전쟁터로 떠날 때 자신의 아들 텔레마커스가 너무 걱정되어 자신의 친구이자 아들의 가정교사인 멘토에게 아들을 맡긴다. 왕의 아들을 맡은 멘토는 교사로서가 아니라 친구처럼, 아버지처럼, 인생의 스승으로 조언하여 텔레마커스가 스스로 삶의 진리를 터득하도록 도움을 주었다. 이후 멘토는 현명하고 믿을 만한 조언자, 상담자로서의 의미를 지니게 되었고 멘토링은 멘티(mentee)와 멘토(mentor)가 서로 도움을 주고받는 깊이 있는 관계를 통해 이루어가는 일련의 배움의 과정을 말한다. 외부의 이 한사람의 역할의 중요성에 바탕을 두어 청소년 대상의 사회복지실천에서는 멘토링(mentoring)을 매우 효과적인 접근 방법의 하나로 도입하고 있다. 비록 열악한 환경에 있다 하더라도 한사람의 멘토와의 지속적인 좋은 관계는 위험요인의 효과를 중재하고 보호요인으로 작용하여 청소년의 적응유연성에 도움을 줄 수 있다는 것이다.

[영화보기의 또 다른 재미]

• **한번쯤 기억나는 대사** : 포레스터가 '어떻게 하면 좋은 글을 쓸 수 있는가?'라는 질문에 대해 내놓은 충고: 가슴으로 초벌 원고를 써라. 그 다음에 머리로 수정해라. 글쓰기의 열쇠는 생각하는 것이 아니라 쓰는 것이다.(Write the first draft with your heart. Re-write with your head. The key to writing is to write, not think.)

• **포레스터역 션 코너리의 매력** : 자기 역할에 대한 완벽한 이해에 자기 고유의 색채를 덧입혀 자기만의 포레스터가 된, 연기생활 50년째에 찍은 이 영화의 션 코너리의 천생의 연기를 보는 기쁨. 단 괴팍하고 인간적 친밀감이 부족한 냄새나는 노인일 것 같은 원작의 포레스터가 코너리로 인해 너무 매력적인 존재로 표현된 것 아닌가 싶은 생각도 든다.

생각나누기

1. 우리나라에서도 한부모가족이 급증하는 추세에 있다. 한부모가족의 청소년이 자기정체성을 확립해 나가는 데 어느 한쪽 부모의 부재는 어떤 영향을 끼칠 것인지 생각해 보자. 또 어떤 사회복지적 접근이 효과적일지 brainstorming해 보자.

2. 우리나라 임대아파트 지역은 저소득계층의 집단 거주지로 일종의 빈곤 하위문화가 생성되면서 청소년의 사회적응 문제가 등장하고 있다. 이 지역 청소년의 건전한 심신발달을 위해 필요한 프로그램에 대해 논의해 보자.

참고문헌

김동배 · 권중돈(2004), 『인간행동이론과 사회복지실천』, 학지사.

김성이 · 조학래 · 노충래(2004), 『청소년복지학』, 집문당.

이왕주(2005), 『철학 영화를 casting하다』, 효형출판.

이인정 · 최해경(1997), 『인간행동과 사회환경』, 학지사

Goldstein, S.(1998), *The Power of Resilience: Achieving Balance, Confidence, and Personal Strength in Your Life*. samgoldstein.com.

제6장

학교사회복지 : 교실 이데아

이 혜 원*

돼어 (돼어) 돼어 (돼어)
이제 그런 가르침은 돼어
그걸로 족해 (족해) 이젠 족해 (족해)
내 사투리로 내가 늘어놓을래

매일 아침 일곱 시 삼십분까지 우릴 조그만 교실로 몰아넣고
전국 구백만의 아이들의 머릿속에 모두 똑같은 것만 집어넣고 있어
막힌 꽉 막힌 사방이 막힌 널 그리곤 덥썩 우릴 먹어삼킨
이 시커만 교실에서만 내 젊음을 보내기는 너무 아까워

좀더 비싼 너로 만들어주겠어 네 옆에 앉아 있는 그 애보다 더
하나씩 머리를 밟고 올라서도록 해 좀더 잘난 네가 될 수가 있어
왜 바꾸지 않고 마음을 조이며 젊은 날을 헤맬까
왜 바꾸진 않고 남이 바꾸길 바라보고만 있을까...

국민학교에서 중학교로 들어가며 고등학교를 지나 우릴 포장센터로 넘겨
겉보기 좋은 널 만들기 위해 우릴 대학이란 포장지로 멋지게 싸버리지
이제 생각해봐 대학! 본 얼굴은 가린 채 근엄한 척
할 시대가 지나버린 건 좀더 솔직해봐 넌 알 수 있어...

(서태지와 아이들의 「교실 이데아」 가운데)

* 성공회대학교 사회복지학과 교수

우리 사회에서 교사와 학생의 관계, 그리고 학생과 학생의 관계가 전과 같지 않다는 우려의 목소리가 점점 높아지고 있다. 교사의 체벌에 휴대폰으로 신고하거나 폭력으로 맞대응하는 학생들은 이제 더 이상 교사를 스승으로 존경하지 않는 경우가 적지 않으며, 최소한의 학교 규칙조차 지키지 않아 수업이 정상적으로 진행되지 않고 난장판이 되는 경우도 많아지고 있다. 1990년대 후반 이후 교실이 붕괴되고 있다는 말이 여기저기서 들리면서 다양한 분석과 대안이 쏟아졌다.

그러나 학교가 변해가고 있다는 소식은 좀체 들려오지 않는다. 오늘도 학교로 간 아이들은 대학입학이라는 내일을 위해 거의 하루 종일 몸과 마음이 불편한 교실에 앉아 참고 견디며 지루한 학교생활을 보내고 있다. 게다가 선생님들은 입시공부에 전념하는 입시형 인간과 학교 명령에 복종하는 순종형 인간을 만들기 위해 '학생들은 매로 다스려야 한다'는 통념에서 크게 벗어나지 않고 있다. 이로 인해 학생들은 선생님과 친구들에게 마음의 문을 열지 못할 뿐만 아니라 오히려 서로에게 폭력이나 따돌림을 가하거나 당하는 사례들이 더욱 늘어나고 있다. 이러한 현상은 학교와 학생에 대한 근본적인 인식과 교육 목표가 예나 지금이나 변화하지 않기 때문이다.

이에 따라 일부 청소년들은 자신의 욕구를 충족시켜 주지 않는 학교, 친구나 선생님에 대한 마음을 멀게 하는 학교를 이제는 더 이상 적응해야만 하는 대상으로 보지 않는다. 자신의 의지에 따라 거부할 수도 있다고 보는 청소년들의 적극적이고 자발적인 의사표현은 이들로 하여금 학교 밖이라는 또 다른 대안을 선택하게 하고 있다. 실제로 최근 우리 사회에서 대안학교나 특성화고등학교의 입학 경쟁률이 매년 높게 나타나고 있고, 정규 학교가 아닌 비공식 교육기관에 대한 수요가 늘어나고 있으며, 국내 학교교육에 만족하지 못하는 고소득층은 물론 중산층의 조기 해외 유학에 대한 수요도 계속 증가하고 있다.

그렇다면 교실붕괴의 책임은 누구에게 있는 것인가? 교육은 학교 현장만의 몫이 아니라 학생 본인은 물론 학부모, 교사, 지역사회, 국가 등한 나라의 교육공동체가 함께 개혁해야 할 과제란 점에서 바라보아야 할 것이다. 이에 대해 이 장에서는 학생의 학교생활에 영향을 미치는 요인은 학교와 가정뿐만이 아니라 학생을 둘러싼 지역사회와 국가 간 상호작용으로부터 비롯된다는 생태체계적 관점에서 학생의 건강하고 행복한 학교생활을 지원할 수 있는 대안을 모색하고자 한다. 영상세대인 청소년을 위해 영화에 나타난 교실붕괴의 현상과 원인을 살펴보고, 교사와 학생, 학생과 학생 간 올바른 관계를 파악하고, 이들을 지원하는 교사와 학교사회복지사의 역할에 관한 생각을 나눈다면, 보다 이해가 빠르고 흥미로울 것으로 기대된다.

이러한 입장에서 필자는 매년 「학교사회복지」 수업의 중간 과제물로서 학생들에게 교육을 주제로 한 영화를 선택하여 학교사회복지사의 입장에서 감상문을 제출하도록 하고 있다. 이들이 선택하였던 영화는 「죽은 시인의 사회」, 「우리들의 일그러진 영웅」, 「위험한 아이들」, 「홀랜드 오퍼스」, 「모나리자 스마일」, 「로빙화」, 「빌리 엘리어트」, 「엠페러스 클럽」, 「책상 서랍 속의 동화」, 「코러스」, 「꽃 피는 봄이 오면」, 「여고괴담」, 「코치 카터」 등의 순이다. 이들 가운데 이 장에서는 먼저 「죽은 시인의 사회」를 통해 주입식 교육의 현장에서도 노력하는 교사의 모습을 살펴보고 「우리들의 일그러진 영웅」을 통해 학생들 간 권력의 구조와 학교폭력을 생각해 보면서 교실 속 이데아를 찾아보고자 한다.

▲죽은 시인의 사회
(Dead Poet's Society)
• 감독/피터 위어
• 주연/로빈 윌리암스, 로버트 숀 레오나르드, 에단 호크
• 제작 연도/1989년
• 상영 시간/128분
• 기타/장르: 교육드라마

1. 교사의 역할과 학생의 변화: 「죽은 시인의 사회」

교육드라마 하면 떠오르는 대표적인 고전은 뭐니 뭐니 해도 「언제나 마음은 태양」이며, 이 영화하면 루루의 〈선생님께 사랑을(To Sir With Love)〉이라는 팝송의 음률이 귓가에 울려 퍼지면서 이 음악에 맞춰 학생들과 선생님이 함께 어울려 멋지게 춤을 추었던 장면이 선명하게 떠올려진다. 이 영화는 1960년대 미국의 저소득층 밀집지역에 있는 공립

고등학교에서 흑인 선생님과 백인 학생들이 인종 차별과 소득 격차를 극복하면서 서로 신뢰관계를 형성함으로써 학교생활을 즐겁게 만들어 가는 과정을 묘사하였다. 그러나 이 영화는 너무 오래된 탓인지 오늘날 신세대 학생들의 관심에서 너무 멀어져 있다.

그렇다면 너무 오래되지 않은 영화들 가운데 「죽은 시인의 사회」에 나타난 교실을 통해서도 우리는 학생과 교사 간 신뢰와 인간적 만남을 느낄 수 있다. 키팅 선생님은 일류대학의 진학이라는 부모의 기대 속에 갇혀 있는 학생들이 정말로 자신이 원하는 것이 무엇인지를 깨닫고 그것을 스스로 찾아서 얻을 수 있도록 자유를 가르쳤다. 이와 같이 열린 교육은 현재 우리나라 청소년기 학생들에게 가장 필요한 교육이 아닐까 생각한다.

교실붕괴만이 아니라 모든 교육문제에 있어서 학생으로부터 원인을 찾을 수 있어도 그들에게 책임까지 물을 수는 없는 일이다. 교육이 잘못됐다면 그것은 교사든, 학교장이든, 교육부 장관이든, 교육을 담당한 사람들의 책임인 것이다. 만약 요즈음 학생들이 과거의 학생과는 많이 달라져서 교육이 제대로 안 된다면 그 책임 역시 그 변화를 제대로 파악하지 못해 그들에게 효과적인 교수 방법을 새롭게 만들어내지 못한 교육자들의 몫이라고 할 수 있다. 예컨대 한 학생이 학습부진으로 학교에 적응하기 어려운 경우, 학습부진의 원인이 그 학생의 가정환경이나 학교환경의 상황에서 비롯되었음을 제대로 사정하여 지원할 때 비로소 그 문제가 해결되고 예방될 수 있는 것이다. 따라서 교육문제에 있어서도 학생 원인론이 학생 귀책론으로까지 넘어가서는 안 된다. 이러한 관점에서 이제부터 영상을 통해 학교사회복지적 접근을 시작해 보자.

[작품의 배경]

톰 슐먼(Tom Schulman)이 자신의 소설을 바탕으로 각본을 쓰고, 호주 출신의 피터 위어(Peter Weir)가 감독한 「죽은 시인의 사회」는 1989년 개봉 이후 지금까지도 많은 사랑을 받고 있다. 특히 입시 위주의 획일화된 교육문제로 찌들어 있는 우리나라 사람들의 기억 속에도 오래 남아 있는 영화이다.

이 영화는 관료적인 교육과 성공만을 바라는 학부모와 교사들 사이에서 좌절하고 메말라가는 학생들과, 이러한 학생들로 하여금 따뜻한 인간애를 느끼고 자유롭게 사고하는 인간으로 성장하도록 가르치려는 한 젊은 교사의 당찬 이야기를 감동적으로 그리고 있다. 이로써 피터 위어 감독은 죽은 교육을 비판하고, 그 대안으로서 살아 있는 교육을 제시하고 있다. 당시만 하더라도 영화를 통해 교육 대안을 제시한다는 주제의 설정은 대중에게 매우 신선하게 다가갔을 것으로 짐작된다. 이 영화에서 키팅 선생님으로 분장한 로빈 윌리암스(Robin Williams)의 연기 또한 강한 인상을 줄 뿐만 아니라 이후 「굿윌헌팅(1997)」과 「패치아담스(1998)」를 통해 그의 얼굴과 이름을 우리에게 더욱 친숙하게 만들었다. 톰 슐먼의 각본 역시 탁월한 구성력으로 호평을 받았다. 이 영화는 1990년 미국 아카데미상 시상식에서 각본상, 영국 아카데미상 시상식에서 작품상과 작곡상(모리스 자르), 1991년 세자르상 시상식에서 외국영화상을 받았다(http://movie.naver.com).

[줄거리]

1959년 미국 버몬트주에 있는 웰튼아카데미는 오래된 역사와 전통 그리고 졸업생의 상당수가 아이비리그 대학에 진학함을 자부심으로 여기는 고등학교이다. 이곳에서 학생들은 자유로운 사고와 개성을 억압당한 채 틀에 박힌 입시 위주의 스파르타식 교육을 받고 있다. 이 학교에 새로 부임한 젊은 영어교사가 학생들의 따뜻한 선배로서 'Carpe Diem(오늘을 즐겨라)'이라는 가치관을 토대로 후배인 제자들에게 살아 있는 열린 교육의 방법으로 문학을 가르치며 청소년기 학생들의 억눌린 감성을 되살리려 노력한다. 닐, 녹스, 토드 등 7명은 키팅 선생님으로부터 '죽은 시인의 사회'라는 서클(이하 동아리)에 관한 이야기를 듣고 자신들이 이 동아리를 이어가기로 한다. 학교 뒷산 동굴에서 모임을 갖고, 짓눌렸던 자신들을 발산한다. 그러면서 닐은 정말로 하고 싶었던 연극에 대한 동경을 실행하고, 녹스는 크리스라는 소녀와의 사랑을 이루어간다. 그러나 닐의 아버지는 의사의 꿈을 이루어 주리라 믿었던 닐의 연극을 보자 크게 화를 내며, 닐을 군사학교로 전학 보낼 것을 선언한다.

꿈이 꺾인 닐은 그날 밤 권총으로 자살을 하고 만다. 이 사건의 원인 규명에 나선 학교 측은 '죽은 시인의 사회'라는 동아리를 권유한 키팅 선생님에게 책임을 돌리고 학교에서 그를 추방한다. 그가 자신의 짐을 챙기기 위해 교실에 들렀을 때, 토드를 시작으로 학생들은 교장의 만류에도 불구하고 학교 권위와 통제의 상징인 책상 위에 올라가 'Captain! My Captain!'을 외치며 키팅 선생님에 대한 존경을 표현한다. 이별의 눈물을 흘리던 이들을 바라보던 키팅 선생님은 교실을 떠나기 전 마지막 말을 남긴다. "Thank You Boys! Thank You!"

◆사회복지적 관점에서 영화 보기

카르페디엠(Carpe Diem: Seize the day.)...열린 교육과 닫힌 교육

웰튼아카데미의 교육 목표는 아이비리그 명문대학교 입학이며 이를 위해 죽은 지식을 학생들에게 주입시키고 있다. 또한 명문으로서의 전통과 최고의 명예 그리고 규율을 이 학교의 교훈으로 내세운다. 이를 입증이라도 하듯 영화가 시작되면서 오랜 세월을 먹었음직한 학교의 문장과 깃발 아래 입학식이 엄숙하게 진행된다. 이러한 모습은 오늘날 우리나라 교육 현장에서도 결코 낯설지 않다. 이 학교 출신의 영어 교사 키팅은 자신의 졸업 당시와 별반 달라진 것이 없는 웰튼의 죽은 교육을 살아있는 열린 교육으로 바꾸어보고자 파격적인 수업방식으로 노력한다. 그의 노력은 웰튼 학생들의 회색빛 마음을 핑크빛 희망으로 조금씩 물들게 한다. 예컨대 그는 "시험은 가장 잘 준비한 사람조차 무서운 것이다. 왜냐하면 가장 우매한 자가 가장 현명한 사람조차 대답해내지 못할 일을 물어볼 수 있기 때문이다."라고 주장하면서, 늘 열린 마음으로 세상을 바라보고 자유로운 상상의 세계를 가지는 것이 중요함을 강조한다. 자신의 특기와 적성을 찾아볼 기회조차 가지지 못하고 부모의 강압과 학교의 통제로 의사나 변호사가 되기 위해 자신의 삶을 강요받고 있던 학생들은 그의 가르침을 신선한 충격으로 받아들이고, 그를 캡틴이라 부르며 따르게 된다.

키팅 선생님이 학생들과 처음 만나 수업을 하던 날, 교실 앞에서 뒷문으로 슬쩍 지나가며 자신을 따라올 것을 제안한다. 그리고 선배들의 사진이 전시된 로비로 학생들을 데리고 가서, 사진 속의 그들이 무엇을 말하고 있는지 들어보게 한다. "카르페디엠~! 카르페디엠~!...." 그는 학생들의 등 뒤에서 속삭인다. "이쪽으로 와서 과거의 얼굴들을 지켜보렴. 너희와 별로 다르지 않지? 지금의 너희들처럼 패기만만하고 세상을 손에 넣어 위대한 일을 할 수 있다고 믿고 있어. 이들은 죽어서 땅 속에 묻힌 지 오래지. 자, 잘 들어봐! 그들의 속삭임이 들릴 테니.... 카르페디엠! 지금 이 순간을 즐겨라. 독특하게 살아라." 과연 이 말의 의미는 무엇일까?

이 말은 '오늘을 즐겨라'로 번역될 수 있다. 우리는 늘 내일의 기쁨이라는 목표를 향해 온 힘을 다해 달려가고 있다. 그러나 달려간 그 내일에도 우리는 그날의 기쁨을 누릴만한 여유도 없이 다시 그 뒤의 내일을 향해 달려야 한다. 결국 우리에게는 쉬거나 즐길 수 있는 오늘은 없고, 언제나 내일만이 있을 뿐이다. 이러한 관점에서 키팅 선생님은 학생들에게 미래의 정해진 길을 다른 사람들과 똑같이 따라가기보다는 현재의 자신을 바라보고 그 꿈을 독특하게 키워가라고 가르친다. 이와 같이 현재를 즐기라는 그의 역설은 학생들에게 새로운 희망의 단어가 되어 자신들이 지금까지 잊고 지내던 자아를 발견하고, 자신이 진정으로 원하는 것들을 하나 둘씩 찾아가기에 이른다. 녹스는 사랑하는 여자에게 사랑을 고백하기 위해 시를 쓰고, 닐은 하고 싶었던 연극 공연의 주연을 맡아 뒤늦게 찾은 열정으로 살아간다.

한편 카르페디엠은 관료주의 학교와 입시제도가 가지는 구조적 문제점을 교육정책이나 교육환경의 개선 등 거시적 차원에서 접근하기보다는 보다 미시적으로 학생에 대한 개별적 개입방법으로 해결하려는 한계를 가지고 있다. 예컨대 '죽은 시인의 사회'라는 동아리 활동을 부활

출처 : http://movie.daum.net

시켜 학생들의 시 쓰기를 권하고, 이를 통해 학생들의 역량을 강화시키고자 노력한다. 이러한 시도는 일부 학생들의 불만, 학교당국의 압력을 불러일으키지만 일단 영화 후반부까지는 성공적인 것으로 보여진다.

다른 각도에서 세상을 바라보기

키팅 선생님은 시의 공식을 설명하는 교과서 서문을 과감하게 찢어버리고, 시를 가슴으로 느끼라고 역설한다. 그리고 그는 학생들에게 책상 위에 올라 서 보도록 한다. 한 번도 책상 위에 서 본적이 없던 학생들은 다른 각도에서 바라보는 세상에 놀라고, 그 속에서 자유를 느끼게 된다. 또한 학생들로 하여금 자유롭게 걸어 다니도록 권함으로써 평소 우리가 획일적으로 생각하는 것이 얼마나 무서운 것인가를 스스로 느껴보도록 한다. 이와 같이 독특하고 생소한 교육방법은 키팅 선생님 나름대로의 독자적인 교육 철학을 반영하고 있다.

학생의 학교 성적이 좋다고 하여 반드시 모든 능력이 좋다고 할 수 없다. 성적보다 더 중요한 것은 스스로 생각할 수 있는 능력과 다른 사람에 대한 배려이다. 이를 위해 학생들을 어떻게 가르쳐야 하는가? 키팅 선생님의 교육방법에서 그 해답을 찾을 수 있다. 교사의 열린 마음으로 학생들 스스로에게 자유를 주고 참여하게 하는 교육, 학생들 스스로가 자신감을 가질 수 있고, 또 스스로 자신의 꿈을 키워가게 하는 교육이야말로 살아 있는 교육이며, 올바르게 생각할 수 있는 능력을 가르치는 방법이라고 할 수 있다. 이와 동시에 학생들이 서로 도우면서 살아가도록 일깨우는 교육, 나만의 행복이 아니라 서로의 희망을 키워주기 위해 믿음을 쌓아가고 배려할 수 있도록 가르치는 교육이야말로 닫혀있는 우리 아이들의 마음에 진정으로 필요한 교육이다.

동굴 속 '죽은 시인의 사회'가 학생들에게 주는 의미

과연 '죽은 시인'은 누구이며 그들의 사회는 어떤 사회일까? 어느 날 토드와 닐은 키팅 선생님으로부터 선배들이 교사들 모르게 '죽은 시인의 사회'라는 동아리를 만들어 활동했다는 이야기를 듣고 5명의 친구들과 함께 이 동아리를 다시 이어가기로 결정한다. 여기서 사회(society)란 서클 또는 동아리를 의미하나, 영어를 직역함으로써 동아리보다 더 넓은 의미의 사회(社會)로 오인되어 그 의미가 제대로 전달되지 못하는 것 같다. 회원들은 각자 성격과 개성이 다르지만, 밤마다 몰래 학교 기숙사를 빠져나와 숲 속 동굴에 모여 자신들의 꿈과 사랑을 이야기하고 공감하며 시를 낭송하기도 하면서, 억눌렸던 자아를 발산하며 자유주의적 가치를 체득한다. 여기서 '죽은 시인'이란 부모의 욕심과 권위주의적이며 몰개성적인 학교 안에서 서서히 죽어가는 무기력한 학생들을 의미한다고 할 수 있다.

이들은 '죽은 시인의 사회'를 통해 진정 시를 알게 되고 시를 사랑하게 되고, 이를 통해 자신감도 가지게 된다. 예를 들어, 녹스는 학교 규율을 잘 지키는 학생이지만 자기표현에 약한 청년이다. 그는 이 모임을 통해 크리스라는 소녀와의 진정한 사랑을 찾게 되고 또 사람을 사랑하는데 좀더 솔직해지고 용감해진다. 닐은 아마도 이 영화에서 가장 핵심 인물이 아닐까 생각한다. 그는 아버지 말씀을 곧 하늘로 여기는 착실한 아들이자 학교에서도 인정받는 학생이지만 자신이 하고 싶은 것을 제대로 하지 못해 마음 한구석은 항상 외롭고 쓸쓸하다. 닐 역시 이 모임을 통해 자신이 정말 하고 싶었던 것을 알게 되고 꿈에 대한 열정을 찾게 된다. 그밖에 토드, 앤더슨, 찰리 등도 이 모임을 통해 자신감도 얻게 되고 학업에 대한 부담감에서 탈피하여 조금의 여유를 느끼게 된다. 이를 통해 영화 속 '죽은 시인의 사회'는 진정한 자아를 스스로 찾아가는 학생들의 새로운 희망의 공동체, 즉 삶의 정수를 의미하며, 이 속에서 아이들의 죽어 있던 자의식이 동굴 속에서

출처 : http://movie.daum.net

지피는 모닥불과 같이 조금씩 살아나고 있음을 보여 주고 있다.

닐의 죽음: 부모의 양육태도와 자녀의 학교 적응

닐은 예전부터 정말로 하고 싶었던 연극을 선택하고, 학생공연인 셰익스피어의 「한여름 밤의 꿈」에 응모하여 주인공 요정의 역할을 맡게 된다. 그러나 그는 강압적이며 보수적인 부모의 반대를 의식하여 고민하다가 "나는 아버지의 허락 없이 내 자신을 돌보겠다."는 각오로 키팅 선생님을 찾아가 평생 연극을 하고 싶다는 자신의 의사를 당당하게 밝히고 끝내 무대에 오른다. 그는 공연 날 무대 위에 서서 주인공 역할에 최선을 다 하였다. 그리고 관객으로부터 환호와 갈채를 받았다. 그러나 닐의 아버지는 자신의 뒤를 이어 의사가 되리라 믿었던 아들의 무대 위 모습을 먼 곳에서 싸늘하게 응시하고 있을 뿐이었다.

한편 무대 위 아들은 자신의 소중한 성취를 함께 기뻐해 주기는커녕 성난 모습으로 서 있는 아버지에게 실망하며 불안한 마음으로 아버지를 바라보고 있다. 공연이 끝난 후 친구들의 축하에도 불구하고 아버지는 닐에게 크게 화를 내며 집으로 데려간다. 그는 '죽은 시인의 사회'를 안내한 키팅 교사의 교육방법을 맹렬하게 비난하면서 아들에게는 자신의 입장에 대해 말할 수 있는 기회조차 주지 않고 군사학교로 전학할 것을 선언한다. 자포자기한 닐은 한마디의 변명이나 반항도 없이 아버지의 엄명에 복종한다. 이날 밤 아버지가 잠자리에 들기 직전 슬리퍼를 벗어 침대 옆에 한 치의 흐트러짐이 없이 똑바로 자로 재는 듯 정렬하는 모습이 화면에 적막하게 클로즈업되었을 때 공포마저 느끼게 한다. 그 곁에서 어머니는 숨소리도 고르며 아무 말 없이 잠을 청한다. 이러한 아버지와 어머니의 일상생활 모습은 바로 닐에 대한 양육태도가 평소 얼마나 통제되고 억압적이었는가를 충분히 짐작하게 한다. 그리고 닐의 총성이 들려온다...연극배우가 되고 싶어 하는 닐의 꿈은 그를 의사로 만들려는 아버지의 욕심에 갇히어 좌절되었고, 벼랑 끝에 선 그는 부모가 잠든 시간에 권총으로 자살을 하고만 것이다.

키팅 선생님은 이미 자신의 경험을 통해 닐과 같은 웰튼의 아이들이 가정에서는 물론 기숙학교에서조차 규율과 통제 속에 억눌려 자신의 목소리를 내지 못하고 정서적으로 메말라가고 있음을 중요한 문제로 인식하였다. 선배이자 교사인 키팅은 학생들에게 새로운 사고방식을 체득하게 하고 이들이 평소 느끼는 좌절감과 마음 깊이 쌓여가는 분노, 그리고 내재화되는 공격성향을 시를 통해 승화시켜 치유할 수 있는 기회를 제공하는 등 나름대로 노력하였다. 즉 그는 부모의 과잉기대와 학교의 통제에 지쳐있는 아이들에게 이제는 자신을 해방시키는 방법을 가르치기 위해 권위의 상징인 책상 위에 서 보게 함으로써 평소보다 다른 관점에서 바라보는 세계가 어떻게 달라 보이는가를 느끼게 하고, 스스로 자신을 변화시키고 역량을 강화하는 것이 얼마나 중요한가를 깨닫게 한다.

그러나 그의 개입 범위는 학생 개인의 수준에서 크게 벗어나지 못했다. 예컨대 닐이 연극 개막을 앞두고 부모의 반대를 의식하여 고민 끝에 용기를 내어 마지막으로 키팅 선생님을 찾아가 상담을 요청하였으나, 이 과정에서 키팅 선생님은 고작 아버지와 대화를 시도하라고 제안하였을 뿐이었다. 이때 그가 보다 적극적으로 닐의 마음을 이해하고, 문제의 원인을 닐의 개인적 수준뿐만 아니라 부모의 양육태도 등 가정환경까지 사정함으로써 개입 수준을 가족차원으로 확대하여 닐의 아버지 또는 어머니를 직접 만나 상담을 하였더라면 하는 아쉬움을 지울 수 없다. 사실 닐의 아버지는 학교를 자아실현의 장이 아닌 신분상승의 장으로 인식하고 아들의 신분상승이라는 목표 달성을 위해 따뜻한 사랑과 지지 대신에 냉혹한 통제와 억압으로 아들을 키우는 것이 부성애라고 착각하였던 것이다. 이러한 아버지의 왜곡된 양육태도가 부모교육 또는 부모상담을 통해 한번쯤 점검되고 부모 스스로 아이의 입장에서 생각해 볼 수 있는 기회를 가졌더라면 분명 닐의 죽음을 막을 수 있었을 것이다. 만일 이 학교에 학교사회복지사가 소속되어 학생들은 물론 학부모와 키팅 선생님 그리고 다른 선생님들을 지원하였더라면 닐을 비롯한 학생들의 성장과 행복을 지켜볼 수 있지 않았을까 하는 아쉬움이 남는다.

닐의 죽음을 통해 이 영화는 진보적인 키팅 선생님과 보수적인 아버지를 비교하고 있다. 키팅 선생님은 학생들 스스로 자신 안에 잠재되어 있는 능력을 찾아내기를 희망하였다. 이를 위해 학생들로 하여금 자신의 생각으로 책을 읽게 하고 자신의 소리를 찾는 '자유로운 사색가'를 추구하게 하고, 시의 구절을 읽으며 공을 차게 하는 등 정해져 있는 틀 속에서 벗어나 새로운 관점에서 현실을 바라보게 하고, 그 틀을 벗어나는 것이 나쁜 것이 아니라는 것을 일깨워 준다. 그러나 닐의 아버지는 자신이, 그리고 제도가 가장 옳다고 여기는 길을 정해 두고 그것을 진리로 믿으며 닐이 그 길을 똑바로 걸어가기를 원했다. 그가 일방적으로 판단하고 주입한 가치관은 닐을 죽음으로까지 몰고 갔다. 즉 두 사람이 가지고 있는 생각의 차이가 성장기 청소년에게 미치는 영향력은 한 생명을 살릴 수도 있고, 또는 죽일 수도 있는 만큼 너무나 막대할 수 있음을 보여주고 있다.

출처 : http://planet.daum.net

다시 책상 위에 올라서는 아이들: 교사의 역할

결국 키팅 선생님은 웰튼에서 쫓겨나게 된다. 그가 이 학교를 떠나던 날 학생들과 마지막 인사의 장면...토드를 시작으로 제자들은 하나 둘씩 자리에서 일어나 권위의 상징인 책상 위에 올라선다. 교장의 위엄과 질책에도 불구하고 용감하게 책상 위에 올라선 학생들의 눈빛이 맑게 다가온다. 이들의 눈빛을 통해 이별의 슬픔만이 아닌 희망을 읽게 된다. 이들은 비로소 다른 각도에서 생각하고 판단하는 방법을 자신의 것으로 만들었다. 이들을 지켜 본 키팅 선생님은 학생들에게 "Thank you boys, Thank you."라고 하면서 오히려 가슴 벅찬 희망을 안고 학교를 떠난다. 그는 학생들에게 스스로 딛고 설 수 있는 책상은 물론 그 자신도 그 책상 위에 올려놓고 떠날 수 있기 때문이다.

마지막 감동의 장면에서 특히 토드의 변화에 주목하고자 한다. 영화의 전반부에서 키팅 선생님은 토드가 평소 자신감이 없고 두려움을 가지고 있음을 알고 시 한편을 써오라는 숙제를 내주었다. 결국 토드는 숙제를 못했지만, 키팅 선생님의 격려 덕분에 학생들 앞에서 자신의 감정을 표현하고 직접 말할 수 있는 성취감과 자신감을 가지게 되었다. 키팅 선생님과 친구들은 토드도 할 수 있다는 자신감에 환호의 박수를 친다. 그리고 키팅 선생님은 토드에게 오늘 수업에서 스스로 해 낸 것을 절대로 잊지 말라고 당부한다. 그것은 곧 자신감을 잃지 말라는 뜻이기도 하다. 마지막 장면에서 그가 학교를 떠나면서도 모든 학생들에게 당부하는 메시지는 이미 앞에서 토드에게 당부하였던 메시지와 같을 것이다.

생각나누기

1. 이 영화의 전반부에 등장하였던 '검은 새떼(black birds)'는 영화의 중반부에서 다시 화면 속에 클로즈업되고, 녹스는 검은 새떼를 쫓이기다 크리스를 만난다. 그렇다면 '검은 새떼'가 특별하게 상징하는 의미가 있을까? 그 의미는 무엇인가?

2. 지나친 간섭과 억압, 그리고 이로 인해 죽어가는 아이들, 좌절하는 아이들, 그리고 떠나야 하는 선생님까지... 이 영화는 영상을 통해 무엇을 말하려고 하는가? 이 영화가 주장하는 교육의 목적은 무엇인가?

3. 낭만주의 시인 휘트먼의 시에서 따온 '죽은 시인의 사회'가 의미하는 바는 무엇인가? 이것이 닐과 토드의 우정, 그리고 이들 각자에게 미친 영향은 무엇인가?

4. 「죽은 시인의 사회」의 키팅 선생님(로빈 윌리암스)은 닐의 자살에 책임을 지고 학교를 떠나야 했고, 「위험한 아이들」의 루엔 선생님(미셀 파이퍼)은 에락리오의 타살에 죄책감을 느껴 스스로 학교를 떠나려다 학생들의 권유로 학교에 다시 남는다. 두 사건의 원인과 교사의 역할을 비교해 보자.

2. 교실 속 권력의 구조와 학교폭력 : 「우리들의 일그러진 영웅」

▲우리들의 일그러진 영웅
- 감독/박종원
- 주연/홍경인, 고정일, 최민식, 신구
- 제작 연도/1992년
- 상영 시간/119분
- 기타/원작자 이문열

이 영화는 진정으로 사람을 기른다는 것이 어떤 것인지를 깊이 있게 논의하고자 제목 그대로 이 시대의 일그러진 영웅에 대한 이야기를 영상매체를 통해 더욱 사실적으로 보여 주고 있다. 이를 통해 관객은 훌륭한 소설을 영상을 통해 읽는 즐거움을 만끽할 수 있다. 그러면서도 이 영화는 자유당정권 말기 소박한 시골의 초등학교 교실이라는 공동체에서 일상적으로 전개되는 사건을 통해 등장인물들의 속성, 특히 엄석대라는 반장의 폭력과 부조리로 형성된 권력을 중심으로 그의 주변에 쉽게 달라붙었다가 또 쉽고도 무섭게 변절하는 아이들의 생존방식을 그려 나가면서 부패한 사람들이 만든 권력의 무상함과 거기에 기생하는 이기주의를 비판하고 있다. 특히 순진무구하리라 기대했던 시골 아이들이 권력의 허구와 현실의 부조리에 적응하는 모습을 날카롭게 보여줌으로써 아직 미성숙한 학생들을 성숙한 어른으로 교육시키기 위해서는 폭력과 권력에 기회주의적으로 변질하는 근성을 뿌리 뽑아야 함을 강조하고 있다. 이는 곧 오늘날 초·중·고등학교에서 나날이 증가하고 있는 집단따돌림을 포함한 학교폭력문제를 예방하고 해결하는 학교사회복지적 접근방법의 기본 전제라고 할 수 있다.

[작품의 배경]

「우리들의 일그러진 영웅」은 1960년 전후 시골 초등학교 교실에서 벌어지는 사건을 통해 이승만 정권 당시 우리 사회의 권력행태와 폭력에 대한 왜곡된 의식구조를 상징적으로 풍자한 이문열의 중편소설이다. 박종원 감독이 이 소설을 같은 제목의 영화로 만들었다. 이 영화는 치밀한 연출과 사실적 묘사가 돋보이며, 어린 연기자들의 조화로운 연기에 의해 작품의 완성도를 높였다는 평가를 받고 있다. 특히 원작의 심오한 문제의식을 충분히 살려내고 있다는 점에서 잘 만들어진 영화라고 할 수 있다. 이 영화를 격조높은 예술작품으로 만들어주는 것은 반장역을 맡은 홍경인의 음침한 독재자 연기와 병태역을 맡은 고정일의 표정과 분위기다. 박종원 감독은 이 소설이 발표되었던 1987년부터 이를 자신의 영화감독 입문작으로 점찍었으나, 당시 영화사들은 검열과 흥행 문제로 인해 엄두를 내지 못했기 때문에 실제 영화로 만드는 작업은 4년이나 더 늦어졌다고 한다(http://movie.naver.com).

한편 이문열의 「우리들의 일그러진 영웅」은 단순한 사회비판 소설과는 달리 고도의 심리분석기법을 통해 권력에 대한 우리들의 은밀한 두려움과 비겁한 순응, 그리고 우리 사회의 뒤틀린 영웅관과 전도된 가치관을 드러내 보여준다는 점에서 중요한 의미를 갖는다(김성곤, 2000). 따라서 이 영화는 시골 초등학교 고학년 교실을 무대로 동급생들 위에 군림하는 절대권력자의 우상이 만들어지고 다시 그 우상이 무너지는 모습을 보여주면서, 관객들로 하여금 우리 사회의 권력 구조와 그 한계에 대해 성찰하게 한다. 원작 소설에서 절대권력자인 엄석대는 자라서 잡범이 되지만, 영화에서는 그가 지금도 우리 사회 어디선가 또 다른 '5학년 2반' 위에 군림하며 나름의 방식으로 권력을 이룩했을 것으로 추측하게 한다. 이에 대해 박 감독은 "원작은 엄석대가 수갑을 차는 모습을 보여줌으로써 당시 권선징악의 주제를 관철하고 있다. 그러나 우리 사회는 이제 그러한 권선징악의 주제가 설득력을 잃을 만큼 일그러져 있다"고 설명하였다. 그가 지적한 사회적 분위기 탓인지 이 영화는 개봉관에서의 관객 동원은 4만명에 그쳤다. 더구나 요즈음 신세대 학생들과 같이 말초적 자극에만 익숙하고 끈기가 부족한 관객이라면, 게다가 자유당 정권 말기의 우리나라 현대사에 대한 이해마저 부족하다면 이 영화를 지루하게 느낄 수도 있다.

그럼에도 불구하고 이 영화는 1992년 제16회 몬트리올영화제 최우수작품상, 제12회 하와이국제영화제 동서문화상 · 작품상, 제13회 청룡영화제 작품상 · 감독상 · 특별상, 제3회 춘사영화예술제 작품상 · 공로상 · 각색상 · 편집상 · 남우우수연기상 · 현상상, 1993년 제6회 싱가폴국제영화제 비평자상, 1993년 제29회 백상예술제 대상 · 작품상 · 감독상 · 특별공로상, 1993년 제31회 대종상영화제 심사위원특별상 · 영화발전공로상 · 편집상 · 조명상을 각각 수상하였다. 또한 원작 소설은 한국적 정치 현상을 우의적으로 표현한 점이 높이 평가되어 1987년 제11회 이상문학상을 수상하였으며, 영어, 일본어, 스페인어 등으로 번역되어 해외에서도 널리 읽혀지고 있다.

[줄거리]

한병태(태민영 분)는 40대 남자로 사회의 부조리에 염증을 느껴 1년 전 회사를 그만 두고, 학원 강사로 일하고 있다. 학원에 적응하는 것에도 어려움을 느끼고 있던 그는 어느 날 초등학교 동창생인 황영수로부터 담임선생님(신구 분)의 부음을 듣는다. 시골로 향하는 기차 속에서 그는 초등학교 시절 반장이었던 엄석대에 대한 궁금한 마음이 커지면서, 30년 전 '5학년 2반'을 회상하며 과거의 여행을 시작한다. 그 당시 한병태(고정일 분)는 서울의 명문 초등학교에서 시골의 운천초등학교로 전학을 갔다. 병태는 담임선생님이나 반 아이들의 관심은커녕 냉대를 받게 된다. 더구나 엄석대(홍경인 분)라는 반장은 반 아이들의 절대적인 추종을 받으며 선생님과 같은 권력을 행사하고 있다. 병태는 석대의 행동이 옳지 못하다고 느끼고, 혼자서라도 그를 이겨야만 반의 질서가 잡히고 그의 부정한 행위도 없어질 것으로 확신하며 그에게 대항한다. 그러나 석대의 보이지 않는 압력은 병태를 지치고 힘들게 만든다. 마침내 병태는 유리창 청소사건을 계기로 석대의 권력 아래로 들어가 충복이 된다.

새 학년이 시작되면서 김정원 선생님(최민식 분)이 새 담임선생님으로 부임한다. 선생님은 석대의 부정을 눈치 채고 모두 똑같은 친구임을 강조한다. 석대 역시 선생님이 자신을 의심하는 것을 느끼면서도 지금까지 세워온 자신의 왕국을 고수할 수밖에 없는 딜레마에 빠진다. 결국 선생님은 석대의 이름을 바꿔 쓴 시험지를 발견하고 그 자리에서 석대는 물론 반 전체 학생들을 체벌한다. 이에 반 학생들은 그동안 있었던 석대의 비행을 낱낱이 실토하게 되고, 그 상황을 견디지 못한 석대는 학교를 뛰쳐나간 뒤, 그날 밤 교실에 불을 지르고 다시는 돌아오지 않았다. 이후 병태는 세월이 지나 대학을 졸업하고 직장인이 된다. 그리고 선생님의 부음으로 찾아간 시골 상가(喪家)에서 초등학교 시절 친구들을 만난다. 그는 그 곳에서 석대를 만나지는 못했지만, 석대는 어디선가 틀림없이 다시 '일그러진 영웅'이 되어 또 다른 사람들을 자신의 의지대로 움직이고 있으리라는 생각에서 벗어날 수 없다.

◆사회복지적 관점에서 영화 보기

전학 온 병태의 학교 적응

이승만 정권이 마지막 기승을 부리고 있던 1959년 3월 중순, 한병태는 5학년이 되면서 지난 학년까지 다니던 서울의 명문 초등학교를 떠나 좌천한 아버지를 따라 작은 읍의 초등학교로 전학을 가게 되었다. 서울의 크고 화려한 초등학교에 비해 시골의 초등학교는 작고 초라할 뿐이다. 특히 아동의 발달단계상 5학년은 사춘기 초기이자 청소년기 전기로서 여학생은 생리를 시작하고 남학생은 몽정이 시작되는 등 제2차 성 특징이 나타나기 시작하며 제2의 급격한 신체적 성장을 경험하게 된다. 이러한 성적 성숙은 일상생활과 행동에 영향을 주어 이성에 대한 많은 관심을 갖게 하고 정서적으로 예민하게 된다. 또한 청소년의 사고는 점차 추상적이고 비판적이면서도 합리적으로 발전하게 되면서, 자기주장과 독립심이 점차 강해진다. 무엇보다도 이 시기 청소년의 자아정체성이 확립되어 가면서 개성이 뚜렷해지고 일상생활 적응능력이 점차 형성되어 간다. 특히 사춘기 청소년은 또래로부터 인정과 존중을 원하는 반면, 아직까지 가족에 대한 충성심도 갖고 있으므로 가족을 힘들게 만드는 것도 원하지 않으며 자신이 힘이 들 때는 가족으로부터 위로를 받으려 하는 특성도 보인다. 이러한 특성을 파악함으로써 한병태와 엄석대 그리고 교실 아이들의 욕구를 이해할 수 있고, 전학 온 병태가 시골학교에 적응하면서 겪는 사회·심리적 어려움을 이해할 수 있고, 이러한 어려움을 지원하는 교사와 부모의 바람직한 역할과 태도가 어떠해야 하는가를 생각할 수 있게 된다.

병태가 전학 온 첫째 날 어머니의 손에 이끌려 따라 들어간 영천초등학교는 낡은 일본식 시멘트 건물 한 채와 검은 타르를 칠한 판자 교실 몇 채로 이루어져 있었고, 한 학년이 겨우 여섯 학급밖에 안 되며, 남학생반과 여학생반이 엄격하게 나뉘어져 있었다. 거기다가 교무실은 교실 하나정도의 크기였으며, 그 곳에서 처음 뵙는 선생님들은 시골 아저씨들처럼 후줄그레한 모습으로 맥없이 앉아 굴뚝같이 담배 연기만 뿜어 대고 있었다. 전학 온 학생의 어머니를 알아보고 다가오는 담임선생님의 빗질도 하지 않은 부스스한 머리부터가 병태의 기대와는 너무도 멀었다. 더구나 그날 아침 세수를 했는지가 정말로 의심스런 얼굴로 어머니의 말씀을 듣는 둥 마는 둥 하고 있는 담임선생님의 모습이 병태를 실망시켰다. 담임선생님은 병태를 교실로 데려가 "새로 전학 온 한병태다. 앞으로 잘 지내도록...."이라는 한 마디 말로만 조례를 끝낸 뒤 병태에게는 자신을 소개할 기회도 주지 않고 마치 귀찮다는 듯 뒤쪽 빈자리에 앉게 하고 바로 수업에 들어갔다. 새로 전학 온 학생을 위해 칭찬 섞인 말씀과 함께 친구들 앞에서 자신을 소개하는 기회를 주는 서울학교 선생님들을 떠올리며 자기소개를 시작하려 했던 병태는 야속한 마음이 들었다. 대단한 추켜세움까지는 아니더라도 적어도 전학 온 학생이 서먹서먹함이나 소외감을 느끼지 않고 반 아이들로부터 따돌림 당하지 않도록 그 학생을 소개하고, 앞으로 학교생활에 적응하면서 느낄 수 있는 어려움을 반 아이들과 함께 이야기 나눔으로써 새로운 교우관계의 형성을 도와주는 것이 바람직한 교사의 역할이다.

병태는 허전하고 외로운 마음에 집으로 돌아가 가족 앞에서 자신의 학교생활의 어려움을 내비치며 부모의 따뜻한 위로를 기대했다. 그러나 아버지는 서울에서 당했던 자신의 패배를 아들을 통해 보상받고픈 마음에서였는지 위로에 대신하여 "힘이 있어야 한다! 힘이 있는 반장이 되어라!"라고 강조한다. 그러나 새로 전학하여 적응 과정에 있는 사춘기 청소년을 자녀로 둔 부모의 바람직한 역할은 자녀를 격려하고 자녀에게 일어나는 심리적 변화를 이해하며 학교에서 발생할 수 있는 또래집단의 압력을 이해하고 자녀 스스로 이에 대응할 수 있는 방안을 마련하도록 도와주는 것이다. 이러한 부모의 지원이 많으면 많을수록 자녀는 사회적으로 더 유능하게 성장할 수 있다. 또한 부모는 아동이 스스로 문제를 해결할 수 있도록 상담자 역할도 수행하여야 한다. 이를 위해 부모는 자녀를 따뜻하게 지지하고 이해해 줌으로써 자녀와 상호 공개적으로 반응할 수 있는 의사소통체계를 유지하며, 힘과 권위로 강압하기보다는 자녀의 자율성을 인정하여야 한다. 이에 근거하면, 병태의 부모는 자녀의 현재 당면한 문제와 욕구를 제대로 파악하여 지원하였다고 할 수 없다. 따라서 가족으로부터도 제대로 위로받지 못한 병태의 마음이 얼마나 외롭고 힘들었는가를 짐작할 수 있다.

출처 : http://movie.daum.net

친구를 때리는 급장에게 저항하기 : '엄석대반'의 권력 구조

병태는 학교생활에 하루하루 힘겹게 적응하면서 자신의 학급이 강력한 힘을 가진 동급생 반장에 의해 통제되고 있음을 깨닫게 된다. 반장 엄석대는 담임선생님보다 더 절대적인 권력을 쥐고 같은 반 친구들을 마음대로 억압하고 때로는 폭력을 행사하고 있다. 그런데 놀랍게도 아이들은 모두 석대의 폭력에 한 마디의 저항이나 불만 없이 순순하게 응하며 당연하다는 듯 뇌물까지 받치고 있다. 이에 대해 한병태는 학급회의에서 교실에 무기명 건의함을 설치할 것을 제안하여 표결에 붙이지만, 병태 한 사람만 찬성을 하였고 나머지 전원은 반대를 하였다. 또한 아이들은 교실 뒷문으로 다니지 않음으로써 엄석대의 권위를 인정하는 범위 안에서 학교생활을 하고 있다. 그러나 병태는 "반장이면 다야? 반장이 부르면 언제든지 갖다가 바쳐야 하느냐고?" "반장에게 왜 물을 갖다 주니? 싫어! 난 못해!"라고 외치며, 반장의 횡포와 억압에 정면으로 맞선다. 이러한 태도는 병태가 서울에서 전학 오기 전 여자친구로부터 받았던 동전 속 자유의 여신상을 늘 주머니 속에 간직하는 마음에서 비롯되었음을 상징하고 있으며, 병태가 자유와 평등에 대한 신념과 합리성을 추구하는 사고를 지닌 인물임을 나타내고 있다. 한편 반장은 단순히 억압적이지만은 않다. 그는 반 아이들의 이기적인 속성을 교묘하게 이용하여 때로는 미묘한 협박을 통해 때로는 은밀한 회유를 통해 반항하는 세력을 결국 자신에게 예속시킨다. 그런 의미에서 석대는 다분히 정치적인 인물이며 학교 폭력의 가해자이다.

따라서 고도의 독재자인 반장은 저항하는 병태를 직접적으로 처벌하는 대신, 병태와 친한 김영팔과 같은 주변 인물들을 괴롭힘으로써 병태를 철저하게 따돌려 고립시킨다. 이와 동시에 석대는 병태에게 은밀한 위협과 거절할 수 없는 회유공작을 시도하기도 한다. 더구나 담임선생님을 비롯한 학교당국은 철저하게 무기력하고 무능하기 때문에 학생들의 교우관계에 관심이 없을 뿐만 아니라 교실 속 왕따나 폭력을 가하는 학생이나 당하는 학생에 대해 개입하려는 최소한의 의지조차 없어 보인다. 이러한 태도는 이미 병태가 처음 전학 왔을 때에 보여 주었던 담임선생님의 성의 없는 모습에서, 그리고 병태가 용기를 내어 문제제기한 라이터 사건에 대해 주먹구구식으로 대응하는 모습에서도 일관되게 나타난다.

오히려 담임선생님은 반장과 그를 동조하는 세력에 의해 전개되는 은밀한 부조리와 교실 속 폭력을 알고 있으면서도 반장 편을 들어줌으로써 자신의 이익을 챙기고 있으며, 라이터 사건 이후 "공부 잘 하고 통솔력 있고, 이만한 반장이 어디 있니?" 하면서 엄석대를 더욱 공개적으로 신임한다. 이로써 석대는 담임선생님의 비호아래 교실 속 권력을 마음껏 누리게 되며, 급기야 교장선생님으로부터 전교를 대표하는 모범학생으로 표창까지 받는다. 그러나 병태는 성적도 더 떨어지고 담임선생님은 물론 다른 선생님들로부터 석대를 질투하고 시기하는 문제학생으로 낙인찍혀 눈총을 받고 친구들로부터도 외면을 당하며 학교로부터 점점 멀어지게 된다.

왕따와 좌절, 그리고 등교 거부: 서울로 돌아가고픈 병태

전학 온 지 얼마 되지도 않아 친구들로부터 관심이나 도움도 받지 못하는 병태가 절대 권력자인 석대를 대상으로 외롭게 싸우면서 과연 무엇을 그리도 갈구한 것일까? 병태는 억압과 폭력이 있는 교실 환경에 적응하지 못하고, 석대에게 저항하면서 교실 아이들을 자신의 편으로 만들려고 여러 방법을 사용한다. 예컨대 자신의 돼지저금통을 털어 반 친구들에게 극장구경을 시켜주고 자장면을 사주며 연필까지 나누어 주었다. 이러한 행동은 반 전체를 위한 것이라기보다는 자신의 권력을 확보하기 위한 것이었을지도 모른다. 하지만 이러한 방법들은 석대의 책략과 회유 그리고 그의 권력에 아부하는 아이들의 행동으로 물거품이 되고 만다. 그들은 석대의 부정에 대해 저항하기는커녕 대부분 가만히 방관하거나 석대의 지시에 따라 병태를 따돌리고 때리며 괴롭히기까지 했다. 라이터사건을 계기로 자신을 구원해 줄 것으로 믿었던 선생님마저 석대의 편을 들게 되자 좌절하게 된다.

이로써 석대는 일방적으로 유리한 상황이 되고, 병태는 친구들과 어울리지도 못하고 온갖 불이익을 당하게 된다. 더구나 마지막 희망이었던 시험성적에서도 석대가 1등을 하고, 병태는 11등을 함으로써 완전한 패배감에 빠져 소외감을 느끼게 된다. 친구와 선생님들로부터 철저하게 따돌림을 당하게 된 병태는 외톨이라는 생각에 이제는 더 이상 학교에서 마음을 붙일 곳이 없음을 깨닫고 급기야 어느 날 아침 학교로 가는 길목에서 방향을 바꿔 학교를 등 뒤로 하고 서울로 돌아가고픈 마음에 철길을 따라 걷는다.

여기서 왕따는 한 교실 또는 전체 학교에서 따돌림을 받거나 폭력을 당하는 사람을 의미한다. 본래 의미의 따돌림이란 친구를 집단에서 소외시켜 조롱하는 등 언어적 공격을 통해 정서적 폭력을 가하는 행위이다(D. Olweus, 1997). 예컨대 교실에서 함께 점심 식사를 하면서 한 학생을 따돌리는 것이 왕따이다. 그러나 우리나라 학교 현장에서는 일반적으로 따돌림과 함께 신체적 폭력이 가해진다. 그 이유는 우리나라 학생들은 어떤 친구가 미우면 수동적으로 놀리거나 따돌리는 것은 유치한 행동이라고 생각하는 경향이 있기 때문에 그 학생을 따돌리기보다는 우선 손이 먼저 올라가는 신체적 폭력을 가한다. 그리고 아무도 이러한 신체적 폭력을 심각한 문제로 간주하지 않고 방관한다(이훈구, 2001). 따라서 우리 사회에서 따돌림은 학교 폭력의 일부로 간주되어야 하며, 이러한 우리나라 왕따의 전형적인 현상을 그대로 반영하여 보여주고 있는 것이 바로 「우리들의 일그러진 영웅」이다.

주인공 석대는 겉으로는 학급을 잘 이끌어 가는 반장이지만, 실제로는 교실 속 폭력을 은밀히 행사하며 친구들을 자신의 손아귀에서 마음대로 주무르고 있다. 그는 자신의 말을 거역하는 병태와 같은 학생에게는 서슴없이 폭력을 가하고 왕따를 시키고, 자신의 숙제도 남에게 시키며 시험 때에는 공부 잘하는 다른 학생이 자신의 이름으로 답안지를 작성하도록 함으로써 모든 과목에서 우수한 성적을 받는다. 이와 같은 폭군인 반장의 명령이나 압력에 대해 같은 반 학생들은 저항하기는커녕 오히려 그를 추종하고 심지어 뇌물까지 상납하기도 한다. 그렇다면 석대는 어떻게 반 학생들을 굴복시킬 수 있었을까? 우선 그는 다른 친구들보다 나이가 많고 주먹이 세었으며 표면적으로는 공부를 잘 하였다. 왕따 가해자의 일반적 특징은 피해자에 비해서 체격이 크다(이훈구, 2001). 물론 체격이 크다고 해서 모두 왕따 가해자가 되는 것은 아니다. 상대를 손아귀에 넣을 수 있는 지략과 권모술수가 있어야 한다.

또한 왕따 가해자는 일반적으로 중간 정도 이상의 공부를 한다. 그것은 학생 사회에서 공부를 너무 못하면 부하들에게 영향력을 행사할 수 없기 때문이다. 왕따를 가해하는 또 다른 예측요인으로 가족 내 부부간 폭력, 부모의 학대, 모의 가출 등 가족갈등, 비디오 · 전자게임 · 컴퓨터 등으로 인한 폭력노출, 피해학생의 돈 · 라이터 등 금품갈취를 통한 이익추구, 권력추구, 교사의 태도 등을 들 수 있다. 영화의 후반부에서 석대가 서울 창신동에 있는 어머니를 찾아 떠났다는 소문을 통해 석대의 가정도 어머니의 가출 등 가족갈등과 가족 내 폭력을 경험하였을 가능성이 높음을 시사하고 있다. 또한 석대는 친구들의 금품을 갈취하거나 뇌물을 받아 실익을 챙겨 왔으며 반 학생들을 부하로 두고 왕노릇을 하는 등 권력을 남용하여 왔음을 알 수 있다.

그리고 더욱 중요하게도 5학년 담임선생님의 방임과 6학년 담임선생님의 강압적인 체벌은 석대를 비롯한 학생들의 교실 속 폭력문제에 효과적으로 개입하였다고 할 수 없다. 그렇게 판단하는 이유는 이문열의 소설 속에서 석대는 성인이 되어서도 폭력전과자가 되었기 때문이다. 초등학교 시절 다른 학생을 협박해서 갖고 싶은 것을 쉽게 얻었던 학생은 그러한 폭력행위에 대해 교사 또는 학교사회복지사 등 전문가의 시의적절한 개입이 없었다면 커서도 그러한 욕구를 불식시키지 못하게 된다. 노르웨이의 올베우스라는 심리학자는 학교폭력문제에 관한한 세계적인 권위자이다. 그는 초중등학교 시절 왕따 가해자였던 학생들이 어떻게 성장하는가를 종단연구를 통해 20년 동안 조사한 결과, 왕따 가해자였던 학생이 성장해 30세 이전 폭력전과자로 경찰에 체포된 비율이 일반 학생에 비교하여 4배 이상 더 높다는 사실을 발견하였다. 이를 통해 5학년 2반 또는 6학년 2반 담임선생님이 가해학생인 석대와 피해학생인 병태 그리고 무엇보다도 방관자인 대다수의 같은 반 학생들에 대해 책임을 갖고 보다 효과적으로 개입하였더라면 하는 아쉬움을 지울 수 없다.

엄석대 권력의 단맛에 취해... : 굴종의 본질

석대는 병태의 가느다란 항변에는 아랑곳하지 않고 "여기 아직 파리똥이 그대로 있잖아? 이 구석 먼지하고 다시 닦아."라며 냉담하게 말을 잘랐다. 병태는 마음에도 없는 미소까지 지으며 그의 호감을 사려고 애써 보았지만 소용없는 일이었다. 병태는 네 번째로 창틀에 올라가 다시 유리창에 달라붙었다. 그러나 온몸에서 맥이 싹 빠져 손가락 하나 까닥하고 싶지 않았다. 이미 합격 불합격은 병태의 노력에 달린 것이 아니라 석대의 마음에 달려 있다는 것을 안 이상 헛수고를 하고 싶지 않아서였다. 어느덧 해는 서편으로 뉘엿해지고 교정에는 인적이 드물어졌다. 병태는 이제 저항을 포기한 채 스스로의 무력함과 외로움에 울기 시작하였다. 이 때 석대가 다가와 전에 없이 너그러운 표정으로 "이제 돌아가도 좋아. 유리창 청소 합격!" 하고 부드럽게 말하였다. 석대는 마침내 병태의 눈물을 통해 이제는 결코 뒤집힐 리 없는 자신의 승리를 확인하고 병태를 외롭고 고단한 싸움에서 풀어준 것이었다. 병태 또한 석대에 대한 반발과 저항의 힘든 싸움을 포기함으로써 참담하지만 한편으로는 홀가분한 마음이 들어 다음날 자신이 아끼던 샤프펜슬을 석대에게 건네준다.

병태는 결국 살아남기 위해 석대에 대한 저항을 포기하고, 위협에 굴복한 것이다. 그 상황에 병태는 석대 앞에서 눈물을 흘림으로써 자신의 패배를 확실히 드러내어 타협하였고 석대 세력의 제2인자로 지위를 차지하게 된다. 이때 석대는 교묘하게도 "나한테 오기가 그렇게 힘들었어?" 하면서 회유하고 병태를 미포리로 데려가 달콤한 권력의 맛에 취하게 한다. 이로써 병태가 자신을 배신하지 못하게 하는 치밀함마저 발휘한다. 이때 병태는 자유의 여신상이 새겨진 미국 동전을 주머니에서 꺼내 미련없이 불 속으로 던져 버리고 석대의 권력 속에서 보호를 받으며 굴종의 본질이 주는 안락함마저 느끼며 살아가게 된다.

전근 온 교사의 개입: 학교폭력에 대한 체벌의 한계

그들이 6학년이 되어 새로운 담임선생님이 오게 되면서 엄석대 권력에 금이 가기 시작한다. 선생님은 "매사에 진실되게 생각하고, 늘 자유롭게 행동하라."고 강조하면서, 같은 아이들끼리 검사를 하는 모습 등에서 교실의 권력 구조를 조금씩 파악하기에 이른다. 그러던 어느 날 선생님은 칠판의 문제도 제대로 풀지 못하는 석대의 1등을 의심하게 되고, 드디어 시험지의 이름을 바꿔 썼던 사실을 확인하게 된다. 그 자리에서 석대는 물론 반 전체 학생들을 체벌한다. 이에 학생들은 차례대로 석대의 만행을 아는 대로 털어놓기 시작했다. 여자애들의 치마를 들추게 하고, 장삿집 아이들에게는 매주 얼마씩 돈을 바치게 하고, 농사짓는 집 아이들에게는 과일이나 곡식을, 대장간 아이들에게는 엿으로 바꿀 철물을 가져오게 하는 등...그런데 한 가지 묘한 것은 석대의 폭력을 고발하는 아이들의 태도였다. 처음에는 마지못해 선생님만 쳐다보고 머뭇머뭇 하다가 한 명 한 명 고발하는 학생의 수가 많아질수록 차츰 목소리가 커지면서 눈을 번쩍이며 석대를 향해 '임마' '새끼' 같이 전에는 감히 혀끝에 올려 보지도 못한 엄청난 욕들을 섞어 퍼부어대는 것이었다. 이윽고 병태의 차례가 왔다. 그러나 병태는 "저는 잘 모릅니다." ....

담임선생님은 "좋다. 너희들이 용기를 되찾은 걸 다행으로 생각한다. 그렇지만 너희들도 지난 비겁함에 대한 값을 치러야 한다."고 말하면서, 청소도구함 쪽으로 가 참나무로 된 걸렛대를 하나 빼 들었다. 그리고 다시 교단 앞에 서더니 나직이 명령했다. "1번부터 한 사람씩 차례로 나와!" 그날 모두에게 돌아온 매는 한 사람 앞에 다섯 대씩이었다. 뒤이어 두 시간에 걸친 반장선거가 실시되었다. 그런데 반장 선거의 개표가 거의 끝나갈 무렵, 갑자기 거세게 교실 뒷문이 열리는 소리가 들렸다. 모두 흑판 위에 불어가는 정(正)자에 정신이 팔려 있다가 놀라 돌아보니 엄석대가 그 문을 나가다 말고 학생들을 무섭게 흘겨보며 소리쳤다. "잘해 봐, 이 새끼들아!" 그리고 잽싸게 복도로 뛰어 달아나는 것이었다. 그 갑작스런 일에 아이들은 잠깐 흠칫했지만 개표는 다시 계속돼 곧 선거결과가 나왔다. 석대의 표는 단 하나도 없었다. 아마도 석대는 그런 굴욕적인 개표 결과가 확정되는 걸 참고 기다리지 못해 뛰쳐나갔을 것이다. 석대는 떠나고, 그 반은 차츰 안정을 찾아가게 되었다.

출처 : http://planet.daum.net

학생들이 담임선생님의 도움으로 석대의 잘못을 밝히고, 그의 권력을 무너뜨린 것은 잘한 일이다. 그러나 이들은 자신의 이익을 위해 변심한 것이지, 결코 정의를 위해 변심한 것은 아니다. 이들은 석대가 반을 휘어잡고 있을 때는 석대에게 충성하였다. 그러나 담임선생님의 개입으로 석대의 위치가 불리해지자, 이제는 석대의 잘못을 낱낱이 파헤쳐 석대가 완전히 몰락하는데 동조한다. 이는 곧 '석대의 권력은 몰락하고, 선생님의 힘이 더 세지니, 선생님의 편에 빌붙어서 편하게 살아야겠다.'는 생각에서 비롯된 행동인 것이다. 그리고 여기서 주목할 점은 담임선생님이 교실의 부정부패를 일소하고 반장의 권력을 무참히 꺾어버리는 과정에서 그 역시 석대와 마찬가지로 독단과 폭력을 행사하였다는 점이다. 그는 평소 진실과 자유를 추구한다면서 이들과 전혀 어울리지 않는 방식을 택한 것이다. 그는 특히 석대에게 매질을 하고 그가 부정을 저질렀음을 강제로 실토하게 하였다. 그리고 엄석대의 폭력에 희생되었던 피해자이기도 한 학생들을 향해 석대에게 동조했다는 이유로 매를 휘둘러댔다. 학생들은 이제 새 담임선생님에게 복종하고 교실은 또 다른 형태의 억압에 압도당하게 된다. 그렇다면 우리 시대의 영웅은 과연 누구인가?

이와 관련하여 체벌이 과연 학교폭력을 해결하거나 예방할 수 있는가? 체벌문제는 우리 사회의 오랜 화두 가운데 하나였다. 이전에는 체벌을 암묵적 · 공개적으로 허용하는 분위기였다. 그러나 최근 학생과 교사 그리고 학부모의 인권의식이 높아지면서 체벌문제를 법적으로나 제도적으로 정비해야 한다는 지적이 늘고 있다. 현재 법적으로 체벌은 '금지'된 것도 '허용'된 것도 아니기 때문이다. 학교와 교육당국의 기준은 없고 대법원의 판례(2004년 6월)가 그 기준이 되어 있다. 이에 따르면 체벌은 ▲교육상 불가피한 경우, ▲다른 교육적 수단으로는 교정이 불가능한 경우, ▲그 방법과 정도가 사회 통념상 용인되는 경우로 제한했다. 이와 함께 ▲교정의 목적 없이 지도 교사의 감정 · 성격에서 비롯한 행위, ▲학생의 신체나 정신 건강에 위험한 물건 또는 교사의 신체 일부를 이용해 부상의 위험이 있는 학생 신체 부위를 때리는 행위, ▲다른 사람이 없는 곳에서 개별적으로 훈육 · 훈계할 수 있었음에도 낯모르는 사람 앞에서 공개적으로 체벌 · 모욕하는 행위, ▲학생의 성별 · 연령 · 개인적 사정에서 견디기 어려운 모욕감을 주는 행위 등은 정당한 체벌이 아니라는 기준도 제시되었다. 즉 체벌이라는 개념은 '교육적

벌'로부터 '형사처벌 대상이 될 수 있는 신체적 가해행위'까지 포괄하고 있기 때문에 모호하고 자의적인 해석이 가능하다. 따라서 이에 대한 명확한 법적 기준이 필요하다.

또한 교사들도 학생들을 권리의 주체로 인정하여 체벌을 하지 않고 지도할 수 있는 교육방법을 강구하여야 한다. 일반적으로 체벌에 의존하여 지도하는 교사들은 쉽게 체벌을 하는 경향이 있으며, 학생들도 이에 대해 내구성이 생기게 되므로 악순환을 반복하는 효과를 갖는다(한국청소년개발원편, 2004). 자신이 맞아야 교정된다고 인정하는 학생은 자신이 선생님과 인간 대 인간으로 소통할 수 있다는 사실을 자각하지 못하고 통제와 관리에 자신을 맡긴다. 특히 폭력은 폭력을 부르고 대물림될 뿐이라는 사실에 유념하여야 한다. 따라서 학교폭력을 예방하기 위해서는 무엇보다도 나 자신과 다른 사람과의 차이를 차별이 아닌 독특한 특성으로 이해하여 받아들이고 서로의 권리를 존중할 수 있는 방법을 가르치는 인권교육이 필요하다. 이러한 인권교육은 학생은 물론 교사와 학부모의 참여를 바탕으로 일상생활 속에서 전개될 때 그 효과성을 높일 수 있다.

생각나누기

1. 영화와 소설의 차이 : 「우리들의 일그러진 영웅」은 누구나 한번쯤 읽어보았거나 영화로 보았을 정도로 많은 매체를 통해 접할 수 있는 작품이다. 특히 소설에서는 김영팔이라는 인물이 등장하지 않는다. 그러나 박종원 감독이 소설에도 없는 인물을 영화에서 등장시킨 이유는 무엇인가? 석대가 몰락하는 과정에서 김영팔은 "너희들도 다 나빠!" "너희들도 다 똑같은 놈들이다!"라고 외친다. 이 외침의 의미는 무엇인가?

2. 5학년 2반 담임선생님과 6학년 2반 담임선생님이 각각 교실 속 학교폭력에 미친 영향력은 어떠한가? 이들 인물의 차이점은 무엇인가? 특히 새 담임선생님은 61명 모든 학생에게 모진 매질을 가한다. 그 이유는 무엇인가?

3. 한병태가 소중하게 간직하고 있던 동전은 무엇을 상징하고 있는가?

참고문헌

김동훈(2004), 『여간내기의 영화교실 2』, 컬처라인.
김성곤(2000), 『김성곤 교수의 영화에세이』, 열음사.
이훈구(2001), 『교실이야기 1』, 법문사.
청소년개발원(2004), 『청소년인권론』, 교육과학사.
D. Olweus. 1997. *Bullying at School,* Oxford: Blackwell.
http://movie.naver.com(홍성진 영화해설)
http://movie.daum.net
http://planet.daum.net

제7장

장애인복지 :
차이를 인정하고 차별을 배제하는 세상

신 영 화*

장애인복지 분야에서 최근 중요하게 다루는 아젠다는 '장애의 가치 정상화(normalization)'라고 할 수 있다. 단순하게 표현하면 '정상화'는 장애로 인해 손상된 기능에 대해서 비정상이 아니라 정상의 가치를 부여하는 것이다. 손상된 기능의 가치를 정상화하는 과정은 매우 복잡하다. 기능의 손상은 능력의 저하만을 의미하지 않고 사회적 불리를 초래한다. 따라서 사회적 불리라는 사회적 장애를 제거하기 위해서는 다양한 분야의 참여와 다양한 수준의 사회제도 개입이 필요하다. 장애인의 손상된 기능을 재활하고 독립생활이 가능하도록 하기 위해서는 재활치료, 보장구의 개발과 보급, 특수교육, 주택개조 서비스, 생계보장, 직업 및 사회재활 서비스 등이 제공되어야 한다.

특히 이동권 보장은 장애인의 사회적 접근과 통합에 필수적이다. 전동휠체어 제공, 시각장애인을 위한 유도시설, 휠체어 접근이 가능한 편

* 군산대학교 사회복지학과 교수

의시설, 교통수단의 제공, 이동 및 의사소통을 돕는 도우미 등이 이동권 확보에 필요한 기본적인 서비스이다. 그리고 장애인과 비장애인의 사회통합이 이루어지기 위해서는 장애인 우선고용제도와 장애인 고용차별금지제도 등과 같은 조치가 필요하다.

그러한 조치들이 이루어지면 장애인은 정상화되는가? 장애인 단체들의 주장에 따르면 장애인 권익향상에 가장 큰 걸림돌은 '비장애인들의 장애인에 대한 인식'이다. 장애로 인해 경제적 능력이 결여되고, 사회생활이나 결혼생활, 또는 가족생활이 어렵다는 인식이 잘못된 통념이다. 이러한 통념과는 다르게 장애인이 주인공으로 등장하는 많은 영화들은 장애에도 불구하고 기본적으로 장애인과 비장애인은 결국 '같은 사람이다'라는 메시지를 전달하고 있다. 비장애인들은 신체적, 정신적인 기능손상은 없으나 가까이 들여다보면 정상의 규범이나 기대에 맞추어 사느라고 힘들다. 그리고 행복이나 진실과는 다소 거리가 있는 삶을 산다. 장애인들은 겸손하고 진실하다는 점에서 보다 우월하다.

장애인과 비장애인을 구분하는 기준은 신체적, 정신적인 기능이 정상범위 안에 있는가, 또는 벗어나는가 하는 것이다. 장애를 가진 주인공 대부분은 비장애인들이 말하고 행동하는 방식을 벗어난다. 한편 영화 속 비장애인들은 정상 규범이라는 사회적 기대를 충족시키기에 급급하다. 그리고 정상의 선을 벗어나 자신들과는 '다른' 사람들을 장애인이라고 이름 붙이고, 주류세계로부터 배제시키고 소외시키는 차별을 확대한다.

차이를 차별로 확정하는 왜곡된 통념에서 비롯된 갈등을 극적으로 부각시키는 소재가 장애인과 비장애인의 사랑이다. 「조제, 호랑이 그리고 물고기들」, 「오아시스」, 「사랑이 머무는 풍경(At First sight)」, 「여성 장애인 김진옥씨의 결혼이야기」 등에서 장애인의 사랑과 결혼은 장애인의 시각에서 주체적으로, 또는 비장애인의 왜곡된 통념에 기초하여 비주체적으로 그려지고 있다.

1천만 관객 시대에 영화가 대중에게 전파하는 힘을 고려할 때, 영화에서 나타난 장애인의 모습이 장애인의 시각에서 주체적으로 표현되고 있는지, 비장애인의 시각에서 비주체적으로 표현되고 있는지, 또는 하나의 영화적 소재로서 동원되었을 뿐인지를 살펴보는 것은 중요하다. 이러한 작업은 영화가 장애인에 대한 일반인의 인식에 어떤 영향을 미치는지를 명확하게 한다. 「백치 아다다」, 「벙어리 삼룡이」, 「난장이가 쏘아올린 작은 공」,「안개마을」, 「서편제」에 이르기까지 소설 원작에 기초한 한국 영화에서 장애인들은 비운의 주인공이며 자신에게 주어진 삶에 대해 체념하고 좌절하고 장애에 대한 부정적인 의식이 팽배한 인물로 그려지고 있다. 원작 소설과 같이 이들 영화는 장애인들의 기구한 인생을 그리려는 의도보다는 장애인이라는 캐릭터를 통해서 시대의 모순과 황폐한 인간상을 그리고 있다.

▲오! 브라더스
출처 : www.cine21.com

최근 영화 중 「오아시스」, 「오! 브라더스」, 「말아톤」, 「맨발의 기봉이」 등에서 장애인이 주인공으로 등장한다. 「오아시스」에서 뇌성마비 여성 장애인 '공주'는 '원하지 않지만 의사소통이 단절된' 의사소통 단절의 극단적 상황을 상징하는 캐릭터로서 등장하고 있다. 공주는 교도소에서 출소한 종두에 의해서 성폭행당하고 사랑에 빠지는 수동적이며 비주체적인 인물로 묘사된다. 「오! 브라더스」에서 조로증에 걸린 12세 봉구는 그로테스크하고 황당한 캐릭터지만 밉지 않다. 비운의 주인공이 아닐 뿐만 아니라 어려움에 처한 사기꾼 형을 구하려 한다는 점에서 용감하기도 하다. 하지만 다소 엽기적인 코미디 주인공으로서 현실성이 떨어진다.

「말아톤」과 「맨발의 기봉이」는 실화에 바탕한 영화인만큼 현실적이며, 장애인과 가족의 일상적 생활방식이 드러난다. 또한 달리기나 노동능력 등 소수자로서 장애인의 능력이 강조된다. 장애인이 주인공으로 등장하는 외국영화 중에서 장애인이 주체적으로 세상과 접하는 영화로는 「나의 왼발」, 「제8요일」, 「사랑이 머무는 풍경」, 「아이 엠 샘」, 「조제, 호랑이 그리고 물고기들」, 「자토이치」 등이 있다.

「제8요일」은 다운증후군 조지의 사랑과 자유를 환상적으로 그리고 있다. 실제로 조지 역을 '파스켈 뒤켄'이라는 다운증후군 장애인이 연기

▲제8요일
출처 : www.cine21.com

를 하여 칸영화제 남우주연상을 수상하였다. 일본영화 「자토이치」는 만화원작을 각색한 무협영화이다. 시각장애인 검객 자토이치가 신들린 육감으로 마을의 눈 뜬 악당들을 평정하는 내용이다. 「나의 왼발」과 「사랑이 머무는 풍경」은 실화에 바탕을 두어 장애인의 고통과 삶과 사랑을 리얼하게 그리고 있다. 「아이 엠 샘」은 비장애인의 기준에서 볼 때 적절한 아동 양육능력을 가지지 못했다고 의심되는 지적 장애인 아버지 샘이 자식의 양육권을 되찾고자 당국에 도전한다. 아이 엠 샘」은 장애인을 주체적인 시각에서 그린 수작으로 꼽히고 있다. 「조제, 호랑이 그리고 물고기들」에서 다리가 불편한 신체장애를 가진 여성 조제는 장애가 없는 남자를 만나면서 닫힌 공간에서 세상으로 나온다. 사랑이 끝난 후 묵묵히 독립생활을 하는 모습을 장애인의 시각에서 주체적으로 그리고 있다. 이 장에서는 「조제, 호랑이 그리고 물고기들」, 「아이 엠 샘」, 「말아톤」을 장애인복지에서 제기되는 다양한 이슈와 함께 분석해 본다.

• 장애의 개념

장애의 개념은 시대와 사회에 따라서 변화하며 장애의 유형과 문제의 양상은 다양하다. 1980년 세계보건기구(WHO)는 장애를 기능장애(impairment), 능력장애(disability), 사회적 불리(handicap)의 세 가지 개념으로 정의하고 있다.

기능장애는 심리적, 생리적, 또는 해부학적 구조나 기능의 상실 또는 비정상을 뜻한다. 능력장애는 기능장애의 직접적 결과로서 일상적으로 기대되는 생활능력이 떨어지는 것을 말한다.

사회적 불리는 사회적 차원의 장애기념으로, 기능장애나 능력장애로 야기되는 개인에 대한 불이익을 의미한다.

1. 혼자서 바다 밑을 데굴데굴 굴러다니게 되겠지.... 하지만 그것도 괜찮아 : 「조제, 호랑이 그리고 물고기들」

[작품의 배경]

이누도 잇신 감독의 「조제, 호랑이 그리고 물고기들」은 일본 독립영화로서 흥행과 작품성에서 인정받은 영화이다. 우리나라에서는 2004년 부천영화제에 초청되어 최고의 화제작으로 떠올랐고, 2005년 장애인 인권영화제 개막작으로 선정됐다. 이누도 잇신 감독은 고교 시절부터 영화를 만들기 시작하여 독립영화를 지속적으로 만들어 왔고, 대학 시절에는 광고를 찍어 수상했으며, 동화책을 출간하기도 했다.

▲조제, 호랑이 그리고 물고기들(ジョゼと虎と魚たち Josee, the Tiger and the fish)
- 감독/이누도 잇신
- 주연/이케와키 치즈루, 츠마부키 시토시
- 제작 연도/2003년
- 상영 시간/116분
- 기타/원작자: 타나베 세이코

「조제, 호랑이 그리고 물고기들」은 이누도 잇신 감독의 깊이 있고 절제된 연출, 뛰어난 원작 소설과 시나리오 작업 그리고 두 주인공 츠마부키 사토시(츠네오 역)와 이케와키 치즈루(조제 역)의 뛰어난 연기가 조화를 이루었기에 가능했을 것이다. 영화의 원작은 76세의 여성 작가 타나베 세이코가 쓴 단편 소설이다. 타나베 세이코는 전후 일본의 가장 유명한 작가 중 한 사람으로, 아구타가와상을 수상하였다. 20페이지 남짓한 분량의 단편인 원작 소설은 조제와 츠네오가 서로 사랑하고 또 그 사랑이 시들어가는 과정에 집중되었다. 이에 비해 영화는 두 사람이 만나고 사랑하고 또 헤어지기까지의 이야기를 두꺼운 앨범에 차곡차곡 담고 있다. 시나리오는 신인 작가 와타나베 아야가 1년 가까이 각색한 노력의 결과물이다.

[줄거리]

마작 게임방에서 아르바이트를 하는 대학생 츠네오는 어느 날 새벽, 길에서 다리가 불편한 손녀딸을 유모차에 태우고 산책시키는 할머니를 만난다. 손녀딸은 계란말이를 잘 만들고 방 안에 갇혀 주워온 책들을 읽는 것이 유일한 낙이다. 이름은 조제, 프랑수아즈 사강의 소설 주인공 이름에서 따왔다. 츠네오는 혼자 굴러가다 넘어진 유모차를 일으켜

세워준 인연으로 조제의 집에서 밥을 먹게 되고 맛있는 밥맛을 잊지 못해 그 집을 다시 찾게 된다.

츠네오는 다 쓰러져가는 허름한 집에서 할머니와 둘이 사는 조제와 친구가 된다. 그는 조제의 독특한 매력에 점점 빠져들고 점점 그녀에 대해 특별한 감정을 갖게 된다. 츠네오가 정부의 장애인 주택개조서비스를 대신 신청하여 조제의 집을 수리한다. 그 날 츠네오에게 호감을 가진 같은 대학 사회복지사 지망생인 카나에가 조제의 집을 견학차 방문한다. 그 자리에서 카나에는 벽장 속에 앉아 있는 조제와 일을 돕고 있는 츠네오와 부딪친다. 이 사건으로 조제는 비장애인 츠네오를 부담스러워 한다. 할머니는 츠네오의 방문을 거절한다. 이 때문에 두 사람은 잠시 떨어진다.

할머니가 갑작스럽게 돌아가셨다는 소식을 들은 츠네오는 다시 조제를 찾아온다. 그리고 조제를 집밖 밝은 세상으로 이끌어낸다. 츠네오는 조제의 집으로 들어와 함께 살게 된다. 둘은 시골의 츠네오 부모님에게 인사드리려고 여행을 떠난다. 여행 도중에 늘 조제를 업고 다녀야 하는 츠네오는 점점 자신의 등에 업힌 그녀가 무겁다고 느낀다. 조제는 예측했다는 듯이 여행의 목적지를 바다로 바꾼다.

조제는 츠네오를 담담히 떠나보내고 츠네오는 일상적 출근이라도 하는 듯 자연스레 집을 나선다. 더 이상 업어줄 사람이 없는 조제는 전동휠체어에 몸을 싣고 혼자 장을 보러 나간다. 열심히 요리를 하고 혼자서 생선을 구워 먹는다.

• 장애인의 이동권

장애인과 비장애인이 나란히 함께 하는 사회통합의 첫 걸음은 물리적인 사회참여에서 시작된다. 장애인 이동권은 장애인이 교통 및 이동수단과 공공시설물에 접근하는 권리의 보장을 의미한다. 인권위원회에서 제작한 '여섯 개의 시선' 중 여균동 감독이 연출한 '대륙횡단'은 장애인의 이동권 문제를 다루고 있다. 여기서 대륙횡단은 서울 광화문대로를 건너는 행위를 뜻하고 있는데, 이동권이 보장되지 않는 상황에서 광화문대로는 장애인에게 대륙횡단에 해당한다.

◆사회복지적 관점에서 영화 보기

똑똑하고 강하며 자유로운 여성장애인 '조제'

▲혼자서 노는 조제
출처 : www.cine21.com

조제는 지체 장애인으로 원래 이름은 '쿠미코'이다. 할머니는 '쿠미코'라고 부르지만, 츠네오에게 '조제'라고 자신을 소개한다. 조제는 혼자 힘으로 집 밖을 돌아다닐 수 없어서 이동에 불편을 겪는 장애인이다. 학교에도 다니지 못했다. 그럼에도 불구하고 할머니가 쓰레기장에서 주어 온 책들을 닥치는 대로 읽고 또 읽어서 다 외워버렸다. 조제는 대학생 츠네오보다 더 많은 정보와 지식의 바다를 물고기처럼 헤엄치는 지식인이며 자유인이다. 조제는 자부심이 강하다. 츠네오가 계란말이가 맛있다고 하자, "내가 한 건대, 당연하지!" 하며 잘난 척을 한다. 또한 호기심이 많아서 모르는 남자로부터 유모차를 습격당하는 사건을 겪고도 "꽃이랑 고양이랑 보아야 할 게 많다"면서 산책을 중단하지 않는다. 오히려 유모차를 습격한 사람에게 부엌칼을 휘둘러 자신을 지키는 용감한 여성이다. 조제는 요리를 잘 한다. 조제는 호기심 많고 똑똑하고 용감하고 유능한 여성장애인이다.

조제는 사랑하는 사람이 생기면 가장 무서운 '호랑이'를 보러가서 남자에게 안기는 연애에 관한 꿈을 가지고 있다. 아마도 가장 무서운 호랑이를 직접 대면하면서 장애의 구속을 벗어던지고 싶었을 것이다. 닫힌 공간인 집 안이지만 독서와 사유로 대부분의 시간을 보냈기에 조제는 장애인으로 자아 인식이 뚜렷하다.

물고기 그림이 그려진 모텔의 환상적인 조개껍질 침대에서 조제는 츠네오에게 자신이 깊은 바다 속 해저에서 헤엄쳐 왔다고 한다.

> "그곳엔 빛도 소리도 없고 바람도 불지 않고 비도 내리지 않아. 너무도 고요해. 그다지 외롭지 않아. 애초부터 아무 것도 없었으니까. 단지 천천히 시간이 흘러갈 뿐이지. 난 두 번 다시 그 것으로 돌아갈 수 없겠지. 언젠가 자기가 없어지게 되면, 혼자서 바다 밑을 데굴데굴 굴러다니게 되겠지.... 하지만 그것도 괜찮아"

츠네오를 만나기 전의 자신의 삶은 해저의 물고기와 같이 어둠 속에 있었으나 이제는 자신이 변하여 이전으로 돌아갈 수 없고, 그와 헤어지면 다시 혼자가 될 것이며 그것도 괜찮다고 담담한 심정을 고백한다. '물고기들'은 방 안에 갇혀 사는 조제가 자유롭게 세상을 헤엄쳐 다니고 싶은 욕망을 투사하는 대상이다. 동시에 사랑이 끝난 후 묵묵히 생활을 이겨내는 강인함의 상징이다.

아무 일이 없는 보통 날처럼 츠네오를 떠나보내고, 조제는 전동 휠체어에 몸을 싣고 혼자 장을 보고, 열심히 요리를 한다. 왜 일본 정부는 진작 조제에게 전동 휠체어를 주지 않았던가? 모든 지체 장애인에게 전동 휠체어를 보장하라!

조제는 비운의 주인공이 아니다. 자신의 장애를 비운으로 생각해 자기비난하며 현실에 수동적으로 끌려가는 소극적인 여성장애인의 이미지를 완전히 깬다. 고아원에서 '엄마'를 부르며 보채는 다른 아이들과 달리 '엄마'라는 단어를 입 밖에 내지 않는 자존심이 강한 아이였다. 독서를 통해 지식과 감성의 세계를 확장시키고, 자신을 지키고자 용기를 내는 여성이다. 조제의 캐릭터는 여성장애인에 대한 부정적인 이미지를 극복하고 똑똑하고 강하며 유능한 이미지로 표현되었다는 점에서 장애인의 인식 개선에 기여한다. 또한 이러한 캐릭터는 현대 사회복지에서 지향하는 역경을 통해 유능감을 획득하도록 하는 강점 접근(strength approach)과 맥락을 같이 한다.

장애인과 비장애인의 사랑과 결혼

조제와 츠네오의 만남과 사랑의 과정은 여느 연인들과 다를 바가 없다. 굴러 넘어진 유모차를 세워준 츠네오는 위기에 바람과 같이 나타난 잘 생긴 흑기사이다. 보답으로 따뜻하고 맛있는 식사를 대접하는 조제는 성깔은 있지만 예쁘고 참한 여자이다. 츠네오는 맛있는 밥이 먹고 싶다면서 자연스럽게 조제의 집에 드나들면서 조제를 알아가며 서로에게 익숙해진다. 츠네오는 아는 게 많고 맛난 요리를 해주는 조제를 좋아하고 사랑한다. 조제가 어느 날 갑자기 바다 속 어둠과 같이 갑갑한 삶 속으로 찾아들어온 친절한 츠네오에게 빠져드는 것은 당연지사이다.

조제의 집을 개조하는 날, 사회복지 현장견학 차 방문한 카나에 앞에서 츠네오는 소꿉장난을 들킨 듯 어찌할 바를 모른다. 자신을 동물원 구경하듯 하는 카나에 때문에 조제는 자존심이 상한다. 비장애인이 장애인을 사귄다는 사실이 주변에 알려질 때 일반적으로 제기되는 어떤 불편함이 이 커플에게 다가온 첫 시련이다.

두 사람은 할머니의 죽음 이후 다시 가까워지고, 두 사람의 사랑에는 아무런 장애나 어려움은 없는 듯하다. 첫 섹스 후 조제는 "섹스 좋은 거구나. 자기랑 하는 것도 좋아"하면서 육체적 사랑의 기쁨을 알게 된다. 츠네오의 시골 부모님을 방문하기 위해 두 사람은 여행을 떠난다. 여행을 떠나기 전에 조제의 고아원 친구는 "결혼이 다 뭐냐? 결혼은 무슨 얼어죽을.." 하며 결혼이 비현실적인 소망이라도 되는 듯 화를 낸다. 조제 역시 냉담하게 "바보냐? 그게 가능하겠냐?" 하면서 결혼에 대한 비관적인 기대를 내비친다. 여행길에서 츠네오는 조제를 업는 것이 무겁게 느낀다. 조제와 함께 하는 삶에 자신이 없어진다. 휠체어를 사자는 츠네오와 네가 업어주면 되는데 상관없다는 조제의 대화는 엇갈린 기대와 마음을 반영한다.

▲조제와 츠네오의 행복한 시간
출처 : www.cine21.com

결국 츠네오는 시골집에 일이 있어 가지 못한다고 전화하고, 조제는 당연하다는 듯 시골집으로 가는 길을 안내하는 기계를 꺼버리고 바다로 가자고 한다. "마지막은 의외로 깨끗했다. 여러 가지 이유를 댈 수 있지만, 사실은 단 하나뿐이었다. 내가 도망친 것이다."라는 츠네오의 독백이 이들의 사랑의 결말을 잘 드러내고 있다. 섹스할 여자는 많지만 사랑하는 여자가 없던 츠네오에게 조제는 진정한 사랑의 대상이었다. 하지만 그런 츠네오에게는 조제와 결혼할 용기와 결혼생활을 유지할 자신감이 부족했던 것이다. 조제는 이미 알고 있었다는 듯이 담담했다. 성남시 성인여성장애인 전수조사(신영화 외, 2001)에 의하면 여성장애인의 경우 자신이 결혼을 할 가능성에 대하여 기대가 매우 낮았다. 한편 여성장애인의 결혼생활은 시댁의 냉대와 비협조, 남편의 학대로 부부관계 및 결혼생활의 질이 매우 낮았다. 그런데 역설적으로 결혼만족도는 매우 높았다. 아마도 추측컨대, 여성장애인으로서 결혼을 했다는 사실 자체에 높은 가치를 두고 있는 것이다. 때문에 시댁과 남편의 학대에도 불구하고 결혼만족도는 높게 나타나지 않았는가 싶다. 또한 놀라운 결과 중의 하나는 여성장애인이 비장애인과 결혼한 경우가 같은 처지의 남성장애인과 결혼한 경우보다 결혼만족도가 높고, 학대정도가 낮았다.

조제와 츠네오가 헤어진 것이 현실적일 것이라는 생각과 함께, 한편 과연 현실적인 결말일까 하는 생각이 든다. 조사결과에서처럼 비장애인과 장애인의 결혼생활이 행복한 현실이 분명 존재하기 때문이다. 조제 커플이 헤어진 것이 현실적이라는 결론은 오히려 우리의 왜곡된 인식에 기인할 수 있다. 비장애인과 장애인의 결혼이 행복할 수 있도록 하기 위해서는 많은 도움의 체계가 필요하다. 경제적 자립 지원으로부터 성생활, 결혼생활 및 자녀양육에 대한 교육과 지속적인 지원, 노화에 따른 장애의 심각화를 대비한 보건의료 지원, 가족갈등 해결방법의 지원, 그리고 지속적인 사회적 지원체계 개발 등이 장애인 부부 및 가족에게 제공되어야 할 것이다.

조제의 비공식적, 공식적 지원체계

조제는 할머니와 단둘이 허름한 집에서 고립된 듯이 살고 있다. 츠네오를 만나기 전까지는 할머니가 조제에게 도움을 주는 유일한 사람이었다. 할머니는 조제에게 책을 가져다 주고, 유모차에 태우고 새벽에 산책을 시켜 주는 유일한 세상과의 연결자이다. 조제에 대한 할머니의 영향력은 그만큼 대단하다. 그 할머니의 영향력을 살펴보자. 할머니는 보고 싶은 것이 많은 조제를 '이웃 보기가 부끄러워서' 새벽에 산책시킨다. 그것도 유모차에 관한 온갖 소문이 난무할 정도로 얼굴을 담요로 뒤집어 씌워 조제를 감춘다. 할머니에게 조제는 부끄럽고 고장 난 물건이며 세상에 도움이 못 되는 천벌 받아 마땅한 존재이다. 츠네오가 밝은 낮에 유모차에 브레이크를 장착하여 밖으로 데리고 나가자, 할머니

▲조제를 바깥 세상으로 이끄는 츠네오
출처 : www.cine21.com

는 소리친다. "무슨 짓이야? 이웃사람들에게 들키면 어쩌려고. 넌 뭐하는 년이냐? 넌 고장난 물건이야. 고장난 물건이면 자기분수를 알아야지. 세상에 아무 도움이 못 되면서 남들이랑 똑같이 놀려고 해. 그러면 천벌을 받아" 츠네오가 주택개조 보조금제도를 알려주자, 할머니는 "세상에 그런 게 어딨어?"라며 정부의 제도를 이용하기는커녕 믿지도 않는다. 주택개조공사를 하는 날, 이웃에게 "늙은이 혼자 사는데 너무 과분한 일이지" 하면서 조제의 존재 자체를 부정한다. 마침 조제는 할머니의 생각을 반영하듯이 작업을 피해 벽장 속에 들어가 있는다. 할머니의 조제에 대한 태도는 사람을 그 기능의 온전함 여부에 따라 판단하는 고전적 견해와 일치한다.

여성장애인 조제를 지원하는 공식적인 사회복지체계로 사회복지사 지망생 카나에, 주택개조 보조금제도, 1주일에 한번 방문하는 사회복지 공무원이 있다. 예비 사회복지사 카나에는 주택개조공사를 하는 조제의 집에 견학을 왔다면서 츠네오가 전에 말한 적이 있는 '집안에서 다이빙하는 여자를 구경하고 싶다'고 한다. 근대 사회에서는 전문직의 권위가 강조되고, 시민의 복지권이 권리로서 인정되지 못했다. 사회복지서비스가 권력과 부를 가진 자들이 호의로 베푸는 자선과 온정으로 인식되었다. 카나에의 행위는 그러한 온정적 복지인식에 기반하고 있다. 현대사회에서 사회복지서비스를 받는 사람은 서비스 이용자로 존중되고, 복지서비스는 시민의 권리로서 당당히 주장된다. 또한 소위 사회복지학을 공부하는 카나에에게 조제는 장애를 무기로 남자의 동정심을 사는 존재로 비추어진다. 오죽하면 조제는 "그렇게 생각한다면 그 쪽도 다리를 잘라버리면 되겠네" 하며 독설로 대응한다. 사회복지서비스를 제공받는 장애인은 정부나 사회복지기관의 도움을 받는 수혜자이지만 그에 앞서 하나의 인격체로서 마땅히 존중받아야 할 존재이다.

한편 할머니가 돌아가시자 이웃집 변태 아저씨는 성추행을 대가로 쓰레기를 내다 버려준다. 혼자서 움직일 수 없는 조제는 어쩔 수 없이 변태에게 몸을 맡긴다. 이런 변태는 조제의 이웃에만 있는 것이 아니다. 아직도 목숨을 유지하고 비바람을 피할 정도의 학대적 상황에서 평생 노예생활을 하는 장애인이 있다. 판단의지가 없어 성매매에 내몰리는 여성장애인들이 존재한다. 조제의 복지와 안전을 위해서 쓰레기 수거시간에 맞추어 적시에 쓰레기를 내다 버려줄 공식적인 도우미나 건강하고 친절한 이웃도 필요하다.

생각나누기

1. 조제의 당당함과 유능함은 어디에서 비롯되었을까?

2. 장애인들에게 사랑, 결혼, 자녀출산과 양육이 원만하게 가능하도록 하기 위해서 어떤 사회복지서비스가 필요한가?

3. 장애인의 인권을 보장하기 위해서 지역사회에 필요한 제도 및 서비스를 계획해 보자.

2. 좋은 부모는 항상 곁에서 참고 들어주는 것, 그것이 사랑.... :「아이 엠 샘」

[작품의 배경]

「아이 엠 샘」은 장애를 가진 부모들의 세계에 대한 진정한 관심을 가진 제시 넬슨 감독, 소름이 돋을 정도로 뛰어난 연기력을 보여준 숀 펜과 다코타 패닝의 합작품이다. 감독 겸 제작자이자 시나리오 작가이기도 한 제시 넬슨은 어린 시절 어머니를 여의고 35명의 가정부의 손을 거쳐 성장하였다. 이러한 자신의 성장이야기를 엮은 「코리나 코리나」로 감독으로 데뷔하였고 「스텝 맘」, 「스토리 오브 어스」 등의 가족 이야기를 만들었다. 「아이 엠 샘」의 제작은 제시 넬슨과 그녀의 절친한 친구 크리스틴 존슨이 지적 장애가 있는 아버지의 실화에 대해 이야기를 나눈 것이 출발점이 되었다. 제시 넬슨은 LA Goal이라는 단체에 속한 장애를 가진 부모들에게 자녀와 자녀양육이 의미하는 바를 조사하였다. 법정에서 샘이 증언하는 내용은 작위적인 각본에 의한 대사라기보다는 진짜 장애 부모들의 이야기로 전달된다. 또한 장애 부모들이 평소에 입는 의상이 어떤 것인지, 그리고 어린 딸들에게 어떤 옷을 입히고 싶은지를 조사하였다. 이러한 철저하고 폭넓은 사실 조사과정을 통해서 샘의 캐릭터가 창조되었다. 이 영화에서는 전편에 걸친 배경 음악과 대사를 통해 비틀즈 넘버들이 소개되고 있다. 이 역시 장애인들이 가장 좋아하는 그룹이 비틀즈라는 것을 알게 되었기 때문이다. 제시 넬슨은 장애인의 있는 그대로의 생활을 영화에 반영하였다.

▲아이 엠 샘(I am Sam)
- 감독/제시 넬슨
- 주연/숀 펜, 다코타 패닝, 미셸 파이퍼
- 제작 연도/2001년
- 상영 시간/132분

- **지적 장애인(Mental Retardation)**

정신 발육이 항구적으로 지체되어 지적 능력의 발달이 불충분하거나 불완전하고 자신의 일을 처리하는 것과 사회생활에의 적응이 곤란한 사람, 지능지수 75 이하로 판단하며, 18세 이전에 나타난다.

- **아동의 권리**

일반적으로 말해 아동의 권리란 필요한 인적, 물적 자원을 제공받고 사용할 권리, 위해한 환경으로부터 보호받을 권리, 그리고 자신의 성장과 미래에 대한 결정에 참여할 기회를 가질 권리를 포함한다. 1989년 UN이 비준한 「아동의 권리에 관한 국제 협약」은 아동이 양보할 수 없는 인권을 가진 '인간'임을 강조하고, 아동 자신의 견해가 존중되어야 하며, 아동보호에 있어서 가족의 책임보다 국가의 책임을 더 강조한다.

- **부모의 권리**

부모의 권리는 아동보호에 있어서 부모의 권리를 우선시하는 것을 의미한다. 이때 국가의 역할은 아동 보호를 위해서 부모와 가족의 연대가 유지될 수 있도록 지지하는 것이다.

숀 펜은 1997년 깐느영화제, 1998년 베니스영화제 남우주연상을 수상한 연기파 중의 연기파로 손꼽히는 뛰어난 배우이다. 미국의 유명한 팝스타 마돈나와의 결혼과 이혼, 그리고 파파라치에 대한 폭행 등으로 끊임없는 구설수에 오르기도 했지만 일단 영화 속으로 들어오면 숀 펜은 '연기의 신'이라고 해도 손색이 없을 정도로 뛰어난 연기력을 보인다. 아역 배우 다코타 패닝은 「아이 엠 샘」에서의 눈부신 연기로 영화배우 조합상에 노미네이트 된 가장 어린 배우이다. SAG 시상식과 더불어 방송비평가 시상식과 골든 세이틀릿 시상식, 라스 베가스 필름 비평협회 시상식에서 최우수 여배우에 선정되었다.

[줄거리]

7살의 어린 딸 루시를 키우는 샘 도슨은 딸과 같은 지능수준을 가진 지적 장애인이다. 샘은 버스정류장 옆 커피 전문점에서 일한다. 루시를 낳은 레베카는 출산하자마자 샘과 딸을 두고 사라져버린다. 혼자 남겨진 샘은 좋아하는 가수 비틀즈의 노래(Lucy In The Sky With Diamonds)에서 따온 루시 다이아몬드를 딸의 이름으로 짓고 둘만의 생활을 시작한다.

샘은 이웃집의 친절한 아줌마 '애니'의 도움으로 루시를 키운다. 샘의 친구들은 비록 비슷한 정신장애를 가진 친구들이지만 모두 루시를 사랑하고 샘이 좋은 아빠가 될 수 있을 것이라고 지지한다. 루시는 샘과 함께 수요일에는 레스토랑, 목요일에는 비디오 나이트, 금요일에는 노래방에서 가지는 아빠 친구들 모임에 함께 다닌다. 샘은 공원으로 놀이터로 루시가 가는 곳에 항상 함께 간다.

하지만 7살이 되면서 루시는 아빠의 지능을 추월하는 것이 두려운 나머지 학교 수업을 일부러 게을리한다. 이로 인해 사회복지기관에서 샘의 가정을 방문한다. 그리고 샘은 아빠로서 양육 능력이 없다는 선고를 받게 된다. 결국 루시는 아동보호기관으로 옮겨지고, 샘은 주 2회의 면회만을 허락받게 된다.

샘은 루시를 되찾을 결심을 굳히고, 엘리트 변호사 리타 해리슨을 찾아간다. 리타는 동료들에게 자신의 인격을 인정받기 위해 무료로 샘의 변호를 맡는다. 리타는 샘의 변호를 맡으면서 뒤죽박죽이 되어버린 자기 자신과 가족의 삶을 되돌아보게 되고, 자신이 샘보다 나을 것이 없

▲루시를 안고 커피집에서 일하는 루시
출처 : www.cine21.com

다는 사실을 인정하면서 샘과 연대하게 된다. 아버지로서 양육능력을 입증하고자 하는 샘의 법정투쟁은 승산이 없는 듯하다. 결국 샘은 위탁가정에서 행복한 루시를 먼 발치에서 바라보고, 루시 곁에 머물기 위해 위탁가정 근처로 이사를 한다. 루시는 밤마다 아빠를 찾아 창문을 넘고 샘은 잠든 루시를 위탁가정에 데려다 주는 일이 반복된다. 결국 위탁모는 자신이 루시가 받아보지 못한 사랑을 줄 수 있을 것이라고 자신했는데 할 수 없을 것 같다고 사과를 한다. 이에 샘은 루시에게 엄마가 필요하고 위탁모는 좋은 엄마가 될 수 있다면서 도움을 요청한다.

◆사회복지적 관점에서 영화 보기

아동의 행복추구 권리와 장애 부모의 권리

「아이 엠 샘」은 아동의 행복하게 자랄 권리와 부모의 아동에 대한 권리의 대립을 다루고 있다. 아동의 행복추구를 저해할 수 있는 위기상황으로 지적 장애인 아버지를 실정하고 있다. 아동의 안전과 행복을 침해할 수 있는 위기 상황은 아동학대나 아내학대와 같은 가정폭력, 부모의 심각한 부부갈등, 부모 중 한쪽 부모만이 있는 한부모, 공교육이나 치료를 거부하는 특정 종교, 심각한 빈곤, 아동을 돌보기에 역부족인 부모의 질병 또는 부모가 지적 장애나 정신적인 문제를 가진 경우 등등이 해당된다.

샘은 가진 재산이나 안정적인 직업이 없다. 아내가 없고, 주변에 아동을 돌보아 줄 친인척도 없다. 장애 아버지를 지원하는 사회복지사나 기관도 없는 딱한 처지의 장애인이다. 샘은 그래도 루시의 성장을 지켜봐주는 선한 이웃 애니 아주머니와 똑똑해 보이지 않지만 루시를 사랑하는 친구들이 있다. 언제 해고될지 모르지만 8년째 일하고 있는 커피전문점에서 서비스 일을 하고 있다. 샘과 루시 부녀는 서로를 사랑하고, 샘은 좋은 아버지가 되기 위해서 많은 생각을 하고 나름대로 최선을 다하는 아버지이다. 자식보다 똑똑하지 않은 부모는 자식을 키울 권리가 없는 것일까?

장애 아버지와 아동이 겪는 어려움

샘의 지능은 7살 정도이다. 딸의 이름을 자기가 좋아하는 비틀즈의 노래 제목에서 따오고, 엄마가 언제 돌아오느냐는 질문에 폴 매카트니는 14살에 엄마를 여의었다고 대답한다. 글씨를 읽지 못해서 매번 같은 그림동화책만 읽어준다. 딸을 데리고 매번 같은 장소에서 있는 장애를 가진 친구들 모임에 간다. 루시는 또래 친구들이 자주 가는 햄버거 가게에 가고 싶다. 아빠 친구 모임이 있는 아이홉 대신에 햄버거 가게에 가면 안 되는지를 묻는다. 하지만 샘은 모임에 가야 한다고 말한다. 심지어는 샘은 루시 생일날 비틀즈의 HELP 한정판을 선물한다. 샘은 이렇게 딸이 원하는 것보다 자신이 하고 싶은 것과 자신이 아는 것에 충실하다. 그래서 샘은 장애인이다.

▲샘의 양육능력을 부인하는 판사
출처 : www.cine21.com

아버지가 장애인인 루시는 어떨까? 루시는 일찌감치 샘이 다른 아버지와 다르다는 것을 안다. 아빠의 다름이 안타까운 루시는 "아빠는 원래 하느님이 그렇게 만들었어요? 사고로 그래요?"라고 묻는다. 친구들이 "너네 아빠 이상하다"고 할 때, 그렇다고 말하는 루시의 마음은 아프다. 친구들이나 주변사람들이 장애를 결점으로 인식할 때, 아동의 자존감은 상처를 입는다. 루시의 소망대로 햄버거 가게에 간 샘은 아이홉과 똑같은 메뉴를 고집하다가 결국 혼란에 빠진다. 루시는 당황하여 어쩔 줄 모른다. 또 루시의 학예회에서 샘은 비틀즈처럼 기타치는 흉내를 내면서 아이들보다 더 열광을 하고, 그런 아빠를 보며 루시는 당황해 한다.

특히 아동이 유아기를 지나고 또래관계를 통해서 사회라는 개념을 터득하기 시작하는 아동기에는 부모가 다른 성인과는 다르게 행동한다는 사실을 받아들이기 어렵다. 법정에서 치료사는 루시가 과도한 책임감을 지고 있고 아버지를 돌보고 있다는 증언을 한다. 일반적으로 부모가 감당하기 힘든 문제를 가지고 있거나 사회적 기능이 낮은 가정에서 아이들은 제 또래 아이들이 누리는 욕구를 충족하지 못하면서 부모를 돌보는 애어른(adult-child)이 된다.

장애를 가진 아버지의 강점

그렇다면 장애를 가진 부모는 아동보다는 자신의 욕구에 충실하고, 다른 부모와 다르고 기능이 낮기에 상처를 주고 오히려 자녀에게 짐이 된다는 점에서 아동을 양육할 능력이나 권리가 없는 것인가? 루시가 아빠는 다른 아빠와 다르다고 지적하자, 샘은 미안하다고 딸에게 솔직하게 사과한다. 루시는 "나는 운이 좋아요. 어떤 아빠도 공원까지 따라오지 않아요"라면서 아빠가 공원에 함께 놀러오니까 좋단다.

▲루시와 샘을 지지하는 샘의 친구들
출처 : www.cine21.com

학부모 참관수업에서 아이들이 답하기를 머뭇거릴 때 다른 부모들은 입모양으로 정답을 말하면서 아이에게 눈치를 준다. 샘은 루시가 대답을 잘 하지 못할 때, 그것은 어려운 문제라며 오히려 격려한다. 장애인 아버지는 아이에게 자신감을 심어주는 능력이 있다. 교사가 더 이상 배우려고 하지 않는 루시의 문제를 샘에게 알리자, 샘은 루시에게 순수한 마음으로 소통한다.

"네 글 읽는 소리가 나를 행복하게 해".

장애인 아버지 샘의 가장 뛰어난 능력은 항상 아이와 함께 있고, 솔직하며 진실하다. 법정에서 7살 지능으로 아버지 역할을 어떻게 한다는 것이냐는 질문에 샘은 장애를 가진 부모집단을 대표하는 훌륭한 증언을 한다.

"친구들도 루시를 사랑해요. 비록 친구들이 똑똑해 보이지 않지만 다들 루시를 사랑합니다. 사람들은 우리 같은 사람이 없어져 버렸으면 하지만요. 많은 시간을 좋은 부모가 되기 위해 생각했죠. 그것은 항상 곁에 있는 겁니다. 그리고 참는 거죠. 그리고 들어주죠. 적어도 들어주는 척하는 거죠. 더 이상 들을 수 없을 때도요. 그게 바로 사랑입니다."

변호사 리타와 같은 똑똑한 부모는 너무 바빠서 아이와 함께 놀아주지 못한다. 샘은 지적 장애가 있는 아버지이지만 아이를 사랑하는 것에 관한 한 매우 생각이 깊은 유능한 아버지이다.

아동의 선택

1989년 UN이 비준한 「아동의 권리에 관한 국제 협약」은 아동이 양보할 수 없는 인권을 가진 '인간'임을 천명하고 있다. 현대 복지국가는 아동에게 최선이 되는 상황을 고려할 때 중요한 요인으로서 아동의 선호 및 결정을 옹호한다. 루시에게 샘은 어떤 의미이며, 루시는 무엇을 원하는지를 살펴보자. 루시의 갓난아기 때부터 옆에서 도움을 준 애니 아주머니의 증언을 들어본다.

> "샘은 아빠로서 자격이 전혀 없어요(Never). 하지만 루시는 강하고 사람에 대한 이해심도 깊습니다. 나이보다 똑똑하지요. 허나 루시가 똑똑한 것은 샘 때문입니다. 그래서 루시의 미래가 걱정되지 않습니다. 오히려 걱정되는 것은 샘에게서 루시를 빼앗아 가는 것이에요. 그것은 루시에게서 너무 많은 것을 앗아가는 겁니다. 그래서 루시가 그걸 메우느라고 남은 인생을 허비해 버릴까 걱정됩니다. 사춘기의 딸을 다루는 문제가 있지만, 모든 아버지들에게도 그것은 마찬가지입니다".

루시는 아빠와 영영 헤어지게 되는 것이 두려워 아빠와 도주를 결행한다. 영화의 설정이지만 오죽하면 어린 아이가 그런 머리를 썼을까 싶다. 아동의 증언을 위한 놀이치료실에서 당국을 대표하는 원고측은 "아빠가 해주는 것보다 더 많은 것을 원하지 않니?" 하고 유도심문을 하지만, 루시는 명쾌하게 답한다.

> "내가 필요로 하는 것은 사랑이에요(All I need is love)".

▲마침내 함께 하게 된 샘과 루시
출처 : www.cine21.com

거울로 된 벽(일원경, one way mirror)이 있는 방에서 아빠를 만난 루시는 저편의 전문가들이 들을 수 있도록 말한다.

"아빠가 아닌 다른 사람은 싫어요".

루시가 진정 원하는 것은 아빠의 사랑이다.

장애인과 비장애인의 경계

비장애인은 부모로서 우월하고, 장애인은 열등한가? 샘과 리타의 캐릭터에서 해답을 찾아보자. 샘은 솔직하고 단순하며 영혼이 따뜻하다. 리타는 샘과는 대조적인 인물이다. 한 번도 재판에 진 적이 없는 엘리트 변호사 리타는 솔직하지 못하고, 때에 따라서 말과 행동이 폭력적이며, 아들과 노는 것을 잘 하지 못한다. 샘은 학부모 참관수업에서 실수한 루시의 친구를 위로하기 위해서 집으로 데려와 놀도록 한다. 또 법정에서 리타가 치료사를 울리자, 사람을 울리는 것은 나쁘다고 말한다. 샘은 경우가 밝다. 리타와 식당에 갔을 때 리타가 무료변론을 해주니까, 식사는 자신이 사야 한다고 주장한다. 재판에서 이기는 것이 중요한 리타에게 거짓말을 해서는 안 된다고 한다. 루시의 증언 비디오를 보면서 루시에게 거짓말을 하면 안 된다며 진실을 말하라고 한다.

한편 엘리트 변호사 리타는 유능한 만큼 스트레스가 많다. 스트레스를 처리하는 방식은 매우 폭력적이다. 사무실 직원에게 폭언을 하고 초콜릿 접시를 차 버린다. 법정으로 가는 자동차에서 교통이 혼잡하자 엘리트 변호사는 욕설을 해대며 난폭운전을 한다. 전화기가 잘 작동되지 않으면 소리를 지른다. 집에 들어가면 리타는 한쪽에서 구석에서 스낵을 무서운 속도로 씹으며 스트레스를 삭힌다. 리타는 너무 바빠서 아들 윌리를 돌보는 책임을 잊어버린다. 엄마랑 놀고 싶은 윌리의 마음을 모르고, 오히려 윌리가 자신과 놀고 싶어하지 않는다고 일방적으로 단정한다.

영화는 후반으로 가면서 장애인 샘과 비장애인 리타가 속내를 알고 보면 다를 바가 없다는 메시지를 전달한다. 재판은 승산이 없어지고, 샘은 루시가 위탁가정에서 행복해하는 모습을 보고 희망을 잃는다. 샘은 종이접기로 벽을 만들어 그 안에 들어앉아 리타를 만나려 하지 않는다. 그때 찾아온 리타에게 자신을 옹호한다.

> "난 내가 다 만들어요. 그게 다른 사람에겐 너무 힘드나봐. 난 다른 사람이 힘들게 하는 것은 다하고 있어요" "루시는 날 더 이상 필요로 하지 않을거야" "나는 몰라요. 안된다고요. 아무리 하려고 또 하려고 해도 안된다고요." "당신은 정상이지만, 난 이렇게 태어났잖아요. 당신은 지극히 정상이고 당신 같은 사람들은 몰라요. 상처 받는 게 어떤 것이라는 걸. 당신 같은 사람은 모르잖아요. 당신들은 감정도 없잖아요. 당신 같은 사람들은 못 느껴요"

비장애인 리타 역시 사는 것이 힘들다. "나 같은 사람들은 희망도 없고, 조그맣고 추해서 있으나마나 해요. 나 같은 사람들의 남편은 더 완벽한 여자들에게 한 눈이나 팔고 나 같은 사람들은 애들이 미워한다고요. 아침마다 망가진 모습으로 주변을 둘러봐요. 모든 사람들은 잘 하는데, 나만 못한다고 내가 아무리 열심히 하려고 해도. 하지만 난 만족하지 못해요." 이제 입장이 바뀌어 샘이 리타를 위로한다.

장애와 비장애의 경계는 기능의 결함여부보다는 비장애인들이 설정한 "보통사람"이라는 범주 안에 있는가, 그 밖에 있는가의 문제이다. 샘의 집에 자동응답기를 설치하면서 샘과 친구들이 우왕좌왕할 때, 한 친구가 말한다. "난 네가 보통사람처럼 해야 한다고 생각해." 리타는 보통사람처럼 행동하느라고 지치고 너무 힘들다.

생각나누기

1. 아동에게 최선의 이익이 무엇인지를 판단할 때 고려해야 할 것은 어떤 것인가?

2. 장애를 가진 부모에게 친권과 양육권을 보장하면서, 아동의 인권을 보장하기 위해서는 어떤 노력이 필요한가?

3. 삶의 질 측면에서 샘 가족과 변호사 리타 가족을 비교해 보자.

4. 자신이 리타(변호사)라면 샘을 위해서 어떤 증인이나 변론을 준비하겠는가?

5. 샘을 8년간 고용했던 커피전문점과 같은 장애인 고용사업장을 확대하기 위해서 정부나 민간기관은 어떤 노력을 해야 하는가?

3. 초원이도 달리는 걸 좋아하나요? : 「말아톤」

▲말아톤(Marathon)
- 감독/정윤철
- 주연/조승우, 김미숙
- 제작 연도/2005년
- 상영 시간/117분
- 기타/마라토너 '배형진'의 실화

[작품의 배경]

「말아톤」은 마라톤과 철인3종경기를 완주한 자폐아 배형진씨의 실화에 토대를 두고 있다. 정윤철 감독은 어머니 박미경씨가 쓴 수기 「달려라! 형진아」를 먼저 읽고 뒤늦게 다큐멘터리를 보았다고 한다. 2002년 8월 말 KBS2 TV에서 4회에 걸쳐 방영된 〈다큐미니시리즈 인간극장-달려라 내아들〉은 배형진씨가 춘천마라톤에 출전하여 2시간57분의 기록을 세운 이듬해, 철인3종경기를 준비하는 모습을 다루고 있다. 정윤철 감독은 그것과는 별개로 직접 다큐멘터리를 찍기 시작했다. 정윤철 감독은 카메라를 매개로 말 그대로 '스스로 닫았다'고 칭하는 아이들과 어머니들을 만났고, 여러 인물이 통합된 초원이와 엄마들의 모습을 재창조하였다.

「말아톤」이 흥행에 성공한 것은 '조승우'라는 배우의 천연덕스러운 연기가 한 몫을 하였다. 조승우는 표정이 별로 없으면서도 남들과 똑같은 감정을 가지고 있는 자폐아를 목소리와 표정 몸짓으로 연기했다. "초원이 다리는 백만불짜리 다리!"는 제3회 맥스무비 최고의영화상에서 2005년 최고의 명대사로 선정되기도 하였다.

> • **자폐장애(Autistic Disorder)**
> 자폐장애는 사회적 상호작용, 의사소통기술 발달의 손상, 제한된 행동 양식과 제한된 관심을 보이는 전반적 발달장애이다. 미국정신의학회 진단분류체계(DSM-IV)에 의하면 자폐장애, 레트증후군, 아동기 붕괴성 장애, 아스퍼거증후군, 특정화되지 않은 전반적 발달장애로 분류된다. 보다 최근에는 자폐증이 정도에 따라서 나타나는 양상이 다르다는 점에서 '자폐스펙트럼 장애(autistic spectrum disorder)'라는 용어가 사용되고 있다.

[줄거리]

얼룩말과 초코파이를 좋아하는 초원이는 자폐증으로 진단된 발달장애인이다. 겉보기에는 잘 생긴 20살 청년 초원이의 지능은 여전히 5살 수준에 머물고 있다. 어디에서나 아무렇지도 않게 방귀를 뀌어대고, 동생에게 깍듯이 존댓말을 쓴다. 얼룩말 무늬만 보면 달려가 만져 추행했다는 오해를 받기 일쑤다. 엄마는 초원이에게 의지력을 심어 주려고 달리기를 훈련시킨다. "초원이 다리는 백만불짜리 다리"라며 칭찬을 입에 달고 산다. 기자와 인터뷰 도중에 엄마는 달리기 풀코스를 세 시간 안에 달리는 서브 쓰리를 목표로 삼게 된다.

보스톤 마라톤 대회 1등 전력의 전직 유명 마라토너 정욱이 음주운전으로 사회봉사 명령을 받고 초원이네 학교로 오게 된다. 초원이 엄마는 매달려 기어이 정욱에게 아들의 코치 역할을 떠맡긴다. 처음에는 초원을 성가시게만 생각했던 정욱은 초원이와 함께 시간을 보낼수록 맹목적으로 순수하고 솔직한 초원에게 조금씩 동화되어 가고, 초원도 정욱에게 마음을 열기 시작한다.

한편 서브 쓰리 목표에 다가가기 위해 마음이 바쁜 초원이 엄마는 불성실하게만 보이는 정욱과 옥신각신하는 과정에서 초원이가 달리는 것을 정말 좋아하는지, 엄마의 욕심인지를 고민하게 된다. 갈등 끝에 정욱은 떠나고, 처음 출전한 풀코스에서 초원이는 페이스 조절에 실패해서 쓰러진다. 엎친데 겹친 격으로 초원이 동생 중원은 마음 둘 곳을 몰라 친구들과 사고를 친다. 초원이와 입장 바꿔 생각해 보라는 중원의 원망 속에서, 엄마는 초원이를 가장 잘 안다고 자부해 왔던 자신의 믿음에 대해서 자신이 없어진다. 이제 오히려 정욱이 초원이가 가장 좋아하는 것은 달리기라면서 엄마에게 초원이를 출전시키자고 한다.

마라톤대회에 참가하고 싶은 초원은 혼자서 마라톤클럽 전세버스를 타고 춘천으로 간다. 정욱과 중원이 그리고 엄마는 뒤늦게 초원을 쫓아오고, 엄마는 잘못했다고 사과하면서 초원이 손을 붙잡고 달리지 말라고 애원한다. 초원이는 엄마 손을 놓고 달려나간다. 정욱은 초원이에게 친천히 달리라고 당부한다. 초원이는 결국 풀코스 서브쓰리에 성공한다.

◆사회복지 관점에서 영화 보기

장애아동의 자기결정

사회복지실천 분야에서 가장 중요하게 여기는 가치 중의 하나가 클라이언트의 자기결정이다. 클라이언트는 자신에 관한 문제에 대하여 자기 스스로 결정하고 선택할 수 있는 욕구와 권리를 가진다는 것이다. 자폐증은 감정표현과 의사소통이 어려워 다른 사람과 상호작용이 어려운 장애이다. 또한 매우 제한된 행동양식과 관심을 가진다. 사회적 상호작용은 다양한 규모의 집합체 안에서 살아가는 인간에게 필수적인 생활양식이다. 상호작용을 통해서 언어와 행동을 배우고, 감정을 주고받으며, 관계를 형성한다. 클라이언트의 자기결정 원칙을 심리정서적인 어려움을 가진 장애인에게 적용할 때 문제가 발생한다. 과연 자신의 감정, 의견이나 주장을 표현하지 못하는 발달장애인 초원이의 경우에 그가 원하는 것을 엄마나 다른 사람들은 어떻게 알 수 있을 것인가? 초원이의 결정을 엄마가 대신할 수 있는가?

초원이는 얼룩말, 자장면과 초코파이를 좋아하고 관심의 수준은 거의 집착이다. 엄마는 비, 바람, 햇빛을 가르치고 싶다. 초원이는 그저 TV든지, 여자의 가방이든지, 치마든지 얼룩말 무늬만 보면 정신을 잃다시피 한다. 잡지사 기자와 인터뷰에서 엄마는 초원이가 힘들어도 끝까지 한다고 자랑한다. 기자는 다시 묻는다.

"달리는 것을 좋아하나요? 초원이도?"

엄마는 초원이에 대해서는 눈만 보아도 뭘 원하는지를 다 아는 전문가이다. "엄마는 아이의 표정을 보면 기분을 알거든요. 달릴 때 표정은 달라요. 그거 마치.... 하여간 참 멋있어요. 뛸 때 만큼은...."

▲얼룩말을 좋아하는 초원
출처 : www.cine21.com

사회봉사로 맺어진 코치는 철저히 엄마 주도로 이루어지는 초원이 삶에 제동을 건다. "애 잡겠군 잡겠어. 싫은지 좋은지 말도 못하는 애를". 하지만 엄마는 여전히 초원이가 뭘 원하는지에 대해 자신만만하다. "애도 뛰는 거 좋아해요." 코치 또한 만만치 않다. "그건 엄마 생각이지. 직접 뛰어 보시구 말씀하시죠". 학교 교사 역시 마라톤에 너무 집착하지 말라고 한다. 그래도 엄마는 자신이 있다. "집착이라뇨. 난 초원이가 좋아하는 걸 시키고 싶은 거 뿐이에요." 둘째 아들 중원이 역시 엄마에게 직면을 요구한다. "애 하고도 입장을 바꿔놓고 한번 생각해 봐! 나야 반항이라도 하지! 엄마가 진저리난다고."

엄마 욕심으로 내보낸 마라톤대회에서 초원이는 페이스 조절에 실패하여 쓰러진다. 엄마는 자신의 확신에 의문이 생긴다.

"그냥 난.... 좋아하는 거 하나 만들어 줄려고 했어. 근데 어느 날 보니.... 내가 좋아하고 꿈꾸고 위로 받고 있는 거였어."

이제는 거꾸로 코치는 초원이가 달리기를 좋아한다는 것을 확신한다. 하지만 엄마는 확신하지 못하고 부정한다. "그럼 정 뛰고 싶으면 여기 와서 어머니, 마라톤 대회에 보내주십시오. 정말 가고 싶습니다.. 제 입으로 그러겠죠. 그러지 않겠어요?" 입장이 바뀐 코치는 초원이가 남들과 다르지 않다고 주장한다. "말 안 해도 자식 맘 아는 게 엄마 아닌가요?" 보여 주자고요. 초원이도 할 수 있다는 거, 남들하고 다를 게 뭐예요? 이제 엄마는 초원이 맘을 알지 못한다고 고백한다.

"달라요. 우리 앤 달라요. 남들과 똑같지 않다구요... 애 맘을 아냐구요? ....그걸 알면 난 지금 당장 죽어도 소원이 없어요."

엄마는 병원에 누워 있고, 영문을 아넌지 모르는지 초원이 마라톤을 출전하고 싶어서 혼자 버스타고 대회에 참가한다. 이번에는 엄마와 초원이의 입장이 달라졌다. 초원이는 자신의 다리가 백만불짜리 다리라고 확신하고, 엄마는 격려하기를 주저한다.

초원: "초원이 다리는? 초원이 다리는?"
엄마: "백만불짜리 다리!"

사실은 장애인뿐만 아니라 비장애인의 경우에도 나는 누구인가? 내가 원하는 것은 무엇인가?에 대해서 확신하는 사람은 많지 않다. 좋아하는 것을 직업으로 삼는 것이 바람직하지만, 좋아하는 것을 확신할 수 없을 때, 또는 여러 가지를 좋아할 때, 잘 하는 것을 선택하는 것이 현명하다. 잘 알려졌다시피 유명한 음악 연주가들 대부분이 타고난 재주보다는 자신의 연습과정을 앞에서 끌고 뒤에서 지지해 준 부모덕에 뛰어난 연주를 하게 되었다. 초원이 경우도 마찬가지이다. 엄마는 초원이의 많은 가능성 중에서 달리기를 선택했고, 초원이는 달리는 것이 싫지 않았고, 달리기를 통해 작은 성공과 큰 성공을 경험한 것이다.

장애아동의 형제관계와 가족관계

가족은 상호연관되고 상호의존하기 때문에 장애아동의 발생은 전체 가족에게 영향을 미친다. 아동이 장애를 가지는 경우, 부모는 심각한 양육문제와 갈등에 직면하게 된다. 또한 장애아동뿐만 아니라 부모와 형제들 역시 일상생활 및 대인관계에서 위기와 스트레스를 아동과 함께 경험하게 된다. 이러한 스트레스는 결과적으로 장애아동에게 부정적 영향을 미치는 요소로 작용하게 된다. 장애아동으로 인하여 가족이 경험하는 부담과 스트레스는 양육 및 재활비용에 따른 경제적 부담, 가족 구성원의 정서적 긴장, 가족 내 하위체계간의 갈등, 발달단계에 따른 긴장의 반복, 부적절한 서비스 전달체계로 인한 스트레스, 그리고 아동의 미래에 대한 불안 등 매우 다양하다. 여기서는 형제관계와 가족관계를 짚어본다.

원래부터 초원이 엄마가 철의 여인은 아니었던 것 같다. 동물원에서 초원이를 잃었다가 찾았던 사건의 진실은 원래 이런 것이었다.

> "그때 내가 초원이를 버렸던 거야. 사람들 틈에서 손을 놓았지. 도저히 키울 자신이 없었거든..."

장애아동 어머니들의 마음은 두 갈래일 것이다. 너무 힘들어서 어디 시설에다가 맡겼으면 하는 마음과 죽을 때까지 곁에 두고 돌보겠다는 결심이다. 엄마는 초원이가 자신보다 하루 더 먼저 죽는 것이 소원이다. 초원이네 집에서 엄마는 초원이와 거의 한 몸과 같이 엉켜 있고, 아내와 엄마를 사실상 상실한 남편과 둘째 아들은 집 밖에 마음 둘 곳을 찾는다. 마라톤 대회 10km부문에서 3등을 수상한 후 꽃다발을 들고 집으로 들어서는 초원이와 엄마는 중원이와 마주친다. 엄마는 중원이가 시험기간이라는 것조차 모른다. 하루는 중원이 담임선생님이 엄마를 오라고 한다. 그 날은 형 수영장 가는 날이라면서 엄마는 딴 소리를 한다. 결국 중원이는 집 밖에서 지내는 시간이 많아지고, 친구들과 싸우고 파출소에 가게 된다. 중원이는 엄마의 관심 밖으로 밀려난 자신의 입장을 호소한다.

> "엄마한텐 초원이 밖에 없어. 수십 번, 수백 번, 수천 번 말했어. 엄마는 한 번도 안 들었어".

▲초원이는 달릴 때 만큼은 장애를 초월한다.
출처 : www.cine21.com

아동이 장애를 가졌다는 진단을 처음 알게 되었을 때, 아버지와 어머니의 반응은 다르다. 보통 아버지가 어머니보다 더 충격을 받는다. 특히 초원이처럼 장애아동이 아들일 때, 중증장애일 때, 아버지는 장애를 수용하기 어렵다. 초원이네처럼 장애아동가족에서 아버지 부재현상은 일반적이다. 아동의 장애에 성공적으로 적응하는 가족에서는 장애상황에 대해서 긍정적인 의미를 부여하고, 의사소통을 활발히 하며, 아버지의 참여가 두드러지며, 외부와 개방적으로 교류하고 전문가와 협력하는 특징이 나타난다. 따라서 사회복지기관과 전문가들은 가족이 장애아동이 기여하는 바를 발견할 수 있도록 돕고, 부부관계와 형제관계의 향상을 위한 개입에 초점을 두어야 한다.

장애아동 어머니의 역할과 전문가의 역할

영화 주제인 마라톤과 직접 관련은 없으나 지속적으로 표현되고 있는 것은 엄마가 초원이에게 실시하는 '감각체험을 통한 학습'이다. 감각에 의한 체험학습은 발달수준이 낮은 영유아를 비롯한 장애인에게 가장 효과적인 학습방법이다. 초원이 엄마는 '비'라는 단어 하나를 가르치기 위해서 초원이를 빗속에 세워놓는다. 산에 오르면서 나무, 바람, 햇빛을 체험하도록 한다. 달리면 가슴이 콩닥콩닥 뛴다는 것을 알게 하려면 계속 뛰게 하고 가슴을 만지게 해서 '콩닥콩닥' '벌떡벌떡' 뛰는 것을 직접 느끼도록 하는 것이다.

발달장애인에게 '엄마가 아프면 슬프다'를 체험 없이 가르치는 것은 거의 불가능하다. 초원이는 엄마가 수술하고 누워 있는 모습을 보면서 상황이 확실하게 이해되지 않는다. 하지만 마음 안에서 불편한 감정이 일어나는 것을 느끼고 병실 밖으로 뛰어나간다. 달리면서 초원이는 손가락 끝으로 바람을 느끼고, 반짝이는 햇빛을 느낀다. 그리고 그것이 기분을 좋게 한다는 것을 결국은 느낀다. 발달장애인의 기능향상은 치료실에서 실시되는 몇 시간으로는 턱없이 부족하다. 일상생활 속에서 지속적인 훈련이 필요하다. 일상생활 속에서 끊임없이 촉진하는 상호작용은 어머니나 가족만이 할 수 있다.

▲초원이의 눈높이에서 심장 고동을 느끼는 코치
출처 : www.cine21.com

코치를 만나기 전까지 초원이에 대한 엄마의 신념은 흔들림 없이 매우 뚜렷했다. "남들과 다를 거 하나도 없어. 똑같아요. 적어도 달릴 때 만큼은". 초원이의 일상생활계획으로부터 마라톤 훈련까지 전문가 못지않았다. 한치도 빈틈이 없는 모자 관계에 미덥지 않은 전문 마라토너 코치가 끼어들면서 초원이는 침을 뱉고 술 마시는 흉내를 낸다. 엄마는 지난 20년 동안 초원이 곁에 왔다가 스쳐간 많은 사람들에 대한 실망감을 코치에게 투사한다. 남편도 실망감을 준 사람 중에 하나이다.

"당신도 똑같아! 친해지기는 쉽지! 하지만 그게 전부는 아냐! 절대 아니라구!" 그리고 "앤 내 아들이고, 내 아들은 내가 가르쳐요." 하며 코치를 물리치고 그 자리에 다시 들어선다. 이런 식으로 완벽한 엄마는 자신보다 덜 완벽하고 덜 성실한 전문가와 주변사람들을 물리치고 초원이 곁을 사수해온 것이다. 하지만 코치가 남긴 말은 여운을 남기고 20년간의 지탱해온 신념을 뿌리 채 흔든다.

> "당신은 초원이 없인 하루도 못살 여자니까. 초원이가 당신 없이 못 사는 게 아니라, 바로 당신이!.... 초원이 없이는 못사니까!"

엄마는 20년 만에 초원이가 다른 사람과 다르다는 것을 인정한다. 그리고 좌절하고 초원이의 손을 놓는다. 엄마의 현실긍정 속에서 초원이는 오히려 엄마 손을 뿌리치고 나간다. 이 과정을 통해서 초원이는 장애의 현실을 뛰어넘는다. 광고카피처럼 엄마는 가장 훌륭한 선생님이다. 그리고 가장 훌륭한 선생님은 제자의 손을 꼭 붙잡고 죽을 때까지 함께 하지 않는다. 실패의 두려움에도 불구하고 때가 되면 홀로서기를 위해 손을 놓아야 한다.

특수학교에서는 엄마에게 초원이의 직업교육을 권한다. 하지만 엄마는 초원이가 달릴 때만큼은 남들하고 똑같기에 달리기를 고집한다. 「말아톤」에서는 장애인복지 전문가의 역할이 너무나 미약하다. 진로탐색과 개발에서 중요한 것은 당사자의 흥미와 특기이다. 초원이는 달리기에 흥미가 있는지는 확신할 수 없지만, 달리기를 잘 한다는 것은 명확한 사실이다. 초원이의 진로를 탐색한다면, 장애인 작업장에서의 반숙련 내지 단순작업 또는 마라톤 자원봉사자, 전문 마라토너 혹은 마라톤을 통한 장애인 능력개발 및 인식개선 홍보대사 등 많은 대안개발이 가능하다.

전문가의 역할 중의 하나는 클라이언트 옹호이다. 실제인물인 배형진씨의 어머니가 책을 낸 것은 자신과 아들이 자랑스러워서만은 아닐 것이다. 자폐 장애를 세상에 알려 아들과 같은 장애인에 대한 세상의 관심을 불러일으키고자 했던 것이다. 장애인들이 자신들의 어려움을 세상에 알리는 것은 매우 중요하다. 당사자들의 노력, 부모의 노력도 가능하지만, 전문가 집단에서의 체계적인 클라이언트 옹호 프로그램이 바람직하다.

생각나누기

1. 엄마가 초원이의 재활에만 집중하여 남편과 소원해지고, 동생 중원이는 엄마의 관심 밖에 놓이게 된다. 장애아동이 있는 가족에서 장애아동뿐만 아니라 전체 가족과 가족구성원 개개인이 보다 행복하려면 어떤 전문적 개입이 필요한지 생각해 보자.

2. 장애아동으로 인해서 가족은 특수한 양육, 보호 및 재활의 부담을 가진다. 관점을 달리해서 장애아동으로 인해 가족이 가지는 강점이 무엇인지 생각해 보자.

3. 영화 전체를 통해서 초원이의 의사소통기술의 변화를 분석해 보자.

4. 「말아톤」이 장애인 및 가족에 대한 이해 그리고 장애인 인식개선에 미친 영향을 분석해 보자. 그리고 장애인 이해나 인식개선을 위한 다양한 전략을 무엇인지 토론해 보자.

참고문헌

신영화 외(2001), 여성장애인의 일상을 통해 본 실태조사 결과보고서. 성남여성의전화.

윤혜미 · 김혜래 · 신영화(2005), 『아동복지론』. 청목출판사.

한국농아인협회 · 장애인영화제 조직위원회(2003), 영화 속에 나타난 장애인의 모습 짚어보기 워크샵 자료집.

한국여성복지연구회(2005), 『가족복지론』. 청목출판사.

http://www.cine21.com/Movies

제8장

노인복지 :
노인이 된다는 것, 고통인가? 축복인가?

홍 순 혜*

오래 살기를 원하는 사람이 노인으로 오래 살아야만 한다는 사실을 상기한다면 그의 바람은 달라질까? 장수가 모든 사람의 염원이며 축복인 반면, 노인이 된다는 사실을 축복으로 받아들이며 기다리는 사람은 없을 것 같다.

노인, 그들은 과연 누구인가? 어떤 이들은 노인이라는 단어 앞에 '느리고', '무능하고', '고지식하고', '괴팍하고' '고독하고' 등의 수식어를 즐겨 붙인다. 지나가는 기차를 무심히 바라보는 기차 밖 사람들은 죽음이라는 종착역을 향해 달리는 "노화"라는 열차 속 손님들의 모습에서 허약함과 무기력, 그리고 외로움을 읽는다. 하지만 열차 안 손님들 사이에는 위로가 있고 도닥임이 있고 관대함과 세상에 대한 달관이 있다.

일반인들이 노인을 어떤 이미지의 대상으로 볼 것인가 하는 것은 영화를 포함한 대중매체의 영향을 많이 받는다. 대중매체가 현재 그들이

* 서울여자대학교 사회복지학전공 교수

사는 삶을 독자들에게 전달하는 과정에서 그들을 어떻게 묘사하느냐에 따라 독자들이 이해하는 그들의 삶의 형태가 달라진다. 이런 의미에서 노인들이 영화를 통해 어떤 모습으로 전달되고 있는지는 노인의 현재 삶과 미래의 모습에 지대한 영향을 미칠 수 있는 힘을 가지고 있다.

이제 우리는 노인이 된다는 것, 노인으로 산다는 것, 그리고 그들과 산다는 것, 그것은 과연 어떤 것인지 영화를 통해 들여다보고자 한다. 영화의 깊이 있는 분석 이전에 노인과 관련된 영화들로는 어떤 것들이 있는지 먼저 살펴보겠다.

우리가 노인기에 관심을 갖는 이유는 다른 연령대와는 차별적인 신체적, 심리적, 사회적 변화를 경험하는 시기이기 때문일 것이다. 이 시기의 가장 대표적인 변화는 건강상의 변화일 것이다. 이와 관련된 영화로는 「아이리스」를 들 수 있는데, 치매노인으로 산다는 것이 어떤 것인지, 그리고 그 배우자로 산다는 것이 어떤 것인지를 잘 들여다 볼 수 있는 영화이다. 치매노인이 등장하는 영화로는 「쁘띠 마르땅」도 있는데 70세 치매노인과 10살짜리 소아암 환자 사이의 우정-둘 만이 이해할 수 있는 마음과 마음의 교류-을 그리고 있다. 「황혼」도 주제는 부모와 자식 간의 소중한 관계에 맞추어져 있지만 부모의 질병과 입원, 그리고 그에 따른 부모부양문제를 중심으로 사건이 전개되고 있다. 노년기의 남녀 간 사랑을 그린 「사랑할 때 버려야 할 아까운 것들」도 20대만 사귀는 63세의 '영계 전문' 독신 바람둥이 해리가 나이를 잊은 채 성 행위를 무리하게 감행하다 결정적인 순간에 심장발작을 일으켜 응급실에 실려 가는 것으로 영화의 서두를 풀고 있다.

노년기의 또 다른 변화는 심리적 측면에서도 일어난다. 노인성 치매나 기타 질환 등을 통해 일시적, 또는 영구적으로 성격 장애적인 증세가 나타나기도 하지만, 오랜 기간의 '빈 둥지(empty nest)'를 통해 소원해진 부모-자식 간의 관계를 개선하고, 평생을 같이 해온 배우자의 의미를 다시 한 번 되새겨 보고, 이제까지 살아온 자신의 삶을 진지하게 되돌아 볼 수 있는 계기가 이 시기에 주어지기도 한다. 사실상 여러 영화들은 이제까지 오랜 세월을 살아왔으며 죽을 날을 멀리 두지 않은 이들 노인의 모습을 통해 관객들이 부모라는 존재, 부부라는 현실, 가족이라는 영혼에 보다 열린 마음으로 한걸음 다가갈 수 있도록 의도하고 있는 것 같다. 이런 대표적인 영화로는 「황금연못」과 「황혼」을 들 수 있을 것 같다. 물새들의 보금자리가 되고, 그 안에서 물고기들을 품어 길러내고, 곁에서 항상 마음의 쉴 자리가 되어 주는 황금연못은 주인공들의 아픔과 상처, 사랑과 기쁨, 기대와 회한을 다 품어 안고 변함없이 이들 곁을 지켜주고 있다. 「황혼」 또한 질병과의 싸움, 그리고 죽음의 직면이라는 노년기에 피할 수 없는 두 가지 상황 설정 속에서 가족의 중요성과 가족 간의 이해와 용서를 통한 화합을 재조명하고 있다.

퇴직 후의 일상, 노년기의 외로움을 잔잔히 들여다볼 수 있는 영화로는 「어바웃 슈미트」가 있다. 평생 다니던 직장을 퇴직하고 아내 또한 한꺼번에 잃게 된 66세의 워렌을 통해 관객들은 노년기의 자신과 맞닥뜨리게 된다. 누군가 '철딱서니 없는 어르신들의 유쾌한 반란'이라고 칭한 국내영화 「고독이 몸부림 칠 때」는 노년기의 고독을 그들만의 비법으로 풀고 있다. 하지만 이 비법이란 결국 우리나 노인이나 모두 똑같다는 진리를 전달해 준다.

노년기의 가족관계 중 조부모와 손자녀 관계(조손관계)라는 노인만이 경험할 수 있는 특수한 관계에 초점을 둔 영화들도 있다. 이런 주제를 다룬 영화로는 외화 「룸메이트」와 국내영화 「집으로」가 있다. 이 영화들은 조부모가 손자녀들에게 어떠한 존재이며 특히 부모가 없거나 일시적으로 자녀를 돌볼 수 없을 때 확대가족으로서 얼마나 큰 사회적 지지망이 될 수 있는지를 보여주고 있다. 이와 유사한 맥락의 영화 「초승달과 밤배」는 외딴 바닷가 마을에서 손자녀를 맡아 기르게 된 가난한 할머니와 그 손자녀들의 고달픈 삶을 잘 그려내고 있다. 건강하게 107세까지 장수한 록키 할아버지가 등장하는 「룸메이트」보다는 빈곤한 조손가족의 모습을 그린 「초승달과 밤배」가 보다 현실적인 영화인지도 모르겠다.

노인의 죽음을 다룬 대표적 영화로는 「나라야마 부시코」가 있다. 이 영화는 식량부족으로 인해 70세가 된 노인들은 나라야마산에 산 채로 버리는 고려장 풍습을 통해 빈곤사회에서 노인이 차지하는 위치를 그려내는 동시에 삶과 죽음의 순환에 대한 성찰을 영상으로 담고 있다. 「원더풀 라이프」 또한 노인들과 언젠가 죽음의 역에 도착하게 될 우리들이 자신들의 생을 되돌아볼 수 있는 계기를 제공하는 영화이다. 고생고생하며 자식 기르고 이제 살 만해졌는데 저 세상으로 가야 한다면 흔쾌히 저승사자를 따라 나설 노인은 없을 것 같다. 국내영화 「오구」에서 우리는 나 혼자 떠나기 싫은 한 노인의 몸부림을 만날 수 있다.

노년기의 사랑을 담은 영화는 더러 있지만 노인의 성에 대해 논하는 것은 상당히 금기시 되어 왔다. 하지만 최근 이런 금기를 깬 영화 「죽어도 좋아」가 한국에서 발표되었다. 우리에게 노인은 늘 무성(無性)의 존재이기에 73세의 할아버지와 72세의 할머니가 뒤늦게 살림을 차리는 것은 그저 서로 맘 적으로만 의지하여 외로움이나 덜려는 것으로 여긴다. 그러나 화면의 두 노인은 처음부터 열심히 몸을 나눈다. 이것은 그들 식의 외로움을 달래는 방법이며 친밀함의 욕구에 솔직하게 다가가는 방법이며 아직 한 인간으로 살아 있음을 확인하는 의식이다. 이 영화를 만든 사람들은 이 영화가 노인영화보다는 그저 러브 스토리로 보여지기를 희망했다지만 노인들의 삶을 성이라는 시각을 통해 들여다본 노인영화임에 틀림이 없다.

이 외에도 백인 여자 주인과 흑인 남자 운전수 사이의 인간적 우정을 그린 「드라이빙 미스 데이지」, 헤밍웨이의 원작을 영화화한 「노인과 바다」 등을 통해서도 노인들의 특성을 보다 자세히 들여다볼 수 있다.

1. 노인으로 산다는 것 – 치매부부 이야기 : 「아이리스」

알츠하이머병에 의한 치매의 증상과 진행과정, 그리고 치매환자를 돌본다는 것이 어떤 경험인지 「아이리스」보다 더 잘 묘사하고 있는 영화는 없는 것 같다. 이런 이유 때문에 영화감독이 내 생애 최고의 러브스토리라고 밝혔음에도 불구하고 '노인성 치매'라는 안경을 쓰고 영화를 칼질해 해부해 보았다. 따라서 제작자의 의도인 부부라는 것, 같이 산다는 것, 자신의 세계를 갖는다는 것, 이 모든 것 속에서의 사랑, 자유, 독립, 조화와 같은 주제들이 무색해져 아쉬움이 없지 않다. 하지만 우리 주변에 부부애, 부부갈등을 다룬 영화들은 수 없이 많다. 반면 치매환자의 증상변화를 시간의 흐름에 따라 이처럼 전체적으로 볼 수 있는 영화는 흔치 않다. 또한 치매노인의 배우자가 자신의 주관적 감정변화와 함께 아내에게 일어난 일들을 객관적으로 진술해 놓은 전기를 근거로 영화가 만들어졌기 때문에 우리는 화면을 통해 실제로 존재했던 한 치매사례를 만날 수 있다.

• 치매

치매라는 용어는 라틴어의 'dementatus'에서 유래하는데 '정신이 나간 상태'를 의미한다. DSM-IV(American Psychiatric Association, 1994)의 정의에 의하면, 치매는 정신이 청명한 상태에서 통상적인 사회생활이나 대인관계에 장애를 초래할 정도로 장·단기 기억을 비롯한 추상적인 사고 및 판단장애, 고도의 대뇌 기능장애, 성격변화 등의 여러 가지 인지기능의 장애가 있는 상태를 의미한다. 치매의 원인은 다양하지만 우리나라 치매의 대부분을 차지하는 '노인성 치매'는 크게 알츠하이머형 치매와 뇌혈관성 치매로 대별해 볼 수 있다(박차상 외, 2005).

• **알츠하이머병(Alzheimer's Disease)**
알츠하이머형 치매는 알츠하이머병에 원인을 둔 치매를 의미한다. 알츠하이머병은 20세기 초 독일 정신과 의사였던 알로아 알츠하이머에 의해 발견되었다. 알츠하이머병은 인지적 정신기능이 점진적으로 퇴화되고 기억과 인지기능이 상실되어 일상생활에 필요한 활동을 수행하는 데 장애가 생기는 병이라고 할 수 있으며 모든 치매의 약 55~60퍼센트 정도가 알츠하이머병에 의해 초래되고 있다. 알츠하이머형 치매 증상은 기억 등의 기능을 담당하는 대뇌의 신경세포가 변성하여 대량으로 사멸함으로 나타나는 것으로 알려져 있다. 알츠하이머병 환자의 뇌는 위축되어 있고 뇌 안에 아미노이드라는 단백질이 침착한 '노인 반점', '신경 원섬유 변화'라고 하는 섬유 모양의 구조가 신경 세포 내에서 보여 지는 것이 특징이다(Newton 과학용어사전).

▲아이리스(Iris)
- 감독/리처드 아이어
- 주연/주디 덴치(아이리스), 짐 브로드벤트(존), 케이트 윈슬렛(젊은 날의 아이리스), 휴 본빌(젊은 날의 존)
- 제작 연도/2001년
- 상영 시간/90분
- 기타/존 베일리(John Bayley)의 책 A Memoir and Ellegy for Iris를 바탕으로 한 영화

[작품의 배경]

문학 비평가인 존 베일리(John Bayley)의 실제 부인이었던 아이리스 머독(Iris Murdoch)의 일대기를 다룬 영화로, 존 베일리가 아내를 그리면서 쓴 책 'Elegy for Iris', 'Iris, a Memoir of Iris Murdoch'을 토대로 각색되었다. 실존 인물 아이리스 머독은 존 베일리와 40여년을 함께 살았으며, 저명한 소설가이자 철학자로서 선, 자유, 성, 사랑의 문제에 관해 많은 글을 남긴 인물이며, 말년에는 알츠하이머 증세로 심한 고통을 받았다.

이 영화에 대해 감독은 "내 작품 최초의 러브스토리이자 최고의 러브스토리이다. 또한 이 영화는 모든 사람의 이야기이기도 하다. 모든 인간관계는 상대방과 자신이 서로 다름을 인정하고 조율해 나가는 것이기 때문이다. 또한 이 영화는 결혼 생활에서 어떻게 독립적 삶을 지켜나갈 수 있는가를 모색하는 탐구서이기도 하다."라고 언급했다고 한다.

하지만 영화는 아이리스의 알츠하이머병 발병 무렵부터 요양원에서 숨을 거두기까지를 현재 시간으로 설정해 놓고 있기 때문에 (현재의 사건 사이사이에 아이리스가 존과 결혼하게 되기까지의 사랑과 갈등의 과거를 교차시키는 기법을 사용) 알츠하이머병이 어떤 것인지, 이 병을 가지고 산다는 것이 무엇을 의미하는지, 이 환자의 가족으로 산다는 것이 어떤 경험인지를 시간의 흐름에 따라 사실적으로 묘사하고 있다.

극중 주인공의 대화나 주변 캐릭터, 사건 등은 책 속의 내용이 그대로 옮겨진 것도 있지만, 극적 효과를 위해 다소 압축, 과장, 재창조된 요소들도 없진 않은 것으로 알려져 있다. 따라서 이 영화는 아이리스의 삶과 죽음에 관한 사실적 요소에 충실하면서도, 전기 또는 픽션이라고 딱히 규정지을 수 없는 그 중간적 위치를 차지하고 있다고 할 수 있다.

젊은 날의 아이리스 역에는 「타이타닉」을 통해 스타급 배우로 급부상을 한 케이트 윈슬렛이 맡았으며 아이리스의 노인시절은 관록파 배우인 주디 덴치가 맡아 알츠하이머형 치매에 걸린 아이리스의 황혼기를 잘 보여주고 있다. 노년기의 존 역을 맡은 짐 브로드벤트는 이 영화로 2002년 골든글로브 및 아카데미 남우조연상을 수상하였다. 젊은 날의 존으로 분한 휴 본빌도 2002년 베를린 영화제 뉴탤런트 남자연기상을 수상하였다. 「아이리스」는 2002년 아카데미 3개 부문에 노미네이트되는 영예를 안았다.

[줄거리]

아이리스 머독은 옥스퍼드 대학에서 철학을 가르치던 1950년대에 영문학 강사였던 존 베일리를 만난다. 존은 그녀의 해박함과 시대를 뛰어넘는 자유정신에 경외심을 갖고 그녀에게 몰입하지만, 그녀의 자유분방한 사생활 때문에 갈등을 겪는다. 그러나 학문적 동지로, 연인으로 사랑을 키워가던 중 두 사람은 결국 결혼하고 이 후 40여 년 간 동고동락하며 엄청난 지적 성취를 쌓아간다.

노년이 된 어느 날 아이리스에게 알츠하이머 증세가 찾아온다. 자신의 정신세계가 무너져가고 있음을 알고 아이리스는 당황하고 두려움에 떤다. 해박한 지식과 뛰어난 언변, 자유로운 사고로 대중을 사로잡았던 그 시대의 지성인 아내를 자랑스러워했던 존은 쉽게 아내의 질병을 인정하지 못한다. 존이 헌신을 다해 돌보고 있음에도 불구하고 아이리스의 증상은 더욱더 심해져 가출과 배회, 그리고 사고 등 여러 위험한 사건들이 발생하고 심지어는 아이리스가 존을 포함한 주변사람들을 알아보지 못하는 상태에 이르게 된다. 존이 혼자서 아이리스를 돌보는 것은 점점 더 힘들어진다. 존은 젊은 시절 자신을 괴롭혔던 아내의 방탕한 삶이 때때로 떠오를 때면 지금은 어린 아기처럼 변해 자신에게 철저히 의존적인 늙은 아내에게 걷잡을 수 없는 질투와 분노를 느끼기도 한다. 그러나 아이리스의 증상이 더 심해지고 존이 혼자서 감당할 수 없는 육체적, 심적 부담 수준에 이르러도 지난 날 서로가 쌓아온 잊을 수 없는 강한 사랑의 기억들은 이들 부부를 강하게 묶어주는 끈으로 남아 있다.

아이리스의 증세가 최악에 이르러 도저히 존이 집에서 혼자 간병할 수 없게 되자 존은 그녀를 요양원으로 보낼 수밖에 없게 된다. 아이리스는 요양원에서 조용히 숨을 거두고 끝까지 아내를 돌보고 함께 있고 싶어 했던 존은 함께 갈 수 없는 곳으로 혼자 길 떠난 아내의 편안한 모습을 지켜본다.

◆사회복지적 관점에서 영화 보기

알츠하이머병, 어떤 질병인가?

알츠하이머병의 증상은 인지기능을 담당하는 대뇌의 신경세포가 변성되고 사멸됨으로써 나타나는 것으로 알려져 있는데 이 병 환자의 뇌를 촬영해 보면 위축되어 있고 뇌 안에 아미노이드라는 단백질이 침착한 '노인 반점'이 보인다. 이런 연유로 영화 속 의사가 아이리스의 병 진단을 위해 뇌 사진을 검토하는 장면이 자주 등장한다.

알츠하이머병의 전형적인 초기증상으로는 건망증, 판단력 및 결정력 상실, 시간 및 날짜에 대한 혼동, 익숙한 장소에서 헤매기, 새로운 정보에 대한 학습과 기억 장애, 표현력 장애, 일상생활 과업 수행능력 감퇴 등을 들 수 있다. 질병이 진행되면서 증상은 더욱 악화되는데, 새로운 이상행동을 보이거나 가족 및 친구들과의 접촉을 꺼릴 수도 있다. 환각, 망상, 편집증이 흔하게 나타나며 육체적으로 또는 언어적으로 공격적이거나 학대적인 행동을 보이기도 한다. 결국에는 식사하기, 옷입기, 목욕하기, 화장실 이용, 잠자리에서 일어나기, 걷기 등과 같은 매우 기본적인 일상적인 활동을 수행할 줄 모르게 된다.

이 병의 이러한 증상은 영화의 전체를 통해 잘 묘사되어 있다. 당대의 대표적 지성이며 철학자인 동시에 소설가인 아이리스는 어느 날인가부터 적절한 단어를 생각해 내지 못하고 단어 철자를 잊어버리고 한 말을 되풀이 하는 등 건망증 증세를 보인다. 의사가 영국의 수상 이름을 물었을 때 대답하지 못하고 당황하던 아이리스, 방송국 인터뷰 현장에서 무엇을 이야기해야 할지 몰라 곤혹스러워하던 모습, 병원 진료실에서 수저와 테니스라켓과 같은 일상생활용품의 정확한 이름을 대지 못하는 아리리스, 개(dog)를 하나님(god)이라고 부르던 그녀의 모습이 떠오른다.

마침내는 친구도 기억하지 못하고 시간이나 장소의 개념마저도 잃어버리는 아이리스. 그래서 자기 집을 자기 집으로 알지 못해 낯설어 하고 평생 익숙한 집동네를 처음 가보는 외지인양 두려움으로 한없이 배회하는 아이리스. 결국 슈퍼마켓의 수프와 삶은 콩 섹션 사이에서 발견되어 집으로 돌아오지만 자신을 발견해 집에 데려다 준 자신의 친구를 알아보지 못한다. 평생 했던 수영법을 갑자기 잊어버리고 물에 빠져 허우적대는 갓난아기 아이리스. 결국에는 한시도 떨어지지 않고 헌신적으로 돌보던 남편 존마저도 알아보지 못하게 된다. 반평생을 같이한 남편에게 "누구세요? 여긴 어디죠?"라고 묻는 아내. "가시죠, 손님"이라며 손님을 시중드는 웨이터처럼 아이리스를 이끌 수밖에 없는 남편. 이런 노력들에도 불구하고 아이리스의 행동은 점점 더 남편 혼자서는 감당할 수 없는 수준에 도달하게 된다. 집에 가기 싫다며 남편의 운전을 방해하고 자동차 문을 열고 달리는 차에서 뛰어내리는 파국행동으로 치닫는 아이리스의 최종 종착역은 요양원. 그리고는 결국 죽음이라는 긴 휴식의 문으로 들어간다.

시간의 흐름에 따라 알츠하이머병의 증상이 어떻게 진행되는지 이 영화 한 편으로 따라잡을 수 있다.

▲생각나지 않는 단어, 써지지 않는 글과 씨름하는 아이리스
출처:http://kr.movies.yahoo.com

알츠하이머병 발병에 대한 노인환자와 배우자의 반응

알츠하이머병은 주로 65세 이상에서 발병하며 진행성, 퇴행성, 불가역성이라는 특성을 지닌다. 다시 말해 일단 발병하면 점점 더 악화될 뿐 치료방법이 없다는 것이다. 아이리스를 진찰한 의사의 첫마디가 의미심장하다. "무자비하네요". 처음부터 환자와 그 배우자에게 분명하게 가망이 없다고 이야기한다.

이런 질병을 받아들이는 것은 당사자나 주변사람들에게 결코 쉬운 일이 아니다. 사고와 언어적 표현에 뛰어난 아이리스에게 건망증이 나타나고 생각을 언어로 제대로 전환시킬 수 없는 어려움이 발생했을 때 아이리스는 극심한 혼란에 빠지고 매우 당황한다. 아이리스의 치매는 다른 일반인들과는 또 다른 의미가 있을 수 있을 것 같다. 언어의 세계를 자유로이 헤엄쳐 다니던 소설가가 말과 글을 잃어버린다는 것은 곧 죽음 그 자체일 수 있기 때문이다. 아이리스의 대사가 떠오른다. "글을 쓰지 못하면 우리에 갇힌 동물처럼 될 거야. 굶주린 개처럼 말이야. 마치 암흑 속을 항해하는 기분이야." 모든 사건이나 경험은 이처럼 매우 개별적인 것이다. 때문에 아이리스의 두려움은 더 크다.

알츠하이머병의 발병은 남편 존에게도 인정하기 어려운 시련이다. 치매노인 아이리스의 모습은 존이 결코 보고 싶지 않은 현실일 것이다. 존의 반응은 모든 남편이 갖는 감정이기 이전에 그처럼 경외하고 학문적으로, 지적으로 흠모하던 우상의 무너짐에 대한 부정이며 저항일 수 있다. 이런 존의 심정을 감독은 과거와 현재와의 교차를 통해 잘 보여주고 있다. 써지지 않는 글과의 처참한 씨름을 겨루는 아이리스. 수없이 찢겨지고 구겨진 노트장 사이에서 참담한 모습으로 어쩔 줄 몰라 하는 아이리스의 모습. 절대 보고 싶지 않고 인정할 수 없는 이 현실을 열린 방문 건너에서 우연히 목격하는 존. 이 현재의 장면은 젊은 날 존이 아이리스와 다른 남자가 정사를 나누는 장면을 우연히 방문 사이로 목격하게 되는 과거의 장면과 교차된다. 결국 아이리스의 치매는 존이 절대 보고 싶지 않고 인정하고 싶지 않았던 아이리스의 배반과 같은 가슴 아픈 것이다. 아이리스의 발병에 대해 존이 갖는 정서는 노인성 치매 발명에 대해 배우자가 가질 수 있는 일반적 반응과 사고와 말의 상실이 곧 아내에게 죽음이나 마찬가지라는 것을 이해하는 학문적 동반자가 갖는 고뇌의 복합물이라고 할 수 있을 것 같다.

▲동네를 배회하다 발견되어 집에 돌아온 아이리스는 자신을 데려다 준 친구를 기억하지 못한다.
출처 : http://www.imdb.com

치매 환자를 간병한다는 것, 어떤 경험인가?

아이리스의 발병 초기에 존은 혼자서도 아내를 돌볼 수 있고 끝까지 돌보리라 생각한다. 하지만 결국 아이리스가 숨을 거두는 곳은 요양원이다. Mace & Rabins는 알츠하이머병 환자 간병에 관한 유명한 가족 지침서를 쓰면서 책 제목을 'The 36-Hour Day'라고 붙였다. 치매환자 간호는 하루 36시간 이상의 돌봄이라는 것이다.

아이리스의 증세가 가벼운 건망증 증세를 보이던 초기단계에서 점점 진행됨에 따라 아이리스는 존을 방해하기 시작한다. 모든 것을 다 받아줄 것 같던 존도 제발 강아지처럼 쫓아다니지 말라며 그녀에게 소리친다. 수영 하러 가자는 존의 제안에 대해 아이리스는 언제, 어디로, 무엇을 하러 가자는 것인지 인식하지 못한다. 이런 아이리스를 수영하게 한다는 것은 결코 쉬운 일이 아니다. 옷을 혼자 입고 벗지도 못하는 갓난아기 같은 아내의 일거수 일투족을 수발들어야 하는 것이다. 수영하는 법을 갑자기 잊어버려 물에 빠져 허우적대는 아이리스. 물 밖에 나와 두려움에 떨며 소리치며 도망가는 아내를 나이 먹은 노인 혼자 뒤쫓는 것은 정말 보기에도 힘겹다.

결혼 전 아이리스는 존에게 다음과 같은 이야기를 한 적이 있다. "난 프로테우스와 같아. 헤라클레스가 프로테우스를 잡아왔듯이 당신도 날 잡아줘야 해. 그가 사자로 변하거나 물고기나 뱀으로 변해도 말이야." 이를 기억하는 존은 성난 사자로, 갓난 물고기로, 사악한 뱀으로 변하는 아이리스를 꼭 붙잡으려고 안간힘을 다한다.

그러나 한시라도 눈을 떼면 집을 나가 배회하는 아내를 항상 감시하고 돌봐야 하는 일은 하루 36시간 이상의 노동이다. 때문에 싱크대 위에는 썩은 토마토와 삶은 콩이 나뒹굴고 덕지덕지 때가 낀 오븐에는 불이 지펴지지도 않을 것 같다. 방은 온통 책, 집기 등으로 난장판이고 청소 안 된 욕실에서는 악취가 난다. 사회복지 시스템이 남부럽지 않게 잘 되어 있다는 영국에서 이런 노부부에게 이 지경이 될 때까지 아무런 지역사회 서비스가 제공되지 않았다는 것이 이상스럽기까지 하다.

집에 가지 않겠다며 남편의 운전을 방해하고 끝내 차문을 열고 달리는 차에서 뛰어내리는 파국행동은 더 이상 존이 아이리스를 집에서 혼자 돌볼 수 없다는 현실을 받아들이게 하는 계기가 된다. 아내는 아무도 도와줄 수 없다며 끝까지 아이리스를 헌신적으로 돌보려 했던 존도 목숨을 앗아갈 수 있는 아내의 위험한 행동 앞에서는 굴복할 수밖에 없었다. 아이리스와 끝까지 함께 하려던 존은 나이 먹은 노인 혼자서는 도저히 알츠하이머병 환자의 말기를 돌볼 수 없다는 현실 앞에서 자신의 바람을 접는다. 요양원으로 옮겨진 아이리스는 자신이 어디에 있는지, 누구와 있는지도 모른 채, 그리고 반평생을 함께 한 남편 존이 곁에 없다는 사실도 모른 채 평안히 숨을 거둔다. 아마 아이리스의 병이 정신의 사망을 가져오는 병이 아니라 단지 육체의 질병이었다면 존은 절대 아내를 자기 곁에서 떠나게 하지 않았을 것 같다. 공유된 수많은 즐거운 기억들과 매일 매일 그를 더 원하는 아내의 갈망이 그를 붙잡았을 것이다. 하지만 돌봄을 받는 자가 돌보는 자를 알아보지 못한다는 사실은 돌보는 자에게 고통 그 자체다. 거기다 익숙한 사람에게 더 심한 파국행동을 보인다면 돌보는 자의 심정은 어떠하겠는가? 때문에 가족의 돌봄을 미덕으로 생각하는 우리나라에서조차 치매노인 요양원 입소가 가족원 스스로에게, 그리고 주변사람들에게 용서되는지도 모르겠다.

▲아이리스는 무엇을 생각하고 있을까? 종이는 더 이상 그녀에게 글쓰기 위한 도구가 아니다.
출처 : http://kr.movies.yahoo.com

생각나누기

1. 만약 존과 아이리스 부부에게 자녀가 있었다면 이들이 겪었던 경험들은 어떻게 달랐을까?

2. 존은 아이리스를 손수 돌보기 위해 온갖 노력을 다 했지만 아이리스의 증상이 심해지면서 존이 다룰 수 있는 능력 이상의 일들이 생겨났다. 결국 존은 상황에 승복하고 아이리스를 요양원에 보내는데 합의할 수밖에 없었다. 하지만 만약 존이 끝까지 아이리스 돌보기를 포기하지 않았다면 국가는 이 부부의 안전을 위해 어떤 권한을 행사해야 하는가?

3. 존은 아이리스를 요양원에 보내기 전까지 매우 힘겨운 간병생활을 계속했다. 환자의 시설 입소 이전에 지역사회에서 이들에게 제공해 줄 수 있는 서비스들은 어떤 것들이 있겠는가?

2. 노인과 산다는 것 - 조손가족 이야기 : 「룸메이트」

▲룸메이트(Roommates)
- 감독/피터 예이츠
- 주연/피터 포크, 디비 스위니, 줄리안 모어
- 제작 연도/1995년
- 상영 시간/109분
- 기타/1996년 오스카상 Best Makeup에 노미네이트됨

[작품의 배경]

이 영화는 영화 그 자체로서는 평론가들에게 그다지 좋은 평을 받았던 영화는 아니지만 조부와 손자와의 끈끈한 관계를 감동적으로 그린 영화로 많은 관객들에게 기억되고 있다. 영화의 공동 대본작가인 Max Apple의 개인적 경험과 기억에 바탕을 둔 영화로, 자신의 할아버지에게 보내는 긴 사랑의 편지와도 같은 느낌도 준다. 누군가 인터넷 사이트에 이 영화와 관련하여 다음과 같이 정리한 글을 발견하였다. "할아버지와 손자의 우정 어린 32년 전쟁. 그들의 전장은 가정이었고 그들의 무기는 사랑이었다."

• 조손가족

조손가족은 가족해체가 급증하고 가족의 안정성이 약화되는 사회변화 속에서 발생한 변형된 가족구조이다. 이는 자녀의 사망, 이혼, 질병, 가출, 수감 등으로 인해 조부모가 18세 미만의 손자녀와 함께 동거하면서 손자녀의 보호와 양육에 1차적 책임을 지는, 1세대 조부모와 3세대 아동만으로 구성된 기능적 핵가족을 의미한다(김혜선, 2004). 쉽게 말해, '18세 미만의 아동이 부모와 떨어져 할아버지나 할머니와 같이 사는 가족' 형태를 일컫는다.

• 우리나라 조손가족 현황

2000년 현재 전국의 조손가족은 4만5천여 가구에 이르는 것으로 추정되지만 가족형태로 분류돼 있지 않아 정확한 규모는 알 수 없다. 보건복지부 아동정책과에 따르면 부모의 별거와 경제적 사정 등으로 조부모가 대신 돌보는 가정(아동복지법상의 가정위탁사업에 따라 정부로부터 양육비를 지원받는 가정)은 2001년 810가구(170명)에서 2004년 3,450가구(5,196명)로 4배 넘게 증가하는 추세에 있다.

경북여성정책개발원에서 2003년에 조사한 농촌 여성노인가구의 손자녀 양육실태와 정책과제를 보면 경북 읍면 지역에만 할머니 또는 할아버지와 손자가 같이 사는 조손가구는 모두 2,300여 가구에 이르고 있다. 아이들이 할아버지나 할머니에게 맡겨지는 이유는 부모의 이혼, 가출, 사망 등이 대부분이었으며, 아이들의 20%는 한 살 미만인 갓난아이일 때부터, 60%는 유아기인 5살 이하부터 조부모의 손에서 자라고 있었다(한겨레21, 2005.11.25).

주인공 할아버지 록키는 오랜 인생의 경험을 손자에게 전수해 주는 멘토이자 가장이 된다는 것, 할아버지가 된다는 것, 늙는다는 것이 어떤 것인지를 손자 마이클에게 준비시키는 역할 모델이라고 할 수 있다.

주인공 록키 홀레첵 역을 맡은 명배우 피터 포크는 극 속에서 75세부터 107세까지 32년에 걸친 노인을 연기하게 되는데, 영화 촬영 당시 피터 포크의 실제 나이는 60세였다고 한다. 따라서 록키역 분장이 이 영화에서는 매우 중요한 관건이었는데 록키 손의 잔주름 등 훌륭한 분장을 해낸 그렉 캐논은 아카데미상 분장부분에 노미네이트되었다.

[줄거리]

양친 부모를 모두 잃고 고아가 된 6세의 마이클을 75세의 친할아버지 록키는 고아원에 보내는 대신 자신이 양육하기로 한다. 영화는 이후 이들의 삶을 30년이란 세월 속에서 조망한다. 폴란드에서 미국으로 건너온 이민 1세대인 록키는 남들이 보기엔 괴팍하고 완고하기 짝이 없어 보이지만 손자에 대해서는 남다른 애정을 갖고 돌본다. 이런 환경 속에서 성장한 마이클은 이제 외과 레지던트가 되어 오하이오 콜럼부스에 있는 병원에 자리를 잡는다.

펜실바니아주 피츠버그에 여전히 살고 있는 록키 할아버지의 집이 지역 재개발에 의해 헐리게 되고 이사를 완강히 거절하는 할아버지에게 마이클은 콜럼부스에 있는 자신의 셋집에서 함께 살 것을 제안한다. 록키 할아버지가 '룸메이트'가 된 후, 마이클과 할아버지 사이에는 세대차가 만들어내는 많은 갈등들이 오간다. 반면 할아버지는 마이클과 함께 거주하고 있는 6명의 중국 의과대학생들과 함께 포커 게임도 하며 즐겁게 공생공존한다. 또한 오하이오 주립대학 법과대학 교수를 내세워 제빵 주방장으로 취업해 당당히 경제적으로도 자립한다.

이런 와중에 마이클은 사회복지사인 베스를 만나 서로 관심을 갖고 교제하게 되고 할아버지는 젊은 세대들의 교제방식을 이해하지 못해 마이클과 충돌한다. 베스를 좋게 생각하지 않았던 할아버지지만 마이클이 피츠버그대학 의과대학 외과 레지던트에 합격이 되어 떠나게 되자 베스와의 결합을 돕는다. 베스와 결혼한 마이클은 피츠버그에서 바쁘고 행복한 시간들을 보내는데, 콜럼부스에 살고 있는 록키 할아버지가 볼링을 치던 중 쓰러졌다는 연락을 받는다. 암의 확인을 위해 필요한 조직검사를 완강히 거부하는 할아버지와 수술을 설득하려는 마이클 사이에 몸싸움까지 일어나는 심한 갈등이 발생하지만 현명한 사회복지사 며느리 베스가 둘 사이의 관계를 조화롭게 중재하여 할아버지는 조직검사를 받게 되고 양성판정을 받는다. 이후 록키 할아버지는 손자, 손자며느리, 그리고 증손자녀들과 함께 행복한 나날을 보낸다.

7년의 세월이 흐른 후 손자며느리 베스가 교통사고로 사망하게 되고 아내를 갑자기 잃은 마이클은 혼란상태에서 병원일도, 자녀들을 볼보는 일도, 스스로를 관리하는 일도 제대로 수행하지 못한다. 이런 마이클을 대신해 록키 할아버지가 아이들을 성심껏 돌보지만 할아버지의 괴팍함과 까탈스러움으로 집안 외부의 메이드나 정원사들의 도움을 받지 못한다.

이런 마이클의 가정을 문제 삼아 마이클의 장모는 손주들을 자신이 양육할 생각을 하게 되고 마이클도 여름동안 아이들을 외할머니에게 보내기로 결정한다. 하지만 할아버지는 아이들이 떠나기 전 아이들을 데리고 아이들의 엄마 베스의 무덤으로 도망치고 이곳을 찾아낸 마이클에게 가족이란 어떤 것인지, 어떠해야 하는지 설명하면서 아이들의 양육을 포기하지 말 것을 설득한다. 할아버지의 설득으로 아이들을 자신이 기르기로 결심한 마이클은 이후 아이들을 제대로 돌보는 책임감 있는 가장으로 탈바꿈한다. 자신이 없어도 이제 혼자서 설 수 있게 된 마이클을 자랑스럽게 생각하며 록키 할아버지는 마이클의 돌봄 속에서 107세의 생을 조용히 마감한다.

◆사회복지적 관점에서 영화 보기

조손가족의 발생

조손가족은 18세 미만의 아동이 부모가 아닌 조부모와 함께 동거하는 가족 형태를 의미한다. 조손가족은 흔히 부모가 부재하거나 있다고 하더라도 아동양육을 책임질 수 있는 능력을 상실한 경우에 발생한다. 영화 「룸메이트」에서는 손자 마이클의 양친부모가 사망하므로 인해 친할아버지인 록키가 마이클을 맡아 키우게 됨으로써 조손가족이 형성되었다.

베트남전에서 남편이 사망한 후 혼자서 아들을 양육하던 어머니 또한 갑작스럽게 사망하자 혼자 남게 된 마이클을 누가 돌볼 것이냐에 대해 가족들 사이에 언쟁이 벌어진다. 고모와 고모부들은 집이 좁다는 이유로, 자신들의 애를 돌보기에도 벅차다는 이유로 마이클 돌보기를 거부하고 고아원에 보낼 것을 제안한다. 만약 양쪽 부모가 모두 사망하고 6세 된 자녀 혼자 이 세상에 남게 된다면, 많은 가정에서 이와 비슷한 언쟁이 벌어질 것이다. 이런 상황 속에서 할아버지 록키가 마이클을 보듬어 안을 수 있었던 것은 "가족은 가족이 돌보는 게다"라는 할아버지의 가족관과 그의 생활 능력이었던 것 같다.

자식을 먼저 보낸 아비가 손자를 돌보고 싶어 하는 것은 인지상정인지 모른다. 하지만 이것을 가능하게 하는 것은 조부모의 조건일 것이다. 다행이 이 영화 속의 록키 할아버지는 살 집이 있었고 107세까지 살 정도의 건강과 폴란드에서 홀홀단신 미국으로 건너와 약육강식의 세계에서 살아남을 수 있었던 강인한 정신력과 손자를 먹여 살릴 수 있는 직업을 가지고 있었다. 이런 조부모의 조건이 충족되지 않았다면 할아버지는 마이클을 맡지 못했든가 공적 부조에 의존하는 조손 빈곤가족으로 전락했을 것이다.

그러나 실제로 현실에서는 조부모의 조건이나 능력과 관계없이 손자녀를 맡게 되는 경우도 많다. 오늘날에 와서는 우리나라를 포함한 많은 나라들이 손자녀를 양육하는 조부모들에게 정부보조금을 지급하여 고아원과 같은 시설보호보다는 조부모 양육을 더 권장하고 있는 추세이다. 하지만 조부모의 경제적 능력이나 건강상태가 양호하지 못한 경우 손자녀 양육은 조부모에게 여러 면에서 스트레스를 제공하게 되고 이는 다시 손자녀들에게 부정적 영향을 미칠 수 있는 것으로도 알려져 있다.

조부모-손자녀 관계

이 영화에서 록키 할아버지는 우선 마이클에게 정서적 지지자였다. 마이클의 엄마 장례식이 끝난 후 왜 장례식장에서 휘파람을 불었냐는 마이클의 질문에 마음이 찢어지게 아플 땐 휘파람을 불면 나아진다며 휘파람 부는 법을 가르쳐 주는 할아버지. 손주며느리 베스의 죽음 앞에서 담대히 서서 가족의 위기를 사랑으로 싸매주는 록키. 오랜 인생의 지혜를 손자에게 전수해 주는 멘토이자 가장이 된다는 것, 노인이 된다는 것이 어떤 것이며 어떻게 살아야 하는지를 준비시키는 역할모델이라고 할 수 있다. 또한 할아버지는 경제적 부양자이면서 집안 일을 손수하는 가정주부였다.

조손가족에서 기대되는 바람직한 조부모-손자녀 관계는 핵가족에서의 부모-자녀 관계와 다를 바가 없다. 손자녀가 아직 어린 조손가족 형성초기에는 조부모가 가사 일을 포함한 손자녀 양육의 주책임자가 되고 조부모가 연로해진 이후에는 성장한 손자녀가 조부모를 돌보는 형태가 바람직할 것이다. 그러나 핵가족과는 달리 조손가족에서는 부모의 역할을 담당해야 하는 조부모의 개인적 역량과 능력이 감퇴된 시기에 아동양육이라는 시간에 어긋난 역할이 기대되게 된다. 따라서 조부모는 아동양육을 통해 상당한 스트레스를 받을 수 있으며 보호를 받아야 하는 손자녀가 오히려 조부모의 부양책임자가 되어야 하는 역할 치환이 일어나기도 한다.

하지만 다행이도 107세까지 장수한 록키 할아버지는 마이클을 처음 맡았던 75세의 고령에도 일할 수 있을 정도의 건강을 소유하고 있었다. 할아버지의 이런 신체적, 정신적 건강과 취업을 통한 경제적 자립이 록키와 마이클의 관계를 긍정적으로 만들 수 있었고 마이클을 훌륭한 의사로 키워낼 수 있었던 것 같다. 또한 록키 할아버지가 107세까지 살 수 있었기 때문에 말년에는 이제 훌륭한 외과의사가 되고 배려 깊은 배우자와 화목한 가정을 꾸린 마이클의 돌봄을 받을 수 있었던 것 같다.

하지만 록키 할아버지와 마이클 사이의 약 70년이라는 인생 시간차는 세대차로 인한 수많은 갈등을 유발시켰다. 부모와 자녀 사이의 약 30-40년이라는 세월도 때로는 극복하기 어려운 세대 간 갈등을 만들어 내건만 70년이란 세월이야 오죽하랴? 집에 오면 손 씻으라는 할아버지의 충고가 잔소리로 들리고, 자신의 플레이보이 잡지(할아버지 눈에는 쓰잘 데 없어 보이는)를 쓰레기통에 던져버리는 할아버지의 행동이 사생활 침해로 느껴지는 마이클. 어느 날 베스와 둘만의 오붓한 시간을 보낼 적절한 장소를 찾지 못한 마이클은 베스와 함께 록키 할아버지가 자고 있는 사이 자신의 셋방에 살며시 숨어들어 온다. 결정적인 순간에 깨어난 할아버지는 못 볼 것을 본양 몹시 화를 내며 두 사람의 행동을 비난한다. "예전에는 결혼 약속하지 않은 처녀는 집에 데려오지 않았다", "여자가 술에 취하면 집에 데려갈 생각은 하지도 않았다"며 꾸짖는 할아버지를 마이클은 이해하지 못한다. 1900년대 초에 젊은 시절을 보낸 할아버지와 1990년대를 사는 마이클의 사고방식 사이에는 큰 차이가 있을 수밖에 없을 것 같다. 하지만 이런 큰 세대차에도 불구하고 이들의 관계가 깨어지지 않고 오래도록 끈끈할 수 있었던 것은 서로에 대한 사랑과 서로의 방식을 이해하지는 못하더라도 결코 강요하지 않는 서로에 대한 존중(이것이 '룸메이트'를 유지할 수 있는 필요충분조건이 아닐까?)이 바탕이 되었기 때문일 것이다.

▲할아버지와 손자의 사랑 어린 전쟁
출처 : http://www.imdb.com

덧붙이지만 베스와 같은 훌륭한 손자며느리의 중재적 도움도 할아버지와 손자 관계의 유지에 도움이 되었던 것 같다.

사회복지사 손자며느리의 역할

이 영화 속에 등장하는 지혜롭고 현명한 마이클의 아내 베스의 직업은 사회복지사이다. 사회복지사가 등장하는 영화도 많지 않지만 더욱이 사회복지사의 가정사를 통해 그 전문인의 자질을 들여다볼 수 있는 영화는 더더욱 없어 이 영화가 더욱 반갑게 느껴진다.

베스는 사회복지사라는 전문인이면서 한 남편의 아내, 한 가족의 손자며느리로서 매우 현명하게 처신하는 아름다운 여성이다. 인간에 대한 기본적인 예의와 배려를 알기에 마음을 닫아건 사람들의 마음을 활짝 열게 할 수 있는 그런 사람이다. 맨 처음, 베스는 병약한 길거리 노인을 병원으로 옮겨오는 사회복지사로서, 마이클은 그 환자 노인을 치료하게 되는 담당의사로서 만나게 된다. 마이클의 지시에 따라 정맥 주사를 맞아야 하는 노인 환자는 젊었을 때 예뻤던 자신의 손이 망가져가는 정신적 아픔과 반복되는 정맥주사로 인한 물리적 고통에 의해 주사 삽입을 완강히 거부한다. 이 장면에서 베스와 마이클의 대응방법은 매우 상이하다. 정맥주사의 필요성을 큰소리 지르며 강요하는 마이클. 상처투성이의 노인환자 손톱에 예쁜 빨간색 매니큐어를 칠해 주며 과거 예뻤던 손에 대한 향수와 현재의 고통을 이해하고 수용해 주는 베스. 환자의 저항 원인이 무엇인지를 간파한 베스의 해결책은 인본주의적이며 환자중심적인 접근이었다고 할 수 있다. 이 장면을 보면서 '역시 사회복지사는 달라!'라는 감탄사가 절로 나온다.

이런 베스의 사회복지사적인 자질은 록키 할아버지와 남편 마이클과의 관계 개선을 위한 중재자로서도 잘 나타난다. 암 판정을 위한 조직검사를 완강히 거부하는 록키 할아버지와 한바탕 몸씨름까지 벌이는 마이클에게 훌륭한 의사이기는 하지만 노인을 대하는 법을 모른다며 베스는 직접 할아버지를 찾아간다. 베스는 할아버지의 죽음을 받아들일 수 없는 마이클의 심정과 손자에게 사랑표현을 할 수 없는 할아버지의 완고함을 지적하고 서로의 이해를 촉구한다. 이 결과 록키는 조직검사를 받게 되고 다행히 양성 판정을 받는다. 수술 이후 할아버지를 모시며 함께 갈 여행을 계획하고, '군식구'가 아닌 진정한 가족의 한 사람으로 할아버지를 돌보는 베스. "베스는 좋은 여자야"라는 록키의 진심어린 한 마디는 베스의 사회복지사적인 자질에 기인한 것은 아닐까?

한부모가족과 조부모의 역할

베스의 죽음으로 인해 졸지에 마이클은 한부모가 된다. 아내의 갑작스러운 죽음으로 이성을 잃고 자식들을 돌보지 않고 술과 더불어 하루하루를 보내는 마이클 앞에서 할아버지는 다시 한번 증손자녀들의 부모가 된다. 잔디 깎고, 밥하고, 청소하고, 애들과 과자 굽고, 목욕시켜주고. 잔소리 많고 까다롭고 괴팍스런 노인이기는 하지만 증손자녀들에게는 더 할 수 없는 생활의 지지자이다.

이 영화에서 보는 것처럼 많은 연구들은 한부모 가족에게 있어 확대가족의 중요성을 강조하고 있다. 조부모들은 한부모의 부재로 발생하는

▲겉으로는 나약해 보이는 노인이지만 그 안에 100년이라는 시간이 선사한 삶의 지혜가 숨어 있다.
출처 : http://www.imdb.com

가사의 공백을 메꾸기도 하고, 아이들에게 정신적 지지자가 되기도 하며, 없는 부모를 대신해 역할 모델이 되기도 한다. 록키 할아버지는 마이클을 키워낼 때나 증손주들을 키워낼 때나 이 역할을 정말 잘 수행해 내었다. 결국, 록키 할아버지는 마이클의 장모가 증손주들의 양육권을 빼앗아가려는 상황 앞에서 마이클에게 가족은 가족이 돌보아야 한다는 것, 아이들은 한번 버리면 영원히 찾아올 수 없다는 것을 상기시킨다. 6세의 어린 나이로 세상에 혼자 남겨져 자신의 운명에 대한 막연한 두려움으로 세상을 응시하던 마이클의 모습을 일깨워주며 가족은 함께 해야 함을 강조한다. 이런 할아버지의 설득을 통해 마이클은 비로소 자신의 자녀들에게 눈을 돌리고 혼자서도 아이들을 잘 키울 수 있는 훌륭한 아버지, 책임있는 성인이 된다. 이제 자신의 도움 없이도 혼자 설 수 있게 된 마이클에게 "네가 자랑스럽다"라는 처음이자 마지막 사랑의 고백을 남기고 할아버지는 조용히 세상을 떠난다. 곁에서 마이클은 할아버지가 가르쳐 준 위로의 휘파람을 분다. 록키 할아버지가 살아 계시지 않았다면 마이클은 결국 아이들을 포기했을지 모르며 이 가족은 뿔뿔이 흩어졌을지 모른다. 조부모가 있었음으로 마이클의 가족은 한부모가족으로나마 뭉칠 수 있었다고 생각한다.

생각나누기

1. 록키 할아버지는 고령의 나이에도 불구하고 계속 직업을 가지려고 노력하였으며 죽을 때까지 일하겠다고 말했다. 할아버지에게 직업은 어떤 의미를 갖는가? 일반적으로 노인들에게 직업이 필요한가?

2. 마이클의 양친부모 사망 후 록키 할아버지가 마이클을 돌볼 수 없었다면 마이클에게 시설보호 이외에 어떤 보호·양육 대안들이 가능했겠는가?

3. 록키 할아버지가 마이클을 양육하던 도중 건강상태가 나빠져 혼자서 마이클을 돌보는데 어려움이 생겼다면 지역사회는 어떤 서비스를 제공할 수 있겠는가?

참고문헌

김혜선(2004), "조손가족 조부모의 양육태도와 양육스트레스가 손자녀 적응에 미치는 연구,"『한국아동복지학』, 18호, 85-118.

박차상 · 김옥희 · 엄기욱 · 이경남 · 정양상 · 배창진(2005), 『한국노인복지론』, 학지사.

한계레21, 2005.11.25.

Newton 과학용어사전.

Mace, N. L. & Rabins, P. V. (1999). *The 36-Hour Day: A Family Guide to Caring for Persons With Alzheimer's Disease, Related Dementing Illnesses, and Memory Loss in Later Life*. The Johns Hopkins University Press.

http://kr.movies.yahoo.com

http://www.cineseoul.com/movies

http://www.imdb.com

제9장

여성복지 :
여성의 이름으로 행복찾기

신 은 주*

일반적으로 여성복지의 대상은 당연히 여성이라고 생각한다. 그러나 여성복지의 대상은 사회가 혹은 가족이 여성에게 기대하는 역할 때문에 쉽게 설정하기가 어렵다. 즉 남성이 가족 밖에서 돈을 벌어오는 대신에 여성은 가족을 유지하는 주된 책임자로 인식되고 있을 뿐만 아니라 자녀를 양육하고 보호하는 주된 책임자로 기대되고 있다. 또한 여성은 독립된 인간이라기보다는 남편이나 자녀의 부수된 의존적 존재로 인식되고 있는 것이 현실이고 이러한 현실인식은 영화에도 반영되어 나타나고 있다.

본 글은 여성의 생애주기를 중심으로 하여 여성복지의 대상을 구분하고자 한다. 기존의 여성의 문제를 중심으로 한 구분보다 여성 삶의 연속선상에서 다양한 영역을 포괄할 수 있고 문제를 가진 여성뿐만 아니라 일반 여성들을 포함할 수 있어 여성복지의 대상을 설정하는 데

* 평택대학교 사회복지학부 교수

매우 유용한 기준이다.

생애주기에 대한 접근은 크게 두 가지 차원에서 가능한데 하나는 보편적이고 규범적인 생애사건들로 구성된 측면이고 다른 하나는 생애주기 동안의 위기적 사건과 관련된 측면이다. 위기적 사건이라 함은 여성에 대한 폭력, 이혼, 가족원의 갑작스러운 사망 등을 말하며 이처럼 생애주기를 중심으로 한 보편적 사건이건 위기적 사건이건 간에 여성의 전 생애를 연속선상에서 포괄할 수 있는 점 외에 여성의 가족 내에서의 역할과 연관된다.

여성과 관련된 영화는 매우 많으나 직접적으로 여성복지의 정책적, 실천적 함의를 주는 영화는 그리 많지 않다. 예를 들면 여성의 정체성과 관련된 영화로는 「소피의 선택」, 「피아노」 등이며 여성의 자매애를 보여주는 영화는 「바그다드 카페」, 「델마와 루이스」, 「후라이드 그린 토마토」 등이 있다. 또한 결혼과 가족에 대한 주제를 던져주는 「안토니아스 라인」 등도 참고할 수 있다.*

여성은 사회복지에서 중요한 클라이언트로 간주되어 왔는데, 여성에 대한 임파워먼트 실천이 불평등과 피억압적인 상황에 처한 여성문제에 참여하게 되는 경우가 대부분이므로 앞으로도 여성은 계속 사회복지 실천에 중요한 소재가 될 것이다.

본 글에서는 여성복지의 전통적인 대상이자 가장 취약한 소외계층으로 알려진 여성 집단 즉 가정폭력 피해여성, 미혼모를 임파워먼트의 관점에서 새롭게 조명해 보고자 한다.

구체적으로는 「돌로레스 클레이븐」을 통해 여성에 대한 가족내의 폭력을 살펴보고, 「후라이드 그린 토마토」를 통해 여성의 자매애를, 「레이디버드, 레이디버드」를 통해 양육 미혼모로 살기 등의 주제를 고찰해 보고자 한다.

---

* 여성수첩 참조(한국여성단체연합 발간)

1. 여성에 대한 가족 내의 폭력 : 「돌로레스 클레이븐」

▲돌로레스 클레이븐 (Dolores Claiborne)
- 감독/테일러 핵포드
- 주연/케시 베이츠 제니퍼 제이슨 리 크리스토퍼플러머
- 제작 연도/1996년
- 상영 시간/145분
- 기타/원작 : 스티브킹의 동명소설

[작품의 배경]

테일러 핵포드는 70년대 LA에서 경력을 쌓기 시작했다. USC에서 국제관계를 전공하고 볼리비아 평화유지군으로 복무하는 동안 커뮤니케이션과 영화로 관심을 돌린 그는 방송사 우편물 관리실에 취직해 문화프로그램 부서로 발돋움했다. 로큰롤 광이기도 했던 그가 당시 연출한 캣 스티븐스, 소니 롤린스 등의 방송은 TV 로큰롤 무대의 선구로 남아 있다. 훗날 그가 제작한 「라밤바」(1987)나 직접 연출한 「척 배리의 로큰롤에 경배를」 역시 음악에 대한 핵포드의 애착을 보여주는 작품이다.

음악 프로를 거쳐 보도물과 다큐멘터리에서 기량을 닦은 그는 기록영화 수준의 리얼리티를 담아낸 「틴에이지 파더」로 오스카 단편영화상을 거머쥐었고 「사관과 신사」로 오스카 5개 부문 노미네이션을 받았다. 필름 누와르 고전을 리메이크한 「어게인스트」와 냉전시대의 공기를 반영한 「백야」로 상업적인 성공을 이어갔다. 1996년에는 스파이크 리, 노먼 메일러 등을 직접 인터뷰한 필름을 덧붙여 무하마드 알리에 대한 미완의 기록영화 「우리가 왕이었을 때」를 재편집하기도 했다. 「데블스 애드버킷」(1997), 「프루프 오브 라이프」(2000)로 일정한 성공을 거두었으나 데뷔 초의 에너지는 회복하지 못하는 것이 중평이다.

[줄거리]

뉴욕의 저명한 신문사에서 일하는 셀리나에게 한 장의 팩스가 날아온다. 내용은 그녀의 어머니 돌로레스가 살인혐의로 구속되었다는 지역 신문의 기사였다. 셀리나는 내키지 않는 마음으로 자신의 옛집을 찾는다. 이 집을 증오하며 떠나간 지 15년 만에 돌아온 것이다. 돌로레스는 미망인이자 부호인 베라 도노반을 살해한 혐의로 정식 심리를 받게 되어 있으나 변호사 선임을 거부하며 침묵을 지키고 있다. 15년 전의 돌

출처 : http://kr.movies.yahoo.com

로레스의 남편 실족사에 대해서 의혹을 가지고 있던 맥키 형사가 이 사건에 대해 관심을 보이고 있었다. 셀리나는 어릴 때 자기를 괴롭힌 아버지에 관한 기억은 무의식적으로 잊은 채 어머니에 대한 막연한 증오심만 가지고 집을 떠났으며 아버지를 죽인 사람은 어머니라는 확신 속에서 살았다. 따라서, 베라의 살해범 역시 어머니라는 것을 의심치 않았다. 그러나 돌로레스의 고백으로 사실이 드러난다. 돌로레스는 어려운 살림 속에서 딸 셀리나의 학비를 벌기 위해 베라의 집에서 하녀로 일했고 그녀가 남편의 상습적인 폭력과 모욕을 참을 수 있었던 것은 자신의 희망인 셀리나가 있었기 때문이었다. 그러던 어느 날 남편이 어린 셀리나를 상습적으로 성추행하고 있다는 사실을 알게 되어 돌로레스는 푼푼이 모은 돈으로 딸과 함께 섬을 벗어나려고 결심한다. 이러한 사실을 돌로레스가 베라에게 털어놓았을 때 베라는 남편의 살해를 암시했다. 이러한 베라의 발언은 결국 자신을 정신적으로 육체적으로 학대하였던 자신의 남편 역시 그렇게 살해했음을 암시했다고 알 수 있다. 이런 의미에서 돌로레스가 셀리나에게 15년 전의 모든 일을 고백함으로써 모든 사실이 밝혀지고 셀리나 역시 이 모든 것이 자신을 위한 어머니의 희생에서 비롯되었음을 알게 된다.

◆사회복지적 관점에서 영화 보기

폭력피해 여성은 무기력한 희생자인가, 생존자인가?

가정폭력을 정의하는 것은 매우 어렵다. 사회과학분야의 모든 개념들이 연구자의 관점과 그 사회 문화적 특성을 반영하고 있지만 특히 가정폭력의 개념정의는 연구자의 관점과 가정 내의 폭력에 대한 사회 문화적 태도와 전문가 집단의 합의 그리고 개입을 보장하는 제도 및 입법화의 정도에 따라서 상이하다.

또한 폭력상황에서 여성이 나타내는 심리적 특성에 대해서는 상반된 입장이 제기되고 있다.

기존의 매맞는 아내를 학습된 무기력에 시달리는 피해자로 보는 견

출처 : http://kr.movies.yahoo.com

해와 달리 페미니스트들은 매맞는 아내를 생존자라는 관점에서 볼 것을 주장하고 있는데 생존자라는 용어는 남성의 폭력에 저항해온 여성들에게 힘을 북돋아 주는 효과가 있는 것으로 풀이된다. 이런 맥락에서 곤돌프와 피셔는 생존자로서 매맞는 여성이라는 저서를 통해 매맞는 아내가 학대에 대해 적극적, 논리적으로 행동하고 있다며 매맞는 아내를 생존자로 보는 생존자 이론을 제시하고 있다.

즉 매맞는 아내는 학대 속에서 버텨왔고, 현재 그들의 상황을 향상시키고자 한다는 점에서 존경할 만한 생존자라는 것이다. 이러한 생존자 이론에 의할 경우 매맞는 아내는 친구와 친척에서부터 사회적서비스와 경찰에 이르기까지 일련의 자원과 접촉하지만 매맞는 아내가 호소하고 신뢰할 만한 자원이 결핍되어 있음이 문제라는 것이다. 또한 폭력이 증가될 경우 학습된 무기력 개념에서 제시하는 대로 도움을 찾는 행위가 감소되는 것이 아니라 오히려 증가한다는 자료도 제시한다. 그러므로 생존자이론에서는 학습된 무기력 증상이 일시적인 정시적 충격일 수 있고 그 증상은 매맞는 아내가 관계를 유지하기 위해서 하는 노력들을 반영하며 우울과 죄의식은 구타자를 떠나는 것에 대한 분리불안의 표현일 수 있다고 본다.

폭력피해여성을 다룬다는 면에서 동일한 듯 하지만 본 영화의 주인공은 「적과의 동침」 등 다른 영화의 주인공과 사뭇 다르다. 즉 동일한 폭력상황에서 보이는 기존의 주인공이 보여준 대처방식과는 확연하게 차이를 보인다. 폭력상황을 벗어나지 못했던 점은 유사하지만 돌로레스는 무책임한 남편에 의지하지 않고 힘든 일을 하며 딸의 교육을 위해 미래를 준비한다. 남편의 무지막지한 폭력을 그냥 일방적으로 당하고만 있지도 않는다. "또 이러면 둘 중에 하나가 죽는다"고 하며 남편의 폭력에 결연하게 대항하기도 한다. 그러다가 미래의 희망인 딸의 교육신탁자금을 남편이 찾아 쓰고 딸을 성추행한 사실을 알고 나서는 집을 나가야겠다는 결심을 하게 된다. 그리고 남편 살인혐의와 관련해서 주위의 질시와 의심 비난에 대해 결연하게 맞서는 모습을 보여준다.

여기서 가장 안타까운 일은 가정폭력의 굴레에서 벗어나는 유일한 길이 남편을 살해하는 극단적인 결과를 통해서만 가능한 것으로 보여진다는 것이다. 이는 폭력으로부터 벗어나는 일이 일상적인 주변의 도움으로 불가능하다는 것을 강력하게 보여준 예라고 할 수 있다.

> • 피학대여성증후군 또는 외상후 스트레스 장애(PTSD)
> 연구자들은 학대경험이 여성들의 자아존중감을 잠식함으로써 자기확신감을 상실케 하고 자신을 무가치하게 느끼게 한다고 보고하고 있다. 학대받는 아내들은 고통을 인내해 온 결과로 고립감, 우울증, 공포 등의 다양한 감정을 경험한다. 즉 인지. 행동. 정서. 대인관계에 결쳐 광범위한 문제를 겪고 있다는 것이다.
>
> • 생존자 관점
> 생존자 이론에 의할 경우 매맞는 아내는 친구와 친척에서부터 사회적 서비스와 경찰에 이르기 까지 일련의 자원과 접촉하지만 매맞는 아내가 호소하고 신뢰할 만한 자원이 결핍되어 있음이 문제라는 것이다. 또한 폭력이 증가될 경우 학습된 무기력 개념에서 제시하는 대로 도움을 찾는 행위가 감소되는 것이 아니라 오히려 증가한다는 자료도 제시한다. 그러므로 생존자이론에서는 학습된 무기력 증상이 일시적인 정서적 충격일 수 있고 그 증상은 매맞는 아내가 관계를 유지하기 위해서 하는 노력들을 반영하며 우울과 죄의식은 구타자를 떠나는 것에 대한 분리불안의 표현일 수 있다고 본다.

아내학대 가족내 아동의 문제

아내학대는 피해 당사자인 아내는 물론 자녀들에게도 심각한 영향을 미친다. 아내학대 가족에서는 자녀가 부모간의 폭력을 목격하거나 또는 자녀도 폭력의 대상이 될 수 있다.

연구결과에 의하면 부모간 폭력에 노출된 아동은 일반아동에 비해 높은 수준의 우울, 불안과 공격성의 증가 등 심각한 정신건강상의 문제를 보이고 교우간의 관계가 원만하지 못하거나 학업성적이 떨어지는 등 학교생활에서의 부적응과 문제해결기술의 저하와 같은 사회적 발달 측면의 문제도 나타나 보인다고 지적하고 있다.

본 영화에서 셀리나는 아버지의 성추행 사실을 엄마에게 알리지 못하도록 할머니의 유물을 선물로 받았기 때문에 이로 인해 고민과 갈등을 하고 성적이 떨어지며 심적 고통에 시달린다. 딸의 변화를 눈치 채고 학교 앞에서 딸을 기다려 이 사실을 알게 된 돌로레스는 오열한다.

학대를 받은 모든 아동이 심각한 사회적 . 정신적 기능장애를 나타내는 것은 아니어서 개인적 차이를 보이는데 이는 아동의 타고난 성격이나 기질, 아동의 삶에 있어서 부모 외 중요한 타인의 존재여부, 아동의 발달에 영향을 미치는 빈곤이나 부모의 정신적 장애와 같은 취약한 환경의 여부, 사회복지적 개입의 조건 등에 따라 달라진다(윤혜미, 2005).

영화에서는 아버지의 성추행의 기억이 너무나 고통스러워 무의식적으로 기억을 지운 딸은 집을 떠나 15년 동안이나 엄마와 만나지 않고 바쁘게 사는 것으로 나온다. 그러나 전문직으로 유명해지지만 신경쇠약으로 약에 의지하여 살며 일상적인 삶의 행복을 포기하고 일벌레로 사는 모습을 보이고 있다. 가정폭력의 결과가 폭력에 노출된 피해아동의 정신건강에 얼마나 치명적인 상흔을 남기는지를 보여주는 대목이다.

셀리나가 아버지의 어머니에 대한 폭력에 대해 갖는 공포감, 무력감, 죄의식 등 복합적인 감정과 함께 자신의 상처에 대해서도 직면할 수 있는 전문적인 치료 서비스를 받았다면 하는 아쉬움이 남는 대목이다.

생각나누기

1. 우리나라에서도 아내에 대한 폭력과 자녀의 성폭력이 같이 발생하는 복합문제 가족에 대한 관심이 일고 있다. 특히 부에 의한 근친성폭력에 대한 집중적인 상담사례연구가 늘고 있다. 자녀에 대한 성폭력을 발견한 비가해 부모의 어려움과 이에 대한 개입방법에 대해 생각해 보자.

2. 폭력관계를 떠나지 못하는 아내들의 가장 큰 문제는 자녀문제로 알려져 있다. 직접적인 폭력의 희생자는 아니더라도 폭력에 노출되는 자녀의 문제와 정신적인 상처에 대해 논의해 보자.

3. 최근에 폭력남편을 살해한 폭력피해여성들의 사례가 빈번하게 보도되고 있다. 이러한 폭력피해여성의 행위에 대해서도 논란이 일고 있다. 이는 정당방위인가? 살해동기 및 재판과정에 대한 논의에서도 PTSD 관점과 생존자 관점이 팽팽하게 맞서고 있다. 이에 대해 논의해 보자.

2. 가정폭력을 넘어선 여성들의 자매애: 「프라이드 그린 토마토」

▲프라이드 그린 토마토
(Fried Green Tomatoes)
- 감독/준 에브넷
- 주연/케시 베이츠, 제시카 텐디, 메리 스튜어트 매스터슨, 메리 루이스 파커
- 제작 연도/1991년
- 상영 시간/130분
- 기타/원작 : Fannie Flagg의 'Fried Green Tomatoes at the Whistle Stop Cafe'

[작품의 배경]

존 에브넷 감독의 데뷔작으로 국내외에서 좋은 반응을 얻었으며 골든 글러브 상 코메디/뮤지컬 부문 최우수 작품상과 여우주연상 후보에 올랐다. 영화는 퓰리처 상에 노미네이트된 원작소설을 영화화한 것인데 80대의 할머니 역을 연기했던 제시카 텐디가 아카데미 여우주연상을 받은 것으로도 유명하다. 감독인 존 에브넷의 작품을 살펴보면 「작은 전쟁」(1994), 「업 클로즈 앤 퍼스널」(1996), 「레드 코너」(1997) 등이 있다.

[줄거리]

야구에만 미쳐 있고 자신에게 전혀 관심을 보이지 않는 남편에게 늘 불만인 에블린은 잠시라도 초콜릿을 입에 물고 있지 않으면 불안한 40대 중년 여인이다. 남편의 숙모를 만나기 위해 병원을 방문하던 중 니니라는 할머니를 만나게 되고 그녀를 통해서 1920년대 남부의 조그만 마을에서 일어난 두 여인의 사랑과 우정에 관한 이야기를 듣게 된다. 이야기는 잇지가 사랑하는 오빠 버디의 사고사로부터 시작되는데, 이 죽음은 잇지와 버디의 연인인 루스에게 평생에 걸친 상처로 남는다. 말괄량이였던 어린 잇지는 오빠를 그리워하며 혼자만의 세상에서 살게 된다. 몇 년이 지나고 버디를 사랑했던 루스가 찾아오면서 둘은 진한 우정을 쌓아가게 된다. 루스는 부모의 바람대로 결혼을 하지만 남편의 폭력으로 불행한 나날을 보내게 되고, 사회적 통념으로 인해 쉽사리 결혼생활을 끝내지 못한다. 그러던 어느 날 루스는 잇지에게 편지를 보낸다.

'그대 가는 곳에 내가 갈 것이요, 그대 가족이 내 가족이니라.'

잇지는 남편과 헤어진 루스와 함께 '프라이드 그린 토마토'라는 남부 특유의 음식을 주로 하는 '휫슬 스탑' 카페라는 식당을 개업하는데 평범한 시골마을의 카페는 사랑과 추억의 장소가 된다.

남자보다 용감한 잇지와 루스의 이야기를 들으며 에블린의 삶도 변화하기 시작하며 에블린과 니니 사이에도 새로운 애정이 싹트고 피해의식에 젖어 있던 에블린의 마음 속에는 어느덧 자신감이 생겨난다. 60년이라는 세월을 뛰어넘은 우정과 사랑의 이야기가 현실에 재현되면서 영화는 따뜻하게 끝을 맺는다.

◆ 사회복지적 관점에서 영화보기

운명의 희생자에서 변화의 주체자로

사람들은 자신과 상황에 대한 통제력을 상실했을 때 일반적으로 무능력을 경험하게 된다. 이러한 느낌은 무기력이나 소외감, 부정적인 자기평가로 이어지고 나아가 인지적인 측면의 왜곡과 우울, 동기와 활동의 감소 등 심리적이고 정신적인 측면의 어려움을 초래하게 된다(신은주, 2000 : 154).

여성에 대한 임파워먼트 접근의 예는 학대받는 여성에 대한 개입을 들 수 있는데 피학대여성의 경우 학대경험이 없는 여성에 비해 우울과 불안 무기력, 그리고 낮은 자아존중감이 높게 나타나고 있다. 또한 두려움, 죄의식, 수치심, 자신의 능력에 대한 자신감 상실, 그리고 자신의 환경에 대한 통제감의 상실로 인해 무기력해진다. 이런 무기력 때문에 피학대여성들은 자신을 통제하는 능력이 부족해질 뿐만 아니라 대처능력 또한 현저히 떨어지는 것으로 나타나고 있다.

무력화된 여성에 대한 임파워먼트 전략은 기존의 사회복지 개입과 치료전략에 비해 구체적인 위기개입과 안전에 대한 전략을 세워줌으로써 그동안 여성들이 겪었던 무능력에서 자신의 상황을 통제할 수 있다는 자기 효용을 높여줄 수 있으며 자신이 처한 상황의 심각성과 위험성에 대해서 보다 현실적이고 적극적으로 대처할 수 있는 가능성을 인식시키는 효과가 있다는 임상적인 보고가 있다(박미은, 1996).

이러한 의미에서 임파워먼트는 사회구조적인 문제가 개인에게 미치는 결과 또는 영향을 의미하기 때문에 여성에게 매우 적절한 개념이다. 이를 통해 여성이 사회 속의 무기력화하는 힘에 건설적으로 대응하는 방법을 배우고 개인적 수준에서의 변화를 주도하고 자신감을 가짐으로서 자신의 운명에 대한 통제력을 갖게 되므로 자신의 문제를 해결할 수 있는 토대가 마련될 수 있다.

임파워먼트 지향 실천의 목적은 무력감이 개인 및 사회문제를 창출하고 영속화시키는 데 중요한 역할을 한다는 점을 설명하고, 무력한 집단이 의존을 회복하고 환경과의 교류에서 힘을 갖도록 돕는 데 있다. 개인이 절망에서 행동으로 움직여 가는 과정에서 나타나는 중요한 변화는 자기효능의 증가, 자기비난의 감소 및 자존감의 향상, 비판의식의 개발, 변화에 대한 개인적 책임이라고 규정할 수 있다(신영화, 1999 : 25-27). 특히 변화에 대한 개인의 책임의식은 자기비난의 감소가 갖는 잠재적이며 부정적인 결과를 중화시킨다. 자신이 문제에 책임이 없다는 느낌은 미래의 변화에 자신이 책임이 있다는 의식을 통하여 문제해결에 자신을 투자하게 된다. 즉 무력한 객체로 남아 있기보다 능동적인 참여자가 되는 것이다. 문제해결의 개인적 책임을 받아들임으로써 삶의 개선에 적극적으로 참여하는 것이다.

이러한 점을 주인공을 통해서 살펴본다면 「후라이드 그린토마토」의 루스는 고통의 근원은 자신의 부족함 때문이라는 자기비하에 익숙하다. 루스는 남편의 폭력에 대해서 모두 자신들의 잘못이라는 생각에 길들여 있기 때문에 적극적인 해결책을 생각할 수 없는 것이다. 이는 오랜 폭력의 결과이지만 폭력에 대한 여성들의 대응방식을 보여주는 부분이다. 그러나 소극적이었던 루스는 친구 잇지를 비롯한 사람들과의 생활에서 점차적으로 능동적인 삶을 살아가게 되며 내면에 감추인 강인한 여성성을 보여주게 된다.

이는 영화 속 명대사를 통해 잔잔한 감동을 준다.

> "후랭크가 손찌검 할 때도 견딜 힘을 주신 하느님께 감사했고 엄마가 피를 토하며 죽여 달라고 말씀하실 때도 고통을 참을 수 있게 하셔서 감사하다고 기도했지. 그러나 이젠 난 달라졌어. 후랭크가 오면 기도 대신 맞서 싸우겠다고 버디와 약속했어."

폭력피해여성의 자아회복과 일반여성의 임파워먼트는 일견 매우 다른 문제로 생각되는데 「후라이드 그린토마토」에서는 이를 씨줄과 날줄처럼 엮어 놓고 있다. 루스와 에블린은 상황은 다르지만 공통되는 캐릭터로 등장하는데 이는 둘 모두 실연과 고통의 근원은 자신의 부족함 때문이라는 자기비하에 익숙한 점이다. 루스가 남편의 폭력에 대해서 에블린이 남편이 자기에게 무관심한 것, 모두 자신들의 잘못이라는 생각에 길들여 있기 때문에 적극적인 해결책을 생각할 수 없는 것이다. 여기에 적절한 해결책을 제시하는 역을 잇지와 할머니가 맡는다. 잇지는 폭력, 심지어 나중에는 살인까지 감수하면서 루스를 지옥 같은 결혼생활에서 구해내고 할머니는 지나간 시대에 여성이 겪은 이야기를 차분하게 들려줌으로써 에블린으로 하여금 자기의 진정한 모습을 보게 만든다. 루스는 이리하여 남편으로부터 과감하게 탈출할 수 있었고 에블린 역시 매력 없는 뚱보아줌마라는 식으로 스스로에게 걸었던 최면에서 용기 있게 벗어날 수 있는 것이다.

· 여성의 임파워먼트

임파워먼트 접근은 1960년대 70년대에 여성운동의 발전과 맥을 같이 하고 있으며 사회복지실천에서도 여성주의적 접근에 의한 사회복지의 형태로 발전해 왔다. 여성주의운동에 영향을 받은 사회복지사는 특별집단으로서 여성문제를 명확히 규정하였다. 이 때 특히 여성에 대한 폭력이 연구의 주요쟁점이 되었고 매 맞는 여성의 쉼터, 성적 학대 피해자 등에 대한 연구가 시행되었다.

여성들의 자매애(연대감)

출처 : www.kr.yahoo.com

자매애란 여성으로서의 정체성을 획득하여 여성들이 자기문제를 의식하고 다른 여성과 공감대를 형성하는 것을 뜻한다. 이것은 여성들만의 독자적인 운동을 구축한다는 점과 급진주의 운동에서 중요한 의미를 준다. 급진주의 여성운동이 공헌한 점은 남성중심적인 문화가 얼마나 뿌리깊으며 다양한 국면에서 여성의 삶을 지배하는지를 밝혀냈다는 점이다. 그래서 이전에는 진지한 탐구의 대상이 되지 않았던 출산 육아 등 다양한 사적인 문제를 정치적이고 학문적인 영역으로 끌어들였다는 점이다. 그리고 가부장제라는 용어를 일반화함으로써 여성대중의 광범위한 의식화를 형성했다는 점이다.

가부장제의 역사는 여성과 여성의 관계를 끊어버렸다. 남성이 개입하지 않는 여성들만의 관계는 정상적이지 않은 것, 유아기적인 것, 적대적인 것으로 폄하되었고 여성은 정상, 성인, 동료가 되기 위해서는 여성들과의 관계를 끊고 남성을 위한 관계에 자신의 정신적, 육체적 에너지를 쏟아야 했다.

「후라이드 그린 토마토」는 두 그룹의 여성이 이끌어가는 버디무디이다. 남자 주인공이나 여성 주인공 둘이 이야기를 영화의 형식을 '버디무비'라 하는데 기존의 「델마와 루이스」 등의 영화가 이런 류이다. 니니와 에블린, 잇지와 루스가 각각 다른 여성의 진한 우정을 보여주고 있다.

에블린의 관점에서 보면 부지런히 여성강좌를 다니면서도 해결되지 않던 자신의 문제를 니니 할머니의 이야기를 들으면서 발견하고 삶에서 과감히 부딪혀 본다. 망치로 벽을 부수는 장면이나 "토완다"를 외치며 같은 차를 여섯 번이나 들이받는 장면은 사회통념이 함께 무너지는 느낌이 들도록 매우 인상적이다. 뚱뚱한 몸을 자연스럽게 흔들며 운동을 시작한 그녀는 더 이상 남편의 눈치만 보는 여자가 아니다. 자신에게서 새로움과 희망과 아름다움을 발견하게 된 것이다.

니니 할머니와의 새로운 우정을 키워나가면서....

이 영화의 마지막에 긴 인생을 살아온 니니 할머니가, "세상에서 가장 중요한 것은 바로 진실한 친구"라는 마지막 대사가 이 어렵고 힘든 현재를 따뜻하게 만들어주는 마법과 같은 한마디였다.

힘없는 자들이 연대하는 따뜻한 공간으로서의 '휫슬 스탑' 카페

잇지와 루스가 살았던 1930년대 남부는 여자가 자동차를 모는 일은 있을 수 없으며 남편에게 매를 맞아도 맞을 수밖에 없었으며 인종 차별과 여성학대가 사회적인 문제로 부각되지 않았던 암울한 시대였다.

주인공 잇지의 관점에서 보면 잇지는 자신을 무척 아껴주던 사려깊은 마음씨의 오빠가 죽고 난 뒤 그 충격에서 헤어나지 못한 채 오랜 방황을 계속하다가 마침내 제도의 틀 속에 얽매인 무기력한 삶을 거부하는 자유분방한 야성의 처녀로 성장하게 된다. 잇지는 사랑하는 사람의 죽음이라는 극한적인 고통을 딛고 일어선 경험이 있기 때문에 자유롭고 깊이 있는 안목을 지니게 된 것이다. 한마디로 할머니가 되어서도 여전히 사람들에게 힘을 주는 "꿀벌의 연인"이다. 잇지에게는 그 당시 여성과는 다른 자유로움과 당당함이 있다. 남편의 학대로 망가진 친구 루스의 삶과 극심한 인종차별로 벼랑에 몰린 흑인들의 처지에 공감하며 이러한 현실에 대해 용기있는 항거의 태세를 취하고 있는 잇지의 모습을 지켜보면 그녀가 삶에 대한 방관자의 모습에서 벗어나 적극적인 삶의 주인으로 거듭나게 되었음을 실감하게 된다.

평범한 사람들의 삶 속에서 사랑하는 사람의 죽음 다음으로 고통스러운 것은 사랑하는 가족이 장애를 겪거나 질병으로 고통받는 것일 것이다.

니니의 아들은 정신지체 장애인이고 루스의 아들은 기차사고로 한쪽 팔을 잃은 절단장애인으로 등장한다. 이 영화는 장애에 대해서도 따뜻하고 당당한 시선을 보여주는데 니니는 자신의 아들을 에블린에게 "참 좋은 아이였다"고 소개한다. 또한 루스의 아들은 기차사고로 한쪽 팔을 잃어 야구를 하다 공을 잡지 못하고 슬퍼하고 있을 때 잇지는 '세발 달린 강아지' 이야기를 해주며 "넌 특별한 아이야"라며 조용히 위로를 해준다.

이 영화에 등장하는 휫슬 스탑이라는 카페는 우리가 바라는 세상의 모습의 단초를 보여준다. 장애를 가진 것이 큰 문제가 되지 않는 모습, 흑인들에게는 음식을 팔지 말라면서 테러를 가하는 KKK단에게 당당히 맞서는 모습, 가정폭력을 휘두르는 루스의 남편을 목숨을 걸고 막는 알코올중독자의 모습에서 가난하고 힘없는 자들이 연대하고 서로를 위로하면서 만드는 따뜻한 세상의 모습을 보여준다.

흑인 여가수가 부르는 노래가 흐르고 기차가 지나가는 풍경 속에 휫슬 스탑 카페가 있다. 잇지와 루스가 꾸려나가는 휫슬 스탑 카페 공간은 KKK단의 테러가 횡행하던 시절임에도 흑인과 알코올중독자까지도 포용하던 평화로운 공간이었다. 이들의 우정과 재치, 함께 살아가는 사람들의 따뜻한 마음으로 채워졌기 때문이다.

이것이 "어떻게 그 작은 카페가 그 많은 사람들을 아름다운 추억 하나로 묶을 수 있었는지...."의 이유이다.

생각나누기

1. 애블린은 잇지 할머니와의 이야기를 통해 자신을 돌아보고 결혼생활의 희생자라고 느끼던 이전의 모습에서 승리자(생존자)로 변화한다. 에블린은 여성들이 성장과정에서 찾기 힘든 좋은 멘토의 역할을 찾았다고 할 수 있다. 여성의 사회적 자아정체감과 〈멘토링〉의 의미에 대해 생각하고 자신의 경험들을 나누어보자.

2. 에블린은 남편의 무관심에 대해 자신을 변화시키기 위해 문화강좌를 듣는 등 다양한 노력을 해왔다. 여성다운 여성이라는 전형적인 여성역할을 고수하고 보수적인 가족체계 및 관계의 틀 속에서 적응하도록 하는 〈결혼상담〉〈부부상담〉과 사회복지적 〈임파워먼트〉 실천과는 어떤 차이가 있는지 논의해 보자.

3. 영화에서는 루스와 잇지의 관계에 대해 동성애적인 관계의 가능성을 살짝 함축하면서 아름답게 묘사하고 있다. 여성의 자매애란 무엇인가? 자신의 경험을 중심으로 생각해 보자.

3. 양육 미혼모로 살기 : 「레이디버드, 레이디버드」

▲레이디버드, 레이디버드 (Lady-bird, ladybird)
• 감독/켄 로치
• 주연/크리시 록크, 블라디미드 베가
• 제작 연도/1993년
• 상영 시간/102분

무당벌레야 무당벌레야 빨리 집으로 가
너희 집에 불이 나서 아이들이 모두 죽었단다
오직 하나 꼬마 앤만이 아래로 기어왔어

본 영화는 실화를 바탕으로 제작되어 가정폭력의 위험과 영국의 사회복지제도를 엿볼 수 있는 영화이다. 이 영화를 통하여 가정폭력이 한 사람의 인생에 얼마나 많은 파장을 불러일으킬 수 있으며 그 사람의 인생이 어떻게 파괴되어 가는지를 잘 이해할 수 있다.

또한 영화를 통하여 복지선진국이라 일컬어지는 영국의 사회복지제도를 짧게나마 알아볼 수 있고, 그러한 제도 속에서 배워야 할 점들과 보완해야 할 점들이 어떤 것들이 있는지 생각해 볼 수 있는 좋은 영화이다.

> • **양육 미혼모**
> 혼전에 임신했다는 미혼이란 개념과 아기를 양육하는 어머니라는 두 가지 개념을 포함하는 용어로서 미혼 양육모라고 칭하기도 한다. 대체로 양육 미혼모는 포괄적 개념으로 법적 혼인관계가 아닌 남자와의 사이에서 아이를 임신했거나 출산할 예정이거나 출산한 여성으로서 자녀양육을 희망하거나 현재 자녀를 양육하고 있는 자로 정의한다.

[작품의 배경] : 켄 로치, '아웃사이더'들의 영원한 친구

「보리를 흔드는 바람」으로 2006년 제 59회 칸영화제 황금 종려상을 수상한 켄 로치 감독은 1936년 6월 17일 영국 중부의 공업도시 뉴니튼에서 태어났다. 아버지는 공장 노동자였으며 로치는 전형적인 노동계급 가정에서 성장했다.

옥스퍼드대학 법학과에 입학하였지만, 실제로 대학시절에는 연극 활동에 전념하였다.

로치가 세인의 주목을 끄는 단편극들을 발표하기 시작한 것은 BBC의 〈수요극장〉이라는 프로그램을 통해서다. 「UP the Junction」(1965)을 통해 미혼여성의 낙태문제라는 민감한 주제를 다루었던 로치는 1966년에 다시 〈수요극장〉을 통해 「캐디 집에 오다」를 발표, 영국 사회에 큰 반향을 불러일으킨다. 출산과 남편의 실직으로 집을 얻기 어려워지고 결국 가정이 파괴되는 경험을 하게 되는 젊은 여성 캐디를 주인공으로 한 이 단편극은 영국 의회에서 집 없는 사람들에 대한 대책을 집중적으로 논의하는 계기가 되었고 '쉼터'(Shelter)라는 지원기관을 탄생케 하는 직접적 계기로 평가받고 있다. 94년 「레이디버드, 레이디버드」 등으로 여러 영화제에서 호평을 받으며 안정적으로 작품활동을 할 수 있게 된다.

로치의 영화들은 무엇보다도 일관되게 사회 아웃사이더들의 모습을 진솔하게 보여준다는 면에서 영화사에서 독특한 위치를 차지하고 있다. 이런 로치 영화의 특성은 「레이디버드, 레이디버드」와 같은 호감가지 않는 주인공조차 관객들로 하여금 그의 상황을 이해하고 공감하게 하는 힘을 가지고 있다.

「레이디버드, 레이디버드」는 자신의 소중한 가족을 억지로 갈라 놓으려고 위협하는 세력 앞에서 그 가족을 한데 모으기 위해 끝까지 투쟁하는 한 놀라운 여인의 삶을 그린 영화로서, 실화를 근거로 만들었다. 이 영화에서 크리씨 록크는 뛰어난 멋진 연기로 베를린 영화제와 시카고 영화제에서 최우수 주연 여배우상을 받았다.

[줄거리]

마기 콘론은 미혼모로 각각 다른 아버지한테서 네 아이를 낳았다. 그녀는 자기 아이들을 깊이 사랑하지만, 폭력적인 남자들과 동거하는 생활을 되풀이함으로써 아이들을 위험한 상황에 처하게 하는 등 어쩔 수 없이 자멸적인 활동을 하게 되어 지역사회복지사와 계속적인 갈등관계를 갖는다. 이런 상황에 결정적 계기가 된 것은 아이들만 집에 놓아둔 동안 화재가 난 것이다.

화재 이후 차례로 아이들을 빼앗기는 상황에 처한다. 파라과이에서 온 정치 망명자인 죠지와의 새로운 사랑은 그녀가 빠져 있는 악순환을 뚫고 나올 수 있는 마지막 기회일지도 모른다. 그리고 그녀의 가족과 자신을 위해 보다 나은 삶을 꾸밀 수 있는 유일한 희망일지도 모른다.

그러나 조지와의 사이에 난 두 딸도 "위험한 상황에서 안전한 환경으로"라는 사회복지부서의 판단 하에 그들의 곁을 떠난다.

◆사회복지적 관점에서 영화 보기

미혼모로 아이를 키우며 사는 것의 어려움

우리 사회에서 미혼모가 된다는 것은 많은 편견과 불이익을 감수해야 하며 정신적, 육체적, 경제적 어려움이 시작되는 것을 의미한다. 물론 미혼모들 가운데는 결혼 제도에 얽매이지 않는 삶의 방식을 지향하

출처 : http://kr.movies.yahoo.com

므로 홀로 자녀를 양육하며 살아가거나 또는 사회적 도움 없이도 자립하여 꿋꿋이 살아가는 소수의 미혼모가족도 있다. 그러나 어떠한 경우도 미혼모와 그 자녀를 따뜻하게 바라보지 않는 것이 우리의 현실이다.

우리 사회에서 미혼모란 개념에 대한 정의가 아직 명확치 않으므로 양육미혼모란 용어 역시 정리되지 않은 상황이다.

한편 미혼모가족이란 혼전에 출산을 한 미혼모와 그 아동으로 구성된 미혼모 모자가정을 말한다. 우리나라에서 자녀를 양육하는 미혼모는 모자가족으로 분류되는데 미혼모가족은 가족의 구성시기 및 자립여건의 특성상 이 법안에 동일하게 속해 있는 사별가족, 이혼가족과는 차별화된 사회복지서비스가 필요하다. 한편 미혼모가족이란 혼전에 출산을 한 미혼모와 그 아동으로 구성된 미혼모 모자가정을 말한다. 우리나라에서 자녀를 양육하는 미혼모는 모자가족으로 분류되는데 미혼모가족은 가족의 구성시기 및 자립여건의 특성상 이 법안에 동일하게 속해있는 사별가족, 이혼가족과는 차별화된 사회복지서비스가 필요하다. 대체로 미혼모가족이라 명칭하는 것은 다양한 가족의 형태 중 비록 소수이긴 하지만 다른 모자가족과 차별된 특성을 가지고 있고 따라서 차별화된 사회복지서비스가 필요한 하나의 독립된 가족형태로 인정되어야 함을 요청한다는 의미가 있다.

최근에 미혼모 동향의 커다란 변화는 스스로 자녀를 양육하는 미혼모의 증가이다. 이와 같은 양육미혼모의 증가는 미혼모 시설에서의 아기 장래결정 프로그램의 실시가 큰 영향을 미친 것이라 생각된다. 또한 호주제 폐지에 대한 기대와 매스컴에 소개된 다양한 가족형태에 대해서 사회가 조금씩 이해와 수용의 폭을 넓혀 감에 따라 미혼모의 인식에도 변화가 나타난 것으로 생각된다.

미혼모 가족에 대한 새로운 관점

미국의 양육미혼모에 대한 연구결과들은 우리나라의 사회복지 개입방향에 대하여 많은 시사점을 제시하고 있다. 아동을 양육하는 미혼모와 입양을 의뢰하는 미혼모와의 특성차이를 밝히는 많은 연구들이 미국의 50년대부터 70년대 사이에 있었다. 가정적으로는 결손가정출신이 많아 가족과의 관계가 덜 친근한 것으로 나타났다. 최근에 우리나라의 양육미혼모들에 대한 연구결과 역시 그들의 대부분이 고졸 이상의 학력을 가지고 있으며 원만치 못한 가족관계와 사회경제적 지위가 낮은 가정에서 성장하였고 혼전성관계에 비해 비교적 허용적인 태도를 가졌으며 피임에 대해서 무지한 것으로 나타났다. 이들은 부모의 음주나 갈등, 가정폭력과 대화의 결핍 등으로 인해 가족으로부터 독립하여 살던 중에 아이를 출산했으며 아이에 대한 애정이 이러한 과거로부터 자신의 삶을 긍정적으로 변화시킬 것이라는 기대, 미혼부와의 결합에 대한 기대감, 입양을 의뢰했을 경우에 찾아올 상실감과 죄책감에 대한 우려로 아동양육을 결정했다고 하였다(최경화, 2006).

마기도 어버지의 폭력을 목격했으며 친부로부터 성폭력을 당한 경험을 했다. 우리의 통념으로 보면 4명의 다른 아버지에게서 낳은 흑백의 자녀와 미혼모로 이루어진 가족은 '정상적인 가족'과는 한참이나 거리가 멀다고 볼 수 있다. 또한 그가 만나는 남자들은 대개 폭력적이다. 아이에게 정상적인 환경을 제공해주기 어렵다는 사회복지전문가의 판단이 당연해 보인다.

양육미혼모와 입양을 의뢰하는 미혼모와의 특성차이에 대한 연구들을 살펴보면 초기의 미혼모 연구자들은 미혼모가 아동을 입양하거나 양육하는 이유를 심리학적이거나 사회학적으로 간주하여 아동을 양육하는 미혼모는 아동을 입양 의뢰하는 미혼모보다 심리적으로 덜 안정적이며 정서적으로 문제가 있거나 또는 사회적일탈자로 사회와 부조화를 이루는 하위문화계층으로 간주하였다. 하지만 미혼모의 수적 증가와 동시에 입양비율이 급격히 감소하면서 사회적 일탈이나 심리적 이론은 미혼모의 의사결정을 설명하기에 충분하지 않은 것으로 나타나게 되었다. 이러한 변화는 인권운동, 방송매체의 성에 대한 홍보, 성 개방 풍조로 인한 태도의 변화, 전통적 결혼제도의 감소, 그리고 양부모 가정의 신성함에 대한 거부 등의 영향 때문이라고 설명하였다(최경화, 2006).

미혼모 중에는 「안토니아스 라인」과 같이 자발적인 경우도 대부분은 경제적, 사회적 어려움 속에서 가족과의 단절 속에서 고통스러운 생활을 하고 있다. 미혼모가족에 대한 사회적 편견도 그들이 겪는 어려움 중의 하나이다. 미혼모가족을 한부모가족의 하나로 인정하는 제도적 변화가 있지만 아직도 사회적 환경은 크게 변하지 않았다. 이런 상황에서 미혼모의 원가족에 대한 개입의 방향은 어떻게 되어야 할 것인가? 미혼모가족의 자립지원과 함께 원가족에 대한 개입에 대해서도 적극적인 노력이 있어야 할 것이다.

아동의 사회적 보호와 딜레마

우리사회 아동보호의 근간은 그동안 부모가 없는 아동에 대한 시설보호였다. 그러나 빈곤 등 부모의 부양부담능력 때문에 부모가 있는 아동들이 시설에서 보호되는 일과 아동학대로 인한 아동의 보호 등에 적절한 사회적 보호체계가 없는 상황에서 아동인권협약에 따른 UN의 권고로 인해 아동복지정책은 시설에서 점차 가정위탁보호로 방향을 바꾸게 되었다. 또한 학대부모로 부터 아동의 인권을 보호하기 위한 사회적 체계를 마련하기 위해 친부모의 양육권을 제한하거나 사회적, 법적 후견인 제도에 대한 논의가 활발하게 일고 있다.

특히 아동학대 피해 아동을 우선 대상으로 가정위탁보호를 해야 한다는 정책 방향이 적극적으로 추진되는 우리의 시점에서 본 영화는 매우 현실적인 함의를 주는 영화였다.

마기는 미혼모로 각각 다른 아버지한테서 네 아이를 낳았다. 그녀는 자기 아이들을 깊이 사랑하지만, 폭력적인 남자들과 동거하는 생활을 되풀이함으로써 아이들을 위험한 상황에 처하게 하는 등 어쩔 수 없이 자멸적인 활동을 하게 되어 지역사회사업과 되풀이해서 크게 부딪치게 된다.

이런 상황에 결정적 계기가 된 것은 "무당벌레야 무당벌레야 빨리 집으로 가/너희 집에 불이 나서 아이들이 모두 죽었단다/오직 하나 꼬마 앤만이 아래로 기어왔어"란 노래처럼 아이들만 집에 놓아둔 동안 화재가 난 것이다.

화재 이후 처음에는 가정위탁보호부터 시작했으나 차례로 아이들을 빼앗기는 상황에 처한다. 파라과이에서 온 정치 망명자인 죠지와의 새로운 사랑은 그녀가 빠져 있는 악순환을 뚫고 나올 수 있는 마지막 기회일지도 모른다. 그리고 그녀의 가족과 자신을 위해 보다 나은 삶을 꾸밀 수 있는 유일한 희망일지도 모른다.

그러나 조지와의 사이에 난 두 딸도 "위험한 상황에서 안전한 환경으로"라는 사회복지부서의 판단 하에 그들의 곁을 떠난다.

폭력관계에서 벗어나지 못한 매 맞는 여성으로부터 양육권을 박탈하는 영국복지제도를 살펴봄으로써 아동복지서비스와 친권에 관한 우리 사회의 정책방향에 대해 큰 함의를 얻을 수 있다. 정신지체 아빠의 양육권에 대해 논쟁을 일으킨 「아이 엠 샘」을 떠올리게 되는 것도 매우 자연스러운 반응인 것 같다.

앞으로 가정위탁 보호의 목표는 위기가정을 지원함으로써 요보호아동을 "친가정으로 복귀"하는 것이 되어야 할 것이다.

생각나누기

1. 본 영화에서는 아동복지담당 사회복지사들이 수차 방문하여 마기와 조지의 언어소통의 문제 및 안정적으로 아이를 양육할 수 있는 환경을 제공할 수 있는지에 대해 사정·평가한다. 이러한 사정과정에 이주노동자나 문화적 소수자 등 다른 문화 및 계층에 대한 고려가 이루어졌는지에 대해 논의해 보자.

2. 조지는 파라과이에서 온 정치적 망명가이다. 재판과정에서 보여지듯이 조지는 경제적인 이유로 살해하고 폭력을 가하는 나라에서 폭력에 대한 위협과 이로 인해 생겨난 고통으로 사람들을 통제하는 사회의 모습에 대해 조용하게 비판하는 정치적 투쟁을 해왔고 그로 인해 망명을 하게 된 것이다. 쿠데타 및 군대의 폭력 등과 가정폭력은 어떠한 관련성이 있는가?

4. 〈위험사정(Risk Asseement)〉에 의해 마기와 조지의 아이들은 아동복지기관에 의해 보호되어진다. 아동의 안전한 양육환경을 조성하기 위한 복지행정 체계와 마기가족의 행복추구권이 충돌한 결과이다. 아동을 보호하기 위한 사회의 책임과 한계는 어디까지인가? 가정위탁보호의 장기적인 목표는 "친가정 복귀"인데 이를 지원하기 위한 가족지원 서비스에 대해서도 생각해 보자.

참고문헌

김인숙 · 신은주 外(2001), 『여성복지론』, 나남출판.

신영화(1999), "학대받은 아내의 능력고취를 위한 집단사회사업 실천의 효과성", 서울대학교 대학원 박사학위논문.

이강화(2003), 『영화 속의 여성읽기』, 세종출판사.

최경화(2006), "양육미혼모의 삶의 과정에 관한 연구", 평택대학교 대학원 박사학위논문

한국여성복지연구회 저(2005), 『가족복지론』, 청목출판사.

제10장

가족복지 :
가족은 없다? 가족은 있다

박 경 애*

가족은 삶의 기본단위로서 인간생장과 인격형성의 토대라 할 수 있다. 또한 삶의 고통과 불행의 근원지이기도 하며 행복과 치유의 장이기도 하다.

현대사회의 빠른 변화과정 속에서 가족 또한 이전과는 달리 많은 변화를 겪어 왔고 그 형태도 다양하게 나타나고 있다. 즉 산업사회의 그늘에서 혈연중심의 가족들이 뿔뿔이 흩어지고 그 규모가 작아지면서 이웃과 친족 간에도 교류가 매우 희박해지고 있으며, 가족원 간의 정서적 유대 또한 약해지면서 어려움이 닥치면 적절히 대처해 나가기 어려워졌다. 이렇게 취약해지는 가족은 누군가의 도움을 필요로 하지만 적극적인 변화를 시도하지 못한 채, 주어진 현실에 소극적으로 안주하며 현상유지하려는 경향이 있다.

이러한 시점에서 지역사회의 복지실천 현장에서 만나는 어려움에 처

* 금천청소년지원센터 상담실장

한 많은 가족들이 그 문제를 완화하고 위기를 성장의 계기로 바꿀 수 있도록 가족에 대해 더 많은 관심과 이해를 가지고 접근하려는 노력은 매우 중요하리라 본다.

따라서 본장에서는 영화작품들을 통해서 가족의 다양한 모습을 들여다보고 공감하며, 우리의 가족과 복지 현실에 비춰볼 수 있도록 가족에 대해 초점을 둔 영화들을 선별, 분석해 보고자 한다. 즉, 영화를 통해 가족의 의미는 무엇인지, 가족관계의 특성과 기능이 무엇인지, 다양한 가족형태와 계층에 따른 문제는 어떻게 나타나며 그에 대한 사회적 서비스와 대안은 무엇인지 등을 함께 분석해 보고자 한다.

특히 사회복지학, 심리학, 가족학을 공부하거나 가족관련 분야에서 일을 하는 사람들에게 통찰과 지혜를 줄 수 있는 영화를 소개하고, 함께 분석, 토론해 봄은 매우 유익한 일이라 생각한다. 이는 가족복지와 관련하여 자신의 정체성 문제를 점검하는 기회가 될 뿐 아니라 실천지식의 습득과 가치관 형성에 도움이 될 것이다.

가족과 관련된 많은 영화들 중 아래에 소개한 영화들은 공감력과 진실성이 담긴 훌륭한 삶의 자료라 생각한다.

아버지의 사랑이 한계상황 속에서 가족을 살리는 모습을 담은 「인생은 아름다워」, 미국의 중산층 가족의 윤리와 가치관을 생각하게 하는 「아메리칸 뷰티」, 가족이 때로는 큰 짐이 되기도 하나 사랑이 길을 찾아주는 「길버트 그레이프」, 가족관계에서의 상처와 치유과정을 보여주는 「비밀과 거짓말」, 그 밖에 새로운 가족의 의미를 느끼게 하는 「밀리언 달러 베이비」, 한국사회의 성윤리, 가족 삶의 단면을 그린 「바람난 가족」, 중년남성의 삶을 그린 「쉘 위 댄스」, 모계중심의 가족의 삶 「안토니어스 라인」, 동성애와 가족을 다룬 스페인영화 「나의 어머니를 위하여」 등이 있다.

그 중 가족치료, 가족윤리와 가치관, 가족성장, 등의 주제별로 세 가지의 작품을 아래에 요약·분석해 보겠다. 영화들을 간략히 소개하고 사회복지의 실천적 관점에서 분석, 재음미해 봄으로써 가족에 대한 이해를 돕고, 가족의 의사소통방식과 갈등양상, 가족의 의미와 윤리, 가치관, 가족의 정서적 토대가 인격발달에 미치는 영향, 가족복지의 실천현장에서의 효과적인 개입방법과 이론적용면에서 시사점을 얻을 수 있을 것이다.

▲비밀과 거짓말 (Secrets and Lies)
• 감독/마이크 리
• 주연/브렌다 블리신, 티모시 스폴
• 제작 연도/1996년
• 상영 시간/142분
• 기타/'96년 칸느영화제 황금종려상, 여우주연상, 국제 비평가상 수상. '96 제1회 부산국제영하제 오프닝 초청자

1. 상처와 회복의 공동체로서의 가족 : 「비밀과 거짓말」

[작품의 배경]

영국의 한 가족이야기를 다룬 이 영화는 마이크 리 감독의 5번째 장편 극영화로서 리 감독은 이미 93년 「네이키드(naked)」라는 작품으로 칸느영화제 최우수감독상을 수상하였고 50여 편의 작품을 발표한 바 있다. 주로 TV, 연극무대를 통한 작품 활동을 하여 왔으며 배우들이 작품의 캐릭터를 잘 소화해 낼 수 있도록 배우들과 작품에 대하여 많은 대화를 통해 교감함으로써 배우가 작품 속 인물이 되도록 만들었다고 한다. 여주인공 블렌다 블리신은 이 영화로 칸느영화제 여우주연상을 받았고, 제1회 부산국제영화제에서도 우리나라 관객들로부터 호평을 받은 바 있다. 삶 속에서, 특히 가족관계 속에서 비밀과 거짓말을 지니고 살아가는 여성들의 심리와 그로 인한 단절과 오해, 고통과 원망 등을 잔잔하면서도 솔직하게 묘사하였다.

[줄거리]

영화는 검안사로 일하는 27세의 흑인여성 호텐스의 양어머니 장례식으로 시작된다. 호텐스는 양어머니의 장례식을 마치고 자신의 친부모를 찾고 싶어졌다. 사회복지사를 통해 자신의 출생기록을 보게 된 호텐스는 자신의 친어머니가 흑인이 아닌 백인임을 알고 혼란스러움을 느끼지만 용기를 내어 전화를 건다. 전화를 받은 생모 신시아 역시, 미혼모로서 27년 전에 얼굴도 못 본 채 입양시킨 딸이 어느 날 갑자기 전화를 걸어오자 마음속 깊이 묻어두었던 과거가 되살아나면서 혼란에 빠지게 된다.

생모 신시아는 공장노동자로서, 어려운 생활 속에서 역시 남편 없이 낳은 둘째딸 록산을 혼자 키우며 가슴속에 회한을 품은 채 외롭게 살고 있다. 딸 록산은 환경미화원으로, 자신은 아버지도 알 수 없는 '실수로 낳은 존재'라는 생각과 함께 늘 불만과 열등감을 가지고 있어 그로 인해 어머니와는 사이가 좋지 않다. 신시아는 딸 록산이 남자친구와 외박하여 자신과 같은 실수를 저지를까봐 걱정하며 충고하지만 록산은 그런 어머니의 잔소리에 지겨워하며 불신감을 드러내 보인다.

▲신시아와 입양시킨 딸 호텐스가 만나 입양당시의 기록을 보는 모습
출처 : http://movie.naver.com

신시아에게는 어머니를 일찍 여의고 자신을 희생하면서 어렵게 키운 남동생 모리스가 있다. 그는 누나인 신시아 집 가까이 살면서 사진관을 경영하고 있다. 그리고 그에게는 아내 모니카가 있는데, 그녀는 아이를 낳을 수 없는 불임상태임에도 그 사실을 신시아에게 이야기하지 못한 채 이기적이라서 아이를 갖지 않는다고 오해를 받으며 점차 왕래를 끊고 우울하게 지내고 있다. 모리스는 누나와 아내, 조카, 세 여성의 갈등 속에서 말없이 고뇌하고 있다.

신시아는 호텐스와 만나면서, 오랫동안 느끼지 못했던 마음의 평안을 느끼게 되었고, 차분하고 진지한 호텐스에게서 오히려 푸근한 모정을 느끼며 삶에 대한 의욕을 되찾아간다.

어느 날 모리스는 누나네 가족과 많이 소원해진 상태에서 두 가족이 함께 모이는 시간을 만들고자 록산의 생일파티를 자신의 집에서 열어주기로 한다. 록산의 생일 파티 날, 신시아는 호텐스를 공장에서 같이 일하는 동료라고 속이고 초청한다. 그리고 파티가 꽤 무르익을 무렵 신시아는 모리스 부부와 록산, 그의 남자친구 등 모두 있는 자리에서 호텐스가 자신의 딸임을 밝힌다. 신시아의 고백을 통하여 가족들이 충격과 혼란을 겪게 되나 모리스의 중재를 통해 그동안 가족 간에 쌓인 오해와 원망, 한을 풀어낸다.

가족치료이론에 따르면 아래의 분석에 쓰인 용어들, 즉 부모역할 아동(parental child), 가족투사과정(family projection process), 미분화 가족 자아 덩어리(undifferenciated family ego mass), 희생양(scapegoating) 등은 가족을 이해하고 접근하는 데에 유용하다.

- 부모역할 아동

부모가 그 기능과 역할을 할 수 없는 가족상황에서 한 아동이 그 역할을 담당하면서 가족을 유지하나, 성장과정에서 본인은 과도한 부담을 안고 필요한 성장경험의 부족으로 인해 발달상의 미숙과 결핍 등 부정적인 영향을 받게 된다.

- 가족투사과정, 가족관계의 분화와 미분화, 미분화 가족자아덩어리, 다세대 간의 전달과정

가족치료학자 보우웬(Bowen)이 만든 개념으로, 가족의 정서 상태를 분석할 때 매우 유용하다. 가족 중 취약한 자녀에게 무의식적 투사가 대물림됨으로써 그 자녀는 개인으로 분화, 성숙하지 못한 채 정서장애를 겪게 된다는 희생양(scapegoating) 이론, 즉 그러한 문제가 아랫세대로 내려가면서 더욱 악화된다는 이론으로, 한국사회에서 한과 같은 가족의 정서적 투사가 자손들, 즉 여러 세대에 미치는 영향, 아동문제의 원인 분석, 등에 매우 유용한 개념이다.

◆ 사회복지적 관점에서의 영화 보기

가족원들의 특성과 가족관계

여주인공 신시아는 10세 때 어머니를 여의고 남동생을 돌보며 엄마 역할을 담당해야 하는 아동(parental child)이었다. 어린나이에 제대로 양육을 받지 못하고 동생을 돌보아야 했기에 막상 자신은 정서적으로 미숙한 여성으로서 현실에 대처하는 능력이 부족하다. 15세에 원치 않는 임신으로 딸을 낳아 얼굴도 모른 채 입양을 보냈고 그 사실을 마음 속 깊이 묻어둔 채 살아왔다. 그 후 다른 남자와의 사이에서 낳은 딸 록산을 혼자 키우면서 그 딸이 자신과 같은 전철을 밟을까 불안과 죄

의식으로 노심초사하는 미혼모이다. 공장에서 일하며 가난한 생활 속에서 별다른 즐거움이나 희망이 없이 반복되는 일상을 살아간다. 누구에게도 드러내고 싶지 않은 수치심, 자신은 동생과 가족을 돌보아야 했고 누구의 관심과 돌봄도 받지 못했다는 피해의식, 미숙함, 외로움 등의 특성을 가지고 있다. 그러한 심리상태에서 신시아는 유일한 대상인 딸 록산에게 잔소리와 간섭을 하는 것이 엄마로서의 큰 역할이라 생각하고 있는 듯하다.

신시아의 딸 록산은 그러한 엄마에 대해 불신과 증오심을 갖고 있으며 낮은 자존감의 소유자로서 엄마에 대해 관심을 갖거나 이해하기가 어렵다. 또한 아버지상(father figure)의 부재로 이성친구를 사귀는 것에 대해 거부감과 두려움을 느낀다. 찾아오는 남자친구에 대해서 거부감을 보이다가 마지못해 만나는데 자신들은 둘 다 엄마에 대한 불만을 가진 비슷한 처지라며 점차 가까워져 유일한 의지대상이 된다.

신시아의 남동생 모리스는 사진사로서 많은 가족들의 사진을 찍으면서 행복한 모습을 사진 속에 담아주기 위해 사실과 다른 다양한 연출을 시도한다. 마치 다른 가족도 비밀과 불행을 지니고 있다는 것을 암시하는 듯하다. 모리스는 유일한 혈연인 누나와 조카와 자신의 가족이 화목하게 지내지 못하는 것에 대해 늘 마음을 쓰면서 화해의 기회를 찾고 있다. 모리스는 자신을 누구보다 사랑하고 남편 대신 의지해 온 누나의 심정을 잘 알지만 누나와 아내 사이에서 서로의 상처를 긁지 않도록 중간위치를 지키고자 애쓴다. 그의 성실성은 주위사람들의 신망을 받기에 충분하고, 묵묵한 가운데 부드럽고 따스한 성품을 가지고 있다. 또한 자신의 주장을 내세우기보다는 먼저 다른 사람들의 이야기를 듣고 상대방의 마음을 이해하고 수용하려 한다.

모리스의 아내 모니카 역시 고독하다. 아이가 없어 가정생활에 삭막함을 느끼면서 집꾸미는 일로 소일하지만 마음속에는 늘 우울함과 외로움이 자리하고 있다. 남편 모리스를 의지하는 것만으로는 충족되지 못하고 주어진 현실 속에서는 더 이상 자신의 존재감을 느끼지 못하는 듯, 때때로 감정이 발작적으로 폭발하곤 한다.

호텐스는 감정의 동요가 없는 침착한 성품을 갖고 있으며 안경점 검안사로 꽤 안정되게 살아가고 있다. 날마다 눈을 들여다보는 그녀의 직업이 암시하듯 정직함과 현실을 직시하는 용기를 가지고 있다. 엄마를 찾고 만나서 이야기를 듣는 그녀의 모습은 미숙하고 불안정한 엄마와는 대조적으로 엄마를 담담히 지켜보며 상처를 건드리지 않으려 애쓰고, 오히려 포용해 줄 수 있는 수용력과 인내심을 지니고 있다. 아마도 그녀는 양부모로부터 사랑과 신뢰를 경험하고 자라온 독립적이며 건강한 인격의 소유자일 것이다.

가족은 아니지만 사진관 여직원이 간간히 등장하는데 모리스를 아버지같이 따르고 존경하는 그녀 또한 가족에 의해 내면에 상처를 지닌 연약하고 순진한 여성의 모습으로 조미료처럼 그 역할을 담당하고 있다.

다양한 여성들의 성격과 삶이 각기의 질감을 드러내면서도 가족이라는 하나의 시선 속에서 모아지고, 각기 비밀을 갖고 있지만 화해와 용서를 갈구하는 듯 연민과 인간애를 느끼게 한다.

변화의 계기

신시아의 가족에 변화의 계기가 찾아온다. 신시아는 고독하고 희망이 없는 일상생활 중에 뜻밖의 전화를 받는다. 27년 전에 얼굴도 모르는 채 입양시킨 자신의 첫딸이 전화연락을 해 옴으로써 불안과 동요가 일기 시작한다. 기억조차 나지 않을 정도로 마음 속 깊이 묻어둔 오래된 과거가 되살아날 때 피하고 싶은 두려움과 고통스러움이 엄습하였으나, 진지하고 신뢰를 주는 성숙한 인격으로 성장한 호텐스와 만나 대화하는 과정에서 신시아는 오히려 내면의 미숙하고 상처받은 어린 마음이 차차 치유되고 삶에 대한 희망과 의욕을 느낀다. 처음에는 딸이 흑인이라는 사실을 상상도 못하고 부인하였으나 대화 속에서 과거를 하나하나 떠올리면서 점차 사실을 받아들이게 된다. 초조하고 두려움으로 닫힌 마음이 긍정적이며 수용적인 대상을 만나면서 차츰 열리게 되고 내면의 치유가 일어남으로써 자신감과 마음의 여유가 생긴다. 신시아의 손상된 자아가 회복되는 만남인 것이다.

그로 인해 딸 록산에게도 집착을 덜하게 되고 정서적으로 안정을 찾게 되면서 세대 간으로 이어지는 정서적 투사(family projection process)가 끊어지는 변화의 계기가 되고 있다. 즉, 자신에 대한 부정적인 감정, 피해의식, 낮은 자존감이 무의식적으로 자신과 가장 밀접한 대상인 록산에게 지나친 간섭과 일방적이고 부정적인 언어의 반복으로 나타나면서 그 속에서 자란 딸 역시 부정적이고 낮은 자존감을 갖게 되는 악순환이 지속되어 왔다. 그러나 호텐스와의 새로운 만남을 통해 그러한 관계에 변화가 시작된 것이다.

변화의 과정

한편 소원하게 지내 온 가족들 사이에서 다리를 이으려고 애쓰는 모리스는 스물 한 번 째 맞는 조카 록산의 생일 파티를 자신의 집에서 열어주기로 한다. 아내와 협력을 구하며 파티를 계획하는 모리스는 가족 간의 파편화된 삶을 하나로 모아주는 구심점 역할을 한다. 파티를 통하여 닫힌 마음을 열고 화해할 수 있는 편안한 환경을 조성한다. 즉 치료적 환경을 조성한다.

파티가 무르익을 무렵, 신시아는 초대된 호텐스가 자신의 딸임을 용기를 내어 고백하는데 그로 인해 가족은 충격에 휩싸인다. 특히 록산은 강한 거부감을 보이며 자리를 뛰쳐나가나 모리스의 끈기있는 설득으로 다시 돌아와 엄마의 살아온 과거이야기를 듣게 한다. 그리고 신시아가 록산의 아버지를 사랑했었다는 것 등의 고백을 할 때에 록산은 마음의 위로를 받게 된다. 모리스에 의해 조성된 수용적인 분위기 속에서 충격이 완화되고, 그동안 각자의 마음속에 묻어 두었던 비밀을 드러낼 수 있는 계기가 된다. 자신을 초라하게만 느껴 왔던 신시아가 자신의 비밀을 털어놓자 이에 모니카도 자신의 이야기를 한다. 그리고는 "형님은 복이 많아요." 하며 흐느끼는 모니카를 신시아가 보듬고 위로한다. 그간의 오해와 불신이 해소되고 상호 수용적 관계를 경험하게 된다. 과거에는 각자의 비밀과 오해 속에서 의사소통이 단절되는 관계였으나 수용적 환경 속에서 각자의 방어기제가 사라지고 공감과 소통이 일어나고 신뢰가 회복되는 과정을 경험한다. 프로이트는 교정적 관계경험이라 하였고 이것은 치료와 성숙의 경험이다. 즉, 가족에게는 개방, 수용, 소통 그리고 신뢰로 인해 활력이 생기고 각기 심리적 밀착관계가 서로를 인정하는 독립적 상보관계로 변화한다. 자신에 대한 통찰이 없이 얽혀 있던 미분화 가족 자아 덩어리(undifferenciated family ego mass)가 분화되기 시작한다.

결말과 치료자상

삶의 계기를 통하여 가족원 중 한 사람이 힘을 얻고 그로 인하여 다른 가족원에게도 새로운 관계변화가 일어난다. 신시아와 가족은 여성에게 대물림되어 내려오는 부정적인 정서적 투사의 고리를 끊는, 절망에서 희망으로 변화되는 가족치료의 과정을 경험한다. 또한 의사소통의 왜곡과 단절로 인해 삶이 삭막하게 파편화되며, 불신과 오해의 벽이 자리잡고 있는 가족관계에서 그 벽이 허물어지고 재구조화되는 과정을 경험한다.

즉, 가족원의 역량강화, 수용적인 환경조성, 의사소통의 촉진과 새로운 관계경험은 가족치료와 가족성장의 핵심요소라 볼 수 있다. 가족상담(치료)이 가족관계 속에서 새로운 변화를 경험하는 과정이라 볼 때, 이 영화는 그러한 과정을 생생하게 공감케 한다.

수용적이고 능동적인 인격 특성을 지닌 호텐스의 등장은 뜻 밖에 찾아오는 삶의 기회라고 볼 수 있다. 누구에게나 기회가 왔을 때 개인적으로나 가족에 있어 회복과 변화의 기회로 적극 활용할 수 있는 마음이 필요하다.

또한 어려움에 처한 가족이 문제를 풀어가는 과정에서 대개는 그 가족원 안에서 문제의 해법이 나온다. 가족에 대한 애정을 품고 환경을 조성하며 기다려 주는 모리스가 바로 그 역할을 하고 있다. 모리스는 어린 나이에 자신을 엄마처럼 돌봐준 누나에 대한 이해심과 사랑을 가진 긍정적 자아감과 성숙함을 지닌 인물이다. 즉 그는 인내와 수용, 긍정적 관심을 가진 상담자로서의 자질을 가진 인물이다. 성장환경, 즉 가족환경에서 형성된 고통, 상처와 비밀은 삶을 방해하고 왜곡시키는 요소이나 편안한 환경조성과 진실한 인간관계를 경험함으로써 각자의 견고한 방어벽을 허물 수 있다면 성숙과 공감의 능력으로 변화할 수 있다.

한사람의 솔직한 고백을 통해 용기를 얻고 그로 인해 가족 모두에게 변화가 일어나며 평안함과 자유로움에 이르게 될 것이다.

생각나누기

1. 등장인물들의 직업과 그 생활내용을 통해 각기의 삶의 상황과 인격특성을 좀더 상상해 보자. 그리고 가족원들의 상호관계에 대해 심화, 토론해 보자.

2. 호텐스가 생모를 찾기 위해 입양기관에서 상담하는 과정에서 담당사회복지사가 보여준 태도는 어떠했는지 이야기해 보자.

3. 가족상담자로서 이러한 가족을 만나기 위해 우리는 어떠한 자질과 능력을 갖추어야 할 것인가?

4. 위의 가족관계에서 볼 수 있는 치료적 요소들, 즉 수용적 태도, 공감능력, 치료적 환경조성, 오해와 불신의 벽을 극복하는 대화법, 등을 찾아보고 가까운 사례에 적용해 보자.

▲아메리칸 뷰티
(American beauty)
- 감독/샘 멘더스
- 주연/케빈 스페이시, 아네트 베닝, 도라 버치
- 제작 연도/2000년
- 상영 시간/125분
- 기타/원작자 알란 볼. 2000년 아카데미작품상, 감독상, 남우주연상 등 5개상과 골든 글로브상 수상

2. 미국 중산층 가족의 겉과 속 : 「아메리칸 뷰티」

[작품의 배경]

이 영화는 미국의 중산층이 사는 한 전원 주택지를 배경으로 하는데, 겉으로는 평온하고 아름답기 그지없으나 그 집에서 살아가는 가족들의 모습은 각기 황폐화되고 왜곡된 모습으로 미국사회의 한 단면을 보여주고 있다. 40대 초반의 남성인 주인공 레스터가 화자(narrater)가 되어 전체내용을 전개해 간다. 이 영화의 감독 샘 멘더스는 영국 캠브리지 출신 연극연출가로, 당시 TV프로그램을 제작해온 극작가 알란 볼의 원작을 극 영화화함으로써 함께 영화계에 데뷔하였다. 전달하려는 메시지를 다소 과장이 섞인 코믹한 풍자와 상징적 장면으로 그려냄으로써, 마치 관객들이 약간의 거리를 두고 그 가정과 인물들을 들여다보고 있는 듯이 생생한 느낌을 갖게 하며 상상력을 통하여 내용의 상징성을 천천히 음미하도록 연출해 내고 있다. 영화의 끝 장면에 이어 흘러나오는 비틀즈의 'Because'가 이 영화의 주제, 즉, 일상의 삶의 소중함과 아름다움, 그리고 가족의 소중함을 대변해 주면서 차분히 마무리해 준다.

"Because the world is round it turns me on ....
love is all, love is new... love is all, love is you ...."

[줄거리]

잘 정돈된 조경과 그 가운데 더없이 평온해 보이는 한 교외마을.

한 남자(주인공이며 화자인 레스터)의 나레이션이 흐른다. " 내 나이 마흔 두 살, 난 1년 안에 죽을 것이다. 확신은 없다.... 그러나 지금도 죽은 거나 다름없다."

회사원인 레스터 버냄은 그의 아내 캐롤린, 그리고 외동딸 제인과 살고 있다. 40대 초반의 평범한 중년 남성으로 중산층 가정을 이루어 왔다. 그러나 그는 오랫동안 다녀온 직장인 잡지사에서 불안정한 위치에 처해 있고 부조리한 상사의 행위를 알고도 참으며 마지못해 다니고 있는 실정이다.

한편 아내 캐롤린은 부동산중개인으로, 날마다 '성공해야 한다'는 강한 자기암시와 함께 고급스런 상류층의 생활을 꿈꾼다. 남편을 무능하다고 낙인찍고 부부간의 성관계도 끊긴 지 오래되었으나 남 앞에서는 그럴 듯하게 보이려 하고 이에 남편은 냉소적인 반응을 보인다. 딸 제인은 이러한 부모의 모습에 대해 혐오감과 반항심을 느끼지만 어쩔 수 없이 함께 살고 있는 고등학생 소녀이다.

어느 날 레스터는 아내의 손에 이끌리어 딸의 치어리더 공연을 보러 농구장을 찾는다. 그곳에서 레스터는 딸과 함께 공연하는 딸의 친구 안젤라에게 반해 버린다. 그 후로부터 결혼 후 점차 사라졌던 삶의 열정이 되살아나기 시작하면서 청년기의 감성으로 되돌아간다. 그는 안젤라를 만난 후 마치 소년처럼 환상을 꿈꾸며 다른 사람들의 시선과 기대를 거부한다. 다니던 회사를 그만 두고 70년대 유행하던 스포츠카를 사고, 대마초를 피우면서 근육질 몸매를 위해 운동을 시작한다.

남편 레스터가 자신의 삶을 찾아 나서는 한편, 아내 캐롤린은 사업의 성공을 위해 경쟁사 사장과의 온갖 접촉을 시도하며 수단과 방법을 가리지 않고 자신의 목표에 집착한다. 또한 의지할 곳 없던 제인은 옆집 사는 리키가 비디오카메라를 찍으며 자신에게 관심을 보이자 점차 서로에게 끌리게 된다.

▲제인의 친구 안젤라는 레스터의 환상 속의 여성
출처 : http://movie.naver.com

한편 이웃집 (리키네)에는 나찌즘에 사로잡힌 해병대 장교출신의 아버지 프랭크와 그에 짓눌려 죽은 듯이 사는 어머니, 그리고 아버지의 눈 앞에서는 절대 복종하나 뒤로는 마약 밀매를 하며 이중적인 생활을 하고 있는 리키가 살고 있다. 리키는 비디오카메라를 통해 자신만의 세계를 찾고 있던 중 제인을 만난다. 리키아버지는 자신의 동성애 기질(욕구)을 숨기면서 이웃의 동성애부부를 오히려 격렬히 비난한다. 어느 날 대마초를 거래하는 레스터와 리키의 관계를 오해하면서 리키를 구타하자 리키는 가출하고, 리키아버지는 레스터에게 성적인 접근을 시도하나 거부당하자 레스터에 대해 강한 증오심을 갖는다.

레스터는 어느 날 딸과 함께 집에 와 있던 안젤라와 욕정을 나누려던 중, 미처 알지 못했던 안젤라의 순진한 모습을 발견하고 다시 현실로 깨어난다. 그녀를 담요로 감싸주고 먹을 것을 주며 정성껏 보살펴 준다. 그리고 자신의 가족사진을 보고 행복했던 모습들을 떠올리며 가족의 소중함을 깨닫는 순간 리키아버지의 총에 맞고 쓰러진다. 붉은 피를 흘리는 얼굴에는 행복감과 평화가 감돈다.

◆사회복지적 관점에서 영화 보기

가족의 심리사회적 발달과정

먼저 주인공인 제인네 가족관계를 살펴보면, 사회적으로 퇴출위기에 있는 남편과 사회로 적극 진출하려는 아내, 그리고 부모의 울타리를 벗어나고자 하는 청소년기의 자녀가 함께 공존하는 생애주기(life cycle)를 맞고 있다. 또한 한때 행복했던 가족의 모습은 액자 안에 남아 있고 가족개개인은 각자의 세계 속에 살면서 서로 간에 대화와 관심이 단절되고 정서적 교류가 희박한, 외형만 유지되는 황폐화되어 가는 가족의 모습이다. '결혼은 쇼(show), 포장한 광고에 불과하다'라고 주인공이 말하듯 서로의 욕구를 확인하지도 충족시키지도 못하며 공통의 삶의 토대와 친밀감을 느낄 수 없는 가족이다. 즉, 상호신뢰감과 정서적 유대가 매우 약하며 가족공통의 주제(family theme)가 없고 공감대가 거의 형성되지 못하였다. 따라서 각기 외부로 눈을 돌리고 거기에서 자신의 욕망 충족의 대상을 추구하고 있다.

▲레스터와 그의 아내 캐롤린
출처 : http://movie.naver.com

한편 리키네 가족은 아버지를 중심으로 권위적이며 강력한 가치관(규범)을 강요받고 있으며 일방적인 명령에 의해 복종되는, 즉 의사소통에 있어 일방적이고 경직된 구조(경계)를 가지며 외부세계와는 차단되어 있는 폐쇄적인 가족형태(closed family system)이다.

위의 두 가족에 있어 공통점은 가족의 정서적 유대(친밀감, 대화, 신뢰감)가 희박하며 가족 공통의 주제가 없다는 점이다. 또한 부부 간의 왜곡된 관계가 자녀의 인격형성에 부정적인 영향을 주고 있는, 다시 말해서 역기능적 삼각관계(dysfunctional triangulation)의 가족관계를 보이고 있다.

> • **역기능적 삼각관계(Dysfunctional Triangulation)**
> 가족을 하나의 살아있는 유기체로 보는 가족체계론적 접근에 있어 가족은 내부와 외부에 경계(boundary)을 가지고 있는데, 경직되고 외부세계와 차단된 폐쇄적인 경계의 가족은 정보와 에너지, 자원의 교류가 희박하여 가족이 건강하게 발달하지 못한다. 또한 부모-자녀간의 관계에 있어 위계가 혼란하고 한부모와 자녀가 밀착되면서 자녀에게 부정적인 영향을 주는 가족관계의 전형을 역기능적 삼각관계(dysfunctional triangulation)라 한다. 그 밖에도 가족규범, 가족주제, 생애주기, 의사소통체계 등은 가족분석에 중요개념이다.

청소년기(를 벗어나고자 몸부림치는)의 제인, 리키 그리고 안젤라의 특성

제인은 부모에의 불신이 커지면서 그에 반항하며 벗어나고자 하는 다소 막연한 독립을 꿈꾸고 있다. 그러나 정체성을 확립해 가는 과정으로 독립하기에는 아직 심리적, 사회적 준비가 필요한 의존적 상태에서 친구 안젤라와 늘 함께 다니며 의지하고 대리충족을 하여왔을지 모른다. 그러다가 제인이 리키를 알게 되면서 안젤라에게서 느끼지 못했던 서로에 대한 연민과 함께 이성친구로의 감정을 느끼게 된다. 두 사람이 각기 가정에서 형성된 가치관과 생활습관이 매우 다른 면으로 볼 때 그 안에서 상처받고 결핍된 서로의 인격을 어느 정도로 수용하면서 지속적으로 관계를 유지해 나갈지는 의문이다. 그러나 부모에 대한 의존과 자기중심성에서부터 새로운 인생의 단계로 발을 내딛으려 하는 두 청소년의 독립과 성숙에로의 여정은 지켜볼 만하다.

한편 안젤라의 캐릭터는 요즘 물질만능과 외모, 섹스에 대한 사회적 우상을 상징한다. 그러나 그 또한 가족에게서 충족되지 못한 애정충족(정서적 갈망)의 욕구, 열등감으로 인해 남보다 특별하게 보이고자 하며 관심을 끌고자 하는 행동을 보인다고 해석할 수 있다. 평범한 것보다 슬픈 건 없다고 말하는 안젤라의 심리특성이 정서적 고갈과 사회적 좌절, 무력감을 겪고 있는 중년 남성에게는 새로운 자극제가 될 수 있고, 억압된 내면세계를 새로이 일깨워주는 상징적 욕망충족의 대상이 될 수 있다.

인물들의 정신 내면세계를 좀더 들여다보자.

각기 지닌 무의식적 욕망의 실체를 들여다보면 물질로는 대신할 수 없는 공통된 무엇이 있음을 느낄 수 있다.

레스터는 정서적 결핍감, 갈망, 성적 욕망 등 1차적 욕구를 억압한 채 공허함, 무기력감, 냉소, 등으로 삶을 살아가고 있다. 그러나 어떠한 계기(안젤라로 인한 환상)를 통해 억압이 풀리면서 원초적인 방식으로 과감히 자기를 충족시키려 하는데, 그러한 과정을 통해서 점차로 내적 변화가 일어나고 있다고 본다. 과거의 젊음을 다시 맛보며 따스함, 살아있음, 충족감을 느낄 수 있는 감성이 되살아난다. 그리고 안젤라에 대한 욕정이 환상임을 깨닫는 순간 현실에 대한 수용, 자긍심과 통찰이 나타난다. 이 경우에 있어 과거로의 퇴행이 인격통합에 이르는 하나의 과정임을 시사한다. 처음과 끝 장면에서 '죽음 같은 삶'과 '살아 있는 죽음'을 대비시킴으로써 삶의 원초적 특성의 회복의 소중함에 대해 더욱 공감케 한다.

아내인 캐롤린의 사회적 성취욕 이면에는 상처받고 좌절된 정서적 경험으로 인한 분노와 보복심이 자리잡고 있음을 짐작할 수 있다. 자신의 심리를 반추하고 가족들과의 정서적 상호교류에 관심 갖기보다는, 외부에서 추구하는 것에 익숙해 있고 물질적 보상에 더욱 가치를 둔다. 돈과 행복이 직결되어 있고 다른 어떤 것으로도 대신할 수 없다. 삶의 궁극적 추구에 있어 물질문명의 가치관이 현대인의 삶을 지배하고 있음을 느끼게 한다.

이 영화에서는 삶에 대한 통찰을 주는 많은 상징들이 사용되고 있다.

대표적으로 빨간 장미꽃잎은 사랑, 열정, 섹스, 아름다움, 환상의 세계 등 원초적 욕망과 미국인의 가치추구를 나타내고 있으며, 그와 대조적으로 리키의 카메라에 담긴 바람에 휘날리는 비닐조각은 공허하지만 자유로움에 대한 욕망을 나타내는 이중적 의미를 내포하고 있다고 본다.

총, 스포츠카, 대마초, 록음악, 섹스, 근육단련 등은 젊음과 원초적 충족대상의 상징이며, 살아 있음을 느끼게 하는 충족대상의 상징이다. 총, 총기수집 등이 상징하는 의미는 공격성, 파괴에의 욕망이며 동성애 욕구 또한 근원적으로 공통된 내면의 억압된 공격성의 요소라고 볼 수 있다. 다시 말해서 위의 것들은 원초적 욕망대상의 상징물이자 현대 물질위주의 사회에 있어 대리충족적인 상징물로서의 의미를 함축하고 있다고 볼 수 있다.

이 영화의 말미에서는 사랑과 미움, 파괴와 창조, 삶과 죽음이 동전의 양면과 같다는 깨달음을 갖게 한다.

덧붙인다면, 개인주의, 물질만능주의의 삶이 내적인 만족을 주지 못하며 끊임없이 외적 대상추구의 악순환을 유도하고 있다는 것, 그러나 삶의 안전한 울타리는 가족공동체로서 소박한 만족을 주는 가족이 지녀야 할 속성은 사랑과 관심이라는 것을 깨닫게 한다. 삶을 지나치게 미화하거나 이상화하지 말 것, 일상적인 순간순간을 감사하고 소중히 여길 것 등을 강조하면서 아름다운 배경음악으로 자연의 이치와 삶의 이치는 하나이며 그것은 사랑이라는 메시지를 부드럽게 강조하고 있다.

생각나누기

1. 이 영화에서 보는 미국 중산층 가족과 최근 우리나라 중산층 가족의 삶을 비교해 보자.

2. 우리사회의 청소년들의 가치관, 문화, 정체성 형성과정이 가족관계 경험과 어떻게 연관되어 있는지를 살펴보자.

3. 위 가족들을 생태체계 이론적 관점에서 개입을 한다면 어떻게 접근할 것인지에 대해 토론해 보자.

4. 요즘 우리사회의 가족상을 영화로 만든다면 어떤 측면을 부각시킬 것인지 함께 생각해 보자.

3. 가족은 희생양을 원하는가? 절망에서 희망으로 : 「길버트 그레이프」

▲길버트그레이프
(What's Eating Gilbert Grape?)
- 감독/라세 할스트롬
- 주연/조니 뎁, 줄리엣 루이스
- 제작 연도/1993년
- 상영 시간/118분
- 기타/시카고 영화비평가상, L. A. 비평가상 등

[작품의 배경]

「개 같은 내 인생」으로 국제적인 명성을 얻은 스웨덴 출신의 할스트롬 감독이 미국에 진출한 뒤 두 번째로 연출한 이 영화는 몽유병자처럼 무감각한 삶을 살아가는 한 청년이 삶의 계기를 통해 자신에 대해 새롭게 깨달아가는 과정을 그린 성장영화이다. 영화 속에 그려지는 가족은 길버트의 삶을 짓누르고 옥죄는 결코 끊어버릴 수 없는 사슬이며 수난과 고통을 함께 하는 공동체이다. 우리 사회 속에서 부모의 울타리가 탄탄하지 못한 가정이 늘어나고 사회제도가 그 기능을 보완해 주기 어려운 현실 속에서 삶을 개척해 나가야 하는 젊은이들을 위해 우리는 무엇을 할 수 있을까 생각하게 한다.

정신지체인 어니의 역할을 훌륭하게 연기해 낸 레오나르도 디카프리오는 이 영화로 전미 영화비평가협회와 시카고 영화비평가협회의 남우조연상을 받았다.

[줄거리]

인구 1,091명의 아이오와 주 '엔도라'에 사는 길버트 그레이프는 오래된 식료품가게 점원으로 일하며, 집안의 가장 역할을 하면서 자신의 욕망을 억제한 채 살아간다. 길버트의 아버지는 어느 날 목매달아 자살하였고, 그 충격으로 몸무게가 500파운드나 되도록 비대해진 어머니와 정신지체아인 18세의 남동생 어니, 34세의 누나 애이미 그리고 한창 멋을 내고 싶어 하는 16세의 여동생 앨렌과 함께 살고 있다.

틈만 나면 높은 곳으로 올라가려 하는 동생 어니는 언제 무슨 일을 벌일지 몰라 가족 모두를 긴장하게 한다. 가족 중 길버트 형의 말은 잘 따른다. 그리고 무기력하게 의자에 앉아 지내면서 엄청나게 몸이 불어나 동네 아이들의 구경거리가 된 엄마, 그러한 가정에서 살림을 하며 늘 불만에 차 있는 누나 등 집에 돌아오면 길버트에게는 또 다른 집안 일들이 기다리고 있다. 그렇게 매일 반복되는 일상이 틀 속에 갇혀 있는 듯 지루하고 활력을 찾기 어려운 생활이다. 길버트의 동네친구들은 나름대로의 꿈을 가지고 있다고 말하나 길버트는 그러한 꿈도 없다.

길버트는 가정으로 식료품을 배달하던 중 카버 부인의 유혹으로 성관계를 갖게 되는데 그러한 상황을 거부하지 않고 관계를 지속하고 있다. 어느 날 캠핑카를 타고 나타난 소녀 베키는 자동차가 고장이 나서 이 마을에 머무르게 되었는데, 우연히 가스탱크에 올라간 어니를 내려오게 하는 길버트의 순수한 모습에 호감을 갖게 되고 몇 번 스치며 만나는 가운데 서로 사랑의 감정이 싹튼다.

▲길버트와 동생 어니, 그리고 여자친구 베티
출처:http://movie.naver.com

어느덧 어머니와 식구들이 바라던 어니의 18번째 생일을 맞는다. 길버트는 용기를 내어 베키를 어머니에게 소개시켜 주고 다음 날 베키는 다시 만날 것을 기약하고 그곳을 떠난다. 또한 가족들은 어니의 생일에 어머니가 이층으로 올라가 안 쓰던 침대에 힘겹게 몸을 눕히는 모습을 보고 기뻐한다. 그러나 그 후로 어머니는 그 침대에 편안하게 누워 영영 일어나지 못한다. 돌아가신 어머니를 보고 슬픔에 잠긴 가족은 더 이상 어머니가 놀림거리가 되지 않게 보내드리려고 어머니와 함께 살던 집을 태워 화장하기로 한다. 그 후 누나 애이미와 동생 앨렌은 각자의 길을 찾아 떠나고 길버트도 어니와 함께 베키의 도움으로 그곳을 떠난다. 새로운 곳을 향하여 모두 떠난다.

◆사회복지적 관점에서 영화 보기

가족 발달단계 상의 성취과제를 이룰 수 없는 어려움에 처한 가족

이유를 알 수는 없지만 가장인 아버지의 자살로 인한 정신적 충격으로 의자에 앉아서 무기력한 생활을 하는 초고도비만의 어머니와 틈만 나면 사고를 치는 정신지체아의 동생 어니를 길버트는 누나와 함께 하루하루 힘겹게 돌보며 지내고 있다. 가정으로부터 독립해야 할 나이가 훨씬 지났으나 가족에 대한 부양의무가 자신들의 존재이유인양 일상으로 받아들이고 있으며 자신의 욕구를 억압하고 합리화하면서 고달픈 현실에 순응해 간다.

길버트의 형인 맏아들은 대학진학 차 외지로 떠난 후 가족을 전혀 돌아보지 않는 반면 길버트는 가장의 역할을 당연시하고 운명으로 받아들이는 듯하다. 이에 대해 가족들이 존경심을 보이거나 고마워하지도 않는다. 그러던 중에 길버트도 점차 무기력해지고 희망이 없이 현실 속에 수동적으로 대응할 뿐이다. 어머니의 날로 증가하는 몸무게는 가라앉을 듯 엄청난 무게감으로 길버트를 짓누르고 있음을 시각적으로 보여주며, 동생 어니가 틈만 나면 높은 곳에 올라가 소동을 일으키나 길버트가 설득하면 내려오곤 하는 반복은 길버트의 현실에서 벗어나고픈 욕망과 다시 현실로 회귀하는 무력한 심리를 상징적으로 보여주고 있다. 한편 동네의 카버부인의 유혹에 이끌리어 불륜 관계를 유지하면서 현실에 머무는 길버트는 자신의 정체성을 찾기보다는, 희망이 없이 자포자기하며 현실에 순응하는 심리특성을 보여준다.

희생양(scapegoat)이 필요한 가족

길버트의 가족은 애증, 현실안주와 합리화, 의무와 의존, 무기력과 절망 속에서 정서적으로 서로를 벗어나지 못하면서 욕구불만이 만성화되어 가는 미분화된 가족정서체계의 특성을 갖고 있다. 즉 하루하루 생존의 욕구를 충족시키는 일에 얽매여 있기에, 각자의 발달욕구를 파악하고 적절한 시기에 분리와 독립을 시도하며 정체성을 형성해 가는 발달과제를 이룰 수 없다. 누나는 엄마돌보기와 집안 살림에, 길버트는 점원으로 일하며 식료품을 사오고 동생을 돌보는 등 안팎으로 자신을 위한 시간은 없는 듯하다. 가족에 대한 사회적 서비스가 연결되지 못한 채 부모의 역할을 떠맡아야 하는 역기능적 가족체계의 희생양 역할을 할 수밖에 없다. 서로에게서 힘을 얻거나 새로운 계기를 가족들 스스로가 만들기는 어려운 형편이다.

삶의 계기가 찾아옴 : 캠퍼 베티와의 만남

캠핑카를 고치기 위해 마을로 들어온 베키, 그녀는 길버트가 동생 어니를 헌신적인 사랑으로 돌보는 모습을 보며 자신과는 다른 삶을 살아가는 길버트에 대해 관심을 갖게 되고 점차 서로의 다른 현실을 바라보는 가운데 두 남녀의 마음 속에는 따뜻한 감정이 싹튼다. 다른 삶에 대한 동경, 그것이 상대적 좌절감, 열등감을 갖게도 하지만 길버트에게는 이전의 공식화된 삶의 틀을 깨는 자극제가 되었고 새로운 친구와 사랑을 느끼면서 현실안주와 절망을 거부하는 이상과 희망이 자리잡기 시작한다.

어니의 18세 생일을 맞으면서, 엄마는 자식을 위해 힘겨운 외출을 하고 돌아온다. 그리고 엄마의 마지막 사랑을 다하려는 듯 이층으로 올라가 침대에 몸을 눕힌 채 더 이상 움직이지 않는다. 그전까지는 편히 눕지도 마음대로 움직이지도 못했던 얼어붙은 절망의 삶을 마치게 된다. 엄마의 죽음으로 인해 가족과 집을 유지해 온 응집력은 깨어지고 남은 가족은 새롭게 삶을 찾아 나선다. 엄마와 함께 관과도 같았던 집을 태워버릴 때 그간의 고통과 절망의 짐이 무게를 잃게 된다. 그것은 한동안 잃었던 엄마의 사랑이 다시 자녀들의 마음에 뿌려짐으로써 새로운 통합이 이루어져 자신을 사랑할 수 있는 사람으로 성장하는 밑거름이 되었으리라.

가족은 때로는 삶의 무덤(tomb)이기도 새로운 탄생의 자궁(womb)이기도 하다. 희망이 없는 삶, 무기력함, 그 가운데 위기가 성장의 기회라는 것, 그 기회를 적극적으로 대응할 것.... 가족은 성장을 위해 변화해야 한다.

생각나누기

1. 위의 분석주제에 따라 우리 각자의 가족사와 각기 처한 환경을 돌아보고 대화를 나누어 보자.

2. 삶의 정적인 요소와 동적인 요소, 체계유지적인 기능과 변화의 기능들의 상호 보완적인 측면을 살펴보고 토론해 보자.

3. 위 가족에게 가족성장과 문제완화를 위한 사회적 서비스를 제공한다면 어떠한 시도를 할 것인가?

4. 집 떠난 길버트의 다가오는 미래는 어떠할까? 상상하여 이야기해 보자.

제11장

정신보건복지 :
마음이 아픈 사람들을 위한 복지

김 연 옥*

사회복지 실천현장 중의 하나인 정신보건사회복지(mental health in social work)**는 사회복지실천의 종주국인 미국에서는 이미 1920년대에 가정복지, 아동복지, 일반의료복지, 학교복지와 더불어 5대 실천영역 중의 하나로 정립된 주요 사회복지영역이다(Specht and Neil, 1980). 또한 미국 사회복지사들의 60% 이상이 스스로를 정신의료사회사업가로 규정할 정도로 규모가 큰 실천현장이며, 가장 먼저 전문화된 영역이기도 하다(Cowles, 2000).

우리나라에서도 정신의료영역에서의 전문화가 다른 영역보다 앞서는 것으로 알려져 있다. 특히 1995년 정신보건법이 제정되면서 병원 중심

* 서울시립대학교 사회복지학과 교수

** 1920년대 정신건강영역에서의 사회복지실천활동은 병원중심의 정신의료사회사업(psychiatric social work)이라는 용어가 좀더 정확한 개념이다. 반면, 정신보건사회복지는 20세기 후반부에 정신질환자들에 대한 지역사회보호가 강조되면서 실천현장이 병원외의 지역사회로 확대되고, 치료 외에 예방, 재활이 강조되는 좀더 포괄적인 개념이다.

의 정신의료사회복지가 지역사회까지 확대되고, 정신보건사회복지사를 법적으로 제도화하면서 정신보건영역에서의 사회복지실천활동이 괄목할 만한 발전을 보이고 있다.

정신보건영역에서 활동하는 사회복지사가 갖추어야 할 필수적인 지식체계는 정신건강에 대한 이해이며, 대략적으로 원인론적 이해, 진단기준에 대한 이해, 개입방법에 대한 이해 등이 주축이 될 것이다. 정신질환에 대한 인류 최초의 이해는 정신병은 초자연적인 힘, 즉 악령 등에 의한 것으로, 굿과 같은 주술을 통해 악령을 쫓아내는 방법으로 치료를 시도하였다. 두 번째 시각은 체액, 뇌병리 등 인간 신체에 기인하는 것으로 보는 관점이다. 마지막 세 번째 시각은 심리적 관점으로서 정서, 심리적 갈등 등에서 그 원인을 찾으려는 시도로 19세기부터 시작되었다. 심리적 관점 중에서 가장 먼저 체계화된 것은 정신분석이론이다.

정신적 문제가 있는 사람들을 돕기 위해서는 발생원인에 대한 이해와 더불어, 그들이 어떤 종류의 병을 갖고 있는가를 알아야 할 것이다. 즉 사정(assessment)을 할 수 있어야 한다는 것이다. 따라서 정신건강영역에서 활동하는 사회복지사들은 수없이 다양한 정신질환의 증상과 특징에 대한 지식을 갖추고 있어야 한다.

이러한 지식체계에 대한 강의실 학습이 상상력에 의존한다면, 영화는 살아 움직이는 사례를 보여주기 때문에 정신건강에 관한 더할 나위 없는 훌륭한 시청각 교재가 될 수 있다. 이러한 의도에서, 본 장에서는 「아이즈 와이드 셧」과 「애널라이즈 디스」를 통해 정신질환에 대한 이론적 접근 중 가장 고전적 이론이라고 할 수 있는 정신분석이론에 대한 이해를 시도하였고, 「애널라이즈 디스」와 「컬러 오브 나이트」를 통해 정신질환 유형과 진단, 그리고 정신보건전문가들에 대해 알아보고자 하였다.

1. 사회복지실천과 정신분석이론 : 「아이즈 와이드 셧」

미국 영화의 본산인 헐리우드에서 만들어지는 영화의 70, 80%는 많건 적건 정신분석이론과 관련되어 있다는 이야기가 있다. 어느 정도 객관적 근거가 있는 이야기인지는 몰라도, 나름대로 일리가 있기도 하다. 헐리우드 영화가 가장 빈번히 다루는 소재는 성(sex)인데, 이 성에 대해 과학, 학문의 틀에 담아 체계적으로 성담론을 제시한 이론이 정신분석이론이기 때문이다. 사실주의 계열이건, 판타지 계열이건 상관없이 영화란 결국 '사람 사는 것'을 탐구하는 것이고, 성이란 사랑, 죽음과 함께 인간 실존의 본질적 조건 중의 하나이다 보니, 영화에서 그렇게 자주 변주될 수밖에 없는 것이 아닐까 한다.

이러한 까닭에, 요즘 젊은 세대들에게는 낯설 수도 있는 흑백 고전영화에서부터 최근의 영화에 이르기까지 대부분의 영화는 정신분석이론의 훌륭한 텍스트가 될 수 있다. 나탈리 우드의 청초한 매력이 빛났던 영화 「초원의 빛(Splendor in the Grass, 1961)」은 젊음의 통과의례인 순수한 사랑이라는 성장통을 그린 영화로 유명하다. 그러나 이 영화를 정신분석이라는 렌즈를 통해 들여다보면 성적 욕망과 억압 그로 인한 신경증 등의 텍스트로 읽을 수 있다. 남자 친구 워렌 비티에 대한 육체적 갈망을 억압하게 되면서 나탈리 우드는 신경증에 걸리게 되고, 그 원인은 지배적이고 통제적인 나탈리 우드의 어머니에게 있음을 알 수 있다. 2001년에 제작된 「피아니트스」의 여자 주인공 에리카(이자벨 위페르 분)는 나탈리 우드의 쌍둥이 자매이다. 에리카가 보여주는 일탈된 성적 욕망은 끝없이 간섭하고 억압적인 어머니로부터 미분화된 자아의 병리적 형태인 것이다.

그 외에 「페드라(Phaedra, 1962)」, 「베티블루37.2(1986)」, 「블루벨벳(1986)」, 「원초적 본능(1992)」 등 셀 수 없을 정도의 많은 영화가 직,

간접으로 정신분석이론을 담고 있다. 이러한 경향은 미국 영화에만 한정된 것이 아니다. 성에 관해 독특한 관념과 문화를 간직하고 있는 일본의 경우 「감각의 제국(1976)」, 「실낙원(1997)」 등을 대표적으로 꼽을 수 있으며, 중국의 「음식남녀(1994)」, 우리나라의 「301.302(1995)」 등도 이러한 범주에 속하는 영화로 볼 수 있다.

- **정신분석이론** : 프로이드가 수립한 심리이론.
- **에로스와 타나토스** : 에로스는 생명을 유지, 발전시키고 사랑하려는 본능이고 죽음의 본능, 즉 타나토스는 생물체가 무생물로 환원하려는 본능.
- **리비도** : 에로스와 타나토스를 추구하고 충족시키는 정신적 에너지.

[작품의 배경]

▲아이즈 와이드 셧 (Eyes Wide Shut)
- 감독/스탠리 큐브릭
- 주연/니콜 기드먼, 탐 크루즈, 시드니 폴락
- 제작 연도/1999년
- 상영 시간/159분
- 기타/원제 : Dream Story

이 영화는 오스트리아의 20세기를 대표하는 작가 중의 한 사람인 아르트루 쉬닛츨러가 1926년에 발표한 소설 'Dream Story'을 원작으로 스탠리 큐브릭 감독에 의해 제작되었다. 아르트루 쉬닛츨러는 정신분석이론을 정립한 시그문트 프로이드와 동시대 사람으로서 정신분석이론의 영향을 많이 받은 것으로 알려져 있으며, 특히 이 소설의 원작인 '꿈의 이야기'는 제목에서부터 정신분석의 흔적을 발견할 수 있을 정도로 이 이론에 기초해 집필된 소설이라고 한다.

1960년대에 이미 이 문학작품의 영화권을 사들여 일찌감치 제작 계획을 시도했던 큐브릭은 30여년이 지난 후에야 비로소 완성을 보았지만, 정작 본인은 이 영화의 개봉을 앞두고 세상을 떠나는 바람에 「아이즈 와이드 셧」이 그의 마지막 작품이 되고 말았다. 평소 가족제도에 대해 냉소적이었던 그는 이 영화에서 가족이란 인간의 본능적 욕망에 반하는, 그래서 불안하기 짝이 없는 제도로 그리고 있다. 가족제도에 대한 큐브릭 감독의 조롱은 주연배우의 캐스팅에서도 엿볼 수 있다. 이 영화의 주연으로 열연한 탐 크루즈와 니콜 키드먼은 당시 헐리우드에서 소문난 잉꼬부부였다. 이 스타커플이 보여주는 행복한 부부관계의 허구를 드러내고자 큐브릭 감독이 일부러 그들을 캐스팅하였다는 소문이 있었다. 이 영화 속 부부의 결혼기간이 이 유명부부의 실제 결혼기간과 같다는 점에서 큐브릭 감독의 짓궂은 장난이 읽혀진다. 우연인지는 몰라도 이 영화를 끝내고 이 부부는 이혼을 하였다.

출처 : http://planet.daum.net

[줄거리]

뉴욕시의 젊은 의사 빌 하포드(탐 크루즈)와 그의 아름다운 아내 엘리스(니콜 키드먼)는 사회적으로 성공한 부유한 상류계층의 사람들로서 7살 된 딸과 함께 모두가 부러워하는 행복한 가정을 가지고 있다. 크리스마스를 맞아 빌의 환자이며 친구인 빅터 지글러가 연 호화스런 파티에 참석하게 되고, 그곳에서 각자 다른 이성으로부터 강한 유혹을 받게 된다. 빌은 두 명의 요염한 모델로부터 적극적인 구애를 받고, 엘리스는 은밀하게 접근해 오는 한 유럽 남자에게서 유혹을 받지만 이를 물리친다.

다음 날 밤, 마리화나에 취한 채 엘리스는 남편에게 과거 혼외 정사의 유혹에 강하게 끌렸던 것을 고백하고, 정숙한 줄만 알았던 아내의 정신적 외도에 충격을 받은 빌은 집에서 뛰쳐나와 아내의 정사장면 환상에 시달리면서 뉴욕거리를 배회하게 된다. 이 하룻밤 사이에 빌은 죽은 환자의 딸로부터 성적 유혹을 당하고, 길거리에서 창녀를 만나고, 친구를 만나 우연히 상류층들의 비밀 난교파티에 참석하는 등 다양한 성적 체험을 하게 된다.

집에 돌아온 빌은, 잠에서 깬 아내가 울면서 털어놓은 꿈 이야기, 즉 꿈속에서 무수히 많은 남자들과 성관계를 가졌다는 아내의 꿈이 자신이 방금 전 보았던 비밀 난교파티 그것과 같은 것임을 알고 놀란다. 다음 날 어제 밤 여정을 되짚어 보는 빌, 그러나 그 모든 것이 실제로 벌어졌던 것으로 확신할 수 있는 단서는 하나도 발견하지 못한다. 집으로 돌아와 꿈인지 현실인지 모르는 자신의 경험을 아내에게 솔직히 고백한다. 빌과 엘리스는 하룻밤의 모험을 잘 극복한 것을 감사히 생각하며, 다시 안정적인 부부의 모습으로 돌아간다.

◆사회복지적 관점에서 영화 보기

사회복지에서 정신분석이론의 의미

정신분석이론은 19세기 말 시그문트 프로이드에 의해 수립된 이론으로써, 이 이론의 가설과 개념은 인간 심리에만 국한된 것이 아니라 문학과 예술, 종교, 사회관습, 윤리관, 교육 등 인간 문화 전반에 영향을 미친 사상이며 철학이라고 할 수 있다.

오늘날에는 이 이론의 영향을 받지 않은 분야가 없다고 할 정도로 익숙한 개념이지만 처음 발표될 당시에는 매우 획기적이고 파격적인 것이었다. 19세기 후반의 유럽사회는 산업혁명과 계몽주의를 거치면서 인간의 과학적 진보와 합리적 이성에 대한 믿음이 극에 달했던 시기이다. 이런 시기에 프로이드는 인간을 지배하는 것은 이성이 아니라 본인도 의식하지 못하는 무의식적 충동이며, 이 충동의 핵심은 성적 욕망으로 이것은 태어날 때부터 인간에 본능으로 내재한다고 주장하였다. 인간이 갓난아기 때부터 성적 욕망을 품는다는 '소아 성욕설'은 아동은 순진무구한 존재라고 믿었던 당시 유럽 사회에 파문을 일으켰고, 정신분석이론은 대단히 냉소적인 비판을 받았다.

정신분석이론은 오히려 미국에서 환영받았다. 특히 사회복지분야에 끼친 영향은 매우 지대하다고 할 수 있다. 20세기 초 미국의 사회복지는 자선조직협회와 인보관 운동을 거치면서 빈민구제와 사회개량운동을 활발히 전개하고 있었다. 그런데 이즈음 과연 사회복지가 이론적 토대를 갖춘 전문직인가라는 의문이 제기되기 시작하였고, 이론적 무장을 필요로 하던 시점에 정신분석이론이 미국에 상륙하게 된 것이다. 인간의 문제를 해결하기 위해서는 이에 대한 이해가 필요하였고, 이를 위한 이론적 틀로서 정신분석이론을 접목한 것이다. 인간을 이해하는 이론적 틀을 갖춘 사회복지는 빈민대상의 구제활동에서 그 영역을 확대하여 1920년에는 가족, 아동, 정신의료 등 다양한 분야에서 심리사회적 문제에 개입하는 전문직으로 발전하였다. 사회복지분야에서 정신분석이론이 정식으로 강의되기 시작한 것은 1918년 스미스대학으로, 사회복지가 이론화 과정을 밟기 시작한 이후 최초의, 그리고 최대로 영향을 미친 이론이라는 데에는 이론의 여지가 없다.

정신분석이론의 핵심은 인간의 모든 행동을 결정하는 것은 타고난 본능인 성적 욕망이라는 것이다. 성적 욕망이 충족되고 좌절되는 정도에 따라 인간의 성격이 형성되며, 인간의 모든 행위는 이 욕망에 의해 설명된다. 인간이 발전시켜 온 사회질서와 문화 역시 성적 욕망이 승화된 형태라고 본다. 가족 또한 마찬가지이다.

이 영화는 큐브릭 스스로 '통제할 수 없는 욕망을 통제하며 사는 인간에 대한 영화'라고 밝혔듯이, 이성과 사회질서의 수면 아래 출렁이고 있는 성적 욕망에 관한 직시이며 탐구이다. 사회적 성공을 일구고 안정된 가정을 꾸리고 살고 있는 뉴욕 상류층 부부의 성적 환상을 담은 이 영화에서, 큐브릭 감독은 가족을 인간의 원초적 욕망에 반하는, 불안정하기 이를 데 없는 '위선'으로 그리고 있다. 영화 초두에, 크리스마스 파티에 갈 준비를 하면서, 니콜 키드먼이 변기에 앉아 '나 어때?'라고 묻자, 거울을 보던 탐 크루즈는 돌아다보지도 않고 '굉장해, 멋있어'라고 답하는 장면이 나온다. 겉으론 화목하고 안정된 가족생활을 유지하는 듯 보이지만, 서로를 응시하지 않은 채 틀에 박힌 대화만 주고받으며 의례적으로 살아가는 부부의 모습을 보여주면서 큐브릭 감독은 가족의 허상을 꼬집고 싶었던 것이다.

영화는 인간의 아름다운 가치로 칭송받는 '가정'이라는 것은 실상은 '지루하기'만 한 '허상'이라는 것을 니콜 키드먼의 계속되는 '하품'을 통해 반복하여 보여준다. 이러한 허상은 본능을 외면하면서, 다시 말해 성적 욕망을 억압하면서 성립되는데, 이 영화에서 주인공 부부는 이 외면했던 '본능'과 직면하게 되면서 두 사람의 위기가 시작되는 것이다. 영화 포스터에서 니콜 키드먼이 꿰뚫듯이 응시하는(eyes wide open) 것은 그 동안 '눈 질끈 감고(eyes wide shut)' 외면했던, 누구나 갖고 있지만 억압되었던 본능적 욕망인 것이다.

무의식의 발견

정신분석이 세상에 나오기 전까지 심리학은 정상적인 성인의 의식이 주요 연구영역이었다. 의식이란 현재 느끼거나 알 수 있는 모든 경험과 감각을 의미하는 것으로 인간의 행동은 이 의식에 의해 이끌리고 지배된다고 믿었다. 그러나 정신분석이론은 무의식의 존재를 세상에 드러내었다. 인간은 자신의 의식에 따라 결정하고 움직인다고 생각하지만, 실제 그러한 결정과 행동에 영향을 미치는 것은 자신조차도 미처 의식하지 못하는 무의식이라는 것이다. 의식은 빙산의 일각처럼 수면위로 솟아오른 자그마한 부분이고, 무의식은 물속에 잠겨있는 거대한 부분으로 의식에 비교할 수 없는 지배력을 갖고 있는 것이다.

프로이드는 인간이 의식할 수 없는 이 거대한 무의식으로 통하는 문이 있다고 했는데, 그것은 바로 꿈이다. 인간이 잠을 자는 동안에 의식이 느슨해지면서 무의식의 세계가 열리기 시작하고, 무의식이 인간을 지배하면서 그 속에 잠겨 있던 본능과 욕망이 꿈의 형태로 충족되는 것이다. 엘리스의 억압된 성적 본능은 뉴욕 거리를 달리는 택시 안에서 빌이 생각하는 환상을 통해, 그리고 빌에게 털어놓은 자신의 꿈을 통해 충족된다. 깨어 있는 동안이라 해서 무의식이 존재하지 않는 것은 아니다. 이러한 이유로 이 영화에서 큐브릭은 꿈과 현실의 경계를 모호하게 처리하여 빌의 하룻밤 체험이 꿈인지, 현실인지 끝까지 분명하게 말해주지 않는다. 마지막 장면에서 빌을 통해 “No dream is ever just a dream(꿈이 항상 꿈으로만 남지는 않아)”라고 하며 무의식적 욕망에 휘둘리는 것이 우리의 현실임을 암시해 주고 있다.

에로스(Eros)와 타나토스(Thanatos)

이 영화 전편을 관통하는 주제는 성의 본능(Eros)과 죽음의 본능(Thanatos)이다. 무의식속에 자리잡고 있는 성의 욕망은 에로스적 본능과 타나토스적 본능에 의해 추동(drive)된다. 생의 본능, 즉 에로스는 생명을 유지, 발전시키고 사랑하려는 본능이고 죽음의 본능, 즉 타나토스는 생물체가 무생물로 환원하려는 본능으로서 살아있는 동안에는 공격적 행동으로 표출되고, 종래에는 생명체를 사멸하게 한다. 에로스와 타나토스는 혼재되어 나타나는데, 예컨대 동물들의 성행동에 사랑스러움과 공격성이 함께 나타나는 것이 그 예이다. 두 본능을 추구하고 충족시키는 정신적 에너지가 리비도(libido)이다.

「아이즈 와이드 셧」에 삽입된 배경음악 중의 하나가 모차르트의 레퀴엠이다. 레퀴엠이란 죽은 사람을 위한 미사곡으로, 빌이 창녀의 약물중독사가 실린 신문을 들고 보는 장면에서 어김없이 장엄한 모차르트의 레퀴엠이 들려온다. 빌의 하룻밤 기이한 여정을 통해 성과 죽음은 짝을 이루어 반복해서 나타난다. 환자의 죽음소식을 듣고 조문을 가서는 시체 곁에서 죽은 자의 딸로부터 성적 유혹을 받고, 화대를 지불하고 산 창녀는 에이즈 환자로 밝혀지고, 빅터와 성관계를 맺던 맨디는 거의 죽을 지경에 이르고, 결국에는 죽어서 시체보관소에서 빌과 조우하게 된다. 결국 이 영화에서 인간이 눈을 질끈 감고 직면하기를 회피하는 것은 성과 죽음이라는 인간 존재의 본질적 조건임을 큐브릭 감독은 말하고 싶었던 것이 아닐까 한다. 이 영화를 만들고 난 후 개봉을 보지 못한 채 유명을 달리한 큐브릭의 운명과 같은 죽음이 영화의 연작처럼 느껴진다.

생각나누기

1. 사회복지실천의 인간에 대한 가치와 정신분석이론의 그것의 비교해 보자.

2. 정신분석이론의 한계점에 대해 생각해 보자.

2. 클라이언트와 치료사의 관계 : 「애널라이즈 디스」

우리는 영화 속에서 수 없이 다양한 정신질환자들을 만나 볼 수 있다. 2002년에 제작된 영화 「디아워즈(The hours)」에서는 우울증의 전형적 증상들을 접할 수 있는데, 이 영화에서 우울증의 버지니아 울프를 연기한 니콜 키드먼은 이 영화로 제75회 아카데미 여우주연상을 수상한 바 있다. 자폐증을 보여주는 「레인맨(1989년)」과 「카드로 만든집(1993년)」, 정신분열증에 시달리는 실존하는 천재 수학자의 고통스런 정신 세계를 보여준 「뷰티풀 마인드(2002년)」, 베트남 전쟁 참전군인들의 후외상성 스트레스장애를 볼 수 있는 「디어 헌터(1978년)」, 잭 니콜슨의 강박증 연기를 보는 재미가 쏠쏠한 「이보다 더 좋을 수 없다(1998년), 알코올중독자의 고통과 재활과정을 실감나게 그려준 「남자가 여자를 사랑할 때(1994년)」, 한 인간 속에 여러 개의 인격이 존재하며, 한 인격에 의해 지배될 때를 다른 인격이 전혀 알지 못하는 정체성해리장애(다중인격장애)의 특징적 증상에 착안한 「프라이멀 피어(1996)」 등등 무수히 많다.

여기서 살펴보고자 하는 영화 「애널라이즈 디스」에는 불안장애 중의 하나인 공황장애가 등장한다. 이러한 영화들을 통해 우리는 정신질환에 대한 이해를 좀더 용이하게 할 수 있다.

> • **오이디푸스 콤플렉스**
> 정신분석이론에서 아동의 인성발달을 설명하는 개념. 어머니와 밀착된 애정관계를 형성하던 남아가 3~4세가 되면 어머니와 사랑하는 관계인 아버지의 존재를 의식하기 시작하고, 어머니의 사랑을 두고 아버지와 경쟁을 하게 되는데, 이러한 경쟁적 심리상태를 가리켜 오이디푸스 콤플렉스라고 함.
>
> • **거세공포증**
> 오이디푸스 콤플렉스를 가진 남아가 자신이 지속적으로 어머니와의 애정관계를 포기하지 않으면 아버지가 자신의 남근을 제거할지도 모른다는 두려움에 빠지는데, 이러한 심리상태를 거세공포증이라 칭함.

[작품의 배경]

「아이즈 와이드 셧」이 작정하고 프로이드의 정신분석이론을 스크린에 재현한 것이라면, 「애널라이즈 디스」는 그렇지가 않다. 「애널라이즈 디스」는 프로이드 이론을 중심적 소재로 진지하게 다루려는 의도는 애초부터 없는 영화이다. 단지 무자비한 마피아보스가 신경증을 앓는다는 코믹한 설정에 그럴듯한 장식적 요소로 차용되었을 뿐이다. 그래서 「아이즈 와이드 셧」이 프로이드 이론에 어느 정도 이해가 되어 있지 않은 사람들에게는 어렵거나 지루할 수도 있는 반면, 「애널라이즈 디스」는 이 이론을 전혀 모르는 사람도 유쾌하고 재미있게 즐길 수가 있다. 그럼에도 이 영화가 정신분석이론의 다양한 개념들을 검토해 볼 수 있는 훌륭한 텍스트임에는 틀림이 없다. 그것도 아주 재기 발랄한.

▲애널라이즈 디스 (Analyze This)
• 감독/해롤드 래미스
• 주연/로버트 드 니로, 빌리 크리스탈, 조 비테렐리
• 제작 연도/1999년
• 상영 시간/103분

감독 해롤드 래미스는 주로 재미있는 대중적 코미디 영화를 만드는 감독으로 알려져 있다. 이 영화는 양질의 유머를 가득 담은 각본, 이것을 완급을 조절하여 품격있는 유머로 그려낸 감독, 코미디 영화에 품위를 부여하는 배우들의 명연기 등 삼박자가 잘 어우러진, 헐리우드의 힘을 보여준 영화라고 할 수 있다.

이 영화는 무엇보다도 영화적 재미가 매우 뛰어나다. 그것은 수준 높은 유머를 보여주는 각본에 힘입은 바 크다. 아버지 죽음에 대한 죄책감으로 끊임없이 징징 울어대는 마피아보스 폴 비티(로버트 드니로), 운수 사납게 강제로 이 보스의 '헤드닥터(head doctor, 이 마피아보스는 정신과 의사를 이렇게 부른다)'가 되었다가 마피아 총회에 대신 참석하게 되는 정신과 의사 벤 소볼(빌리 크리스탈)을 포함한 주연, 조연의 캐릭터들과 이들이 벌이는 어이없는 해프닝들이 끊임없이 유쾌한 웃음을 유발시킨다.

갱스터 세계를 코믹하게 그려낸 이 영화의 무게를 잡아주는 것은 뛰어난 두 명의 배우들이다. 최고의 연기파 배우로 진지한 이미지로 알려진 로버트 드니로가 넘치지도, 모자라지도 않은, 딱 적당한 만큼 '망가지는' 연기는 명배우가 달리 명배우가 아님을 일깨워 준다. 또한 영화 「

해리와 샐리가 만났을 때(1989)」에서 이미 코믹연기의 진수를 보여주었던 빌리 크리스탈의 능청스런 연기는 로버트 드니로의 연기와 멋지게 앙상블을 이루면서 이 영화의 격을 한 단계 높여 주었다고 해도 과언이 아니다.

이 영화의 또다른 재미는 마피아 영화의 고전인 「대부(The godfather, 1972)」의 돈 꼴네오네를 패러디한 것을 보는 즐거움이다. 영화 초두에서 살해되는 마네타의 외모와 목소리, 폴 비티 대신으로 강제로 마피아 총회에 참석한 벤 소볼이 마피아 흉내를 내면서 폴 비티의 부하 젤리의 빰을 잡고 '너만 보면 내 가슴이 무너져, 젤리' 하는 장면에서 관객들은 대부의 마론 브란도를 떠올리게 된다.

그렇지만 이 영화가 단지 캐릭터와 상황으로 웃음만 유발하는 그런 영화만은 아니다. 그 웃음 밑에는 현대 사회와 그 안에서 살아가는 현대인에 대한 통찰과 풍자가 깔려있다. 이 영화는 현대 사회가 너무 복잡하고 살기 힘들어 모두가 스트레스를 받는다는 것을 환기시켜 준다. 심지어 살인도 서슴 없을 정도로 마음 내키는 대로 살아가는 마피아 보스까지 'I got lots of stress' 하면서 울 정도니까. 또한 산업화되고 조직화된 사회의 한 부품인 현대인들은 타인의 의지에 조정되고, 자신의 의지로서 자신의 삶을 살지 못하는 무력하기 짝이 없는 존재로 묘사되어 있다. 애인과의 이별에 스스로 대처하지 못하고 울어대는 여자, 섹스조차 지도를 받아야 하는 부부 등 벤 소볼의 내담자들은 다름 아닌 우리들의 자화상인 것이다.

이 영화에는 현대인의 정신을 '책임'지고 있는 정신과 의사에 대한 수많은 풍자가 등장한다. 내담자들이 늘어놓은 이야기를 그럴듯한 '전문가'의 얼굴로 듣고 있지만 기실 말해줄 만한 '해답'이 없는 것은 정신과 의사도 마찬가지이다. 내담자의 이야기를 다 듣고 난 벤 소볼이 기껏 한다는 말은 '너도 생각해 보고, 나도 생각해 보고, 우리 둘 다 생각해 보자'는 것이 전부이다. 엉뚱하게 폴 비티를 대신하여 전국 마피아 보스 회의에 참석하게 된 벤 소볼에게 폴 비티 부하가, 무슨 질문이 나오거든 대충 얼버무리라고 일러주자, 이에 대해 벤 소볼은 '나는 정신과 의사야, 얼버무리는 것은 내 전공이지' 하며 '자신' 있게 대답한다. 답답한 삶의 물꼬를 터줄 것으로 철석같이 믿고 의지하는 사람의 실상이 기실 이러하니 웃어야 할지, 울어야 할지.

[줄거리]

뉴욕지부 마피아 보스인 폴 비티는 아버지의 친구이자 자신의 후견인이었던 마네타가 눈앞에서 살해되는 것을 목격한 뒤로 심한 공포와 불안에 시달리게 된다. 소심한 겁쟁이가 된 폴 비티는 부하들 몰래 정신과 의사를 수소문하게 되고, 이 때 마침 정신과 의사인 벤 소볼과 자동차 접촉사고가 나서 그의 명함을 갖고 있었던 폴 비티의 부하에 의해 벤 소볼의 상담소를 찾게 된다.

거의 강제로 폴 비티의 치료를 떠맡게 된 벤 소볼은 자신의 결혼식을 핑계로 마이애미로 피해 버리는데, 점점 더 울음이 잦아지고 심약해지는 등 증상이 심해지는 폴 비티는 마이애미까지 벤 소볼을 찾아간다. 밤낮없이 찾아대는 폴 비티 때문에 벤 소볼의 결혼식은 엉망이 되고, 폴 비티를 뒤쫓던 FBI는 그와 자주 만나는 벤 소볼을 위협하여 곧 있을 전국 마피아 총회에 대한 정보를 알아오게 한다. FBI의 요구에 따르려던 벤 소볼은, 폴 비티가 죽은 아버지에 대한 죄책감을 갖고 있는 것을 알게 되자 진정으로 그의 신경증을 치료하려는 마음을 갖게 된다.

아버지의 죽음이 자신 때문이라는 죄책감으로 괴로워하던 폴 비티는 벤 소볼의 도움으로 심리적 안정을 찾게 되고, 폴 비티가 겁쟁이가 된 사실을 숨기기 위해 그의 부하들은 폴 비티 대신 벤 소볼을 마피아 총회에 데려간다. 벤 소볼이 폴 비티의 대리로 참석한 듯이 상황을 얼버무리는 와중에 폴 비티가 등장하여 마피아 세계에서 은퇴한다는 선언을 하게 되고, 그를 제거하려는 다른 마피아들에 의해 총격이 벌어진다. 이 때 FBI가 들이닥쳐 마피아들을 제압하게 되고, 폴 비티도 체포된다.

교도소로 폴 비티를 면회하러 간 벤 소볼. 벤 소볼에게 폴 비티는 진정어린 감사의 말을 한다. "Thanks, Doc., you're something, yes, you are."

◆사회복지적 관점에서 영화 보기

정신질환에 대한 정신분석이론

이 영화에서 폴 비티가 호소하는 신경증의 공식적 진단명은 공황장애(panic disorder)로서 불안장애(anxiety disorder)의 하위 유형중 하나이다. 불안장애란 신경증, 즉 뉴로시스(neurosis), 흔히 노이로제라고 속칭되는 이상심리 상태이다. 불안장애란 가장 흔한 병리적 심리상태로서 과도한 걱정, 근심, 염려 등 불안이라는 주관적 경험이 주된 증상이다.

불안장애에는 공황장애 외에 공포증(phobia), 일반화된 불안장애(generalized anxiety disorder), 강박장애(compulsive-obsessive disorder), 후외상성스트레스장애(posttraumatic stress disorder) 등의 하위 유형이 있다. 이들 하위 유형들은 각기 서로 다른 증상들을 보이는 반면, 불안이라는 공통된 증상들을 공유한다. 정신분석이론은 이러한 모든 불안장애들이 유발되는 메커니즘은 동일한 것으로 본다.

의사였던 프로이드가 정신분석을 수립하게 된 것은 환자들 중 생리적으로는 아무런 이상을 발견할 수 없음에도 고통을 호소하는 환자들을 접하게 되면서부터이다. 신체적으로는 원인이 없음에도 불구하고 한쪽 팔에 마비를 호소하는 여성이나 눈이 갑자기 보이지 않게 된 여성들을 보면서 마음을 의심하기 시작한 것이다. 정신분석이론은 이러한 환자들 심리를 분석하기 시작하면서 태동되었고, 이들 환자의 대부분은 신경증 환자들이었다. 다시 말하면 정신분석이론은 불안의 원인을 규명하면서 수립된 이론이라고 말할 수 있다.

정신분석이론에 의하면, 불안이란 무의식에 억압된 잠재적 문제가 반영된 것으로 본다. 무의식 속에 억압시켜 놓은 그 무엇이 어떤 계기로 인해 표출되려고 할 때 불안이 발생한다는 것이다. 그렇다면 억압시키는 이유는 무엇인가? 그것은 그 경험이 감당하기 어려울 정도로 고통스럽기 때문에 의식으로 들어오지 못하도록 하기 위함이다. 억압되는

출처 : http://planet.daum.net

'그 무엇'을 프로이드는 성적 욕망이라고 보았다. 그러나 그 후의 정신분석학자들은 성적 욕망 외에, 의식하였을 때 감당하기 어려울 정도의 강렬한 정서적 흥분을 유발하는 사건들까지 포함시켰다.

영화 속에서 폴 비티는 호흡이 가빠지고 숨이 막힐 것 같고, 떨리고 땀을 흘리고, 가슴 통증을 호소하는 등 전형적인 공황장애의 증상을 보여주고 있다. 정신과 의사인 벤 소볼은 아버지의 죽음을 방기하였다는 폴 비티의 죄의식에서 그 원인을 찾았다. 12세 어린 소년으로서 폴 비티는 아버지의 죽음이 자기 때문이라고 생각하였고, 그 사실을 직면하기가 너무나 고통스러워 오랜 세월 외면하고 무의식 속에 봉인해 놓은 것이다. 벤 소볼에게 아버지는 심장마비로 죽었고, 죽었을 때 자신은 기분이 좋았다고 말하면서 진실을 외면하는 폴 비티. 그러나 부하 마네타의 죽음은 견고한 봉인에 균열을 일으켰고, 그 틈새로 솟아오르는 죄책감이 그를 공황상태로 몰아넣게 된 것이다. 폴 비티를 당황스럽게 만든 현재의 이러한 증상들은 과거에 있었던 아버시의 죽음과 관련이 있다는 것을 벤 소볼이 밝혀냈고, 그것을 직면하면서 폴 비티는 치유가 된 것이다. 이것을 영화에서 말했듯이 교정적 정서경험(corrective emotional experience)이라고 한다.

오이디푸스 콤플렉스

이 영화에는 유명한 정신분석개념들 중의 하나가 등장하는 데 그것은 바로 그리이스 신화에서 따온 오이디푸스 컴플렉스이다. 오이디푸스는 테베의 왕 라이오스와 에피카스테의 아들인데, 숙명적으로 아버지를 살해하고 테베의 왕이 된다. 왕의 아내를 자신의 어머니인 줄 모르고 취하게 되나 그 사실을 알게 된 후 에피카스테는 자살하고 오이디푸스는 자기 눈을 빼버리게 된다.

이 용어는 아동의 성격발달과정에서 남근기라고 칭하는 3~5세의 남자 아동의 인성형성을 설명하는 핵심 개념이다. 정신분석이론에 따르면 3세 이전까지 여아나 남아 모두 자신을 가까이에서 돌보아주는 어머니와 밀착된 애정관계를 형성하다가 이 시기에 오면 남아의 경우 어머니와 사랑하는 관계인 아버지의 존재를 의식하게 된다. 남아는 어머니의 사랑을 두고 아버지와 경쟁을 하게 되는데, 이러한 경쟁적 심리상태를 가리켜 오이디푸스 콤플렉스라고 한다. 그러나 아버지는 남아가 경쟁하기에는 신체적으로 압도적으로 불리하고, 만약 자신이 지속적으로 어머니와의 애정관계를 포기하지 않으면 아버지가 자신의 남근을 제거할지도 모른다는 두려움에 빠지는데, 이것의 바로 그 유명한 거세공포증이다. 폴 비티가 발기부진을 호소하는 장면이 몇 차례 등장하는 데, 이것은 아버지의 죽음을 막지 못하여 아버지가 자신을 처벌하려 한다는 두려움의 상징적 표현이라고 볼 수 있다.

영화 속에서 벤 소볼이 이 개념을 설명해 주자 폴 비티가 "내가 엄마와 자고 싶어 한다고?" 하며 질색을 하고, 그 얘기 때문에 "엄마에게 전화걸기가 겁나"라고 하는 장면이 관객들의 웃음을 자아내는데, 이 오이디푸스 콤플렉스는 무의식을 전제로 한 개념이다. 자신의 남근을 지키려는 욕망으로 인해 남아는 어머니를 포기하고 아버지에게 밀착하게 되는데, 이러한 아버지와의 동일시를 통해 남아는 남자로서 성장하게 된다. 그러니까 오이디푸스 콤플렉스는 모든 남아가 건강한 남자로 성장하기 위해서 반드시 극복해야 되는 심리인 것이다.

벤 소볼의 아버지가 정신과 의사로 설정된 것도 우연이 아니다. 남자들이 갖고 있는 아버지와의 경쟁심리, 즉 오이디푸스 콤플렉스의 근원인 어머니의 사랑은 체격, 육체적 힘, 사회적 성취 등 다양한 형태로 대체된다. 영화 속에서 벤 소볼은 같은 정신과 의사인 아버지와 끊임없이 경쟁하는 관계이다. 벤 소볼의 아버지가 출간한 심리치료 책에 대해 '벤이 샘이 나서 그 책을 읽지 않을 것이라'는 대사를 통해 이러한 관계를 엿볼 수 있다. 벤 소볼의 아버지는 그보다 체격이 크고 활기차고 능력도 더 많은 듯 보인다. 영화 전반부에서 벤 소볼은 다소 소심하고 위축된 모습으로 그려지고 있다. 그는 아직 아버지를 극복하지 못한 듯 보인다. 그러나 폴 비티를 치료하는 과정을 통해 벤 소볼 또한 오이디푸스 콤플렉스를 극복하게 되고, 영화 종반에서의 벤 소볼의 모습은 훨씬 당당하고 자신 있는 모습으로 바뀌어져 있음을 볼 수 있다. 심리치료란 일방적인 것이 아니라 상호적인 것이며, 내담자와 상담가의 인격이 총체적으로 만나 서로가 질적으로 변해가는 과정임을 영화가 보여주고 있는 것이다.

생각나누기

1. 벤 소볼은 FBI로부터 폴 비티의 정보를 캐올 것을 명령받는데, 시민으로 FBI에 협조할 것인가, 정신과 의사로서 내담자인 폴 비티를 도울 것인가 하는 윤리적 딜레마에 대해 생각해 보자.

2. 사회복지실천에서 매우 중요한 가치인 자기결정권과 영화 속에서 벤 소볼이 내담자들에게 적용하는 지시적인 개입을 상호 비교해 보자.

3. 정신보건사회복지사와 동종 전문가들: 「컬러 오브 나이트」

미국 영화산업의 경쟁력을 보여 주는 장르중의 하나가 아마도 심리스릴러가 아닐까 싶다. 인간의 내면세계에 대해 심도있는 접근을 시도하는 유럽산 영화들, 예컨대 「제7의 봉인(1957)」, 「내 어머니의 모든 것(2000)」, 「친밀한 타인들(2004)」 등과 같은 스타일은 미국 대중들에게는 다소 무거운 듯하고, 단순한 범죄수사극으로는 관객들의 높아진 눈을 충족시키기에 한계가 있고, 그 결과 이 둘을 적절히 버무려서 나온 것이 심리스릴러라 하겠다. 미국 영화 역사상 가장 잘 만들어진 심리스릴러 영화로는 「양들의 침묵(1991)」을 꼽을 수 있을 것이다. 이 영화는 연쇄살인이라는 엽기적 범죄자와 그 사건을 쫓는 수사관 간의 심리적 게임을 통해 인간 심리에 대한 깊이 있는 통찰력을 보여준 수작이다.

▲컬러 오브 나이트 (Color of Night)
• 감독/리차드 러쉬
• 주연/브루스 윌리스,제인 마치, 루벤 블레디스
• 제작 연도/1994년
• 상영 시간/121분

니콜 키드먼이 출연했던 「맬리스(1993)」, 샤론 스톤의 「슬리버(1993)」

등이 「양들의 침묵」의 계보를 잇는 영화이며, 1994년에 제작된 「컬러 오브 나이트」 또한 이 범주로 분류되는 영화이다. 이 영화들이 전부 잘 만들어진 것은 아니며, 영화의 완성도면에서는 서로 차별화되지만, 영화마다 이상행동을 보이는 주인공들이 등장한다는 점에서 공통적이다. 그렇기 때문에 심리스릴러는 정신보건을 공부하는 학생들에게 좋은 텍스트가 될 수 있다.

그러나, 이 영화들이 심리이론과 이상행동에 대해 설파하지만 그것들이 언제나 정확한 것은 아니며, 어떤 경우에는 이론을 호도, 내지는 오도하는 경우도 많다. 「애널라이즈 디스」처럼 코믹함을 전면에 내세우는 영화라면 잘못된 내용도 '어차피 코미디니까' 하면 넘길 수 있지만, 자못 진지한 색깔의 영화라면 이야기는 달라진다. 따라서 영화는 정신건강에 대한 좋은 교재도 될 수 있지만, 동시에 이론에 대한 잘못된 이해나 정신질환에 대한 그릇된 편견을 심어줄 수도 있다는 것을 알아야 한다. 이러한 영화의 부작용을 가장 잘 보여주는 영화중의 하나로 「컬러 오브 나이트」를 들 수 있다.

- 심리치료(Therapy) : 심리를 변화시키기 위해 고안된 치료과정.
- 심리치료사(Psychotherapist) : 심리치료를 수행하는 전문가.
- 비밀보장(Confidentiality) : 치료과정에서 밝혀진 환자에 관한 정보를 치료외의 다른 목적에 사용될 수 없으며, 누설해서도 안 된다는 원칙.

[작품의 배경]

앞서 언급하였듯이 이 영화를 선택한 것은 반면교사의 교훈을 얻기 위해서이다. 즉, 정신보건사회복지 교육을 위한 시청각교재로 영화를 활용하기 위해서는 영화 속에 수많은 '사실적 오류'들이 있다는 사실 또한 알아야 함을 보여주기 위함이다. 결국 간단히 정리하면 이 영화는 '잘못'되었다는 애기이다. 이 영화는 이러한 의미에서도 '잘못'되었지만, 영화적 관점에서도 크게 호평받지 못하였다. 아니, 혹평을 받았다고 하는 것이 보다 적절한 표현일 것이다.

사람들이 가장 '끔찍'해 했던 것은 브루스 윌리스와 제인 마치의 나체 연기였다. 우선 두 사람의 나이 차이가 너무 많아 '아버지와 딸' 같으니, 에로틱해야 되는 전라신이 전혀 그렇지 않고, 오히려 '민망'하게 보였던 것이다. 물론 동일한 이유로 세인들의 관심을 끌고, 우리나라에서도 그로 인해 비디오 출시 후 대여순위 1, 2위를 기록하기도 했지만. 아무튼 이 두 사람의 미스캐스팅이 영화실패의 큰 요인이었다는 점에 이의를 제기한 사람이 없었다.

주연배우들 외에 너무도 산만한 플롯도 영화적 완성도를 떨어뜨린 주요 요인이다. 영화의 주된 줄거리와 전혀 상관성을 찾을 수 없는 인물들과 상황-예컨대 버크와 형사 헥터와의 관계처럼-들의 무질서한 설정, 개연성이 떨어지는 사건 전개 등 영화적 완성도는 많이 부족한 영화이다. 1969년 이래로 꾸준히 '레너드 말틴의 영화-비디오 가이드북' 시리즈를 발간하는 한편, 1982년부터 '엔터테인먼트 투나잇(Entertainment Tonight)'이라는 TV 연예 프로그램에 출연하기도 했던 유명한 영화평론가 레너드 말틴은 이 영화에 빵점을 부여하였다.

[줄거리]

심리치료사인 빌 카파는 치료를 하던 중 치료를 받던 여자 환자가 창문 밖으로 뛰어내려 피투성이가 된 채 죽어버린 끔찍한 모습을 보게 되고, 이 충격으로 바로 그 여인이 입었던 드레스 색깔인 녹색과 그 드레스를 적셨던 피의 색깔인 적색을 구별하지 못하는 색맹이 된다. 빌 카파는 마음의 안정을 찾기 위해 LA에 있는 절친한 친구이자 역시 심리치료사인 밥 무어 박사를 찾아간다. 그곳에서 빌 카파는 밥 무어가 진행 중인 집단치료모임인 월요일모임을 만나게 된다. 월요일모임은 섹스중독의 중년 과부 산드라, 피학증의 화가 케이시, 우울증을 보이는 버크, 결벽증 환자인 클락, 수줍고 감정이 여리며 성 정체성 혼란을 보이는 리치 등이 참여하고 있었다.

빌이 LA에 온 지 얼마 지나지 않아 밥 무어는 정체를 알 수 없는 누군가에 의해 끔찍하게 살해된다. 그의 환자들을 의심한 LA경찰은 빌 카파에게 밥 무어가 죽기 전 운영하던 월요일모임을 맡아 치료하면서 환자들 중에서 범인을 색출해 줄 것을 요구한다. 이 환자들의 면면을 분석하던 중, 빌 카파는 어느 날 자신의 차를 들이받게 된 로즈를 만나게 되고, 그녀와의 성적 쾌락에 빠져 들게 된다. 그런 와중에 정체를 알 수 없는 살인범은 또 다시 월요일모임 멤버인 케이시를 살해한다. 그러던 중 로즈가 죽은 밥 무어와 관계가 있었다는 사실을 알게 되고, 빌 카파는 리치의 상담자였던 니들 마이어의 부인을 찾아가 실제 리치는 이미 4년 전에 자살해서 죽은 사실을 알게 된다. 모든 것을 알게 된 빌 카파는 로즈를 찾아가고, 로즈는 빌 카파가 보는 앞에서 리치와 로즈로 인격 분열을 하고, 밥 무어와 케이시를 죽인 것도, 로즈가 리치로 분열하게 된 것도 모두 오빠 데일에 의한 것임이 밝혀진다.

◆사회복지적 관점에서 영화 보기

정신과 환자들은 위험하다?

이 영화의 주요 동인은 정신적 결함을 가진 사람들은 매우 폭력적이며 위험하다는 전제이다. 심리치료사 밥 무어와 그가 담당하던 치료모임의 환자였던 케이시를 죽이고, 빌 카파를 끊임없이 살해하려고 시도하는 자는 마지막에서 결국 로즈의 오빠인 데일로 밝혀지지만, 영화 내내 관객들로 하여금 로즈를 포함한 정신과 환자들을 의심하게끔 상황을 전개시키고 있다. 관객들이 환자들을 의심하는 가운데, 카메라는 얼굴을 드러내지 않은 살인범이 쥔 칼을 수시로 비추는데, 이 보다 더 강력하게 정신과 환자는 위험하다는 메시지를 던지는 방법은 상상할 수가 없을 정도이다.

살인하는 방법 또한 이러한 메시지를 강화시키는 데에 일조하고 있다. 수십번의 칼질에 의해 난자당하는 밥 무어와, 감독이 상상할 수 있는 가장 극한의 잔인함을 보여 주는 케이시의 죽음을 통해 관객들은 정신과 환자는 잔인하다는 메시지를 뇌리에 각인시키게 되는 것이다.

살인범뿐만 아니라 영화에 등장하는 모든 정신과 환자들 또한 매우 폭력적으로 묘사되고 있다. 중년의 과부로 섹스만이 유일한 관심인 산드라의 의무기록에는 '식사 중에 부친을 나이프와 포크로 찌르고, 남편의 사인 또한 의심되며....'로 기술되어 있고, 피학증환자인 케이시는 '아버지를 증오하여 집에 불을 지른' 경력이 있다. 죽임을 당한 심리치료사 밥 무어의 입을 빌려 로즈는 '반사회적이며 자제력이 없고, 부도덕하며, 전갈의 꼬리를 가진 카멜레온'으로 그리고 있다.

이 영화는 이처럼 중층의 장치를 통해 정신과 환자는 위험하다는 일반적 통념을 재확인시켜 주며 그러한 믿음을 더욱 굳건하게 만들고 있다. 이러한 편견은 우리 사회가 더 강한지도 모르겠다. 현재의 서울 여의도공원은 1997년에 조성되었고 그 이전에 이곳은 시민들이 자전거, 롤러스케이트 등을 타던 아스팔트 광장이었다. 1992년 어느 날 한 남자가 이곳을 택시로 질주하여 어린이 1명이 사망하는 사건이 있었다. 그 남자가 정신병력이 있었던 것으로 밝혀지면서 정신과 환자는 위험하다는 편견이 순식간에 퍼졌 나갔다. 그 후 이런 류의 범죄가 발생하면 충분한 조사도 진행되기 전에 범행자가 정신질환자라는 보도가 나오고, 후에 취소되는 경우가 종종 있었다. 2003년 지하철 객차 12량이 전소되어 수백명의 사상자를 냈던 대구지하철 대형참사의 범인이 정신병력자라는 보도는 사건 당일 바로 나왔다. 어떻게 그렇게 빨리 조사가 진행될 수 있었을까? 그 후 이 보도가 오보라는 주장이 제기되었고 아직도 그 진위여부는 가려지지 않았지만, 정신과 환자에 대한 편견을 드러내는 이러한 보도방식에 대해 비판이 제기되었던 것으로 기억된다.

정신병과 폭력의 상호 밀접성에 대한 편견은 이처럼 완고하지만, 그러나 실제로 정신질환자가 폭력을 휘두르는 경우는 매우 드물다. 미국 법무부 통계에 따르면(동아일보, 2003년) 한 해에 미국에서 발생하는 전체 살인 사건중 정신병력을 가진 사람에 의한 사건 수는 4.3%에 불과하다. 폭력의 발생빈도가 정신질환을 앓는 사람보다는 정신질환자로 진단되지 않는 사람에게서 5배나 높다는 것을 밝혀낸 미국 듀크대 의대의 제프리 스완슨 박사의 연구결과 또한 정신질환자들은 폭력적이며 위험하다는 것이 편견임을 보여주고 있다.

단, 정신질환 중에서 술이나 마약 등 약물을 복용하는 사람의 폭력성이 높은 것이 사실이다. 약물을 복용하는 사람의 폭력성은 그렇지 않은 사람보다 12~16배 높다고 한다. 따라서 정신질환자가 폭력을 행사했다면 그것은 술이나 약물이 주된 원인이라고 한다. 미국 피츠버그대 의대 헨리 스티먼 박사는 약물만 남용하지 않는다면 정신질환자들은 그렇지 않은 사람들보다 덜 폭력적이라고 주장하였다(동아일보, 2003).

사실과 다른 정신과 환자에 대한 편견이 문제가 되는 것은 이로 인해 이들에 대한 적절한 치료와 사회적 대우, 인권 등을 박탈하거나 침해하며, 차별을 정당화시키기 때문이다. 따라서 이러한 편견을 조장, 강화하는 영화는 정신장애인의 복지측면에서 당연히 문제가 되는 것이다.

출처 : http://www.cine21.com

로즈는 다중인격장애일까?

이 영화에는 마치 이상심리나 정신건강에 관한 교과서를 그대로 쏟아놓은 것처럼 무수한 정신과 진단명이 등장한다. 아마 영화 역사상 가장 많은 정신질환명이 등장하는 영화가 아닐까 싶다. 정신병원 폐쇄병동을 무대로, 다수의 정신과 환자들을 등장시켜 본격적으로 정신질환을 다룬 영화인 「뻐꾸기 둥지위로 날아간 새(1975)」보다 더 많은 진단명을 들을 수 있을 정도이다. 리치의 성정체감장애, 클락의 강박장애, 케이시의 피학증, 밥 무어가 로즈를 묘사한 반사회적 성격장애, 빌 카파가 처음 본 리치에게 진단내린 정신분열증, 빌 카파의 선배 정신과 의사가 로즈를 진단한 다중인격장애 등등. 그러나 이러한 용어가 모두 정확하게 사용된 것은 아니다.

로즈는 동생 리치, 바니, 로즈 본인 등 여러 인격체로 분열되는 다중인격장애로 그려지고 있다. 좀더 전문적인 용어로 표현하면 해리성 정체감장애이다. 이것의 주된 증상은 존재감, 사고방식, 행동방식 등이 전혀 다른 자아상태가 각기 독자적으로 존재하며, 각기 다른 시간에 출현하여 마음의 주인이 되는 것이다. 각각은 나름의 개별적 행동패턴, 기억, 대인관계를 가지고 있으며, 서로 판이한 성격을 보이고 목소리도 달라진다. 매우 기이하다고 밖에 설명되지 않는 이러한 증상 때문에 낮은 발생률에도 불구하고 대중적 관심을 끌 뿐만 아니라, 영화적 소재로 자주 다루어지고 있다. 이 증상이 나타나는 이유는 아직 분명하게 규명되지는 않았지만, 정신분석학에서는 본인이 감당하기 어려운 외상이나 정서적 경험을 했을 때, 이를 직면하기가 고통스러워 그로부터 큰 뭉치의 성격을 떼어내어 별도의 자아를 부여함으로써 자신을 보호하려는 것으로 설명한다.

그러나 전문적인 진단기준에 따르면 로즈는 다중인격장애가 아니다. 우선 발생원인에서 그 설득력이 떨어진다. 로즈는 리치의 죽음에 죄책감을 가진 데일이 리치의 죽음을 인정하지 않고 로즈를 리치로 만드는 과정에서 인격분열을 보인 것으로 그려지고 있다. 그러나 다중인격장애가 누군가가 다른 인격을 기대하고 그 인격을 자극, 유도한다고 하여 유발되는 것은 아니다. 오히려 월요일 모임에서 리치를 성정체감장애로 소개한 것이 더 그럴 듯하다. 왜냐하면 성정체감 장애의 유발요인 중의 하나로 부모가 아이에게 실제와 다른 성을 기대하고 그것을 격려하는 양육방식이 지적되는데, 로즈에 대한 오빠 데일의 태도가 이와 같기 때문이다.

로즈가 다중인격장애가 아니라는 또 다른 결정적 단서는 하나의 인격이 또 다른 인격의 존재를 알고 있다는 사실이다. 다중인격장애 진단 기준 중의 하나는 여러 개의 인격은 각기 다른 시기에 출몰하는데, 각각은 서로의 존재를 모른다는 것이다(American Psychiatric Association, 1994). 그런데 바니가 되어 빌 카파를 유혹하던 로즈는, 빌 카파가 자신과 죽은 밥 무어의 관계를 보여주는 사진에 접근하려는 순간 사진을 보지 못하도록 상황을 얼버무린다. 이는 밥 무어의 바니, 빌 카파의 바니, 월요일 클럽에서의 리치가 일관된 자아라는 것을 의미하는 것이다. 이것은 바니로서 중년여성 환자인 산드라를 유혹하던 로즈가 산드라를 만나러 오는 빌 카파를 보고 황급히 피하는 장면에서 다시금 확인된다.

다중인격장애, 즉 해리성 정체감장애를 소재로 만든 영화로서 대중적으로 가장 널리 알려진 영화로는 「프라이멀 피어(1996)」를 들 수 있을 것이다. 이 영화의 묘미는 영화 말미의 극적인 반전에 있고, 그 반전은 해리성 정체감장애는 각기 다른 인격의 존재를 모른다는 점에 착안하고 있다. 두 영화를 동시에 놓고 볼 때, 이 얼마나 흥미롭고 유쾌한 발견인가. 이러한 점을 굳이 지적하는 이유는 영화속에서 로즈의 증상에 대한 진단의 진위여부를 밝히기 위해서가 아니라, 영화속에 이와 같은 오류의 가능성이 언제나 있을 수 있음을 강조하기 위해서이다.

정신보건 전문가

영화를 보면서 재미있다고 생각한 또 다른 하나는 이 영화에 정신건강을 다루는 전문가들이 모두 거론된다는 점이다. 대중예술이라는 영화에 이처럼 정신건강을 다루는 특수전문직들이 아무렇지 않게 불러질 정도로 미국인들에게는 정신질환, 심리치료, 심리치료사 등이 익숙한 문화라는 점이 우리 사회와 비교되면서 매우 흥미롭게 다가온다.

밥 무어가 친구인 빌 카파를 월요일모임에 소개시키자 멤버중 하나가 정신과의사(psychiatrist)냐고 묻는다. 이에 대해 빌 카파는 임상심리사(psychologist)이며 정신분석가(psychoanalyst)라고 답한다. 데일이 리치에 대한 심리치료를 중단해 줄 것을 빌 카파에게 요구하면서, 리치가 전문가들에 둘러싸여 정상적 생활을 하지 못한다고 불평할 때, 전문가중 하나로 사회복지사를 들먹이는 장면이 있다. 이로써 정신적 문제를 가진 사람들에게 치료적 서비스를 제공하는 정신보건전문가집단이 이 영화에 모두 등장한 셈이 된 것이다.

이들 정신보건전문가들은 각기 다른 교육과 양성과정을 거치며, 제공하는 서비스에서도 차이가 있다. 정신과의사는 의학학위소지자로서 전문의과정을 거쳐야 하며, 심리치료에 대한 수퍼비전을 줄 자격을 갖는다. 의사자격증을 소지하였기 때문에 신체검진, 진단 등을 내릴 수 있다. 약물처방과 약물치료는 정신보건전문가 중 정신과의사만이 할 수 있는 서비스이다. 정신분석가는 정신분석연구소에서 다년간 자신에 대한 심층적 분석과 임상훈련을 포함한 특별한 훈련과정을 이수한 전문가이다. 창시자인 프로이드는 반드시 의사과정이 필요한 것은 아니라고 주장하였지만, 최근까지도 훈련기관인 정신분석연구소에서는 MD와 레지던트과정을 기본 자격으로 요구한다. 학사졸업 후 정신분석가가 되기까지 10년 이상 소요되며 대부분 개인치료소를 운영하며 치료비가 대단히 고가이다. 우리나라에는 2006년 현재 국제정신분석학회에서 인정한 3명의 정신분석가가 있다. 임상심리사는 심리학 박사학위를 필수로 하며, 실험, 리서치, 통계, 인간과 동물에 대한 경험적 실험 과정 등이 강조되며, 강도 높은 수퍼비전을 받고 인턴십 과정이 필수로 요구된다. 정신질환진단과 심리치료를 수행한다. 정신의료사회사업가는 사회복지 석사학위 소지자로서 미국 각 주에 따라 별도의 임상사회복지사 자격증을 취득해야 하는 경우도 있다. 이들 또한 개인치료소 운영이 가능하다 (Davison and Neale, 1990).

빌 카파는 자신을 소개하면서 3가지 용어를 사용하는데, 임상심리사, 정신분석가, 그리고 행동치료사(behaviorist) 등이다. 행동치료사는 심리학 전공을 전제로 한 전문가이다. 이를 통해 볼 때 빌 카파와 밥 무어는 대학에서 심리학을 전공하여 박사학위를 취득한 임상심리사들이다. 즉 심리학 배경을 가진 전문가들이라는 뜻이다. Davison과 Neale의 기준에 따르면, 빌 카파를 정신분석가로 설정한 부분은 오류라고 하겠다.

생각나누기

1. 처음 월요일 모임을 만난 후 돌아오는 길에 빌 카파는 환자들에 관한 아무런 정보도 없는 상태에서 환자들에 대한 자신의 진단을 밥 무어에게 들려주는데, 사회복지실천의 개별화 원칙에 비추어 빌 카파의 이러한 태도에 대해 생각해 보자.

2. 사회복지실천과정에서 클라이언트에 대한 비밀보장은 매우 중요한 전문적 가치이다. 빌 카파가 형사 헥터에게 환자들에 대한 비밀보장을 거론하면서 수사협조를 거절하는데, 비밀보장은 어떠한 경우에도 지켜져야 하는 절대적 가치인지 생각해 보자.

참고문헌

동아일보, 2003년 3월 9일, "정신질환자 더 폭력적 누가 그래...".

American Psychiatric Association(1994), *Diagnostic and statistical manual of mental disorders*, fourth edition, Washington, DC.

Davison, G. and Neale, J.(1990), *Abnormal psychology*, New York: John Wiley & Sons.

Cowles, L. (2000), *Social work in the health field: A care perspective*, New York, The Haworth Press.

Specht, H., and Neil, G.(1980), *The emergence of social welfare and social work*, Itasca: F.E. Peacock Publishers, Inc.

제12장

성과 사회복지 :
섹스, 젠더, 섹슈얼리티

신 영 화*

인류 역사를 통해서 성은 축복받은 쾌락이거나 금기시되는 뜨거운 이슈였다. 성에 대해서 허용적인 시대와 사회에서 성은 즐거움의 원천이며 예술과 문화로 승화되었다. 대표적인 것이 고대 그리스와 르네상스 시대이다. 한편 유태인 사회와 중세유럽 그리고 19세기 빅토리아 시대에 성은 금기시되었다. 아이러니하게도 성을 금기시하는 시대와 사회에서는 성매매가 음성적으로 성황을 이루고 성병이 확산되었다. 성이 인류 역사와 삶에 미친 영향이 큰 만큼 성과 관련된 문제나 에피소드는 거의 모든 영화에 사용되어 왔다. 최근에는 동성애를 비롯한 장애인의 성 등 소수자의 성에 관련된 영화가 관객들의 호응을 많이 받고 있다. 아마도 사회 전반적으로 성에 대해서 유연해지고 동성애 및 소수자의 성에 대한 이해가 확산되었기 때문일 것이다. 동성애 영화제나 퀴어 영화제는 소수자 성에 대한 관심을 반영하고 있다.

* 군산대학교 사회복지학과 교수

사회복지에서는 인간의 기본적인 욕구와 기능으로서 성을 이해한다. 보편적으로 인간은 여성이나 남성의 생식기관을 가지고 태어나고, 영유아 아동기를 거쳐 성 정체성 형성이 이루어지는 사춘기와 성행동이 활발해지는 청년기를 거쳐 발달한다. 결혼과 함께 성생활이 일상화되는 중년기 그리고 노화와 함께 성기능이 저하되는 노년기의 인생과정을 살아간다. 인간행동 발달에 관한 사회복지실천이론들은 가족과 또래를 비롯한 사회가 인간의 성 정체성 형성과 성행동에 어떤 영향을 미치는지를 설명하고 있다. 또한 사회복지사들은 다양한 현장에서 성과 관련된 어려움을 겪는 다양한 집단을 원조하고 있다. 이 장에서는 사회복지사들이 다루는 성과 관련된 어려움을 소재로 한 영화들을 통해서 문제의 양상과 영향을 받는 사람들의 경험, 그리고 개입방향과 관련하여 짚어보기로 한다.

구체적인 영화분석에 들어가기 전에 성문제를 직접적인 주제로 다룬 영화들을 검토해 본다. 성문제와 관련해서 제기되는 주제들은 생물학적인 여자와 남자의 몸의 차이로부터 출발하여 몸 안에 담기고 몸을 이끌어가는 성 정체성, 타고난 몸과 성 정체성에 기반한 친밀한 관계 만들기와 다양한 성행동의 선택 그리고 성폭력 등과 관련된 갈등과 문제로 집약할 수 있다.

여자와 남자의 몸의 차이를 소재로 하는 영화는 몸에 관한 성장영화와 성이 바뀌는 상황을 그린 영화로 대별된다. 「25살의 키스」에서 멋진 몸을 가진 소년소녀들은 친구들의 인기를 싹쓸이 한다. 완벽한 몸의 시각에서 볼 때 부적절한 몸을 가진 사람들은 다른 동성이나 이성의 관심을 받기에는 역부족이다. 하지만 결국에는 주인공은 우여곡절 끝에 부적절한 몸이 충분히 용서될 정도로 훌륭한 사회적 덕목을 갖추면서 사랑을 쟁취하는 것으로 해피엔딩한다. 다수 영화들이 이와 같은 내용으로 구성된다.

여성이 남성으로, 남성이 여성으로 몸이 바뀌면서 겪게 되는 헤프닝을 그린 영화로는 한국영화 「체인지」, 「스위치」, 「핫 칙」이 있다. 이들

영화들은 몸이 바뀌면서 성별이 다른 몸에서 나타나는 차이에서 벌어지는 황당한 사건을 중심으로 흥미를 유발하지만, 핵심은 성 정체성, 즉 젠더의 차이로 인한 문제들을 그리고 있다. 즉 갑자기 여성스러움이 강점으로 부각되는 남성, 한편으로는 다소 거칠고 도전적인 남성스러움이 부각되는 여성이 만들어 내는 좌충우돌 상황이 이런 영화가 주는 재미이다.

성 정체성을 소재로 한 수작에는 「소년은 울지 않는다」가 있다. 성 정체성, 트랜스 젠더(성 전환자), 동성애는 개념적으로 분리되어 있지만 현실에서는 서로 맞물려서 명확하게 선을 그을 수 없는 경우가 더 많다. 동성애에 관한 대표작으로는 21세기에 「왕의 남자」, 「브로큰백 마운틴」, 「메종 드 히미코」가 있다면, 20세기에는 「결혼피로연」, 「패왕별희」, 「해피투게더」, 「나의 아름다운 세탁소」 등이 있다.

한편 「피고인」, 「폭로」, 「립스틱」, 「단지 그대가 여자라는 이유만으로」 등의 영화들이 성폭력 문제를 다루고 있다. 「피고인」은 성폭력을 하나의 소재가 아니라 주제로 삼아 일반인들의 통념 중의 하나인 '성폭력 당할 만큼 방종한 행동을 한' 여주인공의 권리 찾기와 성폭력에 대한 기관과 제도의 대응, 증인과 성폭력 행위자의 위선적 태도, 성폭력 동조행위 등의 쟁점을 조금의 빈틈이 없이 잘 표현하고 있다. 또한 「폭로」는 여자 상사에 의한 남자 직원에 대한 성폭력을 주제로 삼고 있다. 이 영화는 성폭력이 성욕구나 성충동이 조절되지 않아서 발생하는 문제가 아니라 남녀의 권력관계나 고용지위에서의 권력관계에서 발생한다는 메시지를 강하게 전한다.

- 섹스(sex) : 염색체(XX, XY), 호르몬, 생식기관에 의해서 성별이 규정되는 생물학적인 성을 뜻한다.
- 젠더(gender) : 사회문화적으로 규정된 남자다움과 여자다움의 행동 및 문화의 보편적인 특징으로 성 정체성과 성역할과 관련된다.
- 섹슈얼리티(sexuality) : 인간의 성행동, 성에 대한 환상, 꿈, 행동, 태도, 사고, 감정, 가치관, 신념, 이해심 등의 모든 것을 포함한다.

1. 내가 여자인지 남자인지 모르겠어요 : 「소년은 울지 않는다」

▲소년은 울지 않는다
(Boys Don't Cry)
- 감독/킴벌리 피어스
- 주연/힐러리 스웽크, 클로에 세비니
- 제작 연도/1999년
- 상영 시간/118분
- 기타/실화

[작품의 배경]

이 영화는 성 정체성(gender)과 성전환자(transgender)에 관련된 수작으로서 1993년 12월 30일, 미 중서부 네브라스카주에 위치한 작은 도시 폴시티에서 발생한 살인사건 피해자 티나 브랜든(21세)의 실제 이야기에 기반하고 있다. 티나는 죽기 전 수 년간 성전환 수술을 받기 위하여 호르몬 치료를 받고 있었다. 그 사이 그녀는 '브랜든 티나'라는 이름의 남자로 살아간다. 영화에서는 두 남자가 브랜든과 한 명의 여자를 죽인 것으로 되어 있으나, 실제로는 브랜든 외에도 두 명의 여자 친구를 살해했다.

킴벌리 피어스 감독은 1998년 제작된 〈브랜든 티나 스토리〉라는 기록영화를 충실하게 따르면서 사건의 경위나 캐릭터들을 정확하게 연출하였다. 또한 감독은 영화를 통해서 브랜든의 인격을 존중하고 있다. 성전환자의 애정행각으로 스캔들화하지 않았다. 영화 전편에 걸쳐서 브랜든의 심정, 행동과 개성을 최대한 전달하려고 애썼음을 알 수 있다.

이 영화에서 티나 브랜든 혹은 브랜든 티나 역을 완벽하게 연기한 힐러리 스웽크는 9살에 연기를 시작했다. 「소년은 울지 않는다」는 그녀를 명배우의 반열에 올려 놓았다. 스웽크는 「소년은 울지 않는다」로 25세에 2000년도 아카데미 여우주연상, 골든글로브 여우주연상, 뉴욕, LA, 시카고의 비평가협회 여우주연상을 휩쓸었다. 2005년도에는 「밀리언 달러 베이비」로 아카데미 여우주연상, 골든글로브 여우주연상, 미국배우 조합상 여우주연상, 전미 비평가협회 여우주연상을 수상하였다.

[줄거리]

네브라스카 주의 링컨이라는 작은 도시에 사는 브랜든은 절도 혐의로 수배 중이다. 그녀는 남장을 하고 우연히 들른 술집에서 치한에게 놀림을 당하던 캔디스를 도와준 인연으로 캔디스 일행과 함께 폴즈시티로 간다. 티나 브랜든은 그녀의 집에 머물며, 그녀의 친구들과 친하게 지낸다. 폴즈시티에서 브랜든의 새 친구들은 그녀에게 진짜 남자로서의 새로운 경험들을 제공한다. 게다가 캔디스의 친구인 라나와 이성으로서 사귀게 된다. 그러나 라나에게는 남자 친구 존이 있었다.

존은 친구 톰과 함께 강도짓도 서슴없이 하고 다니는 거친 성격의 소유자였다. 캔디스와 라나를 존중하고 부드럽게 대하는 브랜든이 이들에게는 불편하다. 브랜든이 운전하던 자동차가 과속으로 경찰의 단속에 걸리게 된다. 그 자리에서 위조된 면허증을 제시한 것이 발각되어 며칠 후, 남장을 했던 그녀의 정체가 드러나게 된다. 그리고 이 사실을 알게 된 존과 톰은 라나 앞에서 브랜든을 발가벗기고 그녀가 여자임을 밝힌다. 복수심과 질투심으로 인해 존과 톰은 브랜든을 성폭행한다. 라나에 의해 발견된 브랜든은 병원에 실려 가고 성폭력 피해자로 경찰에 의뢰된다. 브랜든과 라나는 링컨으로 떠나기로 하는데, 경찰의 소환을 앞두고 캔디스의 오두막으로 찾아온 존과 톰은 브랜든과 캔디스 모녀를 살해한다.

◆사회복지적 관점에서 영화 보기

브랜든 티나의 자아 찾기

브랜든이 남장을 하고, 남자처럼 행동을 한 것은 '성'이라는 특정한 호기심 때문만은 아니다. 혹자들은 이 영화를 레즈비언 영화라고 한다. 하지만 그것은 브랜든의 주장에 따르면 분명 오해다. 브랜든이 여자라는 것을 알게 된 라나에게 그는 이렇게 해명한다.

> "사실보다 훨씬 복잡하게 들릴거야. 난 평생 남자였어. 난 레즈비언이 아니니까, 난 양성이야."

라나는 여러 가지 정황상 브랜든이 여자라는 것이 확실한 데도 "네가 남자라는 것을 알아" 하고 자신이 아는 대로 말한다. 브랜든은 "난 태어날 때부터 이랬어. 가끔 있는 일이야. 수술도 가능해"라고 한다. 브랜든과 라나는 브랜든의 남성성을 믿는다.

브랜든의 내면의식은 분명 자신은 남자이고, 남자로서 라나를 사랑한다. 영화제목에서 소년이라고 일컫고 있어서 이 영화가 젠더를 다루는 영화라는 것을 암시하지만, 영화 후반에 갈 때까지 성 정체성은 거의 다루어지지 않는다. 아마도 브랜든에게 있어 성은 자아의 일부가 아니라 성격이나 인격 전체의 사안인 것이다.

▲브랜든이 남자라고 믿는 라나
출처 : http://www.cine21.com

브랜든은 어떻게 된 일인지를 묻는 라나에게 "아주 오래 전엔 여자애였지만.. 하지만 점점 남자같이 되었어"라고 말한다. 아마도 브랜든도 다른 여자 아이들처럼 예쁘게 여자아이답게 보이려고 애 쓴 적이 있었을 것이다. 하지만 자기도 모르게 남자아이들의 놀이가 재미있고, 남자처럼 옷을 입으면 멋있어 보이고 거울 속에 비친 자신의 모습이 근사하였을 것이다. 브랜든이 남자처럼 옷을 입고, 남자처럼 행동할 때 그는 신나고 행복해 보인다. 그것이 편하고 좋은 것이다. 오히려 생물학적 여성으로서 생리를 할 때, 자신이 여성임을 확인할 때 그는 고통스럽다. 그에게 가슴과 생리로 상징되는 여성의 몸은 불편하고 화근거리이다. 브랜든의 자아는 남자이기 때문에 여성의 몸이 불편하다.

브랜든이 폴즈시티에서 남장을 하고 남자들과 어울릴 때 그의 성 정체성에 대한 확신은 남성 쪽으로 상당히 기울어져 있었다. 트럭에 올라타는 카우보이 스키 놀이를 할 때 가냘픈 몸에도 불구하고 다른 진짜 남자들보다 더 용감하고 도전적으로 행동한다. 여자들에게는 배려 깊고 감성적인 매력적인 남자였다. 브랜든은 라나에게 마음이 끌리자, 라나가 원하는 것이 무엇인지, 어디를 가고 싶어하는지, 또 무엇을 좋아하는지 관심을 가진다. 그녀를 존중하면서 조심스럽게 다가간다. 술과 마약에 취해 자기 자신조차 돌보지 못하는 존이나 톰과는 다른 방식으로 라나를 사랑한다. 그것은 아마도 브랜든이 이해하는 '남자가 여자를 사랑할 때' 다가가는 방식일 것이다.

성폭력과 성 정체성(gender)의 위기

여성에게 다정다감하고 어느 누구를 해칠 의사가 없는 브랜든은 단지 다른 사람들과는 다르기 때문에 어처구니없는 가혹한 징벌을 당한다. 존과 톰은 브랜든을 라나 앞에서 발가벗겨 여자의 몸을 확인한다. 카메라는 이 시점에서 브랜든 티나가 경악하며 티나 브랜든을 바라보는 방식을 취한다. 브랜든에게는 남성성을 가진 브랜든과 여자의 몸을 가진 티나 두 사람이 존재하는 것이다.

성폭력사건은 자아의 지향에도 불구하고 브랜든의 몸이 여자라는 것을 확신시켜 주는 수치스런 사건이었다. 브랜든은 자신이 성폭력을 당했다는 사실조차 인정하지 못한다. 어떻게 되었느냐는 질문에 잘 모르겠다고 답한다. 성폭력을 수사하는 과정에서 왜 여자면서 남자 행세를 했는지를 경찰이 묻자, 브랜든은 망설이며 자신도 잘 모르겠다고 고백한다. "남자인지 여자인지 저도 잘 모르겠어요." 성폭력이 그의 씩씩한 자의식을 무력하게 만들었을 것이다. 무엇보다도 안타까운 것은 브랜든이 자신을 골칫덩어리라고 인식하는 것이다. 성폭력 가해자의 비밀을 지키라는 터무니없는 협박에 "그게 다 내 잘못이야"라고 자신에게 잘못된 책임을 돌리는 것이다.

출처 : http://www.cine21.com

주류사회는 가족, 또래, 학교를 통해서 타고난 생물학적 성별과 젠더를 일치시키기를 기대한다. 즉 외부 생식기관이 생긴 모습대로 여자답게, 남자답게 행동하라고 요구하고 대부분은 옷에 몸을 맞추듯이 입고 산다. 하지만 어떤 이들은 그것이 매우 어려울 수도 있고, 또 어떤 이들은 다르게 살기를 원한다. 하지만 주류사회에 줄을 선 대부분의 사람들은 이들 소수자들의 '다름'에 대해서 '질병'이나 '부적격'이라는 낙인을 찍고 사회에서 소외시킨다.

브랜든의 캐릭터에서 확인하였듯이 성정체성은 단지 자아의 일부만이 아니다. 우리가 사랑을 하는 성적인 존재로 사는 한, 자아의 핵심적인 부분을 이룬다. 주류사회와 다른 생활을 하는 사람들은 주류로부터 배제된다. 어쩔 수 없는 자신의 모습에 대해 자기비난을 하는 그들에게 손가락질하는 것은 희생양을 한 번 더 희생시키는 일이다.

생각나누기

1. 생물학적 성과 성 정체성은 일치하여야 하는가?
2. 사회복지사로서 성적 정체성 문제를 가진 클라이언트를 어떻게 도울 수 있는가?
3. 트랜스 젠더의 인권을 신장하기 위한 사회복지기관 및 사회복지사의 역할은 무엇인가?
4. 생물학적인 남자 존과 톰, 그리고 남자가 되고 싶은 브랜든의 성격에 대해서 토론해 보자.
5. 성 정체성이나 성폭력 사건을 다루는 보건의료인, 경찰, 사회복지사의 태도 및 가치에 대해서 토론해 보자

2. 만지고 싶은 곳이 없는 거지? : 「메종 드 히미코」

[작품의 배경]

이누도 잇신 감독은 필리핀 마닐라에 있는 게이 노인들의 양로원을 소개하는 신문기사를 읽고 「메종 드 히미코」를 만들었다고 한다. 이누도 잇신 감독은 7장에서 소개한 「조제, 호랑이 그리고 물고기들」에 이어서 바다와 푸른 침대, 그리고 소외된 사람들의 이야기를 「메종 드 히미코」에 따뜻하게 담았다. 시나리오는 「조제, 호랑이 그리고 물고기들」에서 함께 작업한 작가 와타나베가 맡았다.

「메종 드 히미코」는 푸른 바닷가의 아름다운 유럽식 별장* 같은 실

* 시즈오카에 실재하는 카페 레스토랑으로 이 영화를 위해 바닷가 쪽의 빨래건

버타운을 배경으로 사오리 역의 시바사키 코우, 하루히코 역의 오다기리 조, 그리고 히미코 역의 다나카 민과 조연들의 열연이 돋보이는 작품이다. 시바사키 코우는 예쁘게 보이는 것을 포기하고, 화장기 없는 맨 얼굴로 마음의 상처와 생활인의 흔적을 담아냈다. 오다기리 조는 아름다운 외모로 영화의 환상을 더하였고, 다나카 민은 특유의 카리스마와 절제된 동작과 목소리로 동성애자로서 삶의 결연함을 잘 표현하였다.

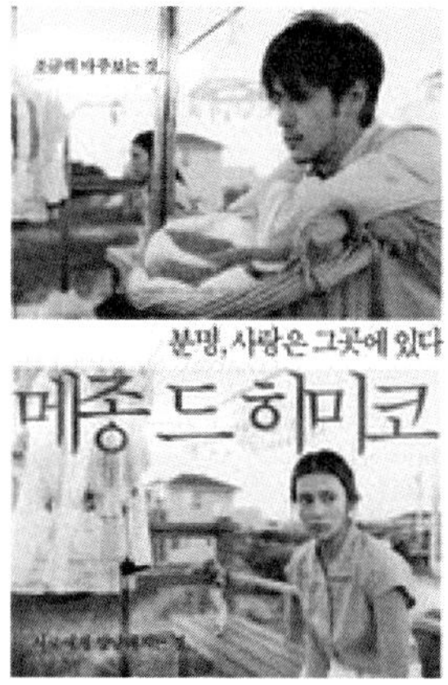

▲메종 드 히미코(メゾンドヒミコ, La Maison de Himiko)
- 감독/이누도 잇신
- 주연/오다기리 조, 시바사키 코우, 다나카 민
- 제작 연도/2005년
- 상영 시간/131분
- 기타/

[줄거리]

사오리는 페인트 회사 직원으로 돌아가신 어머니의 병원비 빚을 갚느라고 힘겹다. 어느 날 '하루히코'라는 젊고 아름다운 청년이 찾아온다. 하루히코는 황당하게도 아버지를 '소중한 사람', '사랑하는 사람'이라고 말한다. 그는 사오리의 아버지 히미코가 암에 걸려 삶이 얼마 남지 않았음을 알리고, 그녀에게 아버지가 만든 게이들을 위한 실버타운에 와서 일을 도울 것을 부탁한다. 아버지의 존재 자체를 부정하고 살아왔지만, 유산을 받을 수 있을 거라는 얘기에 사오리는 아버지에 대한 증오를 억누르고 매주 일요일 바닷가 실버타운으로 간다.

대문 옆에는 '메종 드 히미코'라는 작은 간판이 붙어 있다. 사오리는 그곳에서 여장을 한 남자노인, 여자로 성전환을 한 노인 '루비', 그리고 게이노인들을 만나고 심한 혐오감을 느낀다. 게다가 아버지는 딸에게 용서를 청하고 반기기는커녕 되돌려 보내라고 한다. 시간이 가면서 사오리는 점차 그들의 꾸밈없고 순수한 모습과 그 이면에 숨은 외로움과 고민을 접하고 조금씩 마음을 열게 된다. 오봉을 앞두고 아버지와 대화를 하게 되고, 어머니와 아버지의 사연을 듣게 된다. 아버지 히미코는 사오리에게 좋아한다고 말한다.

사오리와 하루히코는 서로에 대한 감정을 발전시키지만, 하루히코의 성적 지향이 두 사람의 관계를 가로막는다. 얼마 후 히미코가 사망하고 난 후 사오리는 아버지의 짐을 모두 처분하고 일요일의 방문을 중단한

조대와 낙서가 있는 벽을 설치했다.

다. 얼마 후 페인트칠 주문을 받고 사오리가 찾아간 메종 드 히미코 담벼락에는 “사오리가 보고 싶어 피키피키피키!”가 쓰여 있다.

◆사회복지적 관점에서 영화 보기

동성애자의 삶을 선택한 아버지와 그 가족

「메종 드 히미코」에는 자신의 성 정체성을 선택해 가족을 떠난 두 남자와 가족이 등장한다. 사오리의 아버지 히미코 그리고 여자로 성전환을 한 트렌스 젠더 루비와 그 가족이다. 사오리의 아버지 요시다 테루오는 자신의 성 정체성을 찾아 아내와 딸을 남겨두고 집을 떠난다. 사오리는 자신의 성 정체성을 선택한 아버지로 인해 가만히 앉아서 잿더미를 뒤집어쓴 가족을 대표한다.

사오리는 자신이 이해하는 비련의 가족사를 아버지에게 원망에 가득 찬 목소리로 툭툭 내뱉는다. “3년 전에 어머니가 죽었어요. 옛날에 인간 같지 않은 남편에게 버려진 탓에, 평범한 주부가 어느 날 갑자기 남편에게서 게이라고 고백을 듣고, 쓰레기처럼 버려져 여자 혼자 몸으로 고생해 아이를 키우고 결국 죽었죠. 암에 걸린 건 불행했기 때문이에요.”

사오리는 가장의 책임을 저버린 이기적인 아버지의 직무유기로 인해서 어머니가 죽었다고 믿는다. 어머니 때문에 병들어 죽어가는 아버지를 용서할 수 없다. 사오리는 아버지에게 일말의 동정심을 가지고 그 선택을 후회하는지 묻는다. “직장도 가정도 버리고 게이로 음지에서 산 것을 후회해요?” “엄마를 고생시킨 거 후회한 적 있어요?” 급기야는 아버지로부터 버려졌다고 믿는 딸은 “나를 그리워한 적은 있어요?”라고 묻는다. 죽음이 멀지 않았음에도 아버지는 자신의 선택에 흔들림이 없이 후회한 적이 없다고 부정한다.

사오리의 어머니는 죽기 전에 정신이 이상해져서 딸을 남편이라고 생각하고, 기뻐하고 생기가 돌았었다. 사오리는 그 일로 기분이 매우 나빴었다. 엄마가 자신과 딸을 버리고 떠난 남편을 사랑하고 그리워했다는 사실을 딸로서는 받아들이기 어려웠던 것이다. 그래서 더 아버지를 용서할 수 없다. "당신 따위는 완전 남이니까."

아버지 히미코는 어머니가 암으로 죽었다고 들었다면서 이를 매우 객관적인 사실로서 표현한다. 또한 자신의 행동에 대해서 후회하지 않고, 따라서 딸이 자신을 용서하지 않는 것은 "지극히 당연한 결론이라고 생각한다"고 말한다. 그리고 딸에게 "너를 좋아하고 있다"고 말한다. 사오리는 자신을 그리워한 적이 있느냐고 물었는데, 아버지는 자신의 화려했던 과거에는 딸이 존재하지 않았던 것처럼 현재형으로 답한다.

일본의 명절 오봉을 준비하면서 사오리는 "절대 있을 수 없는" 이해할 수 없는 어머니의 사진에 관한 이야기를 아버지로부터 듣는다. 어머니는 40세 생일 선물로 사오리가 선물한 모자를 쓰고 아버지의 가게에 놀러왔다. 그 모습이 아름다워서 아버지가 찍어준 사진이었다. 어머니는 자주 카페에 놀러왔다. 딸은 늘 피해자였다고 생각했던 어머니가 아버지의 삶을 이해했고 더구나 '히미코'라는 공간에서 행복했다는 것을 알게 된다. 이제 사오리는 그런 사연을 하나도 이야기해 주지 않고 떠난 어머니를 원망한다.

▲절대 있을 수 없는 사진을 두고 대화하는 부녀
출처 : http://www.cine21.com

트랜스 젠더 루비가 쓰러지자 히미코 집 사람들은 아들에게 연락하여 루비를 집으로 데려가게 하기로 결정한다. 사오리는 화가 나서 항변한다. "이제 와서 아들에게 떠넘기면, 그 아들이 고민하고 괴로워하며 살아갈 건 생각 안 해? 비겁하잖아 지긋지긋한 이기주의!" 사실 이 말은 사오리가 아버지 히미코에게 하고 싶은 말이었을 것이다.

사오리와 히미코는 극적인 화해를 하지 않는다. 오히려 아버지의 죽음 후에 딸은 유품을 하나도 남김없이 처분하고 버린다. 마치 아버지에 대한 원망이나 그리움 따위는 모두 없애 버리겠다는 식이다. 하지만 사오리는 루비에 대해서 연민을 느끼고 그 가족의 심정을 이해하며, 파란 침대가 있는 방에서 아름다운 옷을 만드는 야마자키와 히미코 집 사람들을 받아들인다. 마치 아버지를 이해했던 자신의 어머니처럼.

동성애자로 산다는 것은

메종 드 히미코의 남자 노인들은 젊어서 자신이 선택한 다른 삶 때문에 이제는 돌봐줄 이가 없는 사람들이다. 사오리 말에 의하면, 아버지 히미코는 아내도 딸도 버린 이기주의자에 인간도 아니다. 루비는 가족을 버리고 제멋대로 산 벌을 받았다. 히미코를 사랑하고 후원했던 재벌회장은 히미코 집에 와서도 병자로 죽어가는 히미코를 만나지 않는다.

아름다운 청년 하루히코는 병든 연인이 죽어가는 모습을 보면서 외롭고 지친 자신을 이렇게 표현한다. "히미코를 만나기 전에 나 계속 혼자였으니까, 난 지금도 혼자야." 사회로부터 따돌림을 받았던 게이들은 함께 모여 살면 쓸쓸하지 않을 줄 알았는데 하나 둘 씩 사라진다. 루비가 아들 집으로 떠나기 전에 트렌스 젠더로서, 게이로서의 삶의 흔적은 모두 버려진다. 루비의 외모 역시 가능한 선에서 남자로 꾸며진다. 이것은 마치 한 인간의 인생 전체를 부정하고 인격을 부인하는 것과 다름이 없다.

▲히미코의 유품을 정리해서 떠나는 사오리를 담담하게 지켜보는 하루히코
출처 : http://www.cine21.com

전직 은행원이었던 야마자키는 히미코 집 파란 방에서 남몰래 여자 옷을 만든다. 죽으면 여자로 태어나서 좋아하는 옷을 실컷 입어보겠단다. 하얀 드레스를 입은 야마자키는 사오리에게 여자 화장실에 같이 가자면서, 여자 화장실에서 화장을 고치는 것이 소원이었다고 한다.

게이로 산다는 것은 외롭게 사는 것이며, 이기주의자로 사는 것이다. 평생 비밀을 가지고 살고, 상황이 여의치 않으면 인생 전체가 부정될 수도 있다. 사오리와 하루히코의 관계를 보면 가슴이 아프다. 두 사람은 서로에 대해 조금씩 끌리고 다가간다. 죽어가는 연인 히미코에 대한 절망으로 몸부림치는 하루히코는 사오리와 관계를 가지려고 한다. 하지만 남자를 원하는 그의 몸이 움직이지 않는다. 사오리는 묻는다.

"가슴에 손을 얹고 만지고 싶은 곳이 없는 거지?"

사오리가 사장과 관계를 가졌다는 사실을 안 하루히코는 사오리에게

"좀 부러웠어. 네가 아니고 호소카와 상이"라고 말한다. 20세기 초까지는 동성애는 종교적으로 죄악이었고 의학적으로 질병이며 정신질환이었다. 현대 정신의학과 성심리학에서 동성애는 두 가지 이론으로 설명된다. 생물학적 본질주의자들은 동성애가 타고난다고 주장하고 있고, 사회구성주의자들은 사회환경적으로 동성애를 접할 기회를 가질 때 동성애가 발전한다고 주장한다. 동성애를 타고나든지, 경험에 의한 것이든지 이미 동성애자가 된 사람은, 양성애자가 아닌 한, 이성에 대해서 인간적인 연민이나 호감을 가질지언정 성적인 관계로 발전하기 어렵다.

동성애자에 대한 사회적 편견

영화의 시작과 끝 장면에서 히미코 집 옆에 사는 노파가 나온다. 노파는 히미코 집의 사람들을 몹쓸 병균이라도 되듯이 거리를 둔다. 히미코의 집은 바닷가 외딴 곳에 있는 다른 사람들과 상관이 없는 그럴싸한 게이들의 장소이다. 그럼에도 세상 사람들은 그냥 놔두지를 않는다. 동네 중학생들은 게이 혐오증을 대표하는 집단이다. 아이들은 재미로 히미코 집과 그 곳에 사는 게이들을 놀린다. 히미코 집 사람들이 나이트 클럽에 놀러갔을 때, 야마자키와 같은 직장에서 근무했던 동료가 여장을 한 야마자키를 알아보고 큰 소리로 놀린다. 야마자키는 거의 실신을 하고, 사오리는 화가 나서 사과하라고 고래고래 소리친다. 처음에 히미코의 집에 방문했을 때 혐오감으로 도망치려던 사오리가 이제는 그들과 함께 클럽에 놀러오고 급기야는 아버지와 같은 동성애자를 옹호한 것이다. 사오리는 아버지와 직접 화해하지 않았지만 아버지와 같은 사람들, 아버지가 보호하고자 했던 사람들을 이해하고 그들을 대신하여 세상과 맞서 싸우려고 한다.

▲사오리가 메종드 히미코를 처음 방문한 날
출처 : http://www.cine21.com

동성애자들에게는 자신이 입고 싶은 옷을 입는 것, 자신이 사랑하는 가족들에게 자신의 사랑을 표현하는 것, 심지어 자신들이 가고 싶은 장소에 가는 것들이 커다란 용기를 필요로 한다. 명절날 히미코 집 사람들이 모여서 어머니가 가르쳐주신 노래를 연주한다. 가족과 세상으로부터 배제된 사람들이 어머니를 그리는 노래를 부른다. 이 영화 이야기에서 발견하는 독특함 중에 하나는 어머니가 등장하지 않는다는 점이다. 사오리의 어머니 역시 사진으로만 등장한다. 동성애자가 된다는 것은 부모의 기대를 벗어난다는 의미를 포함한다. 이안 감독의 「결혼피로연」에서 부모가 결국 아들의 동성애 사실을 알고 화해하는 것으로 결말을 짓는 것과는 대조적이다. 히미코 집에서는 명절날 저녁, 사랑하는 어머니에게 사랑받는 아들이기를 포기한 남자들이 어머니를 그리는 노래를 부른다. 영화가 끝난 후에도 계속 노래가 들린다.

어머니가 나에게 이 노래를
가르쳐 주셨다 그 옛날
어머니는 눈물을 글썽이고 계셨지
지금은 내가 이 노래를
아이에게 가르치는...

- 드보르작의 '어머니가 가르쳐주신 노래' -

생각나누기

1. 동성애와 동성애적 지향에 대하여 개념을 정의해 보자.

2. 동성애자의 노후복지를 위한 방안에 대하여 생각해 보자.

3. 동성애자의 결혼과 아동입양을 법적으로 인정하는 것에 대하여 토론해 보자.

4. 친구가 동성애자라고 밝힌다면, 당신은 어떤 견해를 취할 것인지 생각해 보자.

3. 나 만나는 남자 있다: 「바람난 가족」

[작품의 배경]

2003년 한국 사회의 가정과 애정 문제를 다룬 한국판 「아메리칸 뷰티」이다. 플랑드르 영화제 감독상, 베르겐 영화제 비평가상, 스톡홀름 영화제 여우주연상, 촬영상, 제6회 프랑스 도빌 아시아 영화제 황금연꽃상(작품상)을 수상하였다.

임상수 감독은 전작인 「처녀들의 저녁식사」에서 세 여성의 남성관과 남성편력을 다루었고, 「눈물」에서는 10대 가출청소년 문제를 다루었다. 감독의 선호인지 모르지만 「바람난 가족」에 등장하는 주인공 이름인 호정, 영작, 연은 「처녀들의 저녁식사」의 주인공 이름이다. 흥미롭게도 「바람난 가족」에서 호정이 이웃집 고등학생(봉태규 분)과 함께 관람하는 영화는 봉태규가 출연한 작품 「눈물」이다.

▲바람난 가족
(A Good Lawyer's Wife)
• 감독/임상수
• 주연/문소리, 황정민, 윤여정
• 제작 연도/2003년
• 상영 시간/104분

[줄거리]

30대 변호사 영작, 전직 무용수인 그의 아내 호정 그리고 입양한 7세 아들 수인, 이렇게 셋이 한 가족이다. 아들 수인은 요즘 자신이 입양아라는 사실 때문에 혼란을 겪고 있다. 호정의 시아버지는 중증 알코올 중독자로 간암말기 선고를 받았다. 시어머니는 초등학교 동창과 열애 중이다.

호정은 남편과 관계에서 느낌이 없어 혼자 자위를 한다. 영작은 한참 나이 어린 애인과 바람이 났다. 젊은 애인은 영작을 리드하고 당당히 요구한다. 호정을 훔쳐보던 옆집 고등학생은 진하게 연애 한 번 하자고 제안한다. 시아버지는 죽고, 시어머니는 만나는 남자가 있다면서 늙은 애인과 섹스도 하고 오르가즘도 느낀다면서 사는 것처럼 살아야겠다고 선언한다.

영작은 출장을 핑계로 애인과 함께 떠난 여행에서 돌아오다가 오토바이와 부딪치는 교통사고가 난다. 영작은 자신의 실수는 감춘 채 음주 운전을 한 오토바이 운전자 탓으로 잘못을 돌린다. 진실을 알게 된 오토바이 운전자는 분풀이로 아들 수인을 납치하여 죽인다. 아들 수인의 죽음의 충격에서 벗어나지 못한 호정과 영작은 심하게 다투고, 영작은 어린 애인에게 찾아간다. 애인의 집에는 그 말고 또 다른 어린 애인이 있다. 무용연습실로 찾아온 영작은 임신한 호정에게 잘 하겠다고 한다. 호정은 영작에게 "당신은 아웃이야"라고 선언한다.

◆사회복지적 관점에서 영화 보기

10대 청소년의 성 이야기

고등학생 지운은 이웃집 30대 아주머니에게 관심이 있다. 자전거를 타고 다니는 그녀를 가끔 뒤쫓기도 한다. 그녀가 동네 무용학원에서 무용연습을 한다는 것을 알고, 춤 좀 배워 볼까 하면서 학원을 기웃거리기도 한다. 밤에는 이웃집을 향해 망원경을 들이댄다. 나신의 그녀가 물구나무서는 것을 훔쳐본다.

▲10대와 30대의 키스
출처 : http://www.cine21.com

드디어 어느 날 극장에서 그녀를 만나 나란히 앉아서 손장난을 쳤다. 그 날은 아버지에게 된통 혼이 나서 기분이 별로였던 날인데, 그녀가 위로가 되었다. 결혼 후에는 바쁜 남편 때문에 야간 등산을 해본 적이 없다는 그녀와 밤에 산에 올랐다. 산에서 그녀와 키스를 했다. 그리고 "우리 찐하게 연애 한번 하시죠."라고 제안하였다. 경험이 없는 그에게 그녀가 치마를 올리고 성기를 보여주었다. 숨이 막혔다. 헤드랜턴을 켜고 열심히 살펴보았다. 그리고 얼마 후 그녀와 첫 경험을 하였다.

고등학생의 성적 관심은 매우 순수하다. 자전거를 타고 다니고 밤이면 물구나무서기를 하는 누나 같은 이웃집 아주머니에게 호기심이 생긴다. 호기심이 관심을 낳는다. 그녀 옆에 있고 싶어서 무용학원에 기웃거린다. 이웃집 아주머니는 성적으로 유능하고 편하며 때로는 쿨하다. 이들 사이에 거래는 없고 가르침은 있다. 그래서 고교생에 대한 성교육이 어떤 내용을 담고 어떤 방법으로 전해야 하는지 진지하게 고민하게 한다.

20대 꺼릴 것 없는 성 이야기

20대 사진작가 지망생 연에게 성은 쾌락이며 가벼운 놀이다. 30대 유부남 변호사를 사귀고 있다. 하지만 그에게 속해 있거나 지배받지 않는다. 오히려 다양한 성경험을 편하게 이야기하고, 관계도 연이 주도한다. 유부남이랑 사귀기 때문에 떳떳하게 손이라도 잡고 돌아다니거나, 며칠 여행을 같이 갈 수도 없고, 맨 날 방구석 데이트를 하니 별로다.

피임은 그의 책임이다. 콘돔은 그가 준비한다. 그런데 그만 재수 없게 임신이 되었다. 그와 함께 산부인과에 가서 중절수술을 했다. 유부남은 또래에 비해 비싼 음식과 선물을 줄 수 있는데, 결국 남자들은 미성숙하다. 남자들은 다 그냥 애들이다. 유부남 변호사는 되게 쿨하고 독특한데, 진짜 맘은 열지 않는다. 힘써서 섹스하고 나면 외롭다. 머리 속 온갖 잡다한 걱정 다 비우고 해야 한다고 그에게 가르침을 준다. 그와 여행에서 돌아오는 차안에서 장난을 하다가 교통사고가 났다. 그리고 그에게 새 남자가 생겼다고 말했다.

연은 성경험이 많다. 남자와의 관계에서 주도적이며 한 남자에게 속해 있지 않다. 그녀는 성적 결정권을 확실하게 누리고 있다. 유부남과 사귀는 것에 대해서 죄책감이 없다. 새로운 애인이 생겼다고 해서 방금 옛 애인이 된 남자에게 미안해하지도 않는다. 만나고 헤어짐에서 뭉그적거리고 진척거리지 않는다. 하지만 그녀가 자신의 몸을 사랑하는지는 의문이다. 20대의 건강한 여성이라면 성적 결정권의 핵심인 피임에 대해서 전문가가 되어야 하지 않을까?

▲평화로워 보이는 가족의 일상
출처 : http://www.cine21.com

30대 부부의 성 이야기

호정과 영작 부부는 제각기 살아간다. 호정은 영작에게 말한다. "각자 아버진 좀...., 각자 좀 해결하자", "신경쓰지 말고 당신도 당신 인생 살아." 그리도 함께 하고 싶어서 결혼한 부부가 정작 부부가 된 이후로는 제 인생을 사느라고 동거인처럼 산다. 영작은 일과 혼외정사로 바쁘다. 호정은 입양한 '아들'과 대부분의 시간을 보낸다. 아들이 친구나 남편이 되는양 싶다. 남편과 아내가 따로 지내기는 잘 하는 듯 싶은데 함께하는 데는 매우 취약하다.

이들 부부의 성생활은 평이하고 활력이 없다. 호정은 남편의 연애할 자유를 인정한다. 남편과의 성관계에서 남편의 죄의식이 느껴진다. 최근에는 호정의 몸이 느끼지 못한다. 자위를 해도 느낌이 없다. 남편은 마음이 변하는데 몸이 변하지 않겠느냐고 한다. 마음이 변한 사람만이 할법한 이야기이다. 남편은 자주 피곤하다며 잠만 잔다. 호정은 결혼 전보다 결혼한 후에 섹스를 덜 하는 것 같다. 남편으로부터 중성 취급을 받고 있다.

영작은 큰 돈은 벌지 못하지만 정의의 편에 서서 부정의를 파헤치는 역사적인 사건을 맡고 있다. 물론 작은 사건들도 많다. 아버지는 간암으로 돌아가시고, 어머니는 새 인생을 찾으시겠다고 한다. 게다가 내 잘못으로 아들이 죽었다. 아내는 위로가 되지 못한다. 연인 연에게 찾아갔지만 이미 그녀 곁에는 젊은 애인이 있다. 나이가 부끄럽다. 정신없이 술에 취해서 술집여자, 여비서를 전전한다. "지금 내가 딴 여자 좀 만나는 게 뭐 그리 문제가 되는 거냐?"

호정은 어쩌다가 옆집 고등학생과 연애를 했다. 그 애는 아들의 죽음으로 움츠러든 몸과 마음에 위로가 되었다. 그리고 잃었던 절정의 느낌을 되찾고 임신이 되었다. 남편은 잘 하겠다고 하지만 이제 남편은 아웃이다. 호정의 자립을 위해서 박수를 치고 싶은데, 통장 잔고가 걱정된다. 도움이 안 되는 남편으로부터는 자유로우나 경제적으로는 자유롭지 못한 또 하나의 한부모 엄마...

• 자위(Masturbation)
나홀로 성행위로서 자위행위는 인생의 어느 단계에서든 어느 나이에서든, 그리고 어떠한 사람에게든 생길 수 있는 정상적이고 자연적이며 또한 건강한 성적인 표현이다.

60대 노인의 성 이야기

호정의 시어머니 홍병한 여사는 알코올중독 남편과 살면서 섹스를 안 한 지 15년이 되었다. 남편은 간암 말기 환자이다. 하지만 몸도 마음도 남편을 떠났다. 나이 먹을 만큼 먹어서 미안하고, 창피하고, 죄의식 느끼고, 그럴 필요 없다고 생각한다. "그냥 몸 원하는 대로, 몸 위해 주면서 사는 거 맞지?" 홍 여사는 나이 60에 진짜 어른이 된 기분이다. 자기 인생 자기가 책임지는....

아들 부부에게 "만나는 남자 있다. 결혼할지도 몰라." 하고 선언을 한다. 그리고 너무 좋아서 19살 소녀처럼 들떠 말한다.

> "15년 만에 섹스도 해. 듣기 싫어도 난 해야겠다.... 나, 요새 생전 처음 오르가즘이란 걸 느껴.... 내가 이 나이에 이럴 수 있다는 거, 니들은 이해가 안 되지?(중략) 하루를 살아도 사는 듯 살아야지. 아무리 여자 인생이 팽팽한 가슴으로 왔다가 쭈그러진 가슴으로 가는 거라지만, 난 지금 이런 내가 아주 좋아, 아주 뿌듯해."

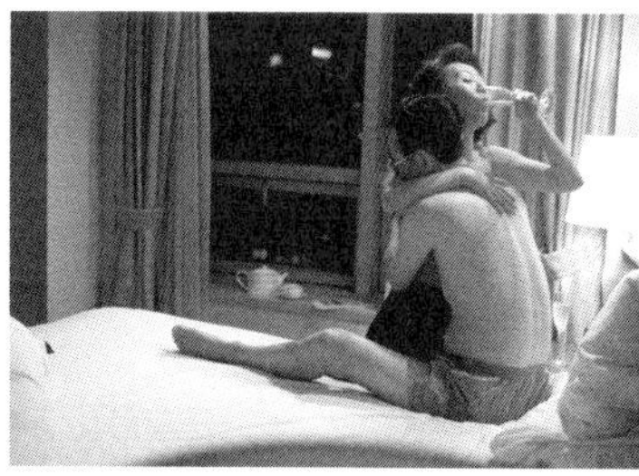
▲15년 만에 되찾은 황혼의 성
출처 : http://www.cine21.com

홍여사는 노인도 성적 욕구를 가진 존재이며 성을 즐길 권리가 있다는 메시지를 당당하게 주장한다. 이 주장은 「죽어도 좋아」에서 긴 시간을 끌며 보여주는 노부부의 성관계 장면보다 더 효과적으로 말하고자 하는 바를 잘 전달하고 있다. 홍여사는 가부장적 가족제도에서 제 몸에 대한 예의를 모르는 남편과 산 기막힌 세월을 노년기에 가서 드디어 보상받는다. 15년 동안 막혀 있던 물꼬가 저절로 터져버린 것이다. 이 영화의 메시지를 '섹슈얼리티'와는 가장 거리가 있을 법한 노년의 홍여사가 전하고 있다.

> • **노화와 성**
> 나이가 들면서 남녀 모두 성기능이 저하된다. 하지만 나이 증가와 성기능 저하가 정적인 관계가 있다고 단정할 수는 없다. 규칙적인 성생활을 할 경우에는 80대까지 성적 극치감을 경험할 수 있다.

현대사회에서는 선남선녀가 만나서 한 지붕 아래에서 '검은 머리 파뿌리 되도록' 함께 사는 것이 더 이상 보편적이며 지고지순한 미덕이라고 주장하기 어렵다. 그럼에도 불구하고 가족으로 사는 동안에 건강한 커플은 청소년의 순수한 성적 호기심, 청년의 성적 충실함, 성년의 배려와 경계지키기, 그리고 노년에 인격의 한 부분인 성생활을 포기하지 않는 '인간에 대한 예의'를 지켜야 하지 않을까 싶다.

생각나누기

1. 외도문제의 원인과 해결방법에 대하여 생각해 보자.
2. 노인의 성에 대한 우리 사회의 인식과 태도에 대해서 토론해 보자.
3. 아동의 입양사실을 공개했을 때, 아동이 경험하는 혼란과 어려움을 해결하기 위한 원조방법을 생각해 보자.
4. 10대 청소년을 대상으로 하는 성교육 프로그램에 포함되어야 하는 내용과 효과적인 접근방법에 대해서 토론해 보자.

참고문헌

Kellly, Gary F.(1995), *Sexuality Today; the human perspective*(fifth ed.). Brown & Benchmark.

군산대 성과가족 카페 자료실 http://cafe.daum.net/ksexgender

http://www.cine21.com/Movies

제13장

미래사회와 사회복지

김 혜 래*

인간의 감정을 그대로 느끼는 로봇이 출현할 것인가?
유전자의 선택적 탄생, 혹은 탄생 이전의 선택이 가능할 것인가?
나와 똑같은 얼굴을 하고 똑같은 유전자를 지닌 복제인간이
현실화될 것인가?

SF 판타지에서만 가능했던 이 이야기들이 점차 가시화되고 있다. 더 이상 소설이나 영화에서만 등장했던 허황된 꿈만이 아니라 실제로 우리의 발 아래에 던져지게 된 것이다.

사회학자 클라크 커는,** 사회변동의 가장 기본적 요인을 테크놀로지의 발달과 인간해방을 위한 움직임의 두 가지로 보고 있다(배규한, 2000). 이것은 미래사회에도 예외가 아니다. 인간을 병마와 노동으로부터 해방시키기 위한 기술적 노력은 최근 수십 년간 꾸준히 경주되어

* 꽃동네현도사회복지대학교 사회복지학부 교수

** 클라크 커(Clark Kerr)는 버클리 대학교의 총장을 지냈고 오랫동안 캘리포니아 대학교의 전체총장과 명예총장을 역임했다. 산업화가 가져올 개인 및 사회에 대한 영향을 예견하여 명성을 얻은 석학이다.

왔다.

그러므로 앞으로 다가올 미래사회는 과거 어느 때보다도 과학기술을 중심으로 하는 시대가 될 것이다. 그리고 그 중 가장 부각되고 있는 것이 바로 로봇(robot)과 생명공학(biotechnology)이다.

체코어로 '강요된 노동'이라는 단어에서 파생되어 이름 붙여진 '로봇'은 인간의 단순반복작업을 대체하는 도우미에서 벗어나, 이제 인간보다 월등한 육체적 노동능력 뿐 아니라 인간의 전유물로 여겨져 왔던 '사고'하는 능력까지 갖추게 되었다. 단순한 정도의 '생각하는 로봇'을 넘어서서, 인간의 감정 변화를 인식하여 다르게 대처하는 로봇이 이미 나오고 있으며(주인의 변화를 민감하게 감지하여 반응하는 로봇 애완동물이 현재 시판되고 있다) 나아가 스스로 감정을 느끼는 로봇까지도 가능할 것이라고 많은 사람들이 전망하고 있다. 이렇게 로봇은 인간의 노동을 대체할 뿐만 아니라 인간과 감정을 공유하는 존재로 거듭날 예정이다.

한편 21세기의 새로운 기술 생명공학은 생명과학의 한 분야로서, 산업적으로 유용한 제품을 생산하거나 제조 공정을 개선하기 위하여 생체나 생체에서 유래되는 물질 또는 생물학적 시스템을 활용하는 기술이다. 이 중에서도 단연 주목받는 것은 바로 유전공학과 유전자 재조합기술이다(이진우 외, 2004). 이 기술들은 그동안 인류를 괴롭혀 왔던 난치병과 유전병에 획기적인 탈출구를 마련하리라 기대되고 있다. 따라서 인간복제, 유전자 조작 등 수많은 윤리적 논란에 휩싸이면서도 세계 각국은 나란히 생명공학 기술 연구를 추진하고 있으며 이 분야에서의 발견은 꾸준히 세간의 관심을 모으고 있다.

이렇듯 로봇과 생명공학을 중심으로 한 미래사회의 기술적 변화는 필연적으로 사회적 변동을 가져오게 된다. 인간과 감정을 공유하는 로봇이 출현함에 따라 인간과 인간으로 이루어졌던 인간관계의 기존 범위가 파괴될 것이며, 나아가 '가족'이 재정의 될 것이다. 또한 생명공학을 둘러싼 숱한 논쟁들은 앞으로 '인간'의 범위마저 모호하게 만들 것이며 많은 학자들이 이를 둘러싼 윤리적 · 인식적 · 정책적 문제들이 파생되리라 우려하고 있다.

사회복지는 그 바탕을 인간과 사회에 두고 있는 만큼 사회변동에 민감하다. 그러므로 이러한 미래사회의 변화 역시 사회복지와 밀접한 관련을 맺고 있다. '인간'의 보편적 행복을 추구하는 사회복지의 이념과, '가족'을 정책적 단위로 삼고 있는 사회복지의 방법적 측면이 모두 다 이 변동에서 자유로울 수 없을 것이다.

따라서 이 장에서는 이러한 미래사회의 변화가 사회복지에 어떻게 영향을 미칠 것인가에 관해, 로봇을 다룬 스티븐 스필버그의 2001년 작 「A. I.」와 인간복제 문제를 화두로 한 마이클 베이의 2005년 작 「아일랜드」의 두 영화를 중심으로 살펴볼 것이다. 인류의 미래를 다룬 영화는 이 외에도 「블레이드 러너」, 「매트릭스」, 「마이너리티 리포트」, 「가타카」, 「저지 드래드」, 「아이, 로봇」 등이 있다.

물론 미래가 이러한 고찰의 대상이 될 수 있는가에 관해서는 이견이 있을 수 있다. 미래란 아직 오지 않은 시간의 상태로서 과거나 현재와는 달리 가변적인 영역이기 때문이다(배규한, 2000). 실제로 이제껏 사회복지를 다룸에 있어서 미래사회가 중요시된 사례는 거의 없었다. 그러나 앞으로 다가올 미래사회에서 재정의될 사회복지의 기본 개념들에 대해 미리 고민해 보는 것은 그렇기에 더욱 의미가 있을 것이다. 우리가 미래에 대해 한 발짝 앞서 생각하는 만큼, 그 불확정성에 대한 다양한 대안을 마련할 수 있을 것이기 때문이다.

1. 새로운 가족의 모색 : 「A. I.」

인간을 맹목적으로 사랑하는 로봇 소년을 주인공으로 한 「A. I.」는 기계와 인간이 공존하는 미래 사회의 모습을 그린 SF 영화이다. 영화의 제목인 「A. I.」는 Artificial Intelligence, 즉 인공지능의 약자로 '로봇'을 뜻한다.

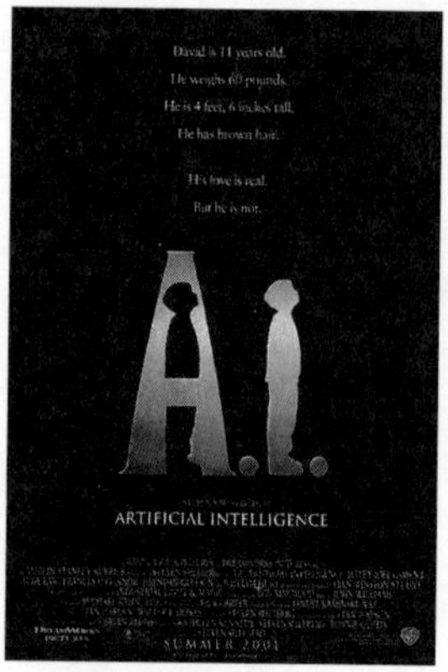

▲A. I.
• 감독/스티븐 스필버그
• 주연/할리 조엘 오스먼트, 주드 로
• 제작 연도/2001년
• 상영 시간/144분

소년 로봇이 어느 가족의 일원이 된 후 갈등을 겪고, 결국 가족 밖으로 내쳐진 이후 거리를 방황하며 인간이 되고자 하는 이 이야기는 미래사회에서 가족 형태가 변화할 가능성을 시사한다. 이제껏 가족은 인간 남자와 인간 여자, 그리고 그들의 생식적인 자녀를 중심으로 이루어진 공동체로 인식되어져 왔다. 그러나 이제 그곳에 그들이 낳지 않은, 만들어진 로봇이 자녀를 대체함으로써 새로운 미래 가족 형태를 우리에게 보여주고 있는 것이다.

[작품의 배경]

심각한 온실효과의 폐해로 빙하가 녹아 지구상의 대부분이 물에 잠겨 버린 먼 미래. 심각한 자원부족에 시달리는 상황에서, 고도의 과학기술을 보유한 선진국들은 가구당 출산을 한 명으로 제한하며 먹지 않고 자원도 소비하지 않는 로봇을 만들어낸다.

어느 날, 하비박사는 꿈을 꾸고 사랑을 느끼는 '감정'을 지닌 로봇을 만들 것이라고 공언한다. 이에 어느 학생이 질문을 던진다.

"로봇이 순수하게 사람을 사랑할 수 있다면 그 보답으로 사람은 어떤 책임을 져야 합니까?"

윤리적이고 근원적인 이 질문에 대한 대답은 다음과 같았다.

"태초에 하느님도 아담이 그를 사랑하도록 창조하지 않으셨던가요?"

스탠리 큐브릭은 이러한 문제의식을 영화화하고자 오랜 시간 고민했고 결국 이 프로젝트를 스티븐 스필버그 감독에게 건네었다. 큐브릭의 차가운 냉소와 스필버그의 따뜻한 감성이 조우하는 영화 「A. I.」의 탄생은 1983년으로 거슬러 올라간다. 영국 작가 브라이언 앨디스의 단편소설 "Supertoys Last All Summer Long"을 읽고 아이디어를 얻은 큐브릭은 그에게 시나리오 집필을 부탁했다. 앨디스의 초고 시나리오는

SF작가 이앤 왓슨을 거쳐, 95년 동화작가인 사라 메이트랜드에 의해 동화 〈피노키오〉의 모티브가 추가되었다. 큐브릭은 「A.I.」의 영화적 감성이 자신보다는 스필버그에게 더 어울린다고 판단하고 「A.I.」의 기획과정을 스필버그와 긴밀하게 협조하며 진행하였다. 둘의 비밀스런 토론은 10년 넘게 지속되었으나, 합작이 이루어지기도 전에 큐브릭은 「아이즈 와이드 셧」의 개봉을 앞두고 1999년 사망하게 된다. 그리고 그의 사후, 스필버그는 17년 간 구상되어온 스탠리 큐브릭 미완의 작품 「A.I.」를 완성하였다. 큐브릭이 초기에 생각했던 이미지들을 고스란히 옮겨놓음으로써 표현한계의 벽을 넘어섰고, 영화적 구성, 배우들의 연기 모두 수준 이상이라는 호평을 받았다. 특히 엄마의 사랑을 갈구하며 인간으로의 변화를 꿈꾸는 소년 로봇 데이비드를 연기한 천재 아역 배우 할리 조엘 오스먼트는 아카데미 남우주연상 감이라는 평가를 받는 등 모든 관객과 평단의 찬사를 얻어내었다(백준오, 2002).

[줄거리]

스웬튼 부부의 친아들 마틴은 불치병에 걸려 치료약이 개발될 때까지 냉동된 상태다. 헨리 스웬튼은 실의에 빠진 부인 모니카를 위해 회사에서 만들어진 인공지능로봇 데이비드(할리 조엘 오스먼트)를 주문한다. 구분이 되지 않을 정도로 인간과 흡사한 데이비드는 맹목적으로 부모를 사랑하도록 프로그램 되어 있다. 데이비드는 그들의 아들이 되어 인간사회에 적응해 가지만, 스웬튼 부부의 친자인 마틴이 퇴원하여 집에 돌아오면서 버려지고 만다.

엄마가 들려준 피노키오 동화를 떠올리며 진짜 인간이 되면 잃어버린 엄마의 사랑을 되찾을 수 있다고 생각하는 데이비드는 자신의 장난감이자 친구이며 보호자인 테디 베어를 데리고 소원을 이루어 준다는 푸른 요정을 찾아 여행을 떠난다. 도중에 만난 남창 로봇 지골로 조(주드 로)가 데이비드와 동행하고 두 사이보그는 힘겨운 여정을 거쳐 수몰된 맨하튼에 도착한다.

그러나 결국 데이비드의 꿈을 실현되지 못한 채 그는 기능이 정지되고 외계인들이 도착해 그를 깨울 때까지 2천 년이 흐른다. 데이비드가 건넨 모니카의 머리카락으로 외계인들은 데이비드에게 단 하루의 꿈을 꿀 수 있도록 해 준다. 데이비드는 그토록 그렸던 엄마의 품에서 마침내 안식을 찾는다.

◆사회복지적 관점에서 영화 보기

새로운 가족의 의미

오늘날 가족이라는 단어의 의미가 불명확하다는 데에는 아무도 반박하지 않을 것이다. 가족이라 하면 우리는 통상 결혼한 남자와 여자, 그리고 생식의 결과로 적어도 한 명의 자식이 있어 양육하는 집단을 떠올린다. 가족은 역사적으로 항상 생식을 통한 생물학적 재생산과 양육을 통한 사회적 재생산이 이루어지는 장소였다. 그러나 기술의 발전은 생식을 가족의 밖에 위치시킴으로써 생식 없는 가족의 등장을 가져왔다(이진우 외, 2004).

▲데이비드에게 '엄마'라는 말을 듣고 감격하는 모니카
출처 : http://movie.naver.com

영화 내에서 나타나는 스웬튼 부부의 새로운 가족 형태는 그 생식이 배제되어 있는 부모자녀 관계를 보여준다. 데이비드는 로봇임에도 부모에게 맹목적인 애정을 쏟는다. 처음에는 데이비드를 경원시하던 모니카 역시, 아이가 처음 자신을 '엄마'라고 부르는 순간 감격을 이기지 못한다.

과거에도 입양을 통해 직접 낳지 않은 자녀를 포함하는 가족이 있어 왔지만, 영화에서 나타나는 이 가족은 그 새로운 구성원을 로봇으로 설정함에 따라 더욱 '타인'의 편입을 단적으로 보여준다.

영화 내에서 소년 로봇을 고안한 박사는, 이것이 일종의 '다마고치'라고 비평하는 학생에게 다음과 같이 말한다.

> "항상 아이의 단계이고 사랑스러우며 병도 안 납니다. 아이가 없는 부모들은 허가 나기만 기다리고 있죠. 이건 상업적인 목적이 아닌 인간의

필요에 의한 겁니다."

병도 나지 않고 반항도 하지 않으며 부모에게 맹목적인 애정과 신뢰를 보내는 소년 로봇. 우리는 이미 몇 년 전 '다마고치' – 전자 애완동물 열풍을 통해 인간과 기계 간의 '관계'에 변화가 생겨나기 시작했음을 확인하였다. 인류 역사상 모든 인간관계 및 사회관계는 인간 대 인간의 것이었다. 그러나 「A.I.」의 인공지능로봇들은 그 경계를 부술 뿐 아니라 가장 기본적인 사회적 관계 단위인 '가족'의 울타리마저 뛰어넘는다.

비록 영화에서는 로봇을 진정으로 사랑하지 못했던 인간의 손에 의해 데이비드가 버려지고 말지만, 앞서 말한 이 영화의 아이디어를 통해 적어도 우리는 하나의 단초를 얻을 수 있다. 감정을 느낄 수 있는 로봇이 가족의 일원이 된다는 이 전통적인 가족 개념의 해체는, 미래 사회에는 기술발달과 더불어 우리가 생각지 못한 방향으로 가족의 구조가 변해 갈 수 있음을 보여준다.

이러한 가족의 경계에 일어나는 변화는 사회복지와도 큰 연관성을 가진다. 사회복지는 기본적으로 '가족'을 그 정책적 기본 단위로 삼고 있기 때문이다. 최근 가족의 구성이 다양화되고 있기는 하나, 아직 '일반적'이라고 인지되는 가족의 형태는 부모와 친자녀로 이루어진 핵가족이다. 그러나 최근 사회가 급속히 변화함에 따라 전통적 핵가족 뿐만 아니라 한부모가족, 독신가족, 다문화가족 등의 다양한 가족의 형태가 나타났고 근래의 사회복지정책은 그 가족의 개념을 보다 포괄적으로 변화시키기 위한 꾸준한 노력을 경신해 왔다. 우리나라의 가족에 대한 최근 정책은 건강가정기본법(2005)에 잘 나타나 있는데, 건강가정기본법 3조에 가족이라 함은 혼인, 혈연, 입양으로 이루어진 사회의 기본단위이며 가정이라 함은 가족구성원이 생계 또는 주거를 함께하는 생활공동체로서 구성원의 일상적인 부양, 양육, 보호, 교육 등이 이루어지는 생활단위라고 정의하고 있다. 이것을 통해 보면 여전히 혼인과 혈연이 중심이 되어 있고 좀더 나아가 입양을 거론하고 있는 정도이며 이보다

혁신적인 가족의 형태는 동거가족과 공동체가족은 아직 사회복지의 정책적 대상은 되지 못하고 있는 실정이다.

그런데 만약, 가까운 미래 사회에 인간이 아닌 '것'을 포함하는 가족이 등장한다면 어떻게 될 것인가?

아직 이러한 '감정을 가진 로봇'이라는 설정은 우리에게 멀게만 느껴지는 것이 사실이다. 그러나 꼭 로봇의 형태가 아니더라도, 전통적으로 '타자'라고 인식하던 구성원을 포함하는 가족의 등장은 점차로 늘어날 전망이다. 따라서 사회복지 정책에서 개념화하는 '가족'에 대한 꾸준한 성찰과 재정립이 필요한 시기라 하겠다.

생각나누기

1. 전통적으로 '타자'로 인식했던 대상이 가족으로 편입된 경우의 예를 들어보고 진정한 가족화 과정에 필요한 개별적, 사회적 노력들에 대하여 생각해 보자.

2. 다음은 SF의 거장 아이작 아시모프의 작품 〈로봇〉에서 언급된 로봇의 3원칙이다.

> 법칙 1 : 로봇은 인간을 다치게 해서는 안 되며 행동하지 않음으로써 인간이 다치도록 방관해서는 안 된다.
> 법칙 2 : 법칙1에 위배되지 않는 한 로봇은 인간의 명령에 복종해야 한다.
> 법칙 3 : 법칙 1,2에 위배되지 않는 한 로봇은 스스로를 보호해야 한다.

이 원칙은 로봇을 통제하기 위해 그들이 태어날 때부터 주입된 절대적인 원칙이다.* 이를 바탕으로, 목적을 위해 만들어진 도구적 존재와 그것을 만든 인간 사이에 형성되는 사회적 관계에 대하여 생각해 보고, 이것이 확장될 경우 사회에 끼칠 영향에 대하여 논해 보자.

* 이것은 이후 SF 영화 〈아이, 로봇〉의 모티프로 인용되기도 했다.

2. 인간 복제와 '인간' : 「아일랜드」

영화 「A.I.」에서 미래 사회의 '가족'의 경계가 변화하는 모습을 찾아낼 수 있었다면, 「아일랜드」에서는 그 동안 아무도 의심하지 않았던 '인간'의 경계가 허물어지는 것을 볼 수 있다.

2005년 개봉된 마이클 베이의 블록버스터 「아일랜드」는 21세기에 가장 주목 받는 화제 중 하나인 인간복제를 다루고 있다.

인간복제란 용어가 시사적으로 처음 사용된 것은 1993년 10월 24일자 뉴욕 타임즈에서였다. 여기에서 사용된 정의는 '정자와 난자가 수정된 후 태아로 발육되기 전 상태에 있는 인간 배세포를 복제하고 이를 정상적인 과정으로 발생시켜 동일한 유전자를 가진 인간을 계속 출산해 내는 것'이었으며, 'cloning of human embryo'라는 용어를 사용하였다(황필홍 외, 1999). 이제 인간 복제의 문제는 더 이상 공상 과학의 문제가 아니라 인류의 현실적 문제이며, 또한 그것은 첨단 과학을 선도하고 있는 서구의 문제만이 아니라 인류의 공동 문제이다. 생명 공학은 유전자 치료를 통해 불치병 또는 난치병으로 여겨졌던 질환의 정복에 기여할 수 있다는 기대를 불러일으켰으나 현재 우리는 배아 연구와 생명 복제에 관한 어떠한 윤리적 합의도 이루지 못한 채 '기술'과 '생명' 사이에서 우왕좌왕하고 있다. 인간을 특정한 목적으로 생산할 수 있는 복제 기술은 '인간 존엄'과 양립할 수 있는가? 이 복제된 인간에 대한 처우는 어찌 될 것인가? (이진우 외, 2004)

▲아일랜드(The Island)
- 감독/마이클 베이
- 주연/이완 맥그리거, 스칼렛 요한슨
- 제작 연도/2005년
- 상영 시간/136분

[작품의 배경]

이 영화는 제작자 제리 브룩하이머와 짝을 이루던 흥행 감독 마이클 베이가 처음으로 브룩하이머와 결별하고 감독한 SF 액션 블록버스터이다. 국내에서는 황우석 신드롬을 타고 300만 관객을 돌파하며 그 해의 외화 흥행 1위를 기록했으나 도리어 현지에서는 흥행과 비평 양쪽에서 실패했다. 그러나 고만고만한 작품성에도 불구하고, 본격 오락영화로서는 드물게 과학과 인간, 생명윤리에 대한 문제를 비판적으로 제기한 영화라는 점에서 접근이 용이할 듯하다.

때는 2019년, 복제 기술을 통해 자신과 똑같은 인간을 만든 후 자신에게 필요한 장기를 빼내 사용하는 사업이 비밀리에 성황을 이루고 있다. 사람들은 복제 인간의 목숨과 자신의 돈을 맞바꾸며 삶을 연장시키는 것이다. 복제 인간들을 생산하고 관리하는 시설에서 생활하던 두 남녀가 스스로가 복제인간 상품이라는 것을 깨닫고 시설을 탈출하여 존재가치를 찾는다는 줄거리가 화려한 액션으로 그려진다.

[줄거리]

지구상에 일어난 생태적 재앙으로 인하여 일부만이 살아 남았다는 21세기 중반. 자신들을 지구 종말의 생존자라 믿고 있는 링컨 6 에코(이완 맥그리거)와 조던 2 델타(스칼렛 요한슨)는 수백 명의 주민들과 함께 철저히 오염에서 격리된 유토피아에서 통제를 받으며 살고 있다. 잠자리에서 일어나면서부터 몸 상태를 점검받고, 먹는 음식과 인간관계까지 격리된 환경 속에서 사는 이들은 모두 지구에서 유일하게 오염되지 않은 희망의 땅 '아일랜드'에 추첨이 되어 뽑혀 가기를 바라고 있다.

그런 과정에서 매일 똑같은 악몽에 시달리던 링컨은 제한되고 규격화된 생활에 의문을 품게 된다. 결국 그는 자신이 믿고 있던 모든 것들이 거짓이었음을 알게 된다. 자기를 포함한 그곳의 모든 사람들이 사실은 스폰서(주문자)에게 장기와 신체부위를 제공할 복제인간이었음을 말이다. 결국 '아일랜드'로 뽑혀 간다는 것은 신체를 제공하고 죽음을 맞이하게 된다는 의미였다.

어느 날, 복제된 산모가 아이를 출산한 후 살해되고, 장기를 추출 당하며 살고 싶다고 절규하는 동료의 모습을 목격한 링컨은 아일랜드로 떠날 준비를 하던 조던과 탈출을 시도한다. 그들은 오직 살고 싶다는 본능으로 자신들의 '원본'-스폰서를 찾아나선다. 그리고 그런 그들을 잡아오기 위해 복제회사는 추적을 개시한다.

갖은 위험을 겪으며 링컨은 그의 스폰서인 톰 링컨을 만난다. 톰은 링컨을 다시 복제회사로 돌려보내려 하지만 그를 클론 링컨과 착각한 복제회사의 추격요원에 의해 사망하고, 링컨은 그의 행세를 하게 된다. 그는 그대로 자유를 얻을 수 있었으나, 결국 이용당하고 죽을 운명인 클론들을 해방시키기 위해 조던과 함께 복제회사로 돌아간다.

◈ 사회복지적 관점에서 영화 보기

인간에 대한 개념의 변화

현재 인간 복제, 좀더 포괄적으로 말해 유전자 복제 기술은 인류가 시달려 온 난치병과 유전병을 타개할 수 있는 획기적인 방안으로 각광받고 있다. 그러나 언제나 이것은 '인간의 존엄' 문제와 부딪친다. 신의 영역으로만 여겨져 왔던 생명의 영역에 손을 대게 되면서, 이러한 필요에 의한 인위적 생산이 생명을 도구화하는 결과를 낳는다는 것이다.

일찍이 독일의 저명한 사회학자 하버마스 역시 인간의 '질'을 선택할 수 있는 이러한 상황은 결국 '특정한 조건'을 충족할 때에만 생명체를 생산할 수 있도록 만들며, '이 생명체를 제3자의 선호와 가치관에 따라 도구화할 수 있는' 가능성을 열어 놓는다고 경고했다.

그렇다면, 이렇게 생산된 개체를 우리는 '인간'으로 바라보아야 하는가? 이는 단지 철학적인 논제에만 국한되는 것이 아니다. '인간의 보편적인 행복'을 목표로 삼는 사회복지의 영역 또한 같은 고민에 부딪치지 않을 수 없다. 만약 인간 복제가 실현된다면, 사회복지가 대상으로 하는 '인간'의 범주는 어디에서부터 어디까지인가?

이 경우, 우리는 '인간'에 대한 개념을 먼저 짚고 넘어가야 할 것이다. 인간의 학명이 '생각하는 인간'인 호모 사피엔스(Homo sapiens)임을 기억한다면 문제는 보다 간명해질 수 있을 것이다. 앞서 언급한 하버마스가 인간에 대해 마지막 경계선으로 설정하고 있는 전제 조건은 '인간은 자율적으로 행위하는 인격이다'라는 도덕적 인간관이다.

"너희는 인간이 아냐, 아니, 물론 인간이긴 하지만 너희는 단지…….
진짜가 아냐. 나처럼 진짜 사람이 아니라고."

시설을 탈출한 링컨과 델타에게 시설의 기술자 중 하나인 맥코드는 난감해 하며 이렇게 설명한다. 여기에서 '인간'과 '진짜 인간'의 구별은 유전적 · 도구적인 개념이다. 그러나 살려는 의지를 가지고 자율적으로 행위하는 두 사람을, 결국 맥코드는 '인간'으로 간주하고 돕는다. 이것은 이 영화가 '인간'에 대해 도덕적인 개념을 채택하고 있음을 보여준다.

이러한 인간에 대한 개념과 범주의 변화는, 비단 이야기적 상상 속에서만의 일이 아니다. '인간'의 범주는 인류 역사상 계속해서 변화해 왔다. 고대 시절에는 노예 계급이 인간으로 생각되지 않았으며, 가까운 근대까지만 해도 여성이 온전한 인간으로서 대우받을 수 없었다. 사회복지는 이러한 인간의 범주가 재정립됨에 따라 끊임없이 변화해 왔다. 미래 사회에 과학기술의 발달로 인해 파격적으로 변할 수 있는 '인간'의 범주는 사회복지의 비전 역시 변화시킬 것이다.

이들 노예계급이나 여성이 과거에 온전한 인간으로 대우받지 못했던 것은 의지를 가진 자율적인 존재가 아니었기 때문이 아니었다. 자신들만이 '진짜 인간'이라고 자처한 주도권을 가진 계층의 이들을 인간의 범주에서 배제시킨 결과였다. 이제 사회복지는 사회가 규정한 '인간'의 범주에게 단지 서비스를 제공하는 수동적인 자세에서 벗어나야 한다. 즉 사회복지는 주류에서 배제된 계층의 권리를 옹호하고 그들 스스로 권리를 가진 존재임을 인식할 수 있도록 적극적으로 도와줌으로써 인간 범주의 재정립에 주도적인 역할을 해야 한다.

이렇게 사회 변화에 주동적인 역할을 하기 위해서는 인간 복제의 가능성을 목도하고 있는 현재, 사회복지 분야에서도 이러한 문제들에 대한 철학적 사전 성찰이 분명 필요하다.

생명의 상품화

인간 복제의 논란은 인간의 존엄 외에도 또 다른 문제를 야기한다.

그것은 생명의 상품화이다.

"이건 새로운 아메리칸 드림이야. 시설 밖에는 그럴 수만 있다면(자신을 복제하여 영생을 얻을 수만 있다면) 얼마든지 지불할 부자들이 있어."

영화 「아일랜드」에서도 역시 유전자를 복제하는 데에는 막대한 돈이 들어가는 탓에 이러한 최신 기술의 혜택을 받는 것은 일부 부유층과 권력층뿐이다. 그리고 그들은 다만 불치병이나 사고에 대비해서 뿐만 아니라 피부 노화를 대비한 성형수술용 복제인간을 만들기도 한다.

이러한 자본주의 사회에서의 고질적 문제 - 모든 것의 상품화는 인간 복제에 있어서도 예외일 수 없다. 즉 당초에 인류의 고통을 경감하기 위해 개발을 추진했던 최신 생명공학 기술은 일부 부유층의 전유물이 될 가능성이 크다. 그리고 이것은 사회 계급을 양극화하고 갈등을 양산할 것이다.

출처 : http://movie.naver.com

역사적으로 사회복지는 자본주의의 발달로 빈부의 격차가 극심해지고 빈곤의 문제가 개인의 노력으로는 그 해결이 불가능하게 되어 국가가 부의 재분배에 개입하면서 발달하였다. 사회복지는 계급의 양극화 현상으로 인한 빈곤계층의 소외를 극복하는 기능을 해왔다. 즉 사회복지는 일부 계층만이 아니라 사회 구성원 모두의 행복을 지향하고 있다. 그러므로 이러한 최신 기술이 일부 계층에 의해 점유되는 계층화의 문제를 어떻게 해결해 나갈지 역시 진지하게 고민하지 않을 수 없다.

생각나누기

1. 생명과학의 발달로 인간복제가 가능하다고 가정할 때, 당신은 다음의 3가지 상황에 대하여 각각 어떻게 생각하는가?

〈상황 1〉 남편은 지능, 사회적인 성취도, 건강상태나 유머감각 등 여러 면에서 시아버지보다 뒤떨어진다. 그러던 중 남편은 아내에게 아버지의 체세포를 얻은 유전자를 아내의 난자에 이식시켜 아기를 얻자고 한다. 그렇게 하면 정상적인 방법으로 남편의 유전형질을 이어받은 아기를 가지는 것보다 더 나은 아기를 가질 확률이 높다.

〈상황 2〉 남편의 집안은 가문을 중요시한다. 남편은 둘째 아들이었으며 벌써 10년 전 결혼한 장남에게는 자식이 없었다. 더구나 남편의 형은 유전성 질환을 앓고 있었다. 남편은 아내 몰래 자신의 체세포에서 얻은 핵을 형수의 난자에 이식시켜 출산을 하도록 했다. 그리하여 종손으로 태어난 아기는 남편을 꼭 빼닮았다.

〈상황 3〉 5세 된 외아들이 유괴를 당한 후 7일 만에 온몸에 상처투성이인 채로 집에 돌아왔고 결국 숨을 거두고 말았다. 아들이 죽은 후 어머니는 우울증 증세를 보이며 아들이 나타나지 않으면 아무것도 먹지 않겠다고 했다. 남편은 둘째아이를 가지면 된다고 하였으나 아내는 죽은 아들의 체세포를 복제하여 똑같은 모습의 아기를 가지자고 한다. 정신과 의사가 보기에 어머니의 말을 들어주지 않으면 곧 정신이상 증세를 보이거나 자살을 시도할 것 같다(상황은 황필홍 외, 1999: pp. 133-134 재구성한 것임).

2. 보건복지부는 2005년 시행된 생명윤리 및 안전에 관한 법률을 전면 개정하여 2006년 9월 정기국회에 제출하기로 하였다. 인간복제와 관련한 우리나라 정부의 입장은 무엇이며 이와 관련된 정책은 어떻게 변화하고 있는지 알아보자.

참고문헌

배규한(2000), 『미래사회학 : 미래연구와 21세기 설계』, 나남.
이승민 · 강안(2006), 『청소년을 위한 추천영화 77편』, 씨네21.
이진우 외(2004), 『인간 복제에 관한 철학적 성찰』, 문예.
황필홍 외(1999), 『낙태 · 포르노 · 인간복제』, 고원.
백준오(juno@dvdprime.com)의 DVD 리뷰 : http://www.dvdprime.com

부 록

사회복지 관련 TV프로그램 목록

아동복지	노인복지
청소년복지	정신보건
학교사회복지	인권
장애인복지	자원봉사
가족복지	빈곤
여성복지	기타

※ KBS, MBC, SBS, EBS 등 각 방송사에서 자체 제작한 프로그램 중에서 선택하였으며 각 프로그램의 요약 설명도 방송사에서 제공한 것임.

아동복지

세부분야	아동 - 빈곤		
프로그램	PD수첩 634회	방 송 사	MBC
제목	나도 크면 가난한가요?	방영일자	2005. 5. 10.

IMF를 겪은 아이들, 그 후의 모습은 어떨까? 부모의 교육정도와 재산은 과연 아이들의 인생에 어떤 영향을 미치게 되는가? 7년의 추적 끝에 찾아낸 그때 그 아이들의 과거와 현재 그리고 미래. 부모 세대의 전철을 답습하는 아이들, 그 가난의 악순환을 끊을 수 있는 대책은 없는 것인가. 부모의 재산과 교육정도는 과연 아이들의 성장 영향을 미칠까? 우혁이와 민구, 두 학생을 밀착 취재해 그 상관관계를 파헤쳐 보았다.

하루하루를 살아가기도 빠듯한 가정, 무관심 속에 방치되는 아이들, 대물림 되는 가난, 늘어나는 아동빈곤. 2004년 7월 발족된 빈곤격차차별시정위원회를 비롯, 여러 복지 정책들이 생겨났는데, 과연 얼마나 실효성이 있었으며 수혜자들은 어떤 혜택을 받았을까? 전문가들이 입을 모아 외치는 빈곤 탈출의 핵심은 교육이다. 교육 기회의 박탈은 사회 진출 기회의 박탈로 이어지고, 이는 다시 빈곤 탈출 기회의 박탈에 이르게 된다. 가난의 세습을 극복하기 위해 1960년대부터 시작된 미국의 '헤드 스타트(Head Start)'의 예를 현지에서 취재, 한국의 복지 정책이 나아가야 할 방향을 모색한다. 그리고 통합된 복지정책의 필요성이 대두되는 시점에서, 2003년부터 시작된 '교육복지투자우선지역사업'의 효과에 대해 알아보고, 미래지향적인 대책을 제시하고자 한다.

세부분야	아동 - 조손가정		
프로그램	뉴스 후 5회	방 송 사	MBC
제목	조손가정을 아십니까?	방영일자	2006. 7 .27

11쌍 중 1쌍이 이혼하는 한국의 부부들, 그들의 이혼 뒤에 남겨진 아이들은 어떻게 살고 있을까. 한부모가정과 재혼가정에서 살기도 하지만, 최근 시골의 노부모들에게 맡겨지는 아이들이 급속도로 늘고 있다. 경남의 한 초등학교의 경우 학생 4명 중 1명이 부모가 아닌 조부모와 사는 이른바 '조손가정' 아이들일 정도로 시골에서 조손가정은 급속도로 늘고 있다. 마치 영화 '집으로'와 비슷한 모습이지만, 현실의 조손가정 아이들은 어려운 시골형편에 현격한 세대차이로 대부분 열악한 보육환경에서 살고 있고, 정부

지원은 거의 미치지 못하고 있다. 지난해 말 비닐하우스 집에서 혼자 있다가 기르던 개에 물려 죽은 9살 소년도 조손가정 아이였다. 더 나아가 노부모에게도 맡길 수 없는 아이는 보육시설로 보내져 하루아침에 이른바 '이혼고아'가 되고 있는 게 현실이다. 세계 최고수준의 이혼율, 그 숫자 뒤에 남겨진 우리 아이들의 삶을 살펴본다.

세부분야	아동 - 조손가정		
프로그램	뉴스 후 6회	방 송 사	MBC
제목	조손가정을 아십니까?	방영일자	2006. 8. 3

농촌에 아이들이 늘고 있다 이유는 다름아닌 조손가정이 늘고 있기 때문. 연로하신 조부모는 성치 않은 몸으로 집안 살림과 양육을 떠안은 채 노후를 저당 잡혀 버렸고, 부모에게 버려지다시피 조부모에게 맡겨지는 아이들은 마음에 씻을 수 없는 상처를 안고 살고 있는 게 현실이다. 경제적인 어려움은 물론이고 무책임한 이혼으로 몸과 마음이 상처로 얼룩져 버린 조손가정의 실태를 집중 취재했다.

세부분야	아동 - 성학대		
프로그램	생방송 세븐데이즈 138회	방 송 사	SBS
제목	아동성범죄, 재범의 악순환을 끊어라!	방영일자	2006. 2. 24

지난 17일, 서울 용산에서 신발가게를 운영하던 50대 남자가 같은 동네에 살던 초등학생 허 모양(11)을 성추행하려다 살해한 사건이 발생했다. 더욱 충격적인 사실은, 그가 작년 7월 동네 아이를 성추행한 죄로 징역 1년, 집행유예 2년을 선고받고 풀려난 지 5개월 밖에 되지 않은 전과자라는 사실이다. 이 같은 범죄를 저지르기까지 이웃 주민들은 전혀 모르고 있던 상태. 성폭행에 대한 아이들의 인지가 부족하고 신고접수조차 제대로 되지 않는 아동성범죄의 경우, 재범률이 상당히 높음에도 불구하고 성범죄자들에 대한 제대로 된 관리 시스템이 없는 실정이다. 이번 사건을 계기로 성범죄자를 감시하는 전자팔찌 도입, 처벌 수위 강화 등 성범죄 관련 법안을 개정해야 한다고 여야가 떠들썩하다. 그러나 정작 이와 관련된 10여개의 개정안들이 작년에 이미 국회 법사위에 발의되어 계류 중인데.... 그래서 국민들은 그 법안들이 통과되어 시행되었더라면 이런 끔찍한 일이 일어나지 않았을 거라고 안타까워한다. 2004년 12월, 여중생이 집단 성폭행을 당했던 '밀양 성폭행 사건'이 터진 직후, 긴급히 쏟아져 나온 법안들조차 여전히 휴면상태. 근본적인 해결책은 제시하지 않은 채, '소 잃고 외양간 고치는 격'의 땜질식 조치에 급급하면서 결국 개정안 처리조차 하지 않는 현실에서 우리나라 아동성범죄의

현주소를 긴급 진단한다.

세부분야	아동 – 방임		
프로그램	생방송 세븐데이즈 137회	방 송 사	SBS
제목	안전사각지대 : 혼자 남은 아이들	방영일자	2006. 2. 17

지난 9일, 강원도 영월의 한 가정집에서 불이 나 아이 3명이 사망한 사건이 발생했다. 부모가 집을 비운 사이 화재가 발생해 미처 대피하지 못했던 것. 아이들의 특성상 불이 나면 밖으로 나가기보다 구석으로 피하는 경향이 많아 더욱 위험하다. 하지만 어린이들의 사고 위험에 대한 예방책은 여전히 미흡한 상태. 요즘 맞벌이 부부가 증가하면서 집에서 혼자 지내는 아이들도 늘어나고 있다. 일을 그만 둘 수 없는 상황에서 집안 곳곳에 도사리고 있는 위험요소들 때문에 부모들은 직장에서도 불안하기만 하다. 이런 문제점을 해결하기 위해 같은 동네에 사는 부모들끼리 서로 돌아가며 아이들을 돌봐주는 품앗이 공부방을 운영하는 등 노력을 기울이고 있다. 나 홀로 집에 있는 아이들, 문제점과 대책은 무엇인지 점검한 프로그램이다.

세부분야	아동 – 방임		
프로그램	생방송 세븐데이즈 140회	방 송 사	SBS
제목	나도 학교에 가고 싶다 : 세상에 존재하지 않는 아이들	방영일자	2006. 3. 10

올해 11살인 재훈이(가명)는 학교에 단 한번도 다녀보지 못했다. 지금껏 재훈이의 출생신고를 하지 않고 미루고 있는 아빠와 학교를 다니고 있는 형들이 돌아올 때까지 하루 종일 재훈이가 하는 일은 TV를 보는 일 뿐. 밖에 나가 본 적도 몇 번 안 되는 재훈이의 안타까운 사정을 마을에서는 그저 수수방관하고 있는 상태다. 인천에 살고 있는 성재(가명, 8세), 성일이(가명, 7세) 형제 역시 사정은 마찬가지. 부모의 주민등록이 말소되면서 아이들의 출생신고가 불가능했고 학교에 갈 나이가 됐음에도 성재는 학교는 커녕 아예 집 밖으로 나가지도 않는다. 심지어 8년 동안 살고 있는 동네주민들은 아이들의 존재조차 모르고 있는데.... 아동방임은 전체 학대에서 가장 높은 비율을 나타내지만 아직 우리 사회에서는 그 심각성을 제대로 인식하지 못하고 있다. '내 아이는 내 맘대로 할 수 있다'식의 사고방식이 아동방임의 문제점을 키우고 있는 것. 헌법이 보장한 교육받을 수 있는 당연한 권리뿐 아니라, 사회구성원으로 살아갈 기회를 박탈당하는 아이들. 학교에 가지 못하는 아이들의 안타까운 사정을 집중 취재한 내용이다.

세부분야	아동 – 입양 (장애아동)		
프로그램	PD수첩 678회	방 송 사	MBC
제목	완전한 가족 : 우리가 장애아동 입양에 대해 모르는 것들	방영일자	2006. 5. 9

우리나라는 특유의 혈통주의로 입양이 그다지 활성화되지 않다가 최근 들어 사회적 인식 변화로 그나마 비장애아동 입양은 어느 정도 이루어지고 있으나 장애아동 입양은 여전히 미미한 실정. 보건복지부 통계에 의하면 작년 한 해 국내 비장애아동 입양은 총 1,434명, 해외입양은 1,364명으로 국내입양이 해외입양을 넘어서고 있다. 하지만 장애아동의 경우 해외입양은 737건인데 반해 국내는 26건으로 0.035%에 그치고 있다. 그나마 역대 최고치다. 국내에서 장애아동을 입양하는 가족은 과연 어떤 사람들인가? 작년 한 해 동안 이 26명의 아동을 입양한 가족의 통계를 파악해 보기로 했다. 입양되는 연령은 3세 미만이 17명으로 가장 많았고, 여자아이가 16명으로 입양에 있어서는 여자아이를 선호하는 것으로 나타났다. 장애아동을 입양한 가정은 주로 월소득 150만 원~300만 원 정도의 평범한 가정이 15건으로 가장 많았다.

완전한 가족이 되기 위한 과제들 장애아동을 입양할 경우 차후에 들게 될 막대한 의료비와 심적 부담이 큰 것은 사실이다. 국내의 경우 장애아동을 입양하게 월 52만 5천원의 양육보조수당과 연간 240만원의 의료비지원, 그리고 의료보호 1종의 혜택이 주어지게 된다. 장애아를 입양한 양부모들은 여전히 사회적 편견과 차별에 맞서고 있다. 혹시 모를 오해를 방지하기 위해 입양 사실을 숨기며 이사를 가기도 한다. 장애를 넘어 입양 이상의 입양을 결심한 양부모와 장애아동 입양아 가족이 완전한 사랑을 이루어가기 위한 조건과 감동을 보여 준다.

세부분야	아동 – 입양		
프로그램	추적 60분	방 송 사	KBS
제목	아기를 수출하는 나라 : 해외입양의 두 얼굴	방영일자	2005. 5. 25

20대 미혼모가 입양기관에서 빼앗아간 아기를 찾아달라며 추적 60분에 도움을 요청해 왔다. 산부인과에서 아기를 낳자마자 입양기관이 자신의 허락도 없이 데려갔다는 것이다. 그런데 이 과정에서 입양기관과 산부인과 간에 돈이 오간 흔적이 확인됐다. 왜 입양아 확보에 뒷돈이 오가는 것일까?

한해 입양되는 아이 3,800명의 가운데 2,300명이 해외로 입양되고 있다. 인권단체는 해외입양의 경우 국가가 아이들의 수출을 부추기고 있다고 비판한다. 특히 해외입양은 입양 후 관리 시스템이 없어 많은 문제가 발생하고 있다. 경제대국 세계 12위, OECD가입국인 오늘날까지 계속되는 대한민국의 부끄러운 자화상이다. 엄마라는 이름을 빼앗겨 버린 미혼모들과 고국으로 돌아오고 있는 해외 입양인들의 충격적인 증언을 통해 해외 입양을 둘러싼 무수한 소문의 진상을 파헤친다.

■ "내 아기를 돌려 달라" 어느 미혼모의 절규
■ 21세기의 비극 "미혼모와 아기들이 이별하던 날"
■ 해외 입양인들이 입을 열다 "우리는 수출품이었다."
■ 아이들을 수출하는 나라, 해외입양. 아동복지사업인가, 비즈니스인가?

세부분야	아동- 위탁가정보호		
프로그램	심야 스페셜	방 송 사	MBC
제목	아이들에게 새 가정을, 가정 밖의 아이들 1부	방영일자	2004. 5. 17

- 홀트아동복지회, 미혼모 출산 중증장애아들
- 충남 보령시 천북면 신덕리 위탁모 민신자(42)
· 위탁아동 차은결(6)의 자폐증
· 자폐아동 양육의 어려움, 심리치료

◆가족들의 심리적 갈등
- 위탁아동 다송이(생후 6개월)
· 백일사진촬영, 가족들의 배려
- 세계수양부모협회 위탁교육현장
- 홍주희(시각장애, 세준이 친엄마), 가족이 모두 시각장애, 세준이 3개월 위탁, 위탁의 장점

세부분야	아동-위탁가정보호		
프로그램	심야 스페셜	방 송 사	MBC
제목	아이들에게 새 가정을, 가정 밖의 아이들 2부	방영일자	2004. 5. 18

- 경기도 안산시 박다송(생후 120일, 위탁아동) 위탁가정
· 보건소 예방접종, 피부과 치료, 이웃의 온정
- 대만의 가정위탁, 좡자화(뇌성마비 위탁아동)
· 정부의 지원, 각종 혜택
· TCF(대만아동복리기금) 타이쫑 지부

· 대만의 위탁양육가정 자격요건
· 대만 내정부 아동국의 지원
- 대구광역시 달서구 ○○동 친족위탁 이철형(36)
· 이가을(미숙아, 7개월) 친족위탁
· 지원 및 혜택 없음, 수급자 지정 불가

청소년복지

세부분야	청소년 - 미혼모		
프로그램	그것이 알고싶다 305회	방 송 사	SBS
제목	외면당한 어린 모성 : 10대 미혼모	방영일자	2004. 7. 24.

최근 4, 5월에 몇 건의 영아살해 사건이 연이어 발생했는데, 이는 청소년들이 방학기간인 7, 8월에 충동적인 성관계를 통해 임신하는 경우가 많다는 것을 보여준다. 더 큰 문제는 그들이 이미 각종 음란물을 통해 성행위에 대해 알고 있지만, 피임이나 임신은 걱정하지 않는다는 것이다. 학교에서 받는 성교육이 정자와 난자의 모양과 역할을 설명해 주거나 순결교육을 하는데 그치고 있는 등 실제 아이들의 상황이나 수준에 맞는 성교육이 이루어지고 있지 않으니 당연한 결과라고 전문가들은 말한다.

특히, 우리나라에는 미혼모만 있지 미혼부는 없다. 미혼부에게 가해지는 법적 책임은 물론이고, 그들에게 도덕적인 책임조차 묻지 않는다. 임신을 하면 당연히 미혼모 혼자 모든 짐을 떠맡게 되고 미혼부는 자기 아이가 아니라고 주장하거나 잠적해 버린다. 아무런 책임을 지지 않는 미혼부는 또 다른 미혼모를 만들게 되고, 결국 미혼모의 수는 늘어날 수 밖에 없는 것이다.

출산과 함께 미혼모들도 당연히 강한 모성애를 갖게 되지만, 현실적인 어려움으로 친권을 포기할 수 밖에 없다. 자기가 낳은 자식을 남에게 보낸다는 죄책감이 엄마에게 정신적인 스트레스를 갖게 하고 평생 잊혀지지 않는 상처로 남는다. 그럼에도 불구하고, 10대 미혼모에게서 태어난 아이는 엄마와 무조건 떼어놓는 입양 외에는 달리 최선의 방법이 없는 상태다. 최근에 아이에 대한 애착을 가지고 직접 자기 자식을 키우겠다는 10대 양육모들이 생겨나고 있다. 입양이 모든 문제를 해결해 줄 완벽한 대안이 아니라면 양육을 하겠다는 미혼모들에게 어떤 길을 열어줄 수 있을지 고민하는 것이 당연히 필요할 것이다.

세부분야	청소년 – 미혼모		
프로그램	생방송 세븐데이즈 133회	방 송 사	SBS
제목	벼랑 끝에 선 모성 : 10대 미혼모	방영일자	2006. 1. 13

지난해 12월 30일, 부산의 한 아파트 계단에서 죽은 남아가 발견됐다. 아이의 엄마는 중학교 3학년. 그리고 지난 1월 4일, 단양 강변 다리 밑에서 탯줄이 휘감긴 그대로 갓난 아기가 버려져 있는 것을 주민이 발견한 사건도 있었다. 최근 연이어 발생하고 있는 10대 미혼모의 영아 유기 사건! 취재진이 만난 고교생 김○○양은 남자친구의 아이를 임신한 지 5개월. 돈이 없어 중절수술을 받을 수 없다고 말하는 김○○양은 아직까지도 가족들에게 알리지 않은 상황이다. 또한 돈을 마련해 불법 중절수술을 받고 후유증에 시달리거나, 주변의 도움을 받아 출산한 뒤 곧바로 입양시켜 정신적인 후유증을 앓고 있는 10대 미혼모도 만나본다. 인권의 사각지대에서 영아유기라는 극단적인 방법을 선택한 10대 미혼모. 그들의 생생한 증언을 통해 '10대 미혼모의 임신과 출산'에 대한 문제점과 대책을 모색해 보았다.

세부분야	청소년 – 미혼모		
프로그램	생방송 세븐데이즈 138회	방 송 사	SBS
제목	우리도 당당한 엄마입니다 : 10대 엄마들(리틀 맘)	방영일자	2006. 2. 24

인천의 한 산부인과 분만실. 열아홉 살 정소이양이 출산의 고통에 몸부림치고 있었다. 진통이 잠시 멎을 때면 한 손에 꼭 쥐고 있던 휴대폰으로 친구들과 문자 메시지를 주고받는 모습은 영락없는 여고생의 모습이다. 소이는 고등학교 2학년이던 작년 봄, 뜻밖의 임신에 어떻게 해야 할지 고민이 많았다. 대학생이던 남자친구(정영준, 21세)와 소이는 뱃속에 자라고 있는 한 생명을 지울 수 없었다. 앞으로 힘든 일도 많이 닥치겠지만 소이는 남편과 함께 좋은 엄마, 아빠가 될 수 있을 거라고 자신감을 보였다. 어린 나이에 임신을 하고, 어렵게 양육을 결정한 어린 엄마들. 그러나 우선 생계를 꾸려나갈 능력도 없는데다 학교를 중단해야 하는 아픔도 겪어야 한다. 전문가들은 물론 어린 나이에 임신을 하지 않도록 예방하는 것이 우선이지만, 이미 임신을 한 경우 이들에게 양육과 학업을 지속할 수 있는 지원이 필요하다고 지적한다. 중학교 3학년에 다니던 중 임신을 하게 된 수은이(가명, 16세)는 이 사실이 알려지자마자 학교에서 자퇴를 강요당했다. 학교의 명예를 손상시켰다는 것이 그 이유였다. 임신 사실도 혼자 감당하기 어려웠던 수은이는 학교와 선생님들로부터 외면당하는 또 다른 상처를 품어야만 했다. 나이는 어리지만 아기를 위해 이제 사회에 당당하기로 한 '리틀 맘'들. 이 가정이 유지되기 위해 필요한 도움들은 무엇인지 들여다봤다.

세부분야	청소년 – 가출		
프로그램	생방송 세븐데이즈 132회	방 송 사	SBS
제목	위험한 선택 : 청소년 가출	방영일자	2006. 1. 6

길거리로 내몰린 청소년들이 위태롭다. 해마다 늘고 있는 청소년 가출, 취재팀이 만나본 가출 청소년들의 대부분은 가정불화를 견디지 못하고 가출을 선택한 경우이다. 이렇게 돌아갈 곳 없는 가출청소년들은 범죄의 위험에 무방비로 노출되어 있는데.. 특히, 여자아이들의 인터넷 채팅을 통한 성매매 범죄는 비일비재한 현실이다. 우리가 만나본 아이들 또한 대부분이 성매매 경험이 있었다. 한때는 쉽게 돈을 벌기 위해 성매매를 했지만 지금은 공장에서 착실히 일하고 있는 선미(가명), 임신 6개월 된 몸으로 낙태 비용을 벌기 위해 여전히 성매매를 하고 있는 재영이(가명). 모두 성매매 범죄에 상처 입은 아이들이다. 성매매 범죄뿐 아니라 절도, 폭행, 앵벌이 등 무수한 범죄들이 우리아이들을 끊임없이 유혹하고 있다. 전국에 46개의 청소년 쉼터가 있지만 쉼터에 대한 정보가 부족한 아이들은 쉽사리 그 곳을 찾지 못하고 있는데.. 과연 이 아이들에게 비상구는 없는 것일까? 가출청소년들이 처한 근본적인 문제점을 들여다보고 대안을 찾아보기로 한다.

세부분야	청소년 – 가출		
프로그램	생방송 세븐데이즈 142회	방 송 사	SBS
제목	범죄의 그늘에 선 가출소년들	방영일자	2006. 3. 24

지난해 조사된 청소년의 가출건수는 총 13,294건. 이 중 9~13세 아동의 가출 건수는 4,395건으로 33%를 차지, 2001년 17%에 불과하던 아동가출의 약 두 배에 해당하는 증가추세를 보였다. 이러한 아동가출의 또 다른 문제는 가출생활을 유지하기 위한 크고 작은 범죄로 이어진다는 것이다. 특히 같은 처지의 아이들이 만나 조직을 이루고, 함께 범죄를 도모하여 점점 그들만의 가출생활을 유지하는 것이다. 문제는 범죄를 저질러도 14세 미만 촉법소년의 경우에는 형사처벌 대상이 아니기 때문에 수사기록에 남지 않는 경우가 많고, 단순훈방이나 보호처분 정도의 조치가 대부분이다. 제작진이 만난 거리의 아이들은 이런 법의 한계를 알고, 자신이 저지르는 범죄에 무감각해져, 더 과감한 범죄행각을 저지르는데 주저하지 않았다고 한다. 제작진은 가정과 학교, 사회의 보호를 받아야 할 14세 미만 아이들이 가출을 선택하고, 범죄를 저지르며, 사회의 비뚤어진 문제아로 커가는 현실을 밀착 취재하여 14세 미만 촉법소년들이 사회적 무관심 속에서 범죄의 악순환에 빠지고 있는 그들에 대한 대책을 모색해 본다.

세부분야	청소년 – (사이버)비행		
프로그램	생방송 세븐데이즈 137회	방 송 사	SBS
제목	청소년 탈선을 부추기는 신종업태	방영일자	2006. 2. 17

최근 10대들에게 인기를 끌고 있는 화상채팅이 음란행위의 온상으로 변질되고 있다. 상당수 아이들이 서로의 알몸을 보여주는가 하면, 심지어 자위행위를 하는 모습까지 스스럼없이 공개하고 있다. 성인사이트에서나 있을 법한 일들이 초등학생에게까지 번지고 있고, 음성적인 성매매로 이어지고 있어 문제다. 이런 가운데 화상채팅과 유흥을 겸한 신종업소들까지 생겨나고 있다. 최근 PC방과 다름없는 가격에 침대와 샤워시설을 겸비한 이른바 'PC방 모텔'이 등장해 충격을 주고 있다. 밀폐된 공간에 술까지 판매하고 있는 이곳은 숙박시설로 등록돼 있어, 남녀혼숙만 아니면 청소년 출입이 자유롭게 이뤄지고 있는 실정이다. 한편 화상채팅을 하면서 노래를 부를 수 있는 '화상채팅 노래방' 역시, 옷을 벗거나 진한 애정행각을 하는 모습이 실시간으로 생중계되고 있다. 문제는 이렇게 찍힌 음란동영상은 마음만 먹으면 무차별적으로 유포될 수 있다는 사실! 실제로 장난삼아 했던 화상채팅의 동영상과 신분이 노출되면서 심각한 후유증을 겪고 있는 아이들까지 생겨나고 있는 실정이다. 하지만 정작 해당 업주들과 해당 사이트 관계자들은 불법적인 요소가 없고 뾰족한 대안이 없다는 이유로 책임을 회피하고 있다. 청소년들 사이에서 온, 오프라인을 망라하고 음란 행위와 성매매가 버젓이 벌어지고 있는 실태를 들여다보고, 이를 방치하고 있는 우리 사회의 문제점을 진단한다.

학교사회복지

세부분야	학교사회복지 - 학교폭력		
프로그램	생방송 세븐데이즈 145회	방 송 사	SBS
제목	치유되지 않는 상처 : 학교폭력	방영일자	2006. 4. 14

지난 4월 8일, 전주 초등생 쌍둥이 형제가 같은 학교 친구를 흉기로 찌른 끔찍한 사건이 일어났다. 인터넷 게임아이템을 둘러싼 아이들의 어이없는 다툼으로 알려진 이 사건, 하지만 취재 결과 흉기를 휘두른 쌍둥이 형제들이 지난 2년간 학교폭력에 시달려 온 것에 대한 보복성 사건이라는 것이 밝혀지기에 이르렀는데.... 학교폭력은 점점 연령이 낮아지면서 그 심각성을 더해 가고 있지만, 사회의 무관심으로 인해 학교폭력 피해자와 가족은 끝을 알 수없는 정신적, 물질적 피해로 고통받고 있다. 이 프로그램은 전주 초등학생 쌍둥이 흉기사건의 내막과 초등학교 시절부터 수년간 학교폭력을 당하고, 거주지와 학교를 옮겨야 했던 한 피해자를 통해, 학교폭력 후유증이 가져오는 심각성을 알리고, 학교폭력 피해자에 대한 적극적인 대책을 촉구하고자 한다.

세부분야	학교사회복지 - 집단따돌림		
프로그램	생방송 세븐데이즈 149회	방 송 사	SBS
제목	학교가 두려운 아이들 : 왕따 해결책은 없는가	방영일자	2006. 5. 19

지난 3월 28일, 목포의 한 여중에서 한 학생이 4층 높이의 학교 난간에서 투신, 중상을 입은 사건이 발생했다. 전교 1등에 1학년 때는 학급 반장도 맡았던, 겉보기에 남부러울 것 없는 학생을 막다른 길로 몰아넣은 원인은 바로 '왕따'였다. 같은 반 4명의 학생들이 피해학생에게 언어폭력을 가하며 상습적으로 따돌림 해 왔다는 것. 그러나 3월 초부터 지속된 아이들의 폭행을 학교 측이 알고 있었음에도 막지 못했고, 투신이라는 극단적인 사건이 발생하고도 아직까지 진상파악조차 제대로 되지 않고 있다. 이처럼 집단따돌림, 즉 '왕따'를 당하는 이들에게 학교는 공포와 기피의 대상이다. 교사가 학과지도와 인성교육을 모두 떠맡아야 하는 힘든 실정 속에서, 믿고 의지해야 할 학교측마저 왕따 문제에 특별한 대책이 없는 실정. 게다가 지난 2년간 시범 운영되면서 왕따 등의 문제해결에 효과가 있는 것으로 검증된 '학교사회복지사' 제도도 예산 부족을 이유로 폐지되고 말았다. 전문가들조차 학교의 역할이 가장 중요하다고 지적하는 가운데 왕따 문제의 해결을 위해 가장 시급한 것이 무엇인지 점검해 본다.

장애인복지

세부분야	장애 – 재활과 과학		
프로그램	MBC 심야스페셜 426회	방 송 사	MBC
제목	IT : 장애를 넘어서는 새로운 희망	방영일자	2005. 4. 18~19

'보다 작고 가볍고 편하게'라는 목표 아래, 인간의 가장 편리한 생활을 추구하는 IT 이런 기술들은 무엇보다 장애인과 비장애인의 격차를 해소하는데 큰 도움이 될 것으로 기대되고 있다. 그렇다면 과연 장애인을 위한 IT기술은 어떤 것들이 있고 그 실효성은 어느 정도일까?

지체 장애인의 경우 목소리로 전신불구 장애인도 눈동자만으로 시각장애인의 경우 다양한 보조 장구를 통해 컴퓨터와 인터넷을 이용할 수 있다. 또한 육체의 장애를 극복하는 새로운 대안으로 인공 신체가 많은 관심을 모으고 있다. 이에 본 프로그램에서는 현재 개발되었고 개발 중인 IT 기술들이 실제 장애인들에게 어떤 도움이 되고 어떻게 필요한지 장애인의 날에 즈음하여 점검해 보고자 한다.

특히, 본 프로그램은 IT 기술의 다양한 실험과 실증을 통해 IT 기술들이 실제 장애인의 삶에 어느 정도의 변화를 가져오고 미래에 대해서 전망해 봄으로써 장애를 넘어서는 새로운 희망으로서 IT 기술의 비전을 제시하고자 한다.

제1부 : 세상과의 접속

음악인 장유경(시각장애1급), 그녀는 미디를 통해 작곡을 하고 인터넷을 통해 자신의 음악을 대중과 공유한다. 루게릭병으로 인한 전신마비 장애인 박승일 씨. 그는 눈동자만으로 인터넷을 하고 새로운 삶의 의미를 찾고 있다.

IT보조기기는 특히 장애아동들의 경우 교육과 직결되어 더욱 큰 의미를 갖는데, 뇌성마비 중증장애아 성호는 부모님이 직접 만들어 준 스위치를 통해 처음으로 한글을 깨우쳤다. 하지만, 유형별, 장애 특성에 맞는 보조기기를 찾기란 아직도 어렵기만 한데, 정보화 세상에서 이들이 세상으로 나아가도록 돕는 일. IT 보조기기의 시작은 진정 장애를 이해하는데서 출발해야 한다.

제2부 : 신기술 속에 희망이 있다

최근 정부에서도 장애인을 위한 IT 보조기기에 관심을 갖기 시작하여 IT 보조기기의 개발 및 보급에 나서고 있는데 2부에서는 미래의 희망이 될 IT 신기술들을 미리 만나본다. 장애인을 위한 IT 신기술은 주거공간과 휠체어의 지능화, 로봇화 등 보다 인간 친화적인 기술개발에 목표를 두고 있다. 인공의족, 근전의수(근육의 신호를 이용한 자동의수) 등은 간의 신체와 직접 연결되어 생체모방을 향해 개발되고 있으며 근육신호, 어금니 신호 등 다양한 생체 신호를 통한 인터페이스까지 장애인을 위한 다양한 신기술들을 소개하고 그 희망과 의미를 찾아본다.

세부분야	장애 – 직업재활		
프로그램	PD수첩 644회	방 송 사	MBC
제목	벼랑에 몰린 시각장애인	방영일자	2005. 7. 26.

성매매특별법 시행 후 타격을 입은 안마시술소의 실태를 집중 조명한다. '안마'라는 명목으로 자행되는 퇴폐영업, 시각장애인 안마사들을 성산업으로 몰아간 사회 구조 등을 파헤쳐 보고 시각 장애인 복지 정책에 대해 함께 고민해 보는 시간을 갖는다.

▶안마업계를 강타한 성매매 특별법

2004년 9월 23일, 성매매특별법이 시행되면서 성매매 산업과 공존해 오던 안마시술소는 직격탄을 맞았다. 지방에서 안마시술소를 운영하는 시각 장애인 임모 씨는 가족 전체가 거리로 나앉을 상황이라며 절박함을 호소했다. 일자리를 잃은 시각장애인 안마사들도 생존의 위기에 몰려 있다. 그동안 안마를 통해 생계를 꾸려오던 만 명 가까운 시각 장애인들이 결정적인 기로에 선 것이다.

▶시각장애인 복지정책의 획기적 전환을 제안한다.

스포츠 마사지, 발 마사지 등 유사업종들이 확장되면서 안마업은 새로운 위협을 맞고 있다. 시각 장애인 안마사들은 유일한 생존책인 안마업마저 정상인들이 잠식해 온다면 어떻게 우리가 살아갈 수 있냐며 눈물로 호소했다. 이 문제에 대한 법정 공방은 행정심판과 헌법 재판소에서 여전히 진행 중이다. '성매매 없는 안마'는 불가능한 것인가? 성매매 없는 안마를 표방하며 2년 전부터 시작된 '안마원' 제도, 그러나 이런 취지에도 불구하고 국가적인 지원을 받지 못하면서 안마원들은 어려운 처지에 놓여 있다. 퇴폐 없는 안마를 먼저 정착시킨 일본의 안마업계를 취재했다. 20년 넘게 피아노를 전문적으로 배워온 시각 장애인 황선경 씨는 우리 사회의 높은 장벽에 부딪쳐 꿈을 이루지 못하고 현재 안마를 가르치고 있다. 또한 안마마저 할 수 없는 맹인들은 완전한 사각지대에 내몰려 있다. '안마 하나로 그만'이라는 시각장애인 정책은 온당한 것인지 짚어본다.

세부분야	장애 - 특수교육		
프로그램	SBS 뉴스추적 350회	방 송 사	SBS
제목	장애아 특수교육은 어디에....	방영일자	2005. 9. 28

장애아 특수교육은 아직도 제자리걸음이다. 장애아이를 키우며 부모들이 겪는 가장 큰 문제는 통합교육을 할 수 있는 학교의 부족이다. 초등학교에서는 2개에 한개 꼴인 52%가 특수학급 설치하고 있는 반면, 중학교 34% 고등학교가 7%에 불과하다. 이 때문에 장애 학생들은 상급학교로 진학할수록 불편한 몸을 이끌고 먼 거리로 통학하거나 이사를 가야만 하는 상황이다. 또한, 특수교육보조원의 경우, 현재 2091명이 활동을 하고 있지만 장애 학생에 비해 보조원의 숫자는 턱없이 부족한 실정이다. 장애아이의 엄마들은 사설학원이나 복지시설을 다니며 교육을 할 수 밖에 없고, 때문에 사교육비가 많이 들 수 밖에 없다. 이런 부담을 해결해 줘야 하는 정부에서는 2005년 특수교육에 대한 예산을 늘렸다는 게 8,220억원, 장애아이들이 받을 수 있는 기본적인 교육을 이행하는데만 1조 8,000억원이 필요하다는 게 관련 전문가들의 주장이다.

세부분야	장애 - 정책		
프로그램	일요스페셜	방 송 사	KBS
제목	하이테크가 가져온 희망 : 미국 장애인 정책	방영일자	2001. 4. 29
미국 장애인 정책			

가족복지

세부분야	가족- 결혼이민자가정		
프로그램	PD수첩 제632회	방 송 사	MBC
제목	우리 엄마는 필리핀	방영일자	2005. 4. 26.

지난해 외국 여성과 결혼한 한국 남성은 2만 5천명, 국제결혼 10% 시대를 방증이라도 하듯, 코시안의 숫자 역시 빠르게 증가하고 있다. 행복한 결혼 생활을 꿈꾸며 먼 나라로 시집온 국제결혼 이주 여성들과, 국내에서 신부를 구하지 못해 외국에서 신부감을 데려오는 한국 남성들. 그들이 꾸린 가정은 과연 행복하기만 한 걸까? 그들의 자녀들은 올바르게 성장하고 있는 것인가? 이 전국의 수많은 국제결혼 가정을 직접 찾아가, 국제결혼 가정의 현주소를 긴급 점검한다.

국제결혼 가정이 흔들리는 원인 중 하나는, 문화차이에 의한 시부모와 며느리간의 갈등이다. 차이를 인정하지 않고 며느리를 '게으르다' '버릇없다'고 윽박지르는 시부모와, 한국의 가족문화를 이해하지 못해 진정한 식구가 되지 못하고 겉도는 이방인 며느리들. 언어소차 통하지 않는 그들이 서로의 거리를 좁힐 방법은 과연 없는 것일까?

*국제결혼의 함정, 해결 방법은 없는가? 국제결혼 가정에서 가장 시급하게 해결해야 할 과제는 언어 차이를 극복하는 것. 하지만 우리 사회는 이들의 성공적인 정착을 지원하는 기본적인 시스템조차 갖추지 못하고 있다. 일부 지자체와 시민단체를 중심으로 '이주여성 한글교육' 등이 이루어지고 있는 것이 그나마 반가운 일. 이들이 당당한 한국 사회의 구성원으로 자리 잡을 수 있도록 우리 사회가 지원해야 할 것은 무엇인지 모색한다.

세부분야	가족 – 기러기가족		
프로그램	SBS 뉴스추적 357회	방 송 사	SBS
제목	기러기 가족 : 무엇을 얻었나	방영일자	2005. 11. 9

얼마 전 가족을 미국에 보내고 혼자 살던 50대 기러기 아빠의 죽음으로 아빠는 한국에 남아서 돈을 벌고 아이와 엄마만 외국으로 유학보내는 기러기 가족이 다시 사회의 이목을 끌고 있다. 이제 조기유학은 더 이상 일부 부유층만이 향유하는 특권문화가 아니다. 이미 5만명이 넘을 것이라는 기러기 아빠를 양산해 낸 기러기 가족. 과연 그들이 얻은 것과 잃은 것은 무엇일까?

자식을 위해서라면 어떤 희생도 감내하는 한국의 부모들. 가족을 떠나 보내고 홀로 남은 기러기 아빠. 돌아온 가족, 그리고 한국에 돌아왔다 다시 떠나는 가족 등, 다양한 가족의 모습을 통해 우리 시대의 또 다른 이산가족 '기러기 가족'이 남긴 것은 무엇인지

추적해 본다.

세부분야	가족 - 저출산		
프로그램	MBC 심야스페셜 436~437회	방 송 사	MBC
제목	출산 파업 : 엄마들의 반란	방영일자	2005. 5. 23~24

2004년 대한민국은 출산율 1.19명을 기록했다. 출산파업은 개인적인 선택의 문제이면서, 동시에 국가적 재앙을 불러올 수 있는 문제이다. 정부는 '저출산과 고령화 사회'에 대해 본격적인 대응을 시작했다. 그러나 제도의 개선만으로 저출산의 문제가 해결될 수 있을까 우리보다 먼저 저출산 문제의 심각성을 인식하고, 1994년부터 사회적 대책을 마련했던 일본. 엔젤 플랜, 신 엔젤 플랜으로 이어진 일본의 저출산 대책은 출산율을 높이는데 실패했다. 그리고 남성과 여성의 고정적인 성역할에 대한 변화 없이 출산율은 높아지지 않을 것이라는 결론을 얻었다. 우리는 일본의 상황에서 무엇을 알 수 있을까? 저출산은 출산의 주체인 여성들이 직면하고 있는 현실적인 문제에 귀를 기울이라는 경보일 것이다.

제1부 : 일본의 저출산 대책은 왜 실패했나?

선진국 중에서 출산율 2.1 이상을 보이는 나라는 없다. 그러나 1.5 이상을 유지하는 나라와, 1.5 이하의 나라 사이에는 분명히 차이가 있다. 남성 중심적인 가부장제가 남아 있는 사회, 여성의 취업률이 낮은 사회일수록 출산율은 낮다. 일본은 10여 년 전부터 저출산 대책 마련하여, 보육시설을 늘리고, 육아휴직 제도를 만들어 여성이 일과 육아를 병행할 수 있도록 했으나 출산율을 높이는 데 실패했다. 그리고 여성이 일과 육아를 모두 잘 할 수 있도록 지원을 하는 것이 중요한 것이 아니라, 육아가 여성의 몫이라는 성별 분업의식부터 고쳐야 한다는 것을 깨달았다. 일본은 이제 육아 자체에 대한 지원을 강화하는 신신엔젤플랜을 시작한다. 저출산 대책을 마련 중인 한국이 눈여겨볼 대목이다.

제2부 : 저출산 해법을 찾아라

임신을 하면 직장 동료와 상사가 눈치를 준다. 법으로 보장된 모성 보호권은 주장하기도 힘들다. 왜일까? 단순히 기업에게 비용부담이 되기 때문일까? 출산을 전후로 노동효율성이 떨어지기 때문일까? 여성단체에서는 이 단순한 분석에 고개를 젓는다. 여성에게 사회활동은 부차적인 것이며, 제1의 임무는 출산을 하고 육아를 담당해야 한다고 생각하는 고정적인 성역할론 때문이다. 출산 능력이 있는 여성은 임신과 출산만을 담당하고 육아는 파트너인 남성과 사회가 함께 할 때, 남성과 동등한 노동권이 확보될 때, 즉 고정적인 성역할인식이 바뀔 때 저출산 문제는 해결될 수 있을 것이다.

세부분야	가족 – 호주제		
프로그램	심야스페셜	방 송 사	MBC
제목	호주제로 본 우리 시대 가족 이야기 : 호주제와 가족의 상관 관계	방영일자	2004. 11. 8.

'행정수도 이전은 관습 헌법에 위배된다'는 헌법재판소의 판결 이후, 잠잠하던 호주제가 다시 도마 위에 올랐다. 일각에서는 호주제도 관습 헌법이며, 호주제 폐지를 주장하는 것 역시 위헌이라는 주장이 제기되고 있다.

제1부 : 호주제와 가족의 상관관계

아홉 살에 한 가족의 호주가 된 아들, 친권과 양육권을 갖고 있어도 아들 보험금 하나 탈 수 없는 어머니, 전남편의 성을 가진 아이를 재혼한 남편의 성으로 바꾸기 위해 아이를 실종 신고한 어머니 등 이들은 모두 우리 시대의 호주제가 만든 사람들이다. 하지만 이들을 바라보는 사회의 시각은 정상적이지 않은 가족의 모습일 뿐이다. 도대체 정상 가족과 비정상 가족을 구분짓는 잣대는 어디에서 비롯된 것인가. 우리의 전통이라 부르는 호주제가 과연 조선시대에도 존재했을까? 호주제가 폐지되면 많은 사람들의 우려처럼 이혼율이 늘어나고 가족이 해체될까? 그에 대한 해답은 가족 관계를 규정한 한 장짜리 호적이 아니라 바로 우리 안에 있다. 급격한 사회 변화와 함께 가족의 의미도 다양하게 바뀌어 왔다. 하지만 법과 제도는 현실과 너무나 큰 차이를 보이고 있다. 그렇다고 새로이 등장하는 다양한 형태의 가족을 언제까지 가족이 아니라고 외면할 수는 없는 법이다. 진정한 가족의 기준은 과연 무엇이어야 할지 알아본다.

제2부 : 新 가족백서

전 세계에서 가장 다양한 가족의 형태를 지원하고 있는 나라는 네덜란드와 프랑스다. 특히 프랑스는 팍스(PACKS)법이라는 제도를 통해 미혼모와 독신 가정은 물론, 동거 가족과 동성애 가족에 대한 지원까지 펼치고 있다. 또한 우리와 가까운 일본에서도 가족의 개념을 확장하는 두 가지 시도가 진행되고 있다. 노인들을 위한 실버 타운에 아이가 있는 일반 가정을 입주시켜 가족의 정을 나누는 '타이요노모리'와 맞벌이 부부를 위해 아이를 보육 시설이 아닌 일반 가정에서 보살필 수 있도록 한 '패밀리 서포트' 사업이 그것이다. 이는 혈연 중심의 폐쇄적이었던 가족 개념을 사회적으로 확장시키는 계기가 되고 있다. 보다 넓어진 가족의 테두리 안에서 보다 많은 사람들이 행복해질 수 있는 사회. 해외사례와 우리의 현실을 통해 21세기, 새로운 가족의 모습을 그려본다.

여성복지

세부분야	여성 - 빈곤		
프로그램	열린채널	방 송 사	KBS
제목	빈곤의 벽 앞에 서 있는 여성가장들에 대한 보고서	방영일자	2005. 5. 7

여성 빈곤화에 대한 제반 현상과 문제를 제기하고, 그 원인을 해결하기 위한 대안 모색한다.

세부분야	여성 - 알코올중독		
프로그램	VJ특공대	방송사	KBS
제목	시대유감! 술 마시는 여자들	방영일자	2005. 7. 22

여성 알코올 중독자 55만명?! 최근 들어 여성의 알코올 중독 현상이 증가하고 있다. 원인은 다르지만 한 잔 술로 일상에서 탈출하려는 여성들이 중독의 늪에 빠져 허우적거리고 있다는데... 각 지역 파출소에는 매일 밤, 만취상태로 난동을 부리는 여성들을 심심찮게 볼 수 있다.

늘어나는 여성 알콜 중독자들을 위한 전문 병동까지 생겼다. 지난 3월 문을 연 이 곳엔 만취상태의 아내를 데리고 오는 남편들의 발길이 끊이지 않는다는데... 만취상태에서 실려 온 한 30대 부인. 알코올 중독으로 자신이 누군지 집이 어딘지도 모른 채 치료를 받고 있다.

그런가 하면 10년째 술과 싸움을 벌이고 있는 부부가 있다. 술이 없으면 잠을 이루지 못하는 부인을 위해 매일 퇴근길에 소주를 사들고 가는 남편이 있다. 끊게 도와야 한다는 생각은 하지만 술이 없다면 잠을 이루지 못하고 더 힘들어하는 아내에게 어떤 방법을 찾아야 할지 남편은 고민중이란다. 수차례 알코올 병동을 오가며 남편과 자식, 그리고 재산과 건강까지 잃은 여성도 있다. 술 때문에 모든 걸 잃은 후, 이제 다시는 술을 입에 대지 않겠다고 결심하고 그동안 잃었던 모든 것을 회복하겠다고 결심했는데.... 술의 유혹을 물리치고 새로운 인생을 준비하고 있는 그녀의 짧은 병동 밖 나들이까지 알코올의 늪에서 고통받는 여성들의 현실을 담아본다.

세부분야	여성 - 알콜중독		
프로그램	추적 60분	방 송 사	KBS
제목	여성 알코올 중독 실태보고, "키친 드링커"를 아십니까?	방영일자	2006. 4. 12

알코올 중독이 가정파괴의 주범이라는 사실은 이미 어제 오늘의 이야기가 아니다. 그런데, 전문가들은 여성 알코올 중독이 남성 알코올 중독보다 더 심각하다고 말한다. 술을 마시는 행태와 사회 문화적인 편견, 그리고, 신체상의 차이점 때문이라고 말한다.

취재진은 여성 알코올 중독과 남성 알코올 중독의 차이점을 관찰하기 위해, 알코올 전문 병원의 여성 병동과 남성 병동에서 각각 일주일동안 그들을 지켜보기로 한다. 그들이 술을 끊기 위해 가장 필요로 하는 것은 무엇인지 설문조사도 실시한다. 아울러, 여성 알코올 중독자를 위해 우리가 준비해야 할 사회적 안전망은 무엇인지 점검해 본다.

세부분야	여성 - 데이트폭력		
프로그램	그것이 알고 싶다 391회	방 송 사	SBS
제목	위험한 데이트	방영일자	2006. 7. 29

◈ 데이트 폭력의 현실

그 동안 연인 간의 폭행은, 사랑싸움으로 가볍게 치부되어 온 것이 사실이다. 또한, 피해자의 대부분이 애인으로부터 폭행당했다는 사실을 숨기고 싶어하기 때문에 쉽게 외부로 드러나지 않고 묻히는 경우가 많다. 실제로 한 설문조사 결과에 따르면 20대 여성의 30% 이상이 데이트 상대로부터 폭행을 당한 적이 있다고 응답했다. 하지만 데이트 폭력의 경우 친밀한 관계에서 일어나기 때문에 법적으로 대응하기가 쉽지 않고, 설사 이러한 일을 호소하고 도움을 청해도 데이트 폭력에 대한 사회적인 인식이 부족해 상담센터에서조차 외면당하고 있는 것이 현실이다.

가정폭력 및 범죄로까지 연장될 수 있는 연인 간의 데이트 폭력의 심각성을 짚어보고 이에 대한 실질적인 법적인 제도 마련이 시급함을 이야기해 보고자 한다.

세부분야	여성 – 성매매		
프로그램	그것이 알고 싶다 316회	방 송 사	SBS
제목	성산업 24조원, 누가 성매매를 부추겼나?	방영일자	2004. 11. 20.

지난 9월 23일 발효된 성매매 방지 특별법에 대한 논란이 아직도 뜨겁다. 과연 이 법으로 성매매가 근절이 될 수 있는가라는 질문에 대한 대답들이 첨예하게 맞서고 있는 가운데, 24조원에 이르는 성산업의 갑작스러운 몰락이 경제에 미칠 파장이 새로운 이슈로 떠올랐다. GDP 4%에 해당하는 규모로 우리 경제의 한 축을 담당했다는 성산업. 하지만 관련 종사자인 성매매 여성과 업주들은 생계비를 걱정해야 할 위기라며 대책을 하소연하고 있다. 과연 이 어마어마한 규모의 돈은 누구의 주머니로 흘러 들어가고 있었는가? 성산업을 부추겨 이득을 취해 왔던 사람들은 누구였는가? 성매매방지 특별법 시행 후 2개월이 지난 시점에서 이 법이 가져 온 변화를 살펴보고 뿌리 깊은 한국의 성산업의 진실을 알아본다.

아직도 집창촌을 떠나지 못하고 있는 성매매 종사자들 법 시행 후 선불금에서 자유로워진 성매매 종사자들의 상당수가 아직도 집창촌을 떠나지 못하고 있다. 넉넉한 수입과 헤픈 씀씀이 습성을 못 버렸다고 탓하는 사람도 있지만, 이 들의 속사정은 간단치 않다. 가족의 생계를 책임져야 하는 자발적 성매매 종사자는 물론 선불금 못지않은 가욋돈의 사슬에서 벗어나지 못하는 사람도 있다. 정부의 재활 프로그램에 참여할 수 없는 이들의 사연을 들어 본다.

착취구조의 바탕위에 고소득을 올렸던 업주들의 실체를 파헤친다. 순천의 한 업주는 성매매 종사 여성들을 착취하는 방법으로 수백억원의 부를 축적했다. 성매매를 방치, 조장한 책임 60년대 박정희 정권부터 최근에 이르기까지 외화획득과 미군 주둔이라는 목표를 위해 성을 산업화하도록 조장하고 방치했던 국가의 책임을 파헤친다.

세부분야	여성복지 – 아내강간		
프로그램	그것이 알고 싶다 310회	방 송 사	SBS
제목	내 아내 내 맘대로 할 수 있나 : 부부 간 성추행과 강간 논란	방영일자	2004. 9. 11.

지난 8월 20일 아내를 성추행하고 원치 않는 성행위를 강요한 남편에게 법원이 유죄를 선고했다. 이번 판결은 지난 30년간 부부 사이의 성폭행을 인정하지 않았던 대법원 판례를 뒤집는 것이라는 점에서 논란과 함께 주목을 받고 있다. 여성계를 비롯한 몇몇 시민 단체는 환영의 뜻을 표하는 반면, 일부에선 부부간의 성폭행 사건이라는 매우 드문 사건을 기준으로 일반부부들의 성생활까지 규정하려 한다며 반발하고 있다. 그러나

우리는 이러한 논란 중에 가정폭력쉼터에서, 그리고 바로 우리 이웃에서마저도 강제적인 부부관계에 응해 왔던 수많은 기혼여성들을 만날 수 있었다.

그리고 그러한 밑바탕엔 부부 사이의 성에 대한 잘못된 인식이 자리잡고 있다. 실제로 한 조사에서 80%에 가까운 남성이 부부관계를 부부싸움 후 화해수단으로 가능하다고 응답한 반면 실제 그런 상황에 처했던 여성들은 자신들이 남편의 성적 욕구해소의 수단으로 취급받고 있다고 느꼈다고 대답했다. 이런 잘못된 인식은 자칫 일방적인 부부관계를 형성해 결혼생활에 치명적인 상처가 될 수 있다는 점에서 시급한 변화가 필요하다.

설사 이혼까지는 가지 않는다고 해도, 남편의 일방적이고 배려 없는 부부 관계 때문에 성에 대한 흥미를 잃어버린 아내들. 그들은 여성이 성에 대한 적극적인 의사표현을 했을 때 '밝힌다'고 치부해 버리는 가부장적 문화 속에서 부부관계를 멀리 하는 〈섹스리스〉가 되거나 〈불감증〉이라는 판정을 받고 있다. 최근 있었던 부부간 성추행 판결을 계기로 우리 가정내의 일방적인 부부관계 문화를 되짚어 보고자 한다.

세부분야	장애 - 성매매		
프로그램	그것이 알고 싶다 343회	방 송 사	SBS
제목	성매매?인신매매! : 장애여성을 파는 사람들	방영일자	2005. 6. 11.

◇ 성매매업소에서 빠져나올 수 없는 장애여성
◇ 장애여성의 성매매는 상습적인 성폭력이다
◇ 실제 성매매 장애여성은 얼마나 되나?

성매매 여성들과 꾸준히 상담을 해 온 한 여성단체 활동가는, 신체 및 정신지체장애이거나 장애 가능성이 높은 여성의 비율이 전체 성매매여성의 10%에 육박할 것이라고 말한다. 하지만, 정확한 실태는 그 누구도 파악하지 못하고 있는 실정이다. 한 경찰은 성매매 여성 가운데는 글자도 모르고 자신의 의사를 제대로 표현하지 못하는 여성들을 가끔 볼 수 있다고 한다. 업주의 지시에 순종적인 그들은 대부분 자발적으로 그 업소에 머물고 있다고 말한다. 본인의 동의도 구하기 어렵고 인권침해 시비가 있어 정신지체장애가 의심되더라도 그 여부를 판단할 수 있는 검사조차 제대로 할 수 없는 것이 현실이다.

성매매업소에서 정신지체장애여성을 데려 나오더라도 그들을 전문적으로 보호할 시설은 없다. 그나마 그들을 수용할 수 있는 시설은 성매매여성이나 성폭력여성을 보호하는 쉼터 정도이다. 이곳들도 지금 포화상태이며, 그들이 다른 여성들과 함께 재활해 나가기도 쉽지 않다. 실태파악도 대안도 마련되지 않은 채 우리의 무관심 속에서 장애여성들은 성매매 현장에 방치되어 있는 것이다.

노인복지

세부분야	노인 - 노인학대		
프로그램	현장르포 제3지대 SOS	방 송 사	KBS1
제목	1389 학대받는 노인들	방영일자	2005. 2. 15.

노인인구 430만, 한해 노인 자살건수 3천여건! 유례없이 빠른 속도로 초고령화 사회로 진입하고 있는 지금, 급증하는 노인문제에 대한 우리 사회의 대책은 무엇인가! 뚜렷한 노인 복지정책도, 보호 장치도 없는 현실 속에서 자식들에게 버림받거나 학대받는 노인들이 늘고 있다. 지난해 말 개소한 노인학대예방센터를 통해 드러나는 우리 사회 부끄러운 노인학대의 실상과 노인 안전을 위해 힘쓰고 있는 노인학대예방센터 사람들의 활동을 현장르포 제3지대에서 밀착 취재했다.

급증하는 노인학대-2002년 통계 자료에 의하면 노인 3명 중 1명이 학대를 경험했다는 결과가 나왔을 정도로 노인학대 문제가 심각하다. 경제사정이 악화되고 경로사상이 무너지면서 노인학대 문제는 나날이 늘어가고 있지만 그 대책은 미비한 상태이다. 이런 상황에서 지난해 노인복지법 개정으로 전국 16개 시·도에 개설된 노인학대예방센터는 급증하는 노인학대 문제 해결에 한줄기 희망이 되고 있다. 헌신적으로 길러온 자식들에게 신체적·정신적 학대를 받고 무관심과 냉대 속에 방치된 노인들이 전국 어디서든 1389를 누르면 위급한 상황에서 노인들을 구해줄 창구가 열리게 된 것이다.

세부분야	노인 - 치매		
프로그램	추적 60분	방 송 사	KBS
제목	치매 가족의 절규	방영일자	2006. 2. 8

자신의 과거는 물론이고, 현재와 미래까지 송두리째 도둑맞는 슬픈 병이 치매이다.

2005년 경찰청 통계에 따르면, 치매 노인 실종(2,886건)은 미아 실종(2,695건, 8세 미만 아동)보다 많다. 주목할 점은, 정상 아동 미아의 경우 찾지 못한 건은 한 건도 없지만, 87명의 치매 노인은 아직도 생사가 확인되지 않고 있다. 왜, 치매 노인에게서 실종이 많이 일어나는가? 그들은 어디에 있는가? 왜, 찾지 못하는가? 프로그램은 이런 질문들을 던지고 대답을 찾으려는 노력을 보여준다.

세부분야	노인-취업		
프로그램	KBS 스페셜	방 송 사	KBS
제목	새로운 노인시대 : 올드보이의 부활 - 제1편	방영일자	2006. 5. 21

젊은 노동인구가 줄고, 고령화 사회로 진입하면서 국가와 기업들이 은퇴한 일터로 다시 불러들이고 있다. 게다가 연기금 고갈대책에 고심하던 각국은 노인채용과 정년연장을 좋은 방법으로 생각하고 있다. 사라지고 있는 정년에서부터 노년이 새롭게 창출하는 일자리까지, Old Worker를 보는 패러다임의 전환을 취재한다.

정신보건

세부분야	우울증		
프로그램	생로병사의 비밀	방 송 사	KBS 1
제목	우울증 - 제1편	방영일자	2005. 2. 29

이은주, 장국영, 헤밍웨이, 고흐.... 이들의 공통점은?

우울증으로 고생하다가 스스로 목숨을 끊었다는 것이다. 생로병사의 비밀에서는 죽음을 부르는 마음의 병, 우울증의 실태와 원인, 그리고 치료법에 대해 자세히 알아본다.

■ 〈제1편 - 우울증〉

① 우울증, 당신을 죽음으로 몰수 있다.

세계보건기구와 하버드대에서는 2020년 인류를 괴롭힐 3대 질병으로 우울증을 꼽고 있다. 그만큼 우울증 발병률은 급격히 높아지는 추세이다.

우리나라도 예외는 아니다. 2005년 한국자살예방협회 결과에 따르면 한해 평균 자살로 인해 목숨을 잃는 사람은 144,576명, 하루 평균 396명이 자살을 하는 셈이다.

주목해야 할 사실은 자살한 사람의 80% 모두가 우울증 환자라는 사실이다.

제작팀은 서울시민을 대상으로 우울증 자가진단 설문 조사를 직접 실시해 봤다. 그 결과는 놀라웠다. 생로병사의 비밀에서는 우울증 실태와 그 심각성을 집중 취재했다.

② 우울증, 치료할 수 있다.

우울증은 본인의 노력과 주위의 도움만 있다면 70% 이상 완치가 가능하다. 그러나 우울증 환자들은 정작 자신이 우울증이라는 사실을 모른 채 방치해 병을 키우고 있는 실정이다.

전문가들은 우울증 환자의 특징적인 증상, 즉 전조증상을 잘 살피면 조기에 발견, 치료할 수 있다고 말한다. 생로병사의 비밀에서는 우울증을 전조증상 및 치료법을 구체적으로 제시하고, 우울감을 줄이기 위한 생활습관을 소개한다.

세부분야	은둔형 외톨이		
프로그램	추적 60분	방 송 사	KBS
제목	나는 방에서 나가고 싶다 : 은둔형 외톨이 실태보고 2	방영일자	2005. 6. 1

제작진은 전문가들의 도움을 받아 은둔형 외톨이에 대한 체계적인 실태파악과 대안을 중심으로 2편을 제작했다. 이번에는 〈살이 쪘다는 이유로 3년째 방에 틀어박히게 된 20대 여성 은둔형 외톨이〉 〈군에서 폭행을 당하고 방에서 나오지 않는다는 30대 남성〉 〈성폭행을 당한 기억 때문에 9년째 방에서 만 살고 있다는 40대 중년 여성〉 등 다양한 사례를 통해 은둔형 외톨이의 심각성을 알아본다. 이와 함께 〈국내최초로 은둔형 외톨이 가족모임〉 자리를 만들어 전문가의 강연과 부모들의 구체적인 증언을 취재했다.

■ 국내최초 〈은둔형 외톨이 실태〉 심층 보고서

'은둔형 외톨이'는 왜 사회를 거부한 채 방에서만 살아가는 것일까?

추적60분은 두 달여 동안 전국을 돌며 외톨이 가정을 방문했다. 그리고 전화 등을 이용해 실태 조사를 했다 조사에 응한 은둔형 외톨이 사례는 총 64건이다.

모두 24개 항목의 질문을 통해 그들의 생각과 가족들의 이야기를 조사한 결과를 전격 공개한다.

- 주요 조사결과 -

1. 조사인원 : 64명 (남 49 , 여 15)
2. 은둔기간 : 평균 3.98년.
3. 현재 생활 만족도 : 만족한다 (19%) 벗어나고 싶고, 장래가 걱정 (67%)
4. 부모폭행 폭언 경험 : 있다 (33%)
5. 방에서 무엇하고 지내나 : 인터넷과 게임 (80%)
6. 학교 결석 경험 : 10번 이상(42%)

■ 국내최초 〈은둔형 외톨이 가족모임〉을 갖다

■ 은둔형 외톨이 - 당신의 가정도 안전지대는 아니다-

세부분야	아동 – 사이버중독		
프로그램	그것이 알고 싶다 361회	방 송 사	SBS
제목	세상을 거부하는 아이들 : 아동 사이버 중독	방영일자	2005. 11. 5.

어머니의 제보를 받고 제작팀이 형철(가명)이를 만나러 집으로 찾아갔을 때 형철이는 자신의 방 밖으로 나오려 하지도 않았다. 올해 중학교 1학년인 형철이는 관심 있는 것은 오직하나 인터넷 게임. 초등학교 4학년 때 인터넷 게임에 빠진 형철이는 6학년 때는 정도가 심해져 방학 두 달 동안 씻지도 않고 방에만 틀어박혀 게임을 했다고 한다. 외출을 하지 않은 것은 물론 먹을 것도 방에서 해결하며 게임에 매달렸다는 것이다.

결국 형철이는 지난 겨울 3개월간 입원 격리 치료를 받고 퇴원하였고 지금도 약물치료를 받고 있지만 아직도 역시 정상적인 생활이 힘든 상황이다

하고 싶은 일? 없음. 생활목표? 아무렇게나

노트에 써 놓은 형철이의 글. 무엇보다 심각한 것은 지금 형철이에겐, 꿈도 목표도 전혀 없다는 것이다. 그리고 이런 점은 형철이 뿐 아니라 취재과정에서 만난 채팅 등 여티 사이버세상에 중독된 아이들에게서 공통적으로 발견할 수 있었다. 이 아이들의 경우, 인터넷은 과거의 본드보다 더 아이들의 정신을 멍들게 하고 있었다.

많은 부모들이 아이들의 인터넷 이용을 걱정 어린 시선으로 바라보면서도 어떻게 지도해야 할지 몰라 당황하는 사이 청소년 특히 상대적으로 여가시간이 많은 초등학생 중독자가 늘어가고 있다. 세계 최고 수준의 인터넷 기반을 달성한 우리는 어느 나라보다 앞서 아이들의 인터넷 중독을 경험하게 된 것이다. 그리고 그 폐해의 심각성은 우리나라가 제일 먼저 알게 될 것이다.

「그것이 알고 싶다」에서는 최근 늘어가고 있는 초등, 중학생의 인터넷 중독 실태의 심각성을 고발하고 이를 해결하기 위한 사회적 노력을 촉구하려고 한다. 아울러 보통의 가정에서 인터넷 중독에 빠지지 않기 위한 현실적 방법 제시와 함께 형철이의 경우처럼 부모가 늘 옆에서 지도할 수 없는 가정의 경우 치료과정에서 부딪치게 되는 어려움에 대해서도 고민해 보고자 한다.

세부분야	거식증·폭식증		
프로그램	추적 60분	방 송 사	KBS
제목	거식과 폭식의 진실 : 나는 다이어트 중독자가 아니다	방영일자	2005. 9. 21

살빼기 전쟁, 요즘 우리사회에 열풍처럼 불고 있는 현상이다. 그러나 살을 빼야 한다는 강박 관념 때문에 무리를 하다 치명적인 질병을 얻는 것은 물론 자살을 시도하는 사례도 있어 충격을 주고 있다. 음식을 거부하는 거식증, 한번에 엄청난 음식을 먹고 토해내는 폭식증. 모두 살을 빼려는 후유증으로 나타나는 질병이다. 다이어트로 인한 식사장애는 환자 전체의 80%가 여성이지만 취재결과 10명 중 1명은 남성, 10대 청소년도 2명이나 되는 것으로 드러나 충격을 주고 있다. 전문가들은 단순히 다이어트와 음식의 문제로 다루는 것은 위험하다고 말한다. 식사장애란 다이어트중독자들의 배부른 사치인가, 깊은 수렁처럼 헤어나지 못하는 정신질환인가?

추적 60분은 무리한 다이어트로 인해 급격히 증가하고 있는 식사장애환자들의 충격적인 사연을 공개하고 대책을 알아본다.

1. 음식을 거부하는 여성들
2. 남성도 예외는 아니다 - 1년째 먹고 토하는 김모씨(25)
3. 당신의 아이들이 위험하다 - 청소년을 대상으로 설문조사 실시
4. 음식이 내 인생을 망쳤다 - 빗나간 다이어트가 남긴 비극

수년 동안 먹고 토하고 오로지 다이어트에만 집착하는 사람들 가족들에게 식사장애의 고통스러운 현실을 숨기기 일쑤다. 결국, 자신과의 쓸쓸하고도 외로운 싸움을 하고 있다. 심한 탈모증과 위와 식도의 손상, 잇몸이 상하고 치아의 에나멜이 부식되는 건 기본이다. 혈관이 붓는가 하면 침샘이 비대해지고, 전해질 불균형으로 신장 및 심장 기능마저 저하된다. 이어지는 우울증으로 인해 식사장애 환자 10명 중 한 명이 극단적인 방법으로 생을 마감한다. 전문가들은 향후 5년 내에 식사장애 환자들이 폭증할 것이라고 경고하고 있다. 식사장애 환자들에 대한 국가적 대비책이 필요함을 촉구한다.

세부분야	아동 – 놀이 · 미술치료		
프로그램	MBC 스페셜	방 송 사	MBC
제목	놀이방의 작은 기적	방영일자	2000. 5. 5

놀이방에서 이뤄지는 놀이, 미술 치료를 통해 아동들의 내면세계 들여다보고 부모에게 올바른 양육정보 제공 및 건강한 가족관계의 중요성을 고취시킨다.

- 인천 청원유치원의 세 아동의 그림과 놀이에 나타난 내면의 이야기(제멋대로인 학

규, 응석받이 대건, 웃음이 없는 다솜), 어른들은 잘 몰랐던 아이들의 "이해할 수 없는" 행동의 이유를 찾는 그림과 놀이를 통한 분석 과정

- 부모가 만드는 정서장애아(부모의 과잉보호로 대인기피증이 심해진 8살짜리 남아, 극심한 신경질과 폭력적 성향이 강해 잘 놀다가 치료자에게 장난감을 집어 던지던 5살짜리 소년)
- 놀이방에서 상처를 치유하는 아이들

(원광아동상담센터 고문인 주정일 교수의 치료, 보육원의 9세 대범이와 6세 연아 남매의 치료기)

인 권

세부분야	인권 – 존엄사		
프로그램	그것이 알고 싶다 335회	방 송 사	SBS
제목	품위있는 죽음(Well-Dying)의 조건	방영일자	2005. 4. 16.

지금 전 세계는 존엄사(품위 있는 죽음) 논쟁이 한창이다. 무의미한 치료의 중단 또는 인위적인 생명의 단축? 치료를 중단해야 하는가 아니면 계속해야 하는가? 그들에게 치료 중단은 곧 죽음을 의미하는 것이고 이는 치료계속을 선택해야 한다는 의무감을 주게 된다. 그들에 대한 치료행위는 경제적 관점에서 보면 분명히 마이너스이다. 하지만 삶과 죽음의 문제는 인간의 가치관이 개입되는 측면이 강하므로 그들에 대한 치료행위를 경제적 관점에서만 재단할 수는 없다. 환자가 치료받기를 원할 경우 의사가 치료를 중단하지 못하는 이유가 여기에 있다. 하지만, 의학적 죽음을 선고받은 사람들에게 무의미한 치료를 계속할 경우 환자 본인에게 엄청난 고통을 주며 죽음을 앞당기는 원치 않는 결과를 초래할 수도 있다. 치료를 포기할 경우 고통에서 해방되고 자기의 남은 삶을 정리하며 인간다운 임종을 맞이할 수 있다. Well-Dying은 필요악인가? 과연 어느 길이 옳은 것인가? 물론 무조건적으로 존엄사를 인정해야 한다고 할 수는 없다. 환자의 상태에 따라 다른 길을 선택해야 할 것이다.

하지만, 분명히 존엄사를 인정하는 것이 환자와 보호자 그리고 사회적으로 득이 되는 경우가 있을 것이다. 본 프로그램에서는 식물인간과 말기암 환자를 중심으로 그 인정의 기준이 무엇이어야 하는지, 또 존엄사를 인정할 경우 환자와 보호자를 위해서 필요한 것은 무엇인지 등을 심도 있게 다루고자 한다. 그리고 미국의 테리 샤이보 사건과 대만의 존엄사 법도 취재해 시청자들에게 존엄사에 대한 진지한 고민의 장을 만들어 주고자 한다.

세부분야	인권 – 장애인		
프로그램	그것이 알고 싶다 336회	방 송 사	SBS
제목	13과수원 마을의 진실은? : 한 정신지체 장애여성의 짓밟힌 인권	방영일자	2005. 4. 23.

올해 26세의 정신지체 여성인 최씨가 자신을 돌봐주는 과수원 농장 주인에게 10여년 동안이나 지속적으로 성폭행당해 왔다는 소문을 접한 취재진은 해당 정신지체 여성이 미성년이던 17세 때 친정 부모의 묵인 하에 농장에 오게 되어 곧바로 농장주에게 성폭행을 당했고, 이후 정신지체 남성과 결혼 이후 두 아이를 낳았음에도 불구하고, 농장주의 지속적인 성폭행에 무방비로 노출되었고 농장주는 농장에 일하는 다른 일꾼들에게 품값 대신 정신지체 여성과의 성관계를 제공하기도 했다는 것을 알게 된다.

정신지체 장애인들을 대상으로 한 학대는 대부분 가까운 친척, 이웃에 의해서, 장기간에 걸쳐 지속적으로 벌어지는 특징을 나타낸다. 가해자는 적극적인 항변이 어려운 정신지체 장애인의 약점을 이용하는데, 이들의 가까운 이웃마저도 피난처가 되지 못하는 것이 현실이다. 가해자의 보복이 두렵다거나 또는 동네 망신이다 등의 이유를 대며 이웃들은 적극적인 개입을 거부하고 침묵으로 일관함으로서 학대를 묵인하게 되고, 그 피해는 반복되는 것이다. 정신지체 장애인에게 사회안전망이 필요하다

피해 정신지체 장애인들이 머무르는 시설도 더 이상 안전지대는 아니다. 시설 내에서도 공공연하게 폭행과 가혹행위가 자행되고 있으며, 제대로 의사표현을 하지 못한다는 이유로 이들의 항변은 종종 묵살되고 만다. 이에 「그것이 알고 싶다」에서는 4월 20일 〈장애인의 날〉을 맞아, 정신지체 장애인들에 대한 학대가 반복되고 있는 원인을 짚어보고, 이들의 인간다운 삶을 지원하기 위해 선진국에서 실시 중인 성년후견제도를 비롯한 다양한 사회적 안전망의 필요성을 지적하고자 한다.

세부분야	인권 – 청소년		
프로그램	뉴스추적 253회	방 송 사	SBS
제목	팔려가는 아이들 : 티켓다방 10代 인권보고	방영일자	2003. 6. 4

알코올중독 낙태 정신과 치료를 받고 있는 14세 소녀 아홉 살에 가출, 전국 11곳의 티켓다방을 전전했던 수진이 취재진이 만난 수진이는 정신과 치료 중 이었으며, 그곳에서의 성적 학대와 노동착취로 인한 심각한 후유증으로 고통받고 있었다. 티켓다방에서의 지난 3년여 생활이 어떠하였기에 이 아이가 이렇게 되었을까?

힘겨운 탈출, 그러나 협박에 시달리고 있는 10대들. 지난 29일 티켓다방을 탈출한 16

세 지원이. 그러나 업주의 협박전화로 이 아이는 쉼터에서조차 공포에 떨고 있었다.

본인을 비롯해 가족까지도 불안하게 만드는 일부 티켓다방 업주들의 횡포. 도대체 그들은 무엇을 믿고 이렇게 기세등등한 것일까? 바로 취업 전 업주들의 협박으로 써 준 차용증이 이유이다. 현대판 노예문서인 차용증은 10대 소녀들의 발목을 잡는 올가미가 되고 있었다.

티켓다방에서 인권유린이 공공연히 자행되고 있는 현장을 밀착취재하였다. 청소년 보호 위원회에서는 올해를 티켓다방 근절의 해로 정해 티켓다방과의 전쟁을 선포했다. 그러나 청소년 성매매의 온상인 티켓다방의 10대 소녀 고용은 지속적인 증가세를 보이고 있다. 취재진은 청소년을 고용하여 불법영업이 이뤄지고 있는 전국 10여 군데의 현장을 밀착 취재하여 10대들의 인권유린 현장을 확인했다.

자원봉사

세부분야	자원봉사		
프로그램	현장르포 제3지대	방 송 사	KBS1
제목	아름다운 동행 : 모현호스피스	방영일자	2004. 2. 10.

호스피스 활동을 통해 사랑을 나누는 그녀들의 아름다운 현장을 밀착취재했다. 너무도 힘겨운 싸움, 죽음을 피할 수 있는 사람은 없다. 특히 암으로 시한부 삶을 사는 이들이 겪는 몸의 아픔과 마음의 공포는 가족들조차 외면하고 싶어할 정도다. 강력한 진통제를 맞고도 그 고통이 가시지 않는 말기 암 환자 그들의 하루하루는 외로움과 고통의 연속이다.

앞을 보지 못하는 박순자씨는 다른 환자보다 느끼는 고통이 크다. 더욱이 늦은 시간에 통증이 찾아오면 죽음에 대한 불안감은 이루 말할 수 없다. 수녀들은 이런 환자를 위해 손의 느낌으로 약을 설명해 주고, 환자가 편안히 잠을 이룰 때까지 곁을 지켜 준다. 이렇게 혼자 투병하는 사람들에게 수녀들은 든든한 친구가 되어 준다.

밤이 늦은 시각, 함께 하던 한 할아버지가 임종했다는 말을 듣고 찾아가는 수녀들, 편하게 가셨다는 말에 수녀들은 슬퍼하는 마음보다 차분한 마음으로 고인을 보냈다. 그리고 그 동안 가족들에게 수고했다는 위로의 말을 건냈다. 고인을 행복하게 떠나보내고 남은 가족의 아픔은 따뜻하게 어루만지는 '모현 호스피스' 수녀들.... 그녀들의 삶의 현장을 들여다본다.

세부분야	노인봉사		
프로그램	늘 푸른 인생 95회 실버광장	방 송 사	MBC
제목	함께 나누기에 더욱 빛나는 황혼의 봉사	방영일자	2005. 3. 30.

노노 교육·케어 사업 등.

노인이 자원봉사의 대상이 아니라 자원봉사 주체로서 활동하는 현장을 보여주고 노인 자원봉사활동 참여자들의 이야기를 통해 노후 인생의 새로운 국면을 돌아본다.

빈 곤

세부분야	양극화		
프로그램	KBS 특별기획 양극화 사회, 희망의 로드맵	방 송 사	KBS
제목	신 빈곤층 실태보고 : 추락하는 사람들 - 제 1 편	방영일자	2005. 12. 6.

2005년 8월, 한국보건사회연구원의 '차상위 계층 실태조사' 중간보고에 따르면 평균소득이 최저생계비의 120%에 못 미치는 빈곤층이 716만 명으로 잠정 집계됐다. 대한민국 국민 7명 가운데 1명이 빈곤층에 속하는 것이다.

과연 누가, 어떤 경로를 통해 新 빈곤층으로 추락하게 됐는가. 그리고 그 원인은 무엇인가? 과연 이들을 재기할 수 있게 뒷받침하고 있는 사회안전망은 존재하는가. 본 프로그램에서는 2005년 11월, 716만 빈곤층의 삶을 심층 취재해 우리사회 최대 현안인 양극화의 심각성을 경고하고, 소득 양극화의 해결을 위한 희망의 조건을 제시한다.

1. 신빈곤의 경고, 유서를 품고 사는 사람들
2. 양극화의 덫 : 어제는 중산층 오늘은 극빈층
3. 절망의 빈곤을 극복하기 위한 희망의 로드맵

세부분야	빈곤		
프로그램	KBS 특별기획 양극화 사회, 희망의 로드맵	방 송 사	KBS
제목	그늘 속의 아이들, 가난이 대물림된다 - 제 2 편	방영일자	2005. 12. 7.

한국사회의 빈곤층은 무려 700여만명.

이 빈곤층 자녀들이 교육을 통해 가난을 극복하고 사회적으로 신분상승을 이루는 것은 이제 전설이 되어 가고 있다. 부모의 재력과 학력에 따라 자녀들의 미래까지도 결정지어지는 대물림 사회가 되었기 때문이다. 〈양극화 사회, 희망의 로드맵 2편〉에서는 가난이 아이들에게 고스란히 대물림되고 있는 힘겨운 삶의 실태를 고발하고, 그 고리를 끊기 위한 대안으로 교육 평등을 위한 사회 안전망과 저소득층을 위한 교육재정 우선

투자, 교육기회 확대방안을 제시한다.

1. 양극화 시대의 가난...벼랑 끝에 선 아이들
2. 가난, 가정해체의 악순환..불안한 가정의 불안한 아이들
3. 가난의 대물림, 그 질긴 사슬을 어떻게 끊을 것인가

세부분야	양극화		
프로그램	KBS 특별기획 양극화 사회, 희망의 로드맵	방 송 사	KBS
제목	대기업과 중소기업, 동반성장의 조건 – 제3편	방영일자	2005. 12. 8.

대기업과 중소기업간에 나타나고 있는 심각한 양극화의 실태를 취재해 양극화를 가속화시키는 원인을 분석한다.

아울러 중소기업과 대기업의 동반성장을 위한 상생 협력의 모델을 제시한다.

1. 양극화 실태 르뽀 - 무너지는 중소기업, 현장을 가다.
2. 무엇이 양극화를 가속화시키나 -대기업 횡포 현장!
3. 대기업의 경제적 리더십 확보, 상생만이 해법이다.

세부분야	비정규직		
프로그램	KBS 특별기획 양극화 사회, 희망의 로드맵	방 송 사	KBS
제목	56%의 눈물, 비정규직 노동자 – 제4편	방영일자	2005. 12. 9.

1. 현장보고, 2005년 가을 대한민국

올 가을. 유래 없이 많은 노동자들이 거리로 나섰다. 이들의 공통점은 한가지. 비정규직 노동자라는 것. 이들은 왜 거리로 나섰을까. 이들은 무엇을 주장하고 있을까.

2. 대한민국 노동인구의 56%. 비정규직, 그들의 눈물

성장우선주의 정책과 함께 폭발적으로 증가한 우리나라의 비정규직. 비정규직의 숫자는 2005년 통계로. 노동인구의 55.9%를 차지하고 있다 그러나 사회적 안전망과 제도적 대안이 마련되지 않은 상황에서 비정규직의 숫자만 양산되면서 이들 대부분은 저임금과 불안한 고용, 차별에 신음하고 있다. 사회를 양분화 하는 양극화 현상.

비정규직문제는 이 양극화현상을 만드는 근본적 원인으로까지 여겨지고 있다.

3. 비정규직 문제. 과연 해법은 없는가.

그렇다면 비정규직 문제. 해법은 없을까. 과연 노동시장 유연화와 자본의 이윤 극대화라는 자본주의의 논리로만 바라보아야 할 것인가. 비정규직의 완전철폐라는 노동계의 주장대로 가야 할 것인가? 우리사회 극단에 자리하고 있는 비정규직의 실태를 사례를 통해 짚어봄으로써, 심각한 비정규직 문제를 환기시키고, 비정규직 문제를 해결하는 것이 왜 우리사회에 꼭 필요한 일인지를 공감해 보고자 한다.

기 타

세부분야	성적소수자 - 트랜스젠더		
프로그램	추적 60분	방 송 사	KBS
제목	세상에 두 번 태어나는 사람 : 나는 트랜스젠더다	방영일자	2005. 5. 11.

지난 달 신인가수 류나인이 트랜스젠더임을 고백했다.

류나인의 고백 후, 추적 60분사무실에는 성전환수술 전문의라고 밝힌 의사가 트랜스젠더에 대한 모든 것을 공개하겠다고 연락을 해 왔다. 제작팀은 그의 병원에 트랜스젠더와 결혼을 앞둔 한 쌍의 예비부부를 만났다. 그들은 둘만의 비밀을 털어놓기 시작했다. 그리고 이번 취재과정에서 새롭게 안 것은 최근 들어 10대 트랜스젠더가 급격히 늘고 있다는 것이다.

이날 방송에서는 트랜스 젠더 4인조 그룹 「레이디」의 모든 것을 전격 공개한다.
세상과 격리되어 살아온 사람들 그들은 세상을 향해 무엇을 말하고 싶은 것인가!

■ 주요내용

- 〈독점공개〉트랜스젠더 수술에서 결혼까지 -- "내 약혼녀는 트랜스젠더"
- "죽지 못해 살았어요" -- 트랜스 젠더의 절규
- 10대 성정체성의 혼란 -- 열여덟 철민(가명)의 고민
- 차별과 편견의 벽을 넘어 --- 4인조그룹 레이디가 말한다

찾아보기

[ㅎ]

영화와 사회복지

2006년 10월 20일 초판1쇄 발행
2008년 8월 20일 중판1쇄 발행

저 자 한국여성복지연구회
발행인 유 성 렬
발행처 청 목 출 판 사

150-845
서울특별시 영등포구 신길4동 233-96
전화 (02) 849-6157(代)·2820
FAX (02) 849-0817
·등록 제318-1994-000090호/1994.2.2

·파본은 바꾸어 드립니다.
값 18,000원

http : //www.chongmok.co.kr

ISBN 89-5565-169-4